21世纪经济与管理精编教材

金融学系列

商业银行业务管理
（第三版）

Commercial Bank Management

3rd edition

杨宜◎主　编
张峰◎副主编

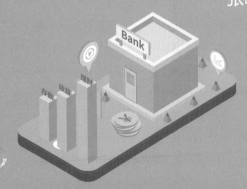

北京大学出版社
PEKING UNIVERSITY PRESS

图书在版编目(CIP)数据

商业银行业务管理/杨宜主编.—3版.—北京：北京大学出版社，2022.2
21世纪经济与管理精编教材.金融学系列
ISBN 978-7-301-32849-1

Ⅰ.①商… Ⅱ.①杨… Ⅲ.①商业银行—银行业务—业务管理—高等学校—教材 Ⅳ.①F830.33

中国版本图书馆CIP数据核字(2022)第015096号

书　　　名	商业银行业务管理(第三版) SHANGYEYINHANG YEWU GUANLI(DI-SAN BAN)
著作责任者	杨　宜　主编
责任编辑	任京雪　李　娟
标准书号	ISBN 978-7-301-32849-1
出版发行	北京大学出版社
地　　　址	北京市海淀区成府路205号　100871
网　　　址	http://www.pup.cn
微信公众号	北京大学经管书苑(pupembook)
电子信箱	em@pup.cn
电　　　话	邮购部 010-62752015　发行部 010-62750672　编辑部 010-62752926
印　刷　者	北京圣夫亚美印刷有限公司
经　销　者	新华书店
	787毫米×1092毫米　16开本　20.5印张　496千字 2009年1月第1版　2015年8月第2版 2022年2月第3版　2023年5月第2次印刷
定　　　价	59.00元

未经许可，不得以任何方式复制或抄袭本书之部分或全部内容。
版权所有，侵权必究
举报电话：010-62752024　电子信箱：fd@pup.pku.edu.cn
图书如有印装质量问题，请与出版部联系，电话：010-62756370

第三版前言

本书第二版出版至今已经过去六年,随着近年来金融科技的迅速发展,商业银行受到巨大影响,尤其是新冠肺炎疫情在全球暴发以来,零接触银行、无人银行、智慧银行、开放银行等业务形式进入大众视野。党的二十大报告指出要深化金融体制改革,守住不发生系统性风险底线;坚持把发展经济的着力点放在实体经济上,在保障国家金融安全的基础上稳步推进金融体制改革,从而更好地助力经济高质量发展。作为我国金融业的主体,银行业应进一步转变经营理念、创新产品和服务模式、变革管理和生产组织机制,增加有效的金融产能供给、提高银行业服务的质量和效率、优化金融资源配置,为实体经济发展和产业转型提供强大的金融支持。在此背景下,本书编写团队积极响应北京大学出版社的要求,完成了第三版的修订工作。

"商业银行业务管理"是教育部确定的全国普通高等院校金融学专业主干课程,是一门理论与实践相结合的应用课程,属于微观经济学的范畴,侧重于介绍我国商业银行经营管理中人财物、责权利的关系,以及如何营运资金、谋求最佳经济效益。它以我国商业银行业务与经营为主要研究对象,以《中华人民共和国商业银行法》和《巴塞尔协议Ⅲ》等法规与国际惯例为依据,吸收当代发达国家商业银行经营管理的经验,从理论与实际相结合的角度全面讲述商业银行负债业务、资产业务、中间业务、零售业务等各种业务的操作规程,以及资本管理、资产负债管理和风险管理的经营策略。该课程具有理论性、政策性、实用性和操作性强的特点。

近年来,大数据、云计算、人工智能、区块链、物联网等金融科技迅速发展,对商业银行传统业务和经营模式造成了巨大影响。借力互联网与大数据开展精准营销和风险控制成为更多商业银行的选择。人工智能、区块链、物联网等关键技术在商业银行业务实践中的突破和应用,将带来银行服务渠道和流程的优化以及金融产品的极大丰富。随着我国商业银行全面实施《巴塞尔协议Ⅲ》的过渡期结束,商业银行又将面临一系列新的约束和调整,新时代、新阶段、新技术都在呼唤本书的新版本。本书第三版将吸收近年来国内外商业银行经营管理实践中的新经验和商业银行经营管理研究的新成果,结合我国商业银行经营管理的新动态,采用规范分析与实证分析相结合的方法,在全面介绍商业银行业务及其操作程序的基础上,重点介绍商业银行经营理念及其业务模式的创新。另外,为了满足任课教师对课程思政教学的需求,本书第三版在章首增加了"素养目标",以及在每章教辅资料中增加了课程思政的教学内容设计,可供任课教师参考使用。

本书适用于金融学、工商管理、财务管理、电子商务等经济管理类专业的本科学生,也可供银行从业人员、政府有关部门使用。

本书由北京财贸职业学院校长杨宜教授担任主编,北京联合大学应用科技学院院长张峰教授担任副主编,北京联合大学金融学专业部分老师参加了编写工作。具体分工如下:第一章、第十一章由谢博婕博士撰写;第二章、第三章、第十二章由肖文东副教授撰写;第四章、第九章由李丽君副教授撰写;第五章、第八章由刘微博士撰写;第六章、第十章由杨宜教授撰写;第七章由张峰教授撰写。最后,由杨宜教授、张峰教授负责全书的统稿工作。

在本书的编写出版过程中,编写团队参考了大量文献和不少学者的研究成果,将其在本书最后的"参考文献"部分一一列示;同时,编写工作得到了北京大学出版社领导的关心与指导,以及责任编辑任京雪耐心细致的帮助,在此一并向他们表示诚挚的感谢。由于编者经验及水平有限,书稿中难免有错漏之处,恳请得到读者的批评与指正(可发送邮件至em@pup.cn)!

编　者

目录 Contents

◆ **第一章　商业银行概论** / 1

　　第一节　商业银行的演变 / 3
　　第二节　商业银行的特征与职能 / 6
　　第三节　商业银行的经营原则 / 10
　　第四节　商业银行的组织形式与组织结构 / 14
　　第五节　商业银行的经营环境 / 21

◆ **第二章　商业银行资本管理** / 24

　　第一节　商业银行资本的构成与功能 / 26
　　第二节　《巴塞尔协议》与商业银行资本 / 31
　　第三节　商业银行的资本筹措 / 44

◆ **第三章　商业银行负债管理** / 51

　　第一节　商业银行负债业务概述 / 52
　　第二节　商业银行存款负债的管理 / 54
　　第三节　商业银行其他负债业务的管理 / 69
　　第四节　商业银行负债业务的经营及风险管理 / 72

◆ **第四章　商业银行现金资产与流动性管理** / 80

　　第一节　商业银行现金资产概述 / 82
　　第二节　商业银行现金资产管理 / 88
　　第三节　商业银行流动性管理 / 101

◆ **第五章　商业银行贷款业务管理** / 107

　　第一节　商业银行贷款业务概述 / 108

第二节　商业银行贷款政策管理　/ 111
第三节　商业银行贷款信用分析　/ 120
第四节　商业银行贷款定价　/ 127
第五节　商业银行贷款风险管理　/ 133

◆ 第六章　商业银行证券投资业务管理　/ 137

第一节　商业银行证券投资的功能与对象　/ 138
第二节　商业银行证券投资的收益和风险　/ 144
第三节　商业银行证券投资的管理与策略　/ 153

◆ 第七章　商业银行中间业务管理　/ 161

第一节　商业银行中间业务概述　/ 162
第二节　商业银行结算业务　/ 166
第三节　商业银行代理业务　/ 173
第四节　商业银行咨询顾问业务　/ 179
第五节　商业银行表外业务　/ 188

◆ 第八章　商业银行零售业务管理　/ 199

第一节　商业银行零售业务概述　/ 201
第二节　商业银行零售产品定价　/ 207
第三节　商业银行产品营销　/ 215
第四节　商业银行零售业务发展趋势　/ 223

◆ 第九章　商业银行其他业务管理　/ 228

第一节　商业银行国际业务管理　/ 230
第二节　金融租赁业务　/ 241

◆ 第十章　商业银行资产负债管理　/ 251

第一节　商业银行资产负债管理概述　/ 252
第二节　商业银行资产负债管理理论　/ 257
第三节　商业银行资产负债管理方法　/ 265

- ◆ 第十一章　商业银行风险管理与内部控制　/ 275
  - 第一节　商业银行风险管理概述　/ 276
  - 第二节　商业银行风险识别和估计　/ 283
  - 第三节　商业银行风险评价和风险处置　/ 286
  - 第四节　商业银行风险管理方法　/ 289
  - 第五节　商业银行内部控制　/ 291

- ◆ 第十二章　商业银行绩效评价　/ 297
  - 第一节　商业银行的财务报表　/ 299
  - 第二节　商业银行的财务分析与绩效评价　/ 307

- ◆ 参考文献　/ 321

第一章

商业银行概论

> 学习目标

- 了解商业银行的起源与发展
- 掌握商业银行的特征与职能
- 理解商业银行的经营原则
- 了解商业银行的组织形式与组织结构
- 了解商业银行的经营环境

> 素养目标

通过对拓展阅读和典型案例的分析,培养学生的大国意识、制度自信、创新意识、国际视野及对党的正确领导的认识。

> 案例导读

中国银行业70年发展历程

1948年12月1日,中国人民银行成立,标志着中国银行体系的建设迈出了万里长征的第一步。中国银行业70年发展历程大致经历了三个时期:

一、艰难探索符合中国国情的银行体系(1948—1978)

1948—1952年是中国银行体系初建阶段。面对国民政府留下的百业凋零、物价狂飙、经济严重衰退的烂摊子,尽快恢复国民经济成为当务之急,中央政府着手组建以中国人民银行为中心的银行等存贷款金融机构体系,对原中国银行和原交通银行接管改组,新设农业合作银行,对1 032家民族资本的银行、钱庄、信托公司等进行整顿改造,建立了9 400个农村信用合作社、20 000多个农村信用互助组。

1953—1960年是中国银行体系建设中的第一次起伏波动阶段。在学习苏联经验和总结苏区工作经验的基础上,中国开始建立高度集中的银行管理体制,将各家公私合营银行纳入中国人民银行体系,建立中国农业银行、中国人民建设银行等机构并将其划属中国人民银行领导。但1958年5月以后,为了支持全国各地和各条战线掀起的"大跃进"热潮,中国银行管理体制"大破大立、先破后立",给各地银行工作带来了严重混乱。

1961—1978年是中国银行体系建设中的第二次起伏波动阶段。银行系统着手纠正前期发生的差错:严禁财政向银行透支;强化中国人民银行信贷计划管理机制,银行运行秩序稳定。但1966年后的十年,动荡的政治经济环境使银行业务再次陷入混乱。直到1977年,国务院出台了《关于整顿和加强银行工作的几项规定》,明确指出"人民银行是全国信贷、结算和现金活动的中心。要坚持银行业务工作的集中统一,建立指挥如意的、政策和制度能够贯彻到底的银行工作系统"。

二、中国特色社会主义银行体系的建设(1979—2017)

1979—1992年是中国银行体系探寻市场化发展阶段。1978年2月,中国人民银行成为国务院直接管辖的独立机构。1979年2月,农业存贷款等相关业务从中国人民银行划出,恢复设立了中国农业银行。同年3月,外汇相关业务从中国人民银行剥离出来,恢复设立了中国银行。1983年5月,国务院批准恢复设立中国人民建设银行,专门从事与基本建设投资相关的业务。1984年1月,中国工商银行承办原由中国人民银行办理的工商信贷和储蓄业务,中国人民银行成为专门履行中央银行职能的金融机构。1985—1992年,中国银行业展开市场化探索:变财政机制为银行信用机制,建立股份制银行,形成独立经营机制。

1993—2001年是中国银行体系市场化改革阶段。改革主要表现在:第一,实行了各家银行与其所创办的实体企业分离、金融各业分业经营的"两个分业"政策,推进银行业务回归本位。第二,1994年年初,工、农、中、建四大专业银行中的政策性业务被剥离出来,组建了国家开发银行、国家进出口银行和中国农业发展银行等三家政策性银行。第三,先后出台了《中华人民共和国商业银行法》《中华人民共和国担保法》《中华人民共和国票据法》等一系列金融法律,规范了商业银行的权利和义务、业务范围,为商业银行进一步改革发展提供了法律保障。

2002—2017年是中国银行体系国际化改革阶段。2001年中国正式加入世界贸易组织,加快银行体系的国际化成为必然选择:中、建、工、农四大国有独资商业银行先后转变为国有控股商业银行,并在中国境内和香港上市;在"走出去"战略的指引下,中资金融机构加快了到境外设立分支机构和通过并购设立分支机构的步伐;2017年11月,中国大幅放宽金融业的外资市场准入限制,同年12月13日,银监会①放宽对除民营银行外的中资银行和金融资产管理公司的外资持股比例限制,实施内外一致的股权投资比例规则。

---

① 2018年3月撤销,设立中国银行保险监督管理委员会。

三、新时代条件下中国现代银行体系的构建(2018至今)

构建中国现代金融体系的重心在构建现代银行体系:第一,原"一行三会"调整为"一委一行两会",为深化银行体系改革发展、促进金融稳定提供了监管体制机制保障。第二,2018年《关于规范金融机构资产管理业务的指导意见》《关于进一步明确规范金融机构资产管理业务指导意见有关事项的通知》等新规出台,标志着资产管理业务进入更加规范的阶段。第三,2018年4月11日,中国人民银行宣布了进一步扩大金融业对外开放的时间表和具体措施,明确了11项金融开放政策,中国金融业对外开放明显提速。

70年间,尽管历经磨难与曲折,但中国银行业不忘初心、砥砺奋进、勇于创新,有效支持了实体经济快速发展和人民生活水平提高,积极推进了金融体制改革开放的深化、符合中国国情且具有国际竞争力的金融体系建设,抵御了多次国际金融危机的冲击,取得了举世瞩目的伟大成就,给发展中国家的金融发展提供了宝贵经验。

详情链接:王国刚,《中国银行业70年:简要历程、主要特点和历史经验》,《管理世界》,2019年第7期,有改动。

你是不是有下面的疑问?

1. 我国商业银行在经济活动中扮演着什么角色?
2. 我国商业银行为什么要进行股份制改革?
3. 商业银行的经营原则是什么?
4. 什么是现代商业银行制度?

进入内容学习

商业银行是市场经济发展的产物,它是为适应市场经济发展和社会化大生产而形成的一种金融组织。自1587年世界上第一家银行在威尼斯出现以来,商业银行在西方已有四百多年的历史。几个世纪以来,商业银行在市场经济的成长和发展过程中发挥了重大作用。可以说商业银行是近现代多种金融机构中历史最悠久、服务范围最广泛、对社会经济生活影响最大的金融机构,是各国金融体系的主体。

第一节 商业银行的演变

一、商业银行的产生

人们普遍认为,近代银行的萌芽起源于意大利的威尼斯。威尼斯得天独厚的地理位置,使它成为中世纪最著名的世界贸易中心。那时各国商人带着不同的货币云集威尼斯进行交易,商人们为了完成商品交换,就必须进行货币的兑换,使用交易各方都能接受的货币,这样就出现了一种特殊商人,即单纯为兑换货币而收取手续费的商人。在长期的商品交易中,各国、各地区的商人越来越感到长途携带货币和大量保存货币的危险性,于是就开始把自己的货币交给兑换商保管,或者委托他们办理支付与汇兑业务。货币兑换商人因从事货币兑换、保管、支付、汇兑等业务而积累了大量的货币资金,逐渐开始从小信用活动发展为放款活动,银行业开始萌芽。

16世纪中叶,银行业由意大利扩展到整个欧洲。当时的银行业主要经营存、放款与汇兑两大业务。银行除贷款给工商业外,还大量贷款给政府,而政府常常凭借权力不归还贷款,这就造成了16世纪末的金融恐慌和银行业的衰落。

17世纪,随着资本主义经济的发展,现代银行的雏形趋于明显。在英国,金匠和金商经常按客户要求代为保管金银,并签发代管收据,这种收据后来逐渐演变成一种支付工具,即银行票据的雏形。这些金匠和金商在长期的经营活动中集存了大量的金银,于是就向工商业发放贷款,年平均利率在20%~30%。如此高的利率不利于当时正在发展的资本主义工商业,因而迫切需要建立起能汇集闲散货币资本、按适度利率水平向资本家贷款的银行。1694年,英格兰银行在英国国王的特许下成立,它采取股份制形式经营,利率规定为4.54%。英格兰银行的出现标志着新兴的资本主义现代银行制度开始形成,现代商业银行由此诞生。

典型案例

1931年11月,第一次全国苏维埃代表大会在江西瑞金召开,中华苏维埃共和国临时中央政府成立。中华苏维埃共和国自诞生伊始,就决心在苏区内创建独立自主的统一金融体系。1932年2月,中华苏维埃共和国国家银行(简称"国家银行")正式成立,毛泽民任行长。

国家银行成立后颁布了《中华苏维埃共和国国家银行暂行章程》,规定银行主要担负统一货币、统一财政和税收,以及吸收存款和发放贷款、支持苏区的生产与贸易等职能。国家银行还受政府委托,代理国库出纳,代理政府发行公债及还本付息事宜。1932年7月,国家银行银币券发行,逐步回收各种杂币,开始建设统一、稳定的中央苏区货币体系。根据当时中央苏区的具体情况,国家银行发行了壹元、伍角、贰角、伍分等面值的银币券。

在战火硝烟中,国家银行不断发展壮大,分支机构迅速延伸。1934年10月,中央红军主力和中央领导机关撤离苏区,进行战略转移。国家银行的工作人员编入中央第二野战纵队第十五大队,监护国家总金库的资金,参加突围转移。次年10月到达陕北,与原陕甘晋银行合并,改称为中华苏维埃共和国国家银行西北分行。

中华苏维埃共和国国家银行的建立,有力促进了苏区的生产和贸易,增加了政府的财政税收,巩固了新生的苏维埃政权,对当时根据地的建设起到了重大作用。

详情链接:《中华苏维埃共和国国家银行成立》,中国证券网,2021年4月15日。

二、商业银行的发展

(一) 商业银行形成的途径

西方国家商业银行产生的社会条件和发展环境虽各不相同,但归纳起来主要有以下两条途径:

1. 从旧的高利贷银行转变而来

早期的银行是在资本主义生产关系还未建立时成立的,当时的贷款利率非常高,属于高利贷性质。随着资本主义生产关系的建立,高利贷因利息过高影响资本家的利润而制约着资本主义的发展。此时的高利贷银行面临贷款需求锐减的困境和倒闭的威胁。不少高利贷银行顺应时代的变化,降低贷款利率,转变为商业银行。这种转变是早期商业银行形成的主要途径。

2. 以股份公司形式组建而成

大多数商业银行是按这一方式建立的。最早建立资本主义制度的英国,也最早建立起了资本主义的股份制银行——英格兰银行。当时实力雄厚的英格兰银行宣布,以较低的利率向工商企业提供贷款,很快就动摇了高利贷银行在信用领域的地位,英格兰银行也因此成为现代商业银行的典范。英格兰银行的组建模式被推广到欧洲其他国家,商业银行开始在世界范围内得到普及。

(二) 商业银行发展的模式

经过几个世纪的发展,商业银行的经营业务和服务领域发生了巨大变化。纵观全球商业银行的发展过程,大致可以分为以下两种模式:

(1) 以英国为代表的传统模式。这一模式深受"实质票据论"的影响和支配,资金融通带有明显的商业性质,因此银行主要业务集中于短期的自偿性贷款。银行通过贴现票据发放短期贷款,一旦票据到期或承销完成,贷款就可以自动收回。这种贷款由于与商业活动、企业产销相结合,期限短、流动性强,商业银行的安全性能得到一定的保证,并能获得稳定的利润。这种传统模式的不足之处是使商业银行的业务发展受到一定的限制。

(2) 以德国为代表的综合式。与传统模式的商业银行相比,综合式的商业银行除提供短期商业性贷款以外,还提供长期贷款,甚至可以直接投资股票和债券,帮助企业包销证券,参与企业的决策与发展,并为企业提供必要的财务支持和咨询服务。至今,不仅德国、瑞士、奥地利等国的商业银行采用这种模式,美国、日本等国的商业银行也在向综合式商业银行转化。这种综合式的商业银行有"金融超市"之称,它有利于商业银行开展全方位的业务经营活动,充分发挥商业银行的经济核心作用,但也有可能增加商业银行的经营风险。

> **拓展阅读**

商业银行的综合化经营有利于商业银行形成多样性的资产与收益结构,提升分散风险的能力,同时为客户提供多元化的金融服务。具体业务分类如表1-1所示。

表1-1 商业银行综合化经营业务分类

综合化业务	服务业务	汇兑、结算与清算
		代理业务
		信息咨询、财务及投融资顾问
		货币市场投资
		银行卡
		担保承诺
	投行业务	代客交易
		托管及其他委托
		资产管理、财富管理
	信托、租赁、保险及基金业务	证券经纪
		并购重组
		债券、股票承销
		信托
		金融租赁
	交易及投资类	寿险、产险及其他保险
		公募基金
		私募基金
		自营债券
		自营股票
		自营金融衍生品
		直接股权投资

详情链接:清华大学国家金融研究院《商业银行法》修法研究课题组,《综合化经营下商业银行的业务结构研究》,和讯财经,2019年8月23日。

第二节 商业银行的特征与职能

一、商业银行的特征

"商业银行"是英文Commercial Bank的意译。对于这个概念的定义,中西方提法不尽相同。通常认为商业银行的定义应包括以下要点:第一,商业银行是一个信用授受的中介机构;第二,商业银行是以营利为目的的企业;第三,商业银行是唯一能提供"银行货币"

（活期存款）的金融组织。综合而言，商业银行这一概念可理解为：商业银行是以追求最大利润为目标，以金融资产和金融负债为经营对象，利用负债进行信用创造，全方位经营各类金融业务的综合性、多功能的金融服务企业。

商业银行的性质决定其具有以下特征：

（1）商业银行与一般工商企业一样，是以营利为目的的企业。商业银行具有从事业务经营所需要的自有资本，依法经营，照章纳税，自负盈亏，具有一般企业的特征。然而，我国商业银行与西方商业银行的"企业性"还具有一定的差距，它们仍然受到政府与中央银行的种种干预和限制，没有实现完全的商业化经营，如银行的产权结构不允许改动，分支行不是一级法人不能独立经营，分行之间不允许交易，等等。

（2）商业银行是不同于一般工商企业的特殊企业，其特殊性具体表现为经营对象的差异。工商企业经营的是具有一定使用价值的商品，从事商品生产和流通；而商业银行是以金融资产和金融负债为经营对象，经营的是特殊商品——货币和货币资本。商业银行的经营内容包括货币收付、借贷，以及各种与货币运动有关的或者与之相联系的金融服务。从社会再生产过程来看，商业银行的经营是工商企业经营的条件。同一般工商企业的区别使商业银行成为一种特殊的企业——金融企业。

（3）商业银行与专业银行相比有所不同。商业银行的业务更综合，功能更全面，经营一切金融"零售"业务（门市服务）和"批发"业务（大额信贷业务），为客户提供所需的金融服务。而专业银行只集中经营指定范围内的业务和提供专门服务。随着西方各国金融管制的放松，专业银行的业务经营范围也在不断扩大，但与商业银行相比，仍相距甚远，因此商业银行在业务经营上具有优势。

拓展阅读

我国商业银行业务经营范围

1995年颁布、2015年第二次修正的《中华人民共和国商业银行法》第三条规定，商业银行可以经营下列部分或者全部业务：

（一）吸收公众存款；

（二）发放短期、中期和长期贷款；

（三）办理国内外结算；

（四）办理票据承兑与贴现；

（五）发行金融债券；

（六）代理发行、代理兑付、承销政府债券；

（七）买卖政府债券、金融债券；

（八）从事同业拆借；

（九）买卖、代理买卖外汇；

（十）从事银行卡业务；

（十一）提供信用证服务及担保；

（十二）代理收付款项及代理保险业务；

（十三）提供保管箱服务；

（十四）经国务院银行业监督管理机构批准的其他业务。

经营范围由商业银行章程规定，报国务院银行业监督管理机构批准。商业银行经中国人民银行批准，可以经营结汇、售汇业务。

二、商业银行的职能

商业银行的职能是由其性质决定的，主要有四个基本职能。

1. 信用中介职能

信用中介是商业银行最基本、最能反映其经营活动特征的职能。这一职能的实质是通过银行的负债业务，把社会上各种闲散货币集中到银行里来，再通过资产业务，把它投向经济各部门。商业银行作为货币资本的贷出者与借入者的中介人或代表，实现资本的融通，并从吸收资金的成本与发放贷款的利息收入、投资收益的差额中获取利益，形成银行利润。商业银行成为买卖"资本商品"的"大商人"。商业银行通过信用中介的职能实现资本盈余和短缺之间的融通，并不改变货币资本的所有权，改变的只是货币资本的使用权。这种使用权的改变，对经济发展起到多层次的调节作用：可以使现有资本得到充分、有效的运用，避免资本的闲置和浪费；可以将非资本投入生产流通领域，将其转化为资本，扩大社会总资本的数额，促进经济的迅速发展；可以创造出各种期限的债权，改变原有债权的性质，满足社会各经济单位的需要；通过对货币资本的再分配，还可以调节经济结构，促进宏观经济的协调发展。

2. 支付中介职能

商业银行除作为信用中介、融通货币资本以外，还执行着货币经营的职能，如通过存款在账户上的转移代理客户支付，在存款的基础上为客户兑付现款等，成为工商企业、团体和个人的货币保管者、出纳者和支付代理者。由此，以商业银行为中心，形成经济过程中无始无终的支付链条和债权债务关系。

由商业银行充当支付中介，形成了以银行为中心的庞大的高效率支付网络，这不仅大大减少了现金的使用，节约了社会流通费用，而且加速了结算过程和货币资本的周转，从而促进了社会再生产的扩大。

长期以来，商业银行是唯一能够吸收活期存款、开设活期支票账户的金融机构。近年来，随着各国金融管制的放松，专业银行和其他金融机构也开设了类似于支票账户的其他账户，发挥支付中介职能，但与商业银行相比，仍然存在很大差别，工商企业间的大额支付以及多数与个人有关的货币支付仍由商业银行办理。

3. 信用创造职能

商业银行在信用中介职能和支付中介职能的基础上，产生了信用创造职能。商业银行能够吸收各种存款，并用其所吸收的各种存款发放贷款，在支票流通和转账结算的基础上，贷款又转化为存款，在这种存款不提取现金或不完全提现的基础上，就增加了商业银行的资金来源，最后在整个银行体系形成数倍于原始存款的派生存款。长期以来，商业银行是各种金融机构中唯一能够吸收活期存款、开设活期支票存款账户的金融机构,在此基础上产生了转账结算和支票流通,商业银行可以通过自己的信贷活动创造和收缩活期存款,而活期存款是构成货币供给量的主要部分,因此商业银行就可以把自己的负债作为货币来流通,具有了信用创造功能。

4. 金融服务职能

随着经济的发展,工商企业的业务经营环境日益复杂,银行间的业务竞争也日益加剧,银行由于联系面广、信息比较灵通,特别是电子计算机在银行业务中的广泛应用,使其具备了为客户提供信息服务的条件,面向企业的"决策支援"等咨询服务应运而生;工商企业生产和流通专业化的发展,又要求把许多原本属于企业自身的货币业务转交给银行代为办理,如发放工资、代理支付其他费用等;个人消费也由原来的单纯钱物交易发展为转账结算。现代化的社会生活从多方面给商业银行提出了金融服务的要求。在激烈的业务竞争条件下,各商业银行也不断开拓服务领域,通过金融服务业务的发展,进一步促进资产负债业务的扩大,并把资产负债业务与金融服务业务结合起来,开拓新的业务领域。在现代经济生活中,金融服务已成为商业银行的重要职能。

典型案例

微众银行

作为国内首家民营银行和互联网银行,微众银行一直把"让金融普惠大众"当作企业使命。面对大众和小微企业的金融需求,微众银行积极采用金融科技,开展经营模式和产品创新,不断提升金融服务覆盖面、可得性和满意度。

在为大众提供金融服务方面,微众银行依托包括"微粒贷""微众银行 App""微车贷"等在内的数字普惠金融产品矩阵,始终走在破解金融服务不平衡、不充分问题的行业前列。以"微粒贷"为例,该产品充分展现出"既普且惠"的发展特色:一是广泛覆盖,截至 2020 年年末,"微粒贷"客户覆盖全国 31 个省(市、区)逾 560 座城市。二是客群下沉,约 80% 的贷款客户为大专及以下学历,约 78% 从事非白领服务业或制造业。三是成本较低,笔均贷款仅 8 000 元,且因按日计息、期限较短,约 70% 的贷款总成本低于 100 元。

在为小微企业提供金融服务方面,微众银行于 2017 年年底推出了国内首个线上、无抵押企业流动资金贷款"微业贷",并持续对其延展,以贴近产业链、供应链中广大经销商、供应商的需求。截至 2020 年年末,"微业贷"已触达超过 188 万家小微企业,并为其中超过 56 万家提供授信支持。三年多的实践证明,"微业贷"有效满足了小微企业"短小频急"的金融需求,成为解决小微企业"融资难"问题的有效途径。

微众银行践行普惠金融发展道路,持续提升服务实体经济质效,为小微企业、实体经济发展打造更加公平合理的金融环境。

详情链接:《微众银行践行普惠金融责任 持续提升服务实体经济质效》,东方资讯,2021 年 8 月 18 日。

第三节　商业银行的经营原则

商业银行作为一种特殊的金融企业,具有一般企业的基本特征,即追求利润的最大化。商业银行合理的盈利水平不仅是商业银行自身发展的内在动力,还是商业银行在竞争中立于不败之地的激励机制。因此,商业银行的经营管理要遵循自身经营的客观要求,制定有利于实现目标的经营原则。尽管各国商业银行在制度上存在一定的差异,但是在业务经营上,各国商业银行通常都遵循安全性、流动性和效益性原则,实行自主经营、自担风险、自负盈亏、自我约束。

一、安全性原则

安全性原则要求商业银行在经营活动中,必须保持足够的清偿能力,经得起重大风险和损失,能够随时应付客户提取,使客户对银行保持坚定的信任。

商业银行作为信用中介,其业务活动主要体现在"受信"与"授信"两个方面。受信与授信的可靠性和稳定性是信用活动运行的基本前提,也是商业银行经营活动的根本和生命线。从这个意义上讲,安全性是信用活动存在的基础,对商业银行具有十分特殊的意义,失去了信用活动的安全性,商业银行的利润最大化目标便是无源之水。

商业银行要在财务上自负盈亏、资金上自求平衡、市场上自担风险,保持其资产的安全性尤为重要,否则就会造成严重的周转失灵和户额亏损。安全性是指商业银行资产免遭损失的可靠程度。可靠程度越高,资产的安全性就越强;反之,资产的安全性就越差。与安全性相对的概念是风险性,即商业银行资产遭受损失的可能性。具体来说,商业银行必须保持安全性的原因有:

(1) 商业银行经营活动中存在影响安全的风险因素。在市场经济条件下,任何经营活动都存在或多或少的风险,商业银行也不例外,特别是商业银行经营内容的特殊性,决定了其经营活动的风险面大、风险种类多、风险敏感性强,不仅有市场风险、经营风险,还有信用风险、利率风险、汇率风险、资本风险和流动性风险等。这就要求商业银行必须对各种风险因素有清晰的认识,尽可能避免各种风险损失,保证经营活动的安全性。

(2) 商业银行自有资本较少导致风险承受能力较弱。一般工商企业虽然也不完全依靠自有资本经营,但自有资本往往占有相当大的比例,一般为50%以上,而商业银行的自有资本在总资产中的比重一般不到10%。银行规模越大,自有资本所占的比例就越小。这是因为银行是专门从事信用中介活动的机构,货币是其经营的对象,银行比一般工商企业更容易得到资金供应者的信任,也就更容易得到存款等负债,所以负债经营就成为商业银行的基本特点。商业银行的资本结构决定了如果银行经营不善或发生亏损,就要冲销银行自有资本来弥补,倒闭的可能性是随时存在的。

(3) 商业银行开展业务必须坚持稳定经营的方针。首先,这有助于减少资产的损失,增强预期收益的可靠性。一味追求利润最大化,其效果往往适得其反。事实上,银行只有在安全的前提下营运资产才能增加收益。其次,只有坚持银行的安全稳健,才能在公众心中树立良好的形象,因为一家银行能否立足于世,关键就是银行的信誉,而信誉主要来自银行的安全。所以,维持公众信心、稳定金融秩序,依赖于银行的安全经营。

商业银行的经营管理决策者必须关注银行资产营运的安全性。通常情况下,商业银行要提高经营管理的安全性,必须做到以下几点:一是合理安排资产规模和结构,注重资产质量;二是提高自有资本在总资产中的比重,保障债权人的利益;三是遵纪守法,合法经营。

二、流动性原则

流动性原则是指商业银行保持随时能以适当的价格取得可用资金的能力,以便随时应付客户提存及银行支付的需要。

流动性在这里有两层含义,即资产的流动性和负债的流动性。资产的流动性是指银行资产在不受损失的前提下随时变现的能力。负债的流动性是指银行能经常以合理的成本吸收各种存款和其他所需资金。一般情况下,我们所说的流动性是指前者,即资产的变现能力。为满足客户提取存款等方面的要求,银行在安排资金运用时,一方面要使资产具有较高的流动性,另一方面必须力求负债业务结构合理,并保持较强的融资能力。

影响流动性的因素主要有客户的平均存款规模、资金自给率水平、清算资金的变化规律、贷款经营方针、银行资产质量以及资金管理体制等。作为特殊的金融企业,流动性是银行实现其安全性和效益性的重要保证。资金运动的不规则性和资金需求的不确定性决定了商业银行保持适当的流动性是非常必要的。

在银行的业务经营过程中,流动性并不是越高越好。事实上,过高的流动性会使银行失去盈利机会甚至出现亏损;过低的流动性则可能使银行出现信用危机、客户流失,丧失资金来源,甚至会因挤兑而导致银行倒闭。因此,商业银行必须保持适度的流动性。这种"度"是商业银行业务经营的生命线,是商业银行业务经营成败的关键。而这一"度"既没有绝对的数量界限,又需要在动态的管理中保持,这就要求商业银行的经营管理者及时、果断地把握时机和做出决策:当流动性不足时,要及时补充和提高;当流动性过高时,要尽快安排资金运用,提高资金的盈利能力。

一般说来,商业银行主要通过建立两级准备来保证资产的流动性:

(1)一级准备,又称现金准备,包括银行库存现金、在中央银行的存款及同业存款等。由于一级准备不能盈利或盈利性很低,商业银行应将此类准备金减少到最低的程度,即减少到法定准备金的水平,并防止经常出现超额准备金的状况。

(2)二级准备,又称二级准备金,主要包括短期国债、商业票据、银行承兑票据及同业短期拆借等。这些资产的特点是能够迅速地在市场上出售、贴现,或者能够立即收回,因而流动性很强。同时,通过持有这些资产,商业银行还可以获得一定的收益,在盈利性方面优于一级准备。这样,除了一级准备,商业银行还有二级准备可以随时应对流动性需要,商业银行的正常经营便有了更高的保障。

三、效益性原则

效益性原则是指商业银行作为一个企业,其经营追求利润最大化。效益性既是评价商业银行经营水平的核心指标,又是商业银行最终效益的体现。影响商业银行效益性指标的因素主要有存贷款规模、资产结构、自有资金比例和资金自给率水平,以及资金管理体制和经营效率等。

商业银行的盈利主要来自银行业务收入与银行业务支出之差,即

$$商业银行的盈利=银行业务收入-银行业务支出$$

商业银行的业务收入包括贷款利息收入、投资收入(股息、红利、债息以及出卖有价证券的价格净差额),以及劳务收入(各种手续费、佣金等)。

商业银行的业务支出包括吸收存款支付的利息、借入资金支付的利息、贷款与投资的损失(贷款的坏账、投资于有价证券的资本损失等),以及支付工资、办公费、设备维修费、税金等。

根据商业银行业务收入与业务支出的主要内容,商业银行实现盈利的途径主要有:

(1)扩大盈利资产比例。现金资产是商业银行资产中流动性最强,但盈利性最差的资产。它不能为商业银行提供利润收入。而长期贷款和长期投资又是商业银行资产中盈利性最好,但流动性最差的资产,是商业银行利润的主要来源。为了保持银行流动性,保证银行有足够的清偿能力,保证银行经营安全,商业银行必须保有一部分现金资产,但其规模不能太大,否则就要影响银行的盈利水平。所以商业银行的经营管理者总是将这种非盈利性的现金资产压缩到最低水平,以扩大盈利资产的比例,为本银行获取更多的利润来源。

(2)降低资金成本。商业银行运用资金获得收益必须付出代价,这包括利息成本和非利息成本。利息成本是以利息形式直接支付给资金提供者的;非利息成本是商业银行围绕吸收存款而花费的营业开支。在经营过程中,资金成本的这两方面都可能发生变化。资金成本提高会抵消银行利润,反之则增加银行利润。因此,商业银行在经营中一定要稳定资金成本,力求不断降低资金成本,争取更多的银行利润。

(3)减少贷款和投资损失。贷款和投资损失不仅会抵消银行的利润,还会危及银行的安全,所以人们也常用贷款和投资损失的多少作为衡量一家银行经营状况好坏的重要标准。为了保证自身经营安全,实现利润最大化目标,商业银行特别注重对贷款和投资项目的预测管理,并十分重视贷后检查,积极过问债务人的经营状况,以减少坏账损失风险,按时按量收回本金和利息,增加银行的利润。

拓展阅读

144家中国银行入围2021年全球银行1 000强

2021年6月28日,《银行家》(The Banker)在其官网发布2021年全球银行1 000强最新榜单。该排行榜拥有全球超过4 000家银行的数据库,每年根据各家银行的一级资本、盈利能力等指标进行评选,已成为衡量全球银行综合实力的重要标志。

中国共有144家银行上榜,其一级资本规模共为2.96万亿美元,接近于美国1.58万亿美元的两倍。官网表示,尽管面对新冠肺炎疫情的挑战,中国银行业在2020年的一级资本

总额和总资产仍获得了正向增长,分别增长了 18.6%、18.4%,税前利润按年增长 5.2%,排名世界第一。目前,中国银行业的资产总额占全球银行业资产总额的 25.6%,共计 148.6 万亿美元,而美国银行业的资产总额占 13.4%;中国银行业的利润总额占全球银行业利润总额的 37.2%,而美国银行业的利润总额占 18.5%。

工商银行、建设银行、农业银行和中国银行已经连续四年蝉联榜单前四。其中,位居榜首的工商银行连续八年稳居第一。2021 年,工商银行的一级资本增长了 15.7%,从 2020 年的 3 802 亿美元增长到 2021 年的 4 399 亿美元;总资产增长了 18.6%,全面领先全球借贷银行。位列第二的建设银行一级资本增长了 14.4%,从 2020 年的 3 161 亿美元增长到 2021 年的 3 616 亿美元。位列第三的农业银行一级资本规模也从 2020 年的 2 776 亿美元增长了 21.1% 至 3 362 亿美元。位列第四的中国银行一级资本规模从 2020 年的 2 584 亿美元增长了 18.1% 至 3 051 亿美元。与此同时,四家银行的利润皆出现增长,在全球银行利润排行榜中同样位列前四。具体来看,2020 年工商银行税前利润为 600.50 亿美元,建设银行税前利润为 515.49 亿美元,农业银行税前利润为 405.90 亿美元,中国银行税前利润则为 377.30 亿美元。

详情链接:《144 家中国银行入围 2021 年全球银行 1 000 强!谁的排名上升?谁的排名原地踏步?》,新浪金融研究院,2021 年 6 月 28 日。

四、安全性、流动性和效益性三原则的协调

商业银行的安全性、流动性和效益性原则既相互统一,又相互矛盾。作为经营管理者,协调商业银行经营的三原则之间的关系,既实现利润最大化,又照顾到银行的安全性和流动性,是极为重要的。

一般来说,商业银行的安全性与流动性呈正相关关系。流动性较大的资产,风险较小,安全性也较高。而效益性较高的资产,由于周转时间一般较长,风险相对较高,流动性和安全性就比较差。因此,效益性与安全性和流动性之间往往呈负相关关系。

安全性、流动性和效益性三原则之间的关系可以简单概括为:流动性是商业银行正常经营的前提条件,是商业银行资产安全性的重要保证;安全性是商业银行稳健经营的重要原则,离开安全性,商业银行的效益性也就无从谈起;效益性是商业银行的最终目标,保持盈利是维持商业银行流动性和保证商业银行安全的重要基础。因此,商业银行的经营管理者要依据商业银行的自身条件,从实际出发,统筹兼顾,在对资金来源和资产规模以及各种资产的风险、收益、流动性进行全面预测与权衡的基础上,首先考虑安全性,在保证安全的前提下争取最大的利润。解决安全性和效益性之间的矛盾,实现安全性和效益性相统一的最好选择就是提高商业银行的流动性。商业银行应从资产和负债两个方面加强管理,通过多种金融资产的组合,围绕流动性加强经营管理,增强资金实力,提高服务质量。唯有如此,才能很好地实现安全性与效益性相结合的目标。

第四节　商业银行的组织形式与组织结构

一、商业银行设立的一般程序

1. 申请登记

大多数国家都明确规定商业银行必须以公司形式组建。为了保证商业银行经营的安全,保障公众的经济利益和社会秩序的稳定,一些国家(如美国、英国、法国等)还规定商业银行不能以个人名义申请设立。美国规定申请设立商业银行的发起人至少在 5 个以上,英国规定商业银行必须由 6 个以上的合作者共同组建。申请人必须按公司法和银行法要求,向指定的金融主管部门递交申请登记书。大多数国家规定的金融主管部门是中央银行,也有一些规定不同的国家,如日本规定申请者须将申请书递交至财务省。

申请登记书必须载明以下内容:

(1) 银行名称及组织形式;

(2) 资本总额;

(3) 业务发展计划、业务种类及经营范围;

(4) 发起人的姓名、籍贯、住址及履历等;

(5) 银行地址。

金融主管部门接到申请登记书后,应按照有关法律,在规定时间内进行审核并提出审核意见。审核的内容主要包括银行的设立是否有利于促进合理竞争、防止银行垄断;是否有利于保障银行体系安全、防止银行倒闭;是否有利于保持合理的规模、降低管理费用、提高服务质量。经过审核后,如果金融主管部门认为申请符合上述原则要求,并且其业务种类和业务计划都比较适当,申请人的资历及声望也较好,便给予批准登记。

2. 招募股份

对于股份制商业银行来说,申请登记书被核准以后,就应当按照公司法的规定发行股票、招募股份。发行人首先要拟订招股章程及营业计划书,写明发行规模、股份种类,然后报中央银行等金融主管部门审批,批准后方可进行股份招募工作。大多数国家的商业银行都以向社会公开发行银行股票的方式募集股本,一些规模较小的商业银行也可以采取私下筹集股本的方式。

3. 验资开业

商业银行股本招募完毕后,应向有关部门报送验资证明书,由有关部门验资,对资本规模达到要求者发放营业执照,方可开始营业。各国对商业银行的最低资本额都有明确规定,如美国规定为 500 万美元,日本为 10 亿日元,英国为 500 万英镑,新加坡为 300 万新元。我国《商业银行法》规定,设置全国性商业银行的注册资本最低限额为 10 亿元人民币,设置城市银行的注册资本最低限额为 1 亿元人民币,设置农村商业银行的注册资本最低限额为 5 000 万元人民币。注册资本应当是实缴资本。

二、商业银行的组织形式

一个国家的商业银行组织形式或银行制度是否健全、有效,对该国的经济和金融发展具有十分重要的意义。商业银行的组织形式是指商业银行在社会经济活动中存在的形式,它是银行制度的重要组成部分。由于西方各国商业银行产生和发展的经济条件不同,组织形式也存在一定的差异。目前,西方各国商业银行已逐渐形成了单元制、分行制、控股公司制、连锁制等四种具有代表性的组织形式。

1. 单元制

单元制银行是指那些不设立或不能设立分支机构的商业银行。单元制银行由各个独立的银行本部经营,该银行既不受其他商业银行控制,又不得控制其他商业银行。单元制银行以美国最为典型,是由美国特殊的历史背景和政治制度所决定的。美国是一个各州具有较高独立性的联邦制国家,早期由于东西部发展不平衡,为了使经济平衡发展,保护地方中小金融机构与小银行,一些比较落后的州政府就通过颁布州银行法,禁止或限制其他地区的银行到本州设立分支机构,也不允许本地银行在本州范围内开设分支机构,以达到阻止金融渗透、反对金融权力集中、防止银行吞并的目的。后来,美国对开设分支机构的限制虽有所放松,但也只有40%的州准许银行在本州范围内开设分支机构,有1/3的州允许银行在同一城市开设分支机构,而南部和中西部的一些州则不允许银行开设分支机构。1994年9月,美国国会通过《瑞格-尼尔法案》(Riegle-Neal Interstate Banking and Branching Efficiency Act),允许商业银行跨州设立分支机构,宣告单元制在美国被废除。

单元制的优点有:

(1)可以防止银行垄断,有利于自由竞争,也可以缓和竞争的激烈程度。

(2)有利于银行与地方政府和工商企业协调关系,全力为本地经济服务。

(3)银行具有更高的独立性和自主性,业务经营的灵活性也较大。

(4)银行管理层次少,有利于管理层旨意的快速传导,便于管理目标的实现。

单元制的缺点有:

(1)不利于银行业的发展,在电子网络技术应用日益普及的条件下,单元制不能优化高新技术的应用成本,限制了银行的业务发展和金融创新。

(2)使银行业务过度集中于某一地区或某一行业,容易受到该地区经济的束缚,使经营风险过分集中,同时由于单元制银行的实力相对较弱,难以有效抵御较大的风险。

(3)单元制本身与经济的横向开放性发展存在矛盾,使银行业无法适应经济发展的需要,也使商业银行丧失竞争能力。

2. 分行制

分行制是指法律上允许在除总行以外的本地或外地设有若干分支机构的一种银行制度。这种银行的总部一般都设在大都市,下属分支机构由总行领导。

分行制银行按管理方式的不同,又可进一步分为总行制和总管理处制。总行制是指其总行除了管理和控制各分支机构,本身也对外营业和办理业务。总管理处制是指其总行只负责管理和控制各分支机构,本身并不对外营业,在总管理处所在地另设对外营业的分支机构。

目前大多数国家实行的都是分行制,其中以英国最为典型。同单元制相比,分行制的优点十分明显:

(1) 有分布广泛的分支机构,便于银行吸收存款,扩大经营规模,增强银行实力。

(2) 有大量分支机构,便于资产在地区和行业上分散,从而也有利于风险的分散,提高银行的安全性。

(3) 存在一定的分支机构,便于银行实现合理的经营规模,促进现代化管理手段和技术设备的推广应用,提高服务质量,加快资金周转速度。

(4) 由于总行数量少,国家金融管理当局只要对总行实行管理和控制,就可以对整个银行业进行管理和控制,便于宏观管理和提高管理水平,还可以避免过多的行政干预。

分行制虽然存在上述优点,但是也存在一定的缺陷:

(1) 容易形成垄断,不利于自由竞争。由于分行制形成许多大银行,加上银行业的并购,容易形成银行"巨无霸",导致垄断,在一定程度上阻碍了整个银行业的发展。

(2) 增加了银行内部的控制难度。因为分行制银行规模庞大、内部层次多、机构庞杂,上级行或总行不可能总是及时掌握下级行的情况并做出处理,在执行重要决策时往往会出现一定的偏差而造成损失。

分行制虽有利有弊,但目前大多数国家仍采用这一银行制度,因为它在提高信贷资金的流动性、安全性和效益性方面有着单元制银行组织形式所无法比拟的优势。同时,随着国际金融一体化的大趋势,分行制的形式开始国际化,并有在全球普及的趋势。

3. 控股公司制

控股公司制又称集团银行制,是指由某一银行集团成立控股公司,再由该公司控制或收购两家以上的若干银行而建立的一种银行制度。这些独立银行的业务和经营决策权均由控股公司控制。控股公司对银行的有效控制权是指能控制一家银行25%以上的投票权。这种控股公司在集团内部可以实行单元制,也可以实行分行制,因而可以成为回避限制、开设分行的一种策略。这种银行制度既不损害单元制的总格局,又能按分行制进行管理。

控股公司有两种类型,即非银行性控股公司和银行性控股公司。前者是指由非银行的其他企业通过控制银行的大部分股权而组织起来的公司,后者是指大银行通过控制小银行的大部分股权而组织起来的公司。一般把控制一家银行的控股公司称为单银行控股公司,把控制两家及以上银行的控股公司称为多银行控股公司。

控股公司制的优点是能有效地扩大资本总量,做到地区分散化、业务多样化,银行可以更好地进行风险管理和收益管理,增强银行的实力,提高银行抵御风险和竞争的能力,集单元制和分行制的优点于一身。其缺点是容易形成银行业的集中和垄断,不利于银行业的自由竞争,从而阻碍银行业的发展。

4. 连锁制

连锁制又称连锁经营制或联合制，是指由同一个人或集团控制两家或两家以上的银行。这种控制可以通过持有股份、共同指导或其他法律允许的形式完成。连锁制的成员银行保持各自的独立地位，掌握各自的业务和经营政策，拥有各自的董事会。

连锁制往往以大银行为中心，确定银行业务模式，形成集团内部联合，其垄断性强，有利于统一指挥、大额投资，以获取高额利润。但事实上，由于受个人或某个集团的控制，连锁制银行往往不易获取所需的大量资本，不利于银行的发展。因此，许多连锁制银行转化为分行制银行或组成控股公司。当前国际金融领域的连锁制银行主要是由不同国家的大型商业银行合资建立的，其主要目的是经营欧洲货币业务以及国际资金存放业务。这种国际连锁制也被称为跨国联合制。

典型案例

中国金融控股公司

2021年6月4日，中国人民银行受理了中国中信集团有限公司和中国光大集团股份公司关于设立金融控股公司的行政许可申请。

随着《国务院关于实施金融控股公司准入管理的决定》和《金融控股公司监督管理试行办法》（以下简称《金控办法》）的公布，金融控股公司从2020年11月1日起正式进入监管时代。按要求，已具备设立情形且拟申请设立金融控股公司的机构，应当在《金控办法》正式实施后的12个月内向中国人民银行提出设立申请，经批准后设立金融控股公司。在股权结构等方面未达到监管要求的机构，应当根据自身实际情况制订整改计划。获批准的金融控股公司，凭中国人民银行颁发的金融控股公司许可证向市场监督管理部门办理登记，名称中应当包含"金融控股"字样。

近年来，我国一些大型金融机构开展跨业投资，形成了金融集团；还有部分非金融企业投资控股了多家、多类金融机构，成为事实上的金融控股公司。本次获受理的中信集团和光大集团都是国务院批准的支持国家对外开放与经济发展的大型企业集团，投资控股了不同类型的金融机构。

中信集团（原中国国际信托投资公司）是在邓小平同志支持下，由荣毅仁同志于1979年创办的。中信集团由财政部代表国务院履行出资人职责。2002年中国国际信托投资公司进行体制改革，更名为中国中信集团公司，成为国家授权投资机构。2011年中国中信集团公司整体改制为国有独资公司，更名为中国中信集团有限公司（简称"中信集团"），并发起设立了中国中信股份有限公司（简称"中信股份"）。2014年8月，中信集团将中信股份100%股权注入香港上市公司中信泰富，实现了境外整体上市。中信集团深耕综合金融、先进智造、先进材料、新消费和新型城镇化五大业务板块，中信股份是香港恒生指数成分股之一。截至2020年12月31日，中信股份的总资产达97 408亿元港币，归属于普通股股东的权益为6 743亿元港币。

光大集团由财政部和中央汇金投资有限责任公司(简称"汇金公司")发起设立,其中汇金公司持股63.16%,财政部持股33.43%。目前,光大集团已经成为横跨金融与实业,机构与业务遍布境内外,拥有金融全牌照和环保、旅游、健康、高科技等特色实业,具有综合金融、产融合作、陆港两地特色优势的国有大型综合金融控股集团。光大集团在境内外拥有光大银行、光大证券、光大控股、光大国际、光大永年、中青旅控股、嘉事堂、中国飞机租赁、光大嘉宝、光大水务、光大绿色环保等上市公司。截至2019年年底,集团合并总资产达到5.2万亿元,净资产达到5 269亿元。

详情链接:《"金融控股公司"要来了:中信集团、光大集团申请获央行受理》,澎湃新闻,2021年6月4日。

三、商业银行的组织结构

商业银行的组织结构是指各个银行为有效地发挥商业银行的各项职能、提高经营效益而进行的内部组织的设置方式。由于大多数商业银行都是按公司法组织起来的股份银行,其组织结构大致相仿,一般可分为决策、执行与监督三个系统。

(一) 决策系统

商业银行的决策系统主要由股东大会和董事会组成。

1. 股东大会

股东大会是股份制商业银行的最高权力机构。股本招募中购买银行发行的优先股股票的投资者成为银行的优先股股东,购买银行发行的普通股股票的投资者成为银行的普通股股东。无论银行是否盈利,优先股股东都可以取得固定利息,但无权参与银行的经营管理。普通股股东取得的股息随银行盈利多少而变动,但有权加入股东大会,参与银行的经营管理。银行股东大会分为股东年会、临时股东会议和特别股东会议。股东大会的主要内容和权限包括:选举和更换董事、监事并决定有关的报酬事项;审议批准银行各项经营管理方针和对各种重大议案进行表决;修改公司章程等。由于银行股票发行量大,而且发行比较分散,投资者只要拥有一个银行10%甚至更少的股票,就可以控制该银行,这使股东大会的表决权实际操纵在少数大股东手里。

典型案例

2006年10月27日,中国工商银行于上海及香港同步上市,实现了从国有独资商业银行到股份制商业银行,再到国际公众持股公司的历史性跨越。股改上市以来,中国工商银行不断完善由股东大会、董事会、监事会、高级管理层组成的"权责分明、各司其职、相互协调、有效制衡"的公司治理制衡机制(见图1—1),优化权力机构、决策机构、监督机构和执行机构之间"决策科学、监督有效、运行稳健"的公司治理运作机制。

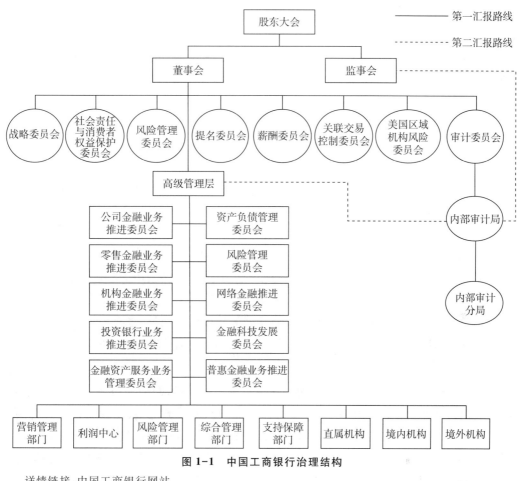

图 1-1 中国工商银行治理结构

详情链接:中国工商银行网站。

2. 董事会

董事会是由股东大会选举产生的决策机构。董事会代表股东大会执行股东大会的决议,对股东大会负责。董事会的人数依银行规模不同而定,美国规定每家商业银行至少要有 5 名董事,多则可达 25 名。董事的任期一般为 1～3 年不等,可连选连任。董事会一般设董事长、副董事长和常务董事。由于董事长在银行中处于举足轻重的地位,这一职位通常由具有较强预测能力和交际能力并与政府有较密切联系的人担当,以利于银行的发展。

商业银行董事会主要具有以下重要权力:

(1) 确定银行的经营决策。董事会一般不直接参与银行的日常工作,但银行经营的重大问题要由董事商议,由董事会做出决策。

(2) 有权任免银行管理人员,选择熟悉银行业务的高级管理人员来具体管理银行。

(3) 设立各种委员会或附属机构,如执行委员会、贷款委员会、考评委员会等,通过其对银行的经营管理活动进行组织、指挥和监督。董事会成员如因管理不善或失职等违法行为而给银行带来经济损失的,需负法律责任,有时还要做出经济赔偿。

(二) 执行系统

商业银行的执行系统由总经理(行长)和副总经理(副行长)及其领导的各业务部门组成。

1. 总经理(行长)

总经理(行长)是商业银行的最高行政负责人。总经理(行长)的主要职权是执行董事会的决议,组织领导银行的业务经营活动。出任商业银行总经理(行长)需具备以下一些条件:

(1) 具有经营管理银行的专门知识和组织才能,并有在商业银行高级管理工作岗位上工作的丰富经验。

(2) 有较强的事业心和责任心,忠于职守,重视银行效益。

(3) 善于研究客户的心理需要,把握实际,做出正确的经营策略。

(4) 富有创新精神,善于运用新思维和新方法处理银行经营中遇到的问题,拓展银行业务空间。

(5) 与下属保持良好的联系,善于调动下属的积极性。此外,也有一些银行实行董事长制,即董事长既是董事会的首脑,又是银行的行政首脑,总经理只是董事长的助手。

2. 部门经理

在总经理(行长)的领导下,商业银行还要设置若干业务、职能部门及部门经理。一般地,商业银行的贷款、信托、投资、营业与会计等部门称为业务部门,面向客户办理各项银行业务;人事、公共关系等部门称为职能部门,主要职责是实施内部管理,协助各业务部门开展工作。各部门经理一般由总经理(行长)提名,由董事会批准,其职责主要是协助总经理(行长)通过部门目标的实现,最终实现银行的经营目标。

(三) 监督系统

商业银行的监督系统由监事会和稽核部门组成。

监事会由股东大会选举产生,代表股东大会对商业银行的业务经营和内部管理进行监督。当选为银行监事的人员一般都具有丰富的银行管理经验,熟悉银行业务的各个环节,熟悉银行法和银行章程,能及时发现银行经营管理中存在的问题。商业银行的稽核部门是董事会或管理层领导下的一个部门,其职责是维护银行资产的完整和资金的有效营运,对银行的经营管理质量进行独立的评估。

商业银行监事会的检查比稽核部门的检查更具有权威性,监事会主要行使以下职权:

(1) 检查银行的财务状况;

(2) 对董事、经理履行银行职务时违反法律、法规或银行章程的行为进行监督;

(3) 当董事和经理的行为损害银行利益时,对董事和经理的行为予以纠正;

(4) 提议召开临时股东大会;

(5) 行使银行章程规定的其他职权。

第五节　商业银行的经营环境

商业银行的经营环境是指其开展业务活动的制约条件和影响因素。从广义上讲,商业银行的经营环境包括制约商业银行开展业务活动的外部环境和影响商业银行经营管理的内部环境。

一、商业银行的外部经营环境

商业银行的外部经营环境包括宏观经济状况、政府行为、法律环境,以及金融管理部门对银行业的监管等。

1. 宏观经济状况

一国的宏观经济状况是影响该国银行业稳定经营的至关重要的因素。影响银行业的宏观经济因素有国家经济运行状况、汇率制度、通货膨胀程度、利率波动等。经济运行状况不仅直接影响银行业务的开展,而且影响其承受的风险。作为经济运行风险集中地的银行,经济变动造成的风险对其影响更为直接和巨大。

2. 政府行为

政府的经济政策,如货币政策、税收政策、产业政策等以及政府与银行的关系是否实现了正常化等,也是构成商业银行外部经营环境的重要部分。商业银行作为经营货币的特殊企业,在经营过程中必然会以利润最大化为目标,由此产生一定的盲目性。所以,商业银行的经营也要置于政府的宏观调控之中,使得这一行业的发展和其业务的开展符合国家宏观经济的发展目标。另外,商业银行也是政府经济政策传导机制的重要一环,如货币政策的变化直接影响商业银行信用创造能力的大小,因此经济政策的实施将对商业银行的经营产生极其重要的影响。

3. 法律环境

法制建设的状态及具体的法律规范是保证商业银行稳健经营的又一环境因素。这里的法律主要是指与金融业相关的法律、法规。这些法律体系确定了一国银行业的经营运行和政府对银行业的监管模式。我国三大银行业法律《中华人民共和国银行业监督管理法》(2006年修正)、《中华人民共和国中国人民银行法》(2003年修正)和《中华人民共和国商业银行法》(2015年修正)的正式实施,使我国金融监管体制发生了重大调整,原来由中国人民银行履行的银行业监管职能归中国银监会承担,中国人民银行的职能由原来的"制定和执行货币政策、实施金融监管、提供金融服务"调整为"制定和执行货币政策、维护金融稳定、提供金融服务"。而作为我国第一部关于银行业监管的专门法律——《中华人民共和国银行业监督管理法》则规范了金融监管制度,加强了监管力度。

4. 金融监管部门对银行业的监管

各国银行的经营均受到政府和有关部门的监管,目的是保护公众利益,保障银行体系的安全稳定,保障银行业的公平竞争。银行业的经营特点决定了政府对银行业的监管要

以谨慎监管为原则,监管的主要内容有:

(1) 银行业的准入。审查批准银行业金融机构的设立、变更、终止以及业务范围。

(2) 银行业审慎经营规则的执行情况,主要包括风险管理、内部控制、资本充足率、资产质量、损失准备金、风险集中、关联交易、资产流动性等内容。

拓展阅读

2021年以来银行业经营环境发生新变化

2021年以来,我国经济呈现复苏态势,银行业监管取向在"支持实体经济发展"与"防范化解金融风险"中谋取平衡。银行业经营环境发生深刻变化。

一是"十四五"开局之年,银行业发展面临新机遇。2021年3月13日,国务院发布《中华人民共和国国民经济和社会发展第十四个五年规划和2035年远景目标纲要》,明确了金融机构对实体经济的支持方向,提出了金融改革的方向。"十四五"期间,金融机构资源将向科技创新、高端制造、消费升级、城镇建设、民生金融、绿色金融等方向倾斜。银行业信贷、投行、资管等业务将加大在相关领域的资源投入,迎来发展新机遇。

二是宏观经济呈现稳步复苏态势,支持银行业经营稳定。2021年1—2月,经济供需端复苏态势显现,社会消费品零售总额同比增长33.8%,同比加快54.3个百分点。从环比来看,2月份消费较上月增长0.56%,消费保持恢复趋势,但仍未恢复至疫情前水平。1—2月,固定资产投资同比增长35%。其中,基建、房地产和制造业投资分别同比增长36.6%、38.3%、37.3%。内需回升、外需较旺,需求对生产形成了有力拉动。1—2月,出口增速较2019年同期加快32.7个百分点。

三是货币政策稳字当头,银行业流动性合理充裕。2021年1月上旬,央行流动性释放从宽松状态缓慢调整方向。1月8日起,央行公开市场7天逆回购量从100亿元降到50亿元,13日起从50亿元降到20亿元。2月18日,央行公开市场操作大幅回笼流动性超过2 600亿元,维护银行体系流动性合理充裕。2月新增社会融资规模1.71万亿元,广义货币(M2)同比增长10.1%;新增人民币贷款1.34万亿元,企业中长期贷款持续高增、短期贷款少增,居民中长期贷款存在一定波动。2月1年期和5年期LPR(贷款市场报价利率)继续维持不变。

四是银行业维持严监管态势,金融与科技的关系审慎探索。2021年以来,央行、银保监会围绕银行业风险处置化解、强化金融科技及互联网金融业务监管、优化银行业存贷款管理、规范大学生信贷投放等方面出台一系列监管政策。此外,政策对房地产贷款提出更严格的监管限制,引导银行业贷款流向实体经济,并积极引导实体经济融资成本下行。

详情链接:中银研究院,《2021年以来银行业经营环境发生新变化》,金融界,2021年4月1日。

二、商业银行的内部经营环境

商业银行的内部经营环境是指商业银行开展经营管理活动所具备的一系列经营要

素,包括银行资本、人力资源、组织机构、内部管理制度等。

1. 银行资本

资本是商业银行开展经营管理活动的基本物质条件和前提。商业银行开展经营管理活动,首先必须拥有一定的资本金。如果没有一定的资本金,商业银行就无法申请、登记、注册、开业,没有营业用房和相应的设施设备,没有办法选聘人才,当然也就没有可能从事任何经营管理活动。

2. 人力资源

现代商业银行属于高科技密集型行业,金融业的不断创新离不开高素质的金融人才。银行的一切经营管理活动只有通过银行员工才能具体展开,现代金融业的竞争归根到底是人才素质的较量。因此,能否挑选到足够数量的合适的金融人才,就成为商业银行经营成败的核心问题。

3. 组织机构

商业银行的组织机构既是实现银行经营管理的基本物质条件,又是实施银行决策的执行系统。它包括机构的种类和构成、机构之间的相互关系以及机构内部的领导体制和组织形式等内容,是银行形态结构、权利关系和指挥方式三位一体的反映。商业银行除需具有资本和人力资源外,还必须有一个科学、高效的组织机构才能开展经营管理活动,因为资本和人力资源只有在一定的组织机构内才能充分发挥其效能。

4. 内部管理制度

商业银行开展经营管理活动还需要建立一套既适应市场经济发展,又符合现代金融企业特征的内部管理制度。科学的内部管理制度是规范银行经营管理活动的必要条件,也是制约从领导者到各层员工经营行为的内部法律。健全、科学的内部管理制度使商业银行的各项经营管理活动有章可循,能够实现银行经营的有序化和规范化,从而大大提高银行的运转效率,以确保银行经营管理目标的实现。

关键术语

商业银行　信用中介　支付中介　信用创造　单元制　控股公司制　经营环境

复习思考题

1. 简述商业银行的概念与特征。
2. 简述商业银行的职能。
3. 何谓商业银行经营管理的"三性"原则?三者之间如何协调统一?
4. 商业银行有哪些主要的组织形式?
5. 简述商业银行的组织结构。
6. 简述商业银行经营管理受哪些内、外部环境因素的影响。

第二章

商业银行资本管理

> **学习目标**

- 了解商业银行资本的构成与功能
- 把握《巴塞尔协议》对商业银行资本充足性的要求与测定
- 理解新《巴塞尔协议》的三大支柱
- 熟悉商业银行的资本筹措方式及其选择

> **素养目标**

通过对拓展阅读和典型案例的分析,培养学生的家国情怀、职业道德及对金融创新的价值取向的认识。

> **案例导读**

国外商业银行的资本管理

商业银行的资本具有吸收银行意外损失、确保银行持续经营的重要功能,受到金融监管部门的强制约束。自 2008 年全球金融危机以来,巴塞尔银行监管委员会(以下简称"巴塞尔委员会")推出并实施《巴塞尔协议Ⅲ》以强化资本监管的有效性。随之,国外商业银行积极探索应对措施,进一步创新资本管理的渠道和工具,在提高资本使用效率的同时推进银行的稳健经营和高质量发展。相比之下,我国银行业在资本管理方面仍有较大的提升空间,尤其是在宏观经济发展减速、银行利润增速下降、内源资本补充渠道有限,既要更好地服务实体经济,又要提升资本缓冲水平的情况下,我国商业银行有必要积极学习借鉴国外商业银行资本管理的经验,进一步提高资本管理水平。

完善资本管理框架。主要是明确资本管理责任主体、资本管理流程和资本管理方法。例如,加拿大皇家银行为不同形式资本的界定、计量、筹集、使用等建立了统一的管理框架和流程,明确了与资本充足率、杠杆率风险管理相关的资本管理方法,从多个角度管理和监控资本。在资本管理的主体方面,加拿大皇家银行由董事会负责对资本管理进行最终监督,开展包括资本计划和内部资本充足评估程序在内的年度审查与批准;资产负债委员会和高级管理层共同承担资本管理责任,并定期报告既定资本管理限额和准则的执行情况。摩根大通曾于2012年设立监管资本管理办公室,作为公司整体资本治理框架的组成部分,负责衡量、监控和报告公司的资本与相关风险,审查、批准和监督公司资本政策与战略的实施。花旗集团在董事会风险管理委员会的监督下,资本委员会负责花旗集团的总体资本结构,包括资本评估和流程规划,其子公司的资产负债表管理视情况由各自的资产负债委员会负责。

重视资本管理的目标和评估。国外商业银行普遍引入资本压力测试和情境分析,进行前瞻性的资本评估和规划,科学确定最低资本目标要求。摩根大通内部资本评估同时考虑《巴塞尔协议Ⅲ》的监管资本最低要求,以及全面资本分析审查压力测试估算的资本需求,在此基础上确定最低资本目标额度。在具体资本管理目标上,摩根大通每季度进行严格的内部资本充足率评估,既要保证资本目标足以支撑业务发展、充分利用可能的投资机会,又要保障资本充足率不低于监管要求,满足各板块的资本分配目标等。

丰富资本补充渠道和工具。国外商业银行一直先行先试,创新资本补充工具,丰富资本补充渠道。在资本补充工具创新方面,国外资本市场相对发达,商业银行积极拓展资本补充工具的属性、发行、定价等要素,发行多种外源性资本补充工具,保障资本充足率符合监管要求。美国等多国的全球系统重要性银行(Global Systemically Important Bank,G-SIBs)采用发行可转换资本工具的方式,吸收风险损失,触发风险事件后进行转股或转债。在一级资本补充方面,花旗集团发行非累积永久优先股,瑞银集团推出递延或有资本计划,荷兰合作银行推出带减记功能和条件恢复的一级资本债券,意大利联合信贷银行发行带有转股性质的一级资本债券,澳大利亚西太平洋银行发行"过渡型"优先股资本工具等。

提高资本配置效率。花旗集团等银行重视资本效益评价结果在经营中的运用,应用经济增加值(EVA)和风险调整资本回报率(RAROC)对业务条线进行考核,从分析与管理业务条线的RAROC出发,通过对战略目标、风险偏好和资产结构组合取向的调整,确定业务条线的发展思路和行动目标,依靠精细化的经济资本配置模型、科学健全的考核制度,开展经济资本管理工作。

详情链接:韩文博,《国外商业银行资本管理实践与启示》,《银行家》,2021年第5期。

你是不是有下面的疑问?

1. 商业银行为什么非常重视资本管理?
2. 案例中提到的《巴塞尔协议Ⅲ》是一个什么样的协议?其主要内容是什么?它和银

行的资本管理有什么关系?

3. 2008年全球金融危机之前,国际上推行的资本监管协议是什么?

进入内容学习

资本是商业银行开业、拓展业务经营、防范经营风险、树立良好形象和信誉的重要基础与必要条件,对商业银行的业务经营与发展至关重要。

第一节 商业银行资本的构成与功能

一、商业银行资本的概念和特点

(一) 商业银行资本的概念

资本也称资本金,是指商业银行在建立之初由投资者投入的资金,以及银行在经营活动中由税后留存收益和银行借入的次级长期债务用来转增资本的资金,它代表着投资者对商业银行的所有者权益。在实践中,商业银行资本涉及以下相关概念:

1. 最低资本

最低资本是按照有关法律规定设立银行要求达到的最低资本额,达不到最低要求则商业银行不得设立。为此,各国法律一般都有相关规定。

2. 注册资本

注册资本是商业银行设立时,在银行章程中注明的向政府主管部门登记注册的资金。注册资本是公开声明的财产总额,可以使公众了解银行以后可能达到的经营规模。注册资本必须等于或大于最低资本。

3. 发行资本

发行资本也称名义资本,是商业银行实际已向投资者发行的股份总额,同时也是投资者已同意用现金或实物认购的股份总额。发行资本不能超出注册资本。

4. 实收资本

实收资本也称已付资本,是指投资者已认购的股份全部或部分缴纳给公司的股金。如果发行股份全部收到,那么实收资本总额就等于发行资本。

拓展阅读

我国商业银行注册资本的相关规定

我国1995年颁布、2015年第二次修正的《中华人民共和国商业银行法》第十三条规定:设立全国性商业银行的注册资本最低限额为10亿元人民币;设立城市商业银行的注册资本最低限额为 1 亿元人民币;设立农村商业银行的注册资本最低限额为 5 000 万元人民币。注册资本应当是实缴资本。

国务院 2014 年修订的《中华人民共和国外资银行管理条例》第八条规定:外商独资银行、中外合资银行的注册资本最低限额为 10 亿元人民币或者等值的自由兑换货币。注册资本应当是实缴资本。外商独资银行、中外合资银行在中华人民共和国境内设立的分行,应当由其总行无偿拨给人民币或者自由兑换货币的营运资金。外商独资银行、中外合资银行拨给各分支机构营运资金的总和,不得超过总行资本金总额的 60%。外国银行分行应当由其总行无偿拨给不少于 2 亿元人民币或者等值的自由兑换货币的营运资金。国务院银行业监督管理机构根据外资银行营业性机构的业务范围和审慎监管的需要,可以提高注册资本或者营运资金的最低限额,并规定其中的人民币份额。

2020 年 10 月 16 日,中国人民银行官网发布《中华人民共和国商业银行法(修改建议稿)》(以下简称《修改建议稿》),向社会公开征求意见。《修改建议稿》提高了注册资本最低限额。2015 年的《商业银行法》规定全国性商业银行的注册资本最低限额是 10 亿元,城商行的注册资本最低限额是 1 亿元,农商行的注册资本最低限额是 0.5 亿元。而《修改建议稿》规定全国性商业银行的注册资本最低限额是 100 亿元,提高了 10 倍;城商行的注册资本最低限额是 10 亿元,提高了 10 倍;农商行的注册资本最低限额是 1 亿元,提高了 5 倍。

详情链接:中国人民银行官网。

(二)商业银行资本的特点

与一般企业的资本相比,商业银行的资本具有以下显著特点:

(1)商业银行资本所包含的内容比一般企业宽泛。一般企业的资本是根据会计学的定义来理解的,即资本等于资产总值减去负债总值的净值,这个净值被称为所有者权益或产权资本。而现代商业银行的资本中,既有权益资本(产权资本),又有债务资本(非产权资本),具有双重资本的特点。

(2)商业银行资本占资产总额的比重与一般企业相比很小。现代企业都具有负债经营的特点,但由于企业的性质和特点不同,资本在其资产总额中所占的比重也不相同。一般企业的资本通常要占到其资产总额的 50% 以上,而商业银行作为经营货币信用的特殊企业,主要是通过增加负债来达到扩张资产的目的,其资本占资产总额的比重一般在 10% 以下,这与一般企业形成鲜明对照。这表明商业银行资本的金融杠杆作用远大于其他非金融企业,也说明商业银行资本与一般企业、公司资本职能的不同。

二、商业银行资本的构成

商业银行的资本构成包括股本、盈余、债务资本和储备资本。

（一）股本

1. 普通股

普通股是商业银行资本的基本形式，是一种所有权证明。它包括上市银行向社会大众发行的可流通股票，在数量上等于已发行普通股数量乘以股票的票面价格，其持有人具有选举权和获得股息的权利。普通股的求偿权排在金融债券持有人和优先股持有人及其他一般债权人之后。普通股是商业银行筹集资本的主要方式，是商业银行可永久性使用的资金。

2. 优先股

优先股是商业银行资本中股息分配和资产清偿权先于普通股的那部分资本，它是介于普通股和债券之间的一种有价证券。优先股持有人可获取固定的股息，在银行清偿资产时，有优先获取赔偿的权利。大多数优先股是永久性的，商业银行可通过发售一些不同类型的优先股以筹措资本。

（二）盈余

1. 资本盈余

资本盈余又称股本溢价，是指正在发行的普通股的市场价与其账面价值或设定价值的差额，是股本的溢价部分。这部分盈余的权益归全体普通股股东所有，它不能用于股利的分配而必须记在盈余项下，作为商业银行资本的组成部分。资本盈余是调节银行资本金、影响股息政策的重要项目。当银行需要增加注册资本时，可将资本盈余划转成股本；在银行不盈利或盈利少的情况下，银行可以动用资本盈余来发放股息。

2. 留存盈余

留存盈余又称未分配利润，是指商业银行税后利润中未分配给股东的部分，是商业银行所有者权益的重要项目。与资本盈余一样，留存盈余也是调节资本金、影响股息政策的重要项目。

资本盈余与未分配利润虽然形式上没有直接所有者，但实际上这些资本的权益归普通股股东所有。因为资本盈余、未分配利润归根结底都来自税后净利润，普通股股东有权分配这些税后净利润，既可以将这些净利润以股息或红利的形式分掉，又可以将它们以未分配利润的形式保留在所有者权益中，而其权益归全体普通股股东所有。

（三）债务资本

债务资本是商业银行通过发行资本票据和资本债券等方式筹措的资金。资本票据是指那些期限较短、发行额度大小不同的银行借据。资本债券是指那些期限较长、发行额度较大的债务凭证。

资本票据和资本债券是商业银行的债券型资本，有明确的利息和期限，商业银行向资本票据或资本债券的持有者支付利息，到期时归还本金。资本票据或资本债券的持有者对商业银行的收益和资产分配的要求权先于普通股与优先股股东;但在银行破产倒闭进行清算时,这些票据和债券对商业银行资产的追偿权落在存款与借款等债务之后,所以又被称为商业银行的次级债务或附属债务。

资本票据和资本债券之所以被当成资本看待,是由于它们期限长、融资量大、较稳定,在一定程度上可以替代产权资本执行资本的部分职能。但作为资本的附属债务必须满足监管部门所规定的资质标准。

(四)储备资本

储备资本(也称准备金)是商业银行为了防止意外损失而按照一定比例从收益中提留的资金,包括资本准备金、贷款与证券损失准备金等。

资本准备金是商业银行为了应付股票资本的减少而保持的准备金。贷款与证券损失准备金是商业银行为了补偿那些还不能确定的贷款呆账、证券贬值等资产损失而保持的准备金。因为大多数国家允许银行从税前利润中提留准备金,而准备金又是逐年累积提留形成的,所以在一般情况下,使用它来弥补资本或资产损失既不会对当年收益产生重大影响,又可以使银行享有税收优惠。准备金在商业银行资本中只占很小比例。

商业银行资本构成及资本补充工具一览如图2-1所示。

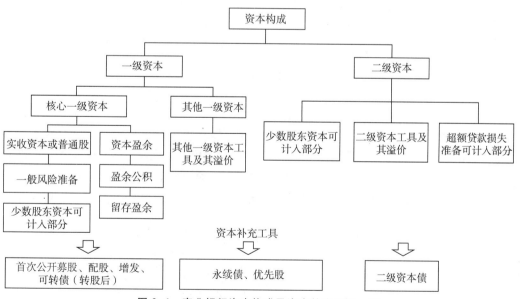

图2-1 商业银行资本构成及资本补充工具一览

2019年中国农业银行资本构成如表2-1所示。

表2-1 2019年中国农业银行资本构成　　　　　　　　　　单位:人民币百万元

项目		2019年年末
核心一级资本		
1	实收资本	349 983
2	留存收益	1 193 098

(单位:人民币百万元)(续表)

项目		2019年年末
2a	盈余公积	174 907
2b	一般风险准备	277 016
2c	未分配利润	741 175
3	累计其他综合收益和公开储备	205 327
3a	资本公积	173 556
3b	其他	31 771
4	少数股东资本可计入部分	59
5	核心一级资本合计	1 748 467
其他一级资本		
6	其他一级资本工具及其溢价	199 886
二级资本		
7	二级资本工具及其溢价	244 900
8	少数股东资本可计入部分	16
9	超额贷款损失准备可计入部分	312 917
10	总资本(一级资本+二级资本)	2 506 186

资料来源:中国农业银行《2019年资本充足率报告》。

三、商业银行资本的功能

商业银行资本的功能可归纳为营业功能、保护功能和管理功能三种。

1. 营业功能

资本是商业银行存在和发展业务的先决条件,是商业银行维持正常经营活动的必要保证。资本的存在首先可以保证商业银行在开业时对资金的需要,其次可以满足商业银行在经营过程中对房屋、设备和办公用品等物品日益增加的购置要求。随着计算机、传真机、网络技术等高科技产品在银行系统的普遍应用,商业银行购置设备的资金占资本总额的比重呈现不断上升的趋势。

2. 保护功能

(1)资本可以弥补银行日常经营活动中偶发性的资金短缺。在银行的日常经营活动中,如果发生经营亏损、遭遇偶发事件,如客户大量挤兑、纷纷求贷,致使银行发生暂时性资金短缺,则最经济可靠的办法就是银行资本的填入,这是保障银行经营活动顺利进行的重要手段,为银行避免破产提供了缓冲余地。

(2)资本为银行的经营活动提供信誉保证。银行是信用机构,银行资本有助于树立公众对银行的信心,它向银行的债权人显示了银行的实力。因而银行必须持有充足而适度的资本,向社会及公众证明,银行能应付任何意外损失并持续、稳定地发展。

(3)资本可以保护存款人及其他债权人的利益。银行是利用别人的资金赚取利润的机构,其资金大部分来自存款人及其他债权人。在银行的业务经营活动中,存在信用风险、流动性风险、利率风险、决策风险、市场风险等,一旦风险变成现实的损失而又无法挽救,必然给债权人造成损害。资本可用来为各种债权人提供一定的补偿。

3. 管理功能

各国政府的金融监管部门都对商业银行实施有效的管理,以保证金融系统的稳定。其中,对商业银行资本的控制与管理就是监管的重要内容。金融监管部门一般都会对商业银行的资本做出具体规定或提出具体要求。商业银行只有满足了金融监管部门规定的最低资本的要求,才可以从事各种业务活动。金融监管部门通过规定和调节商业银行各种业务规模与资本的比率,对商业银行的业务活动实施监督管理。

第二节 《巴塞尔协议》与商业银行资本

《巴塞尔协议》是 1975 年 2 月成立的国际性常设跨国银行监督管理机构——巴塞尔委员会颁布的一系列国际统一银行监管的重要文件的总称,是在特定时期制定的国际银行界的"游戏规则",它的产生和进一步发展是国际银行界追求稳健经营、公平竞争的结果。

中国银行业于 2004 年及 2007 年分别开始实施《巴塞尔协议Ⅰ》和《巴塞尔协议Ⅱ》。2008 年的金融危机使得全球很多金融机构遭到不同程度的损失,也使得中国的监管机构看到了国内银行业的经营风险。中国金融监管机构借鉴《巴塞尔协议Ⅲ》并结合国内银行业实际情况,在 2011 年和 2012 年颁布了中国版《巴塞尔协议Ⅲ》——《商业银行资本管理办法(试行)》等一系列规则制度。

在 2008 年全球金融危机爆发前,大批商业银行就因表外业务过度杠杆化而面临巨大的经营风险,在危机爆发后,又因没有足够的逆经济周期的资本金准备而面临重大经济损失,甚至破产。鉴于原有的《巴塞尔协议Ⅱ》在资本金要求及风险核算等方面表现出的缺陷,巴塞尔委员会在 2010 年 12 月发布了《巴塞尔协议Ⅲ》,旨在通过更加严格的资本金及风险核算要求,提高银行体系自身的风险防范及承受能力。同时,各国领导人也承诺在 2013 年前实施新的监管要求,并于 2019 年前全面达标。

一、《巴塞尔协议》产生的背景

《巴塞尔协议》是国际银行业加强风险控制、规范行业竞争的重要产物,具有深刻的时代背景。

1. 银行业经营的风险不断加大

(1) 20 世纪 70 年代以后,融资证券化趋势的增强使银行客户越来越倚重直接发行证券融资,银行之间的竞争日益加剧。为了争取客户,银行纷纷降低贷款利率并放宽贷款条件,使贷款质量和收益受到影响,资产负债表中不良资产的比率越来越高,风险增大。

(2) 从 20 世纪 80 年代开始,在世界范围内出现了金融创新的高潮,各种新型融资工具和产品层出不穷,尤其是承兑、票据发行便利、循环包销便利和各种担保、承诺等表外业务大量增加,很多表外业务的名义价值取决于汇率和利率的波动,银行承受的风险日益增加,而许多银行未能提供足够的资本来抵御来自表外业务的风险,而且对这类业务涉及的风险缺乏统一的衡量标准。

(3) 20 世纪 80 年代以来,发展中国家爆发债务危机后,西方债权银行不得不将大量利润移作贷款损失准备金,以应付坏账,许多大银行的资本比率因此而降低,影响了银行经营的稳定性。

(4) 随着银行的国际化与金融市场的全球一体化,银行经营的风险由一国之内跨出国界。在这种形势下,对跨国银行的监管仅靠一国监管当局的力量显然力不从心,客观上要求国际银行界在金融监管上进行国际协调。

2. 银行业之间的不平等竞争日趋严重

虽然各国对本国银行的资本资产比率都有一些规定,但由于各国的银行制度、经营思想、经营策略及经营环境的不同,其规定的资本定义、资本含量及目标比率均有不同,如 20 世纪 80 年代美国银行监管当局规定的美国银行的资本资产比率为 6%,而同期日本银行的该比率仅为 2%。这些差距不可避免地形成了不平等的竞争局面。

为了尽量避免和防御银行经营风险,提高银行承受风险的能力,并以统一的资本计量和资本标准消除国际银行业存在的不平等竞争局面,1987 年 12 月 10 日,国际清算银行(Bank for International Settlements, BIS)在瑞士巴塞尔召开了包括美国、英国、法国、联邦德国、意大利、日本、荷兰、比利时、加拿大、瑞典(十国集团)以及卢森堡和瑞士在内的十二国中央银行行长会议,会议通过了具有里程碑意义的巴塞尔资本协议。1988 年 7 月,国际清算银行下设的巴塞尔委员会正式通过和颁布了《统一资本计量和资本标准的国际协议》,这是国际上第一个有关商业银行资本计量和资本标准的协议,简称《巴塞尔协议Ⅰ》。

二、《巴塞尔协议Ⅰ》的主要内容

《巴塞尔协议Ⅰ》主要由四部分构成,即资本的组成、风险加权的计算、标准化比率的目标、过渡期及实施的安排。

(一) 资本的组成

根据《巴塞尔协议Ⅰ》的要求,商业银行的资本包括核心资本和附属资本(又称补充资本)两大部分。

1. 核心资本

核心资本也称一级资本,包括股本和公开储备。股本是指已经发行并完全缴足的普通股和永久的、非累计性的优先股。公开储备是指通过留存盈余或其他盈余的方式在银行资产负债表上有明确反映的储备,如股票发行溢价、公积金、未分配利润等。

核心资本的主要特征是:资本的价值相对比较稳定;资本的成分对各国银行来说是唯一相同的成分;核心资本与银行盈利差别和竞争能力关系极大,是判断资本充足率的基础。

2. 附属资本

附属资本也称二级资本或补充资本,具体包括以下五项:

(1) 非公开储备,指与公开储备具有相同的质量,可以随时用来应付未来不可预见的损失,反映在银行的利润表上但未公开在银行的资产负债表上标明的储备。

(2) 资产重估储备,指银行的固定资产和所持有证券的现实市场价值相对其在资产负债表中的历史价值的增值部分。值得注意的是,重估储备在计入附属资本之前,必须对其市场价值与账面价值之间的差价打55%的折加,以反映市价波动的潜在价值损失风险和增值收益实现后的缴税费用。

(3) 普通准备金和普通呆账损失准备金,指事先设立的,可随时用于弥补未来可能出现的任何损失的准备金。

(4) 混合资本工具,指既有股本性质又有债务性质的混合工具。它能够在不必清偿的情况下承担损失、维持经营。混合资本工具主要包括累计性优先股、强制性可转换债券、长期性优先股等。

(5) 长期次级债务,包括普通的、无担保的、初次所定期限最少五年以上的次级债务资本工具和不许回购的优先股。其特点一是次级,即债务清偿时不能享有优先清偿权;二是长期,即有严格的期限规定。

附属资本虽然具有财务杠杆作用,但如果其数量过大、占比过高,则会影响商业银行的对外形象。所以,《巴塞尔协议Ⅰ》规定:附属资本总额不得超过核心资本总额,附属资本中长期次级债务部分不得超过核心资本总额的50%。

(二) 风险加权的计算

《巴塞尔协议Ⅰ》将资本与资产负债表上不同种类资产及表外项目所产生的风险相挂钩,来评估银行的资本充足性。

对于表内项目,以其账面价值直接乘以相应的风险系数即可(详见表2-2);对于表外项目,则要先根据《巴塞尔协议Ⅰ》规定的信用风险转换系数(详见表2-3),将其转换为对等信贷额,然后再乘以相应的风险系数;对于衍生工具项目,要先根据《巴塞尔协议Ⅰ》规定的信用风险转换系数(详见表2-4),将其转换为对等信贷额,然后再加上当前市场风险敞口替代成本,最后乘以相应的风险系数。上述计算用公式表示,即

$$表内加权风险资产 = \sum (表内资产账面价值 \times 相应的风险系数)$$

$$表外加权风险资产 = \sum (表外资产账面价值 \times 信用风险转换系数 \times 相应的风险系数)$$

$$衍生工具风险资产 = \sum [(衍生工具资产账面价值 \times 信用风险转换系数 + 当前市场风险敞口替代成本) \times 相应的风险系数]$$

$$总风险资产 = 表内加权风险资产 + 表外加权风险资产 + 衍生工具风险资产$$

表 2-2 资产负债表内项目风险系数

序号	项目	系数
1	①现金 ②以一国货币计价并以该国货币融资的、对中央政府和中央银行的债权 ③对经济合作与发展组织(OECD)国家的中央政府和中央银行的其他债权 ④用现金或用 OECD 国家中央政府债券做担保,或由 OECD 国家中央政府提供担保的债权	0

（续表）

序号	项目	系数
2	①对多边发展银行的债权以及由这类银行提供担保或以这类银行发行的债券为抵押品的债权 ②对 OECD 国家内的注册银行的债权以及由 OECD 国家内注册银行提供担保的债权 ③对 OECD 国家内的外国公共部门实体的债权 ④对 OECD 以外国家注册的银行余期在 1 年以内的债权和由 OECD 以外国家的法人银行提供担保的所余期限在 1 年以内的债权 ⑤对非本国的 OECD 国家的公共部门（不包括中央政府）的债权以及由这些机构提供担保的债权 ⑥托收中的现金存款	20%
3	完全以居住用途的房产做抵押的贷款，该房产为借款人所占有使用或由他们出租	50%
4	①对私人机构的债权 ②对 OECD 以外的国家的法人银行余期在 1 年期以上的债权 ③对 OECD 以外的国家的中央政府的债权（以本国货币定值并以此通货融通的除外） ④对公共部门所属的商业公司的债权 ⑤行址、厂房、设备和其他固定资产 ⑥不动产和其他投资（包括那些没有综合到资产负债表内的、对其他公司的投资） ⑦对其他银行发行的资本工具（从资本中扣除的除外） ⑧所有其他资产	100%

表 2-3 资产负债表外项目信用风险转换系数

序号	项目	系数
1	短期（期限不到 1 年）的类似承诺，或可以随时无条件取消的承诺	0
2	①商业信用证 ②有自行偿付能力的与贸易有关的或有项目	20%
3	①与某些交易相关的或有业务（即投标保证金、履约保证金、担保书、与特殊业务相关的备用信用证） ②未被使用的初始期限在 1 年以上的承诺，包括证券承销承诺和商业贷款限额承诺 ③循环证券承销服务和票据发行服务	50%
4	①直接信用替代（对一般债务的担保，包括对贷款和债券起担保作用的备用信用证） ②银行承兑业务及其参与的直接信用替代（也就是备用信用证） ③回购协议和有追索权的资产出售，该资产出售并没有包括在资产负债表中 ④购买资产的远期协议（也就是契约性义务）	100%

表 2-4　衍生工具项目信用风险转换系数

序号	项目	系数
1	期限为 1 年或 1 年以下的利率合同	0
2	期限为 1 年以上的利率合同	0.5%
3	期限为 1 年或 1 年以下的外汇合同	1.0%
4	期限为 1 年以上的外汇合同	5.0%

（三）标准化比率的目标

《巴塞尔协议Ⅰ》规定，从事国际业务的商业银行，其资本标准为：核心资本与加权风险资产的比率不得低于 4%，总资本与加权风险资产的比率不得低于 8%，即

$$核心资本充足率 = \frac{核心资本}{加权风险资产} \times 100\% \geqslant 4\%$$

$$总资本充足率 = \frac{核心资本 + 附属资本}{加权风险资产} \times 100\% \geqslant 8\%$$

（四）过渡期及实施的安排

巴塞尔委员会做出了一些过渡性的安排，以保证个别银行在过渡期内提高资本风险资产比率并努力达到最终目标的标准。从 1988 年《巴塞尔协议Ⅰ》提出到 1992 年年底大约有 4 年半的时间，该委员会采取一个中期目标，即到 1990 年年底，资本风险资产比率最低标准为 7.25%，总资本中至少有一半是核心资本。在过渡期初衡量银行的资本状况时，核心资本中可包括附属资本成分，但附属资本最多不能超过核心资本的 25%，至 1990 年年底减少到 10%，到 1992 年年底过渡期结束时一并消除。

三、对《巴塞尔协议Ⅰ》的评价

1988 年《巴塞尔协议Ⅰ》的颁布与实施，不仅有助于银行的稳健经营，而且有助于各国商业银行在平等的基础上进行竞争，也为国际银行监管和协调提供了极大方便，但是也存在种种不足，主要表现在以下几点：

（1）协议仅涉及商业银行的信用风险，而忽视了其他风险。现实中，商业银行在经营活动中面临诸多风险，如市场风险、操作风险、利率风险、流动性风险、法律风险以及名誉风险等。人们从英国巴林银行、日本大和银行的倒闭中也逐步认识到信用风险不是唯一影响银行安全的风险因素。因此，仅从信用风险的角度来衡量商业银行的资本充足性已远远不够。

（2）粗线条的风险系数档次（对于 OECD 国家仅有 0、20%、50% 及 100% 四个档次）不能充分体现各种资产之间的信用差别，难以准确反映银行面临的真实风险。如一个 AAA 级公司发放的贷款的风险系数与一个 CCC 级公司发放的贷款的风险系数没有差别，这显然与现实不符。

（3）协议对非 OECD 国家有歧视待遇。例如，在计算资本充足率时，确认资产（包括

对政府、银行、企业的债权)风险系数的大小主要依据债务人是否为 OECD 国家,OECD 国家的主权风险为 0,而非 OECD 国家的主权风险为 20%。

(4) 经济资本和监管资本不一致,导致银行通过资产证券化进行监管资本套利。例如,银行可以将信贷资产中高质量的贷款证券化,这部分资产的监管资本风险系数由 100% 降到 20%,而实际风险并没有下降。监管资本套利可能使整个银行系统风险增大,出现银行间不公平竞争。

四、《巴塞尔协议Ⅱ》的产生

1988 年《巴塞尔协议Ⅰ》颁布后,世界上许多国家采用其标准对本国的银行业进行监管。然而,随着技术进步和金融创新的发展,银行的风险管理技术和水平大大提高,尤其是一些大型综合性银行可以不断调整资产组合,使其既不违反现行的资本标准,又能在金融市场进行套利。这些变化导致该协议在部分发达国家逐渐丧失了约束力。因此,巴塞尔委员会认识到有必要对协议进行修订。

1988 年以来,《巴塞尔协议Ⅰ》经过几次重要的修订。1996 年 1 月,巴塞尔委员会颁布了《测定市场风险的巴塞尔补充协议》,将市场风险纳入资本监管的范围。1997 年 9 月,巴塞尔委员会公布了《有效银行监管核心原则》,将风险管理的范围扩展到银行业的各个方面,从而建立起更为有效的风险监控体制。

1998 年,巴塞尔委员会决定全面修改协议。1999 年 6 月,巴塞尔委员会提出了《新巴塞尔协议征求意见稿》(第一稿)。经过在 OECD 国家以及全球银行监管当局中的广泛讨论,巴塞尔委员会于 2001 年 1 月和 2003 年 4 月分别公布了征求意见稿的第二稿与第三稿。2004 年 6 月,巴塞尔委员会正式发布了《统一资本计量和资本标准的国际协议:修订框架》(简称《新巴塞尔协议》,或《巴塞尔协议Ⅱ》),十国集团和欧盟宣布于 2006 年正式实施该协议,一些发展中国家也积极为《巴塞尔协议Ⅱ》的实施做准备。

《巴塞尔协议Ⅱ》的出台,可以看成是对 1988 年《巴塞尔协议Ⅰ》及其历次修订的总结,它反映了当前金融风险复杂多变的特性,尤其是银行面临的风险不再是相互割裂的单一风险,而是由信用风险、市场风险和操作风险构成的相互联系、紧密渗透的风险体系,需要以全面风险管理的思路来应对。

五、《巴塞尔协议Ⅱ》的基本框架

《巴塞尔协议Ⅱ》包括互为补充的三大支柱,即最低资本要求、监管当局的监督检查和市场纪律,协议试图通过三大支柱强化银行风险管理。

(一) 最低资本要求

最低资本要求是《巴塞尔协议Ⅱ》的重点。《巴塞尔协议Ⅱ》关于最低资本的限额规定仍然包括三大内容,即资本的组成、风险加权的计算和资本的标准化比率。其中,监管当局对资本组成的要求仍保持 1988 年协议的规定,但对后两者则有较大的改动。在考虑银行的风险类型时,《巴塞尔协议Ⅱ》集中考虑了信用风险、市场风险和操作风险,对风险的计量改变了 1988 年协议对银行资产规定信用风险系数的方法,规定大多数银行可以按照

"标准法"来确定资产的风险系数,即根据外部评级机构(如标准普尔、穆迪)的信用评级来确定银行各种资产的风险系数,而一些规模较大的商业银行也可以将其对资产的"内部评级"结果作为确定风险系数的基础。在资本的标准化比率方面,资本充足率公式的分母发生了变化,由三部分组成:信用风险的加权资产与市场风险和操作风险所需资本的各12.5倍之和。

(二)监管当局的监督检查

巴塞尔委员会针对银行业风险制定的监督检查的主要原则、风险管理指引和监督透明度及问责制度是《巴塞尔协议Ⅱ》的第二大支柱。

监管当局监督检查遵循的基本原则和内容包括:第一,银行应具备一整套程序,用于评估与其风险轮廓相适应的总体资本水平,并制定保持资本水平的战略;第二,监管当局应检查和评价银行内部资本充足率的评估情况及其战略,监测并确保银行满足监管资本比率的能力,若对检查结果不满意,则监管当局应采取适当的监管措施;第三,监管当局应鼓励银行资本水平高于最低监管资本比率,并应有能力要求银行持有高于最低标准的资本;第四,监管当局应尽早采取干预措施,防止银行的资本水平降至防范风险所需的最低要求之下,若银行未能保持或补充资本水平,则监管当局应要求其迅速采取补救措施。

监管当局的监督检查特别适合处理以下三个主要领域的风险:最低资本要求涉及但没有完全覆盖的风险(例如贷款集中风险),最低资本要求中未加考虑的因素(例如银行账户中的利率风险、业务风险和战略风险),银行的外部因素(例如经济周期效应)。其中,更为重要的一个方面是对按照高级法计算的资本充足率是否达到了最低的资本标准和披露要求进行评估,特别是针对信用风险的内部评级法(简称"IRB法")和操作风险的高级计量法的评估。

(三)市场纪律

市场纪律是对前两项的补充。巴塞尔委员会认为,市场纪律具有强化资本监管以及帮助监管当局提高金融体系安全性和稳健性的潜在作用。银行有效的信息披露可以向市场参与者提供信息,发挥市场的约束作用。因此,巴塞尔委员会通过建立一套披露要求以达到维护市场纪律的目的,并在适用范围、资本构成、风险披露的评估和管理程序、资本充足率等四个领域提出了具体的定性、定量的信息披露要求。

六、《巴塞尔协议Ⅱ》的主要进步

2004年的《巴塞尔协议Ⅱ》与1988年的《巴塞尔协议Ⅰ》相比,有很大的进步,主要表现在以下几方面:

(一)最低资本要求方面

(1)《巴塞尔协议Ⅱ》中风险管理的范围得到扩展,由原来单纯的信用风险管理扩展到信用风险、市场风险和操作风险并重的全面风险管理。

(2)在风险计量方法方面有很大的改进。1988年的《巴塞尔协议Ⅰ》对于信用风险的计量方法只有一个很简单的标准法。2004年的《巴塞尔协议Ⅱ》使用的信用风险计量方法有标准法、初级内部评级法和高级内部评级法；操作风险计量方法有基本指标法、标准法和高级计量法。银行在这些计量方法的选择上有更大的自主空间，可以因地制宜地采用标准法或初级内部评级法、高级内部评级法。同时，这些计量方法的设计采取了激励和约束机制，强调了银行内部控制机制建设的重要性。选择比较高级的方法的银行必须满足一些基本前提，但是可以享受更多的自主权或者享受某种权重优惠，或者在国际金融市场以较低的资金成本筹集资金。这样就激发了银行的积极性和主动升级的愿望，使银行不再是被动地适应监管要求，而是主动地配合监管当局的审查，满足监管要求。

（3）《巴塞尔协议Ⅱ》对资信水平高的银行和企业予以承认，不再寻求所谓的国家下线。若银行和企业享有高于注册国的外部评级，则对其风险暴露可以享受优惠风险系数。这些方案更加客观地反映了风险的实际情况，破除了国别歧视，有利于公平竞争。

（4）确定资本水平时，充分考虑各种信用缓解技术，如抵押、担保、信用派生产品等工具的影响。鉴于某些风险缓解技术可能带来其他形式的风险，巴塞尔委员会根据各种方法制定了最低操作标准，这使得《巴塞尔协议Ⅱ》能够更加客观地度量信用风险。

（5）风险敏感度增强。如银行在企业风险暴露的风险系数中增加了50%这一风险档，对低资信企业的风险系数也有调整，扩大了150%风险系数下涵盖的项目等。这些举措都是巴塞尔委员会对提高风险敏感度所做的努力，使模型能够更有效地辨别风险。

（6）资本约束范围扩大。针对各界对旧协议的批评，新协议对诸如组织形式、交易工具等的变动提出了相应的资本约束对策。对于单笔超过银行资本规模15%的对非银行机构的投资，或者这类投资的总规模超过银行资本规模，就要从银行资本中减除相同数额；对于以商业银行业务为主的金融控股公司以及证券化资产，则重新制定了最低资本要求，要求银行提全、提足所有种类和各种形式资产的最低资本金；此外，还充分考虑了金融控股公司下不同机构的并表问题，并已着手推动与保险业监管机构的合作，拟制定新的规则来形成金融业联合监管的架构，以适应银行全能化发展的大趋势。

（二）监督检查方面

《巴塞尔协议Ⅱ》强调了监管当局的准确评估和及时干预。监管当局要准确评估银行是否达到最低资本要求，银行资本水平是否与实际风险相适应，银行内部评级体系是否科学可靠。监管当局要及时干预，防止银行资本水平低于实际风险水平。《巴塞尔协议Ⅱ》对监管当局的职责做了全面界定，使各国中央银行或其他监管部门有了一个明确而详尽的行动指南。

（三）市场纪律方面

在1988年的《巴塞尔协议Ⅰ》中，市场纪律只是监管制度的附属部分，而在《巴塞尔协议Ⅱ》中则被作为三大支柱之一列入了主体框架之中。《巴塞尔协议Ⅱ》强调银行资本管理的透明度和市场约束，强调银行应当向社会及时披露关键信息，包括资本构成、风险资产及计量标准、内部评级体系及风险资产计量方法、风险资产管理的战略及制度、资本充足水平等,应具备由董事会批准的正式披露政策、公开披露财务状况和经营成果的目的与战略,并规定了披露的频率及方式。

七、《巴塞尔协议Ⅱ》在全球的推进

2004年《巴塞尔协议Ⅱ》出台后,巴塞尔委员会积极推动该协议在全球范围内的实施,近百个国家或地区明确表示将实施《巴塞尔协议Ⅱ》。

《巴塞尔协议Ⅱ》在全球迅速推进。欧盟委员会在实施《巴塞尔协议Ⅱ》方面最为积极,于2006年通过了实施《巴塞尔协议Ⅱ》的《资本需求指令》,并于2007年1月1日开始实施有关规定,2008年1月1日起正式全面实施,成为全球实施《巴塞尔协议Ⅱ》最早、最成熟的地区。美国于2009年开始正式实施《巴塞尔协议Ⅱ》。澳大利亚和新加坡所有存款类机构于2008年1月正式开始实施《巴塞尔协议Ⅱ》。澳大利亚发布了13个审慎监管标准及配套监管指引。新加坡发布了长达500多页的实施《巴塞尔协议Ⅱ》的规则和指引。中国香港地区是亚洲率先实施《巴塞尔协议Ⅱ》的经济体,2006年年底前已完成了实施的相关监管法规制定工作。

从《巴塞尔协议Ⅱ》在全球的实施进展来看,一方面,实施的难度大大超出了银行和监管当局的预期;另一方面,《巴塞尔协议Ⅱ》带给全球银行业的变革也远远超出了银行和监管当局的预期。随着《巴塞尔协议Ⅱ》的实施,主要发达金融市场的银行业及监管当局逐步将风险管理定位于以治理结构、数据基础、计量技术、流程控制为基本元素的全面框架。这不仅给银行带来了风险管理体系、信息和数据技术等的全方位变革,还深入影响了监管者与被监管对象的互动关系,乃至全球银行体系的布局。

《巴塞尔协议Ⅱ》给风险管理体系带来了变革。它不是简单地满足协议的规定,也不仅仅是建立一套对风险和资本管理更具敏感性的方法,而是建立一个综合性的风险管理体系和资本管理系统,涉及银行业务流程和系统的重构。从结果来看,国际上很多银行在改进风险计量方法的同时,都对风险管理组织框架进行了统一整合,对授信政策和流程进行了重新梳理与改造。

《巴塞尔协议Ⅱ》给信息和数据技术带来了变革。《巴塞尔协议Ⅱ》掀起了全球银行业的一场"数据风暴"。在实施的推动下,商业银行都建立了统一的、强大的数据管理体系,包括数据定义、数据源、数据质量、数据历史长度,广泛收集与风险相关的各类数据,建立数据管理信息和数据集市,商业银行IT(信息技术)系统的应用领域和功能显著增强,以支持复杂的风险计量和管理流程。根据一些咨询公司的调查,欧洲大银行的投入在1亿~2亿欧元,其中约60%以上用于改善数据和IT系统。

《巴塞尔协议Ⅱ》给银行和监管当局的关系带来了变革。在实施过程中,银行和监管当局保持了密切合作,业界对相关监管规章制定的参与程度较高,银行始终与监管当局保持积极对话和沟通。积极对话和沟通有助于推动银行与监管当局的关系从简单的规则监管向激励相容的原则监管转变。

《巴塞尔协议Ⅱ》给全球银行体系也带来了变革。《巴塞尔协议Ⅱ》带来银行体系集中度的进一步上升,使大银行变得更为庞大。2001—2005年,大银行占欧洲银行业总资产的份额从54%上升到68%。而其实施很可能通过加大不同规模银行风险管理水平的差异而进一步强化这种趋势。小银行由于资源所限,不可能在风险计量方面投入大量资源,大银行和小银行在风险管理进而业务水平方面的差异会进一步拉大。例如,香港地区授权机构中有 40 多家机构采取信用风险计量的标准法,其中绝大多数是有限牌照的银行和规模较小、业务简单的存款公司。

与此同时,由于《巴塞尔协议Ⅱ》的复杂性,即便是国际活跃银行在实施方面也存在诸多挑战,主要集中在以下几个方面:一是数据方面的挑战。如果全球经济基本保持了高速增长态势,贷款违约率和损失率低,就会缺乏经济衰退时期的数据,难以保证风险估计参数的稳健性。二是低违约资产组合风险参数量化的挑战。由于缺乏数据基础,风险量化的方法和结果并不成熟。三是监管当局监督检查的实施普遍面临挑战。鉴于监督检查的复杂性,多数监管当局较为审慎,对单家银行资本充足率的要求还在研究中。四是模型风险的挑战。在产品流动性低、市场价格发现功能失灵的情况下,银行等市场参与者常以盯住模型(mark to model)的计价方式替代传统的盯住市场(mark to market)的计价方式。但这些模型都需要输入某些难以观察的变量及假设条件,而这些变量及假设条件又很难确保估计的准确性,因此容易产生模型风险。五是跨境合作的挑战。实施中不可避免地涉及多个机构的并表问题,加之必须应对多个监管当局的不同要求,母国和东道国之间的跨境合作与协调的成本很大,这对跨国经营业务活跃的国际银行尤为突出。

八、金融危机助推新资本协议改进和发展

2008 年金融危机引发世界金融海啸,两年后,《巴塞尔协议Ⅲ》姗姗来迟。2010 年 9 月 12 日,巴塞尔委员会管理层会议在瑞士举行,会上通过了备受瞩目的全球商业银行资本监管改革方案,即《巴塞尔协议Ⅲ》。该方案在当年 11 月举行的二十国集团首尔峰会上得到一致通过。《巴塞尔协议Ⅲ》对银行提出了新的更高的监管要求,当前各国监管机构都在紧锣密鼓地推进实施《巴塞尔协议Ⅲ》。2011 年 5 月 3 日,有"中国版巴塞尔协议Ⅲ"之称的新四大监管工具也尘埃落定。

> **拓展阅读**

中国银监会推动实施《巴塞尔协议Ⅲ》的情况

2008 年全球金融危机表明,银行业实现稳健运行是国民经济保持健康发展的重要保障。金融危机以来,按照二十国集团领导人确定的改革方向,金融稳定理事会(Financial Stability Board,FSB)和巴塞尔委员会积极推进国际金融改革,完善银行监管制度。2010 年 11 月,二十国集团首尔峰会批准了巴塞尔委员会起草的《巴塞尔协议Ⅲ》,确立了全球统一的银行业资本监管新标准,要求各成员国从 2013 年开始实施,2019 年前全面达标。《巴塞尔协议Ⅲ》显著提高了国际银行业资本和流动性的监管要求。在新的监管框架下,国际银行业将具备更高的资本吸收损失能力和更完善的流动性管理能力。

2012 年 6 月 8 日,中国银监会发布了《商业银行资本管理办法(试行)》(以下简称《资本办法》),并于 2013 年 1 月 1 日起实施。

《资本办法》分 10 章共 180 条和 17 个附件,分别对资本监管要求、资本充足率计算、资本定义、信用风险加权资产计量、市场风险加权资产计量、操作风险加权资产计量、商业银行内部资本充足率评估程序、资本充足率监督检查和信息披露等进行了规范。

《资本办法》主要体现了以下几方面要求:

一是建立了统一配套的资本充足率监管体系。《资本办法》参考《巴塞尔协议Ⅲ》的规定,将资本监管要求分为四个层次:第一层次为最低资本要求,核心一级资本充足率、一级资本充足率和资本充足率分别为 5%、6%、8%;第二层次为储备资本要求和逆周期资本要求,储备资本要求为 2.5%,逆周期资本要求为 0~2.5%;第三层次为系统重要性银行附加资本要求,为 1%;第四层次为监管当局的监督检查资本要求。《资本办法》实施后,正常时期系统重要性银行和非系统重要性银行的资本充足率要求分别为 11.5%、10.5%。多层次的资本监管要求既体现了国际标准的新要求,又与我国商业银行现行的资本充足率监管要求基本保持一致。

二是严格明确了资本定义。《资本办法》根据国际统一规则,明确了各类资本工具的合格标准,提高了资本工具的损失吸收能力。

三是扩大了资本覆盖风险范围。《资本办法》确定的资本覆盖风险范围包括信用风险、市场风险和操作风险,并明确了资产证券化、场外衍生品等复杂交易性业务的资本监管规则,引导商业银行审慎开展金融创新。

四是强调科学分类,差异监管。《资本办法》根据资本充足率水平将商业银行分为四类,对满足最低资本要求但未达到其他层次资本要求的商业银行进行细分,明确了对各类银行的相应监管措施,提升了资本约束的有效性。

五是合理安排资本充足率达标过渡期。《资本办法》于 2013 年 1 月 1 日开始实施,商业银行应在 2018 年年底前全面达到《资本办法》规定的监管要求,并鼓励有条件的银行提前达标。同时,《资本办法》设置了资本充足率过渡期内的分年度达标目标。

此后,中国银监会等部门又陆续出台了一系列关于银行监管的法律法规,基本构建了中国商业银行资本监管体系的新框架。在流动性风险监管方面,2014 年 2 月 19 日,银监会发布《商业银行流动性风险管理办法(试行)》,提出银行流动性风险管理体系的整体框架和定性要求,要求商业银行流动性覆盖率应于 2018 年年底前达到 100%,这促进了商业银行提高流动性风险管理的精细化程度和专业化水平。在杠杆率监管方面,2015 年 1 月 30 日,银监会印发《商业银行杠杆率管理办法(修订)》,进一步完善了杠杆率监管政策框架,对杠杆率的披露提出了更明确、更严格的要求。在宏观审慎监管方面,2015 年 12 月 29 日,中国人民银行宣布从 2016 年起,将 2011 年以来实施的差别准备金动态调整和合意贷款管理机制升级为宏观审慎评估体系(MPA),并从资本和杠杆情况、资产负债情况、流动性、定价行为、资产质量、外债风险、信贷政策执行七个方面,对商业银行的行为进行多方面引导,强化逆经济周期调节,守住系统性风险的总闸门。

2017 年 7 月 14—15 日,全国金融工作会议围绕金融监管体制顶层设计、银行体系改革、金融风险防范等重大战略问题,直接定调未来五年的金融发展,提出了金融工作的四大原则(回归本源、结构优化、强化监管和市场导向)和三项任务(服务实体经济、防控金融风险和深化金融改革)。

中国自 2009 年成为巴塞尔委员会正式成员以来,积极致力于完善国际银行监管标准,加强跨境金融监管合作。中国金融监管部门以"以风险为本"为监管导向和理念,将国际标准同中国实际相结合,实现了国际标准的中国化,即围绕《资本办法》出台了一系列监管制度与政策。

资料来源:根据相关资料整理。

(一) 资本框架的再定义与新要求

《巴塞尔协议Ⅲ》在资本框架方面发生了较大变化:一是一级资本尤其是普通股的重要性上升,二级、三级等较低级资本的重要性削弱;二是资本充足率的顺周期性下降,逆周期或风险中立的资本要求明显上升;三是正视"大而不能倒"问题,并提出了资本配置要求,旨在确保银行拥有稳健运行的能力(见表 2-5)。

表 2-5 《巴塞尔协议Ⅲ》中最低资本要求的主要变化

资本	《巴塞尔协议Ⅲ》					《巴塞尔协议Ⅱ》
	最低资本要求	资本留存缓冲	逆周期资本缓冲	系统重要性银行额外资本要求	总资本要求	最低资本要求
普通股	4.5%				7.0%～12.0%	2.0%
一级资本	6.0%	2.5%	0～2.5%	1.0%～2.5%	8.0%～13.5%	4.0%
总资本	8.0%				10.5%～15.5%	8.0%

《巴塞尔协议Ⅰ》和《巴塞尔协议Ⅱ》中规定的资本充足率具有明显的顺周期性以及公众难以理解的复杂性。《巴塞尔协议Ⅲ》大大简化了资本框架的定义,重新突出了普通股、资本缓冲等的重要性。《巴塞尔协议Ⅲ》对银行资本进行了如下重新定义,主要内容包括:①银行的一级资本必须充分考虑在"持续经营资本"(going concern capital)的基础上吸收亏损,其核心形式是普通股和留存收益,剔除少数股东权益、无形资产等项目;不满足普通股核心资本标准的资本工具,自 2013 年 1 月 1 日起,将不计入普通股核心资本。②二级资本在银行"破产清算资本"(gone concern capital)的基础上吸收损失,并取消了二级资本结构中的所有子类别。③银行的三级资本被废除,以确保向市场风险要求下的资本质量与信贷风险和操作风险要求下的资本质量看齐。

《巴塞尔协议Ⅲ》引入了全新的资本留存缓冲(capital conservation buffer)要求,这一改变使银行必须在最低资本充足率的基础上,建立总额不低于银行风险资产 2.5% 的资本留存缓冲资金池,该留存缓冲在一级资本中表现为普通股权益。资本留存缓冲主要用于经济下滑时,缓冲金融危机给银行带来的资本损失。

《巴塞尔协议Ⅱ》下银行采用可变的风险权重,监管资本对风险资产更为敏感,这可能导致商业银行对风险管理工具尤其是内部模型法的滥用,并以此放大杠杆节约资本,使得银行的资本充足率呈现更强的顺周期性,从而加剧经济周期的演变乃至银行体系的波动。为了实现更广泛的宏观审慎目标,《巴塞尔协议Ⅲ》提出了 0～2.5% 的逆周期资本缓冲

(countercyclical capital buffer)作为备选工具的要求。

（二）对系统性风险的高度关注和杠杆限制

2008年金融危机使得人们对系统性风险、大机构风险高度关注。危机至今，监管当局倾向于认为是"大而不能倒"的概念破坏了正常的监管规则。为了处理"大而不能倒"问题，监管当局需要一种特殊的处理程序，使其可以有序地处理具有系统重要性的大机构。

《巴塞尔协议Ⅲ》引入了"系统重要性银行"(systemically important bank)这一概念，对于业务规模较大、业务复杂程度较高、发生重大风险事件或经营失败会对整个银行体系带来系统性风险的银行，提出了特别资本要求，使其具有超出一般标准的吸收亏损的能力。

在《巴塞尔协议Ⅱ》中，基于风险的资本充足率往往被用于节约资本、增加杠杆，这导致了不正当激励问题。为了减少监管套利，《巴塞尔协议Ⅲ》在最低资本要求之上补充了一个基于风险中立的杠杆比率(non-risk-based leverage ratio)，即设定一级资本占非权重资产的杠杆比率下限为3%。风险系数是在《巴塞尔协议Ⅰ》中被首次引入的，而杠杆比率直接限定了金融机构不考虑风险系数的最大杠杆倍数，从宏观审慎角度使系统性风险得到了约束，同时也间接地缓解了银行资本充足率的顺周期性问题。

> **拓展阅读**
>
> ### 全球系统重要性银行(G-SIBs)与国内系统重要性银行(D-SIBs)
>
> 2011年，金融稳定理事会与巴塞尔委员会首次共同确定了全球系统重要性银行名单，并每年进行更新，该名单与制定标准和使用数据在每年的11月一并公布。根据金融稳定理事会的定义，系统重要性银行是指规模较大、业务复杂、机构关联性较高，一旦陷入困境或无序破产将对更广泛的金融体系和经济活动造成重大破坏的银行。
>
> 目前，对全球系统重要性银行的更高监管要求主要包括：更高的资本充足率、杠杆率要求以及总损失吸收能力要求等。①附加核心一级资本要求。全球系统重要性银行的资本监管要求比一般商业银行更高，根据其G-SIBs评估的级别，要在最低资本要求（核心一级资本不低于7%）的基础上，额外增加1%~3.5%的附加核心一级资本要求。②更高的杠杆率要求。为了与上述附加核心一级资本要求保持一致，2017年12月，巴塞尔委员会发布的《巴塞尔协议Ⅲ》的最终修订版本对全球系统重要性银行提出了比一般商业银行更高的杠杆率要求，规定"全球系统重要性银行的杠杆率最低要求=一般商业银行杠杆率最低要求+50%×系统重要性银行附加核心一级资本要求"。③总损失吸收能力(TLAC)要求。2015年11月，金融稳定理事会出台《处置中的全球系统重要性银行损失吸收和资本补充能力原则》，要求全球系统重要性银行逐步满足总损失吸收能力的监管要求。总损失吸收能力是指全球系统重要性银行在进入处置程序时，能够通过减记或转股方式吸收银行损失的各类资本或债务工具的总和，主要用"合格TLAC工具/风险加权资产"以及"合格TLAC工具/调整后的表内外资产余额"两项指标衡量。
>
> 根据巴塞尔委员会发布的框架指引，各国也结合自身实际建立了国内系统重要性银

行监管政策框架。2020年12月,中国人民银行会同银保监会发布《系统重要性银行评估办法》(以下简称《评估办法》),作为《关于完善系统重要性金融机构监管的指导意见》的实施细则之一,对国内系统重要性银行评估与相应监管进行了详细规定。

2018年发布的《关于完善系统重要性金融机构监管的指导意见》针对国内系统重要性金融机构提出了从特别监管要求、审慎监管、特别处置机制和国际协调与合作四个方面的要求,未来对国内系统重要性银行最直接影响的是特别监管要求,主要包括附加资本要求(根据G-SIBs经验为1%～3.5%)和杠杆率要求(根据G-SIBs经验为0.5%～1.75%),在风险管理、公司治理和信息系统等方面,即面临比全球系统重要性银行更加严格的监管。

(三) 强化流动性监管

在2008年金融危机爆发之前,全球并不存在一个统一协调的流动性监管标准,各国银行业的流动性监管制度虽各有不同,但都是建立在支持与保护其金融体系的安全和稳健的基础之上的。2010年4月巴塞尔委员会正式发布的《流动性风险计量标准和监测的国际框架》被各国监管部门广泛使用。大多数国家都采用了定量的监管指标,比如流动性比率、期限缺口比例等来衡量银行的流动性,少数国家还通过压力测试来建立流动性预警机制。

2010年9月12日,《巴塞尔协议Ⅲ》引入了全球流动性监管标准,并分阶段做了渐进安排。《巴塞尔协议Ⅲ》对短期及中长期流动性设定了不同的监管指标:一是短期流动性指标,规定银行的30天流动性覆盖比率(liquidity coverage ratio, LCR)应大于或等于100%,目的是保证银行有充足的流动性资产以应对短期流动性冲击;二是中长期流动性指标,规定净稳定融资比率(net stable funding ratio, NSFR)应大于或等于100%,目的是控制银行的流动性错配,鼓励银行使用稳定的融资渠道。

第三节 商业银行的资本筹措

商业银行的资本筹措是满足其资本需求的重要环节,主要有从银行外部筹措和从银行内部筹措两种方式,从而形成银行的外源资本金和内源资本金。

一、商业银行外源资本金的筹措

(一) 商业银行从外部筹措资本金的主要方式

1. 发行普通股

商业银行普通股是一种主权证书,代表着持有者对银行的所有权。这种形式对商业银行具有以下优点:

(1) 没有固定的股息负担,商业银行具有主动权和较大的灵活性。

(2) 没有固定的返还期,不必向股东偿还本金,商业银行可以相对稳定地使用这部分资本。

（3）发行比较容易。一般情况下其收益率要高于优先股和附属债券，更容易为投资者所接受。

当然，通过普通股筹资也有缺陷，主要表现在：

（1）影响原有股东对商业银行的控制权与获得的收益率。增发普通股会增加普通股股东的数量，从而使原有股东特别是大股东的持股比例下降，对银行的控制权相应减弱。同时，新增资本不会立即带来盈利的增加，这会导致每股股息减少。因此，商业银行通过增发普通股来增加资本，可能遭到原有股东特别是大股东的反对。

（2）普通股的发行成本与资金成本较高，会给商业银行带来一定的经营管理压力。

因此，从商业银行的角度来看，普通股并不是最好的筹措外源资本金的方式。但是，从金融监管部门的角度来看，普通股可以满足维持银行稳健经营的要求，因此构成了银行资本的核心部分；同时，普通股的分红被排在所有银行负债之后，当银行发生危机时，可以用于对投资者尤其是银行存户的补偿，所以金融监管部门认为普通股是商业银行最好的外源资本金形式。

2. 发行优先股

优先股兼有股票与债券的双重特点。从商业银行经营管理的角度来看，通过发行优先股筹措资本至少有以下优点：

（1）既可以使银行筹措到所需资本，又可以避免由于新增股东而对原有股东控制权和收益率的稀释，还有利于减缓普通股股价的下跌。

（2）其股息不是绝对固定的债务负担，且优先股的股息小于支付给普通股的股息。

（3）可以使银行获得财务杠杆效应。

商业银行通过发行优先股筹措资本有以下缺点：

（1）优先股的使用降低了银行经营的灵活性。多数类型的优先股股息比较固定，即使在银行经营状况不佳时，也要对优先股股东支付股息，这会加重银行的负担。

（2）相较于资本性票据和债券，优先股的股息要高一些，因此其资本成本也相对较高，并且其股息支付是在税后列支，而资本性票据和债券等的利息是在税前列支，这也使优先股的实际成本大大增加。

（3）过多发行优先股会降低银行信誉。如果优先股发行过多，则会降低普通股在银行资本总量中所占的比重，使银行的信誉受损。因此，金融监管部门会对优先股的发行加以控制，以保证银行业的稳健经营。

3. 发行资本性票据和债券

资本性票据和债券是商业银行为了筹措资本而发行的，是银行的债务性资本。由于这种债务性资本所有者的求偿权在银行各类存款人之后，而且期限较长，因此资本性票据和债券也被称为后期偿付债券或长期次级债券。资本性票据和债券的主要类型有以下几种：

（1）资本票据。这类债券是一种以固定利率计息的小面额后期偿付债券，期限一般为7~15年，可以在金融市场上出售，也可以向银行客户推销。

（2）资本证券。这类债券是一种以固定利率计息的大面额后期偿付债券，期限为15年以上。

(3) 可转换次级债券。这类债券可以根据持有者的选择,以预先规定的价格转换为银行的普通股股票,利率比一般后期偿付债券的利率低10%~20%,但转换价格比银行普通股股票的价格高15%~25%。

(4) 浮动利率次级债券。这类债券的计息利率是浮动利率,通常为若干市场利率的加权指数。

(5) 选择性次级债券。这类债券的起始利率一般为固定利率,但经过一定时期后可以根据其持有者的选择而转换为浮动利率计息。

商业银行以资本性票据和债券形式筹措资本的有利之处在于:

(1) 资本性票据和债券的利息税前列支,可以减轻银行的税收负担。

(2) 通过资本性票据和债券形式筹措资本,一般可以不必保持存款准备金和参加存款保险,有利于降低银行的经营成本。

(3) 对原有普通股股东的控制权与收益率的影响不大。而且,在银行经营状况较好时,还可以为普通股股东带来财务杠杆效应,使普通股股东的收益率有较大的提高。

(4) 各国金融管理部门对资本性票据和债券的发行及管理限制较少,发行手续比较简便,发行成本比较低。

当然,这种方式也有一定的局限性:

(1) 由于资本性票据和债券不是商业银行的"永久性"资本,有一定的偿还期限,这就限制了银行对此类资本的利用。

(2) 资本性票据和债券的利息是银行的一种固定负担,一旦银行盈利状况不佳,不仅不能对其支付利息,还会由于过大的债务负担而导致银行破产,因此这种筹资方式的经营风险比较大。

4. 发行永续债

永续债是介于股权与债权之间的资本工具,从"债券存续期与发行人持续经营存续期一致"的债券期限来看,具有股权的性质;从"受偿顺序排在存款人、一般债权人、其他高顺位的次级债之后,股东持有的所有类别股份之前"的受偿顺序来看,具有债权的性质,因此,永续债可以界定为具有一定损失吸收能力的权益类或负债类其他一级资本工具。

根据《关于商业银行资本工具创新的指导意见(修订)》,会计分类为权益的其他一级资本工具须设定无法生存触发事件;会计分类为负债的其他一级资本工具,须同时设定无法生存触发事件和持续经营触发事件。因此,永续债若定义为权益类工具则只需要单触发条件,若定义为负债类工具则需要双触发条件。从存量永续债发行公告来看,均明确了双触发条件,也就是认定为负债类工具,但同时又明确永续债本金实行减记的部分不可恢复,且投资者损失没有明确的补偿形式,实际上让投资者承担了权益类工具的义务,但不能享受参与公司治理等股权权利,这对于投资者没有激励效应。

2019年1月,中国银行发行永续债400亿元,拉开了商业银行发行永续债补充一级资本的序幕。2019年和2020年,A股上市银行分别发行永续债4 900亿元、5 575亿元,占当年资本补充工具募资的32.22%和48.70%;截至2021年8月,A股上市银行当年已发行永续债2 710亿元,占比创新高,达59.74%。商业银行永续债的发行,有效补充了其他一级资本,其他一级资本占风险加权资产的比例由 2018 年年底的 0.55% 提升至 2021 年一季度末的 1.28%。

永续债兼具股权性质和债权性质,其没有明确的到期时间、发行方可决定是否延期付息(延期不算违约)、发行方无强制赎回义务等,即有以债代股的作用。相较于其他一级资本补充工具,永续债有着发行主体不受是否上市限制、审批时间短、可设计减记条款等优势。此外,为了提高银行永续债的流动性,中国人民银行创设票据互换工具 CBS,公开市场业务一级交易商可将持有的银行永续债换入央行票据;同时,主体评级不低于 AA 级银行永续债可纳入央行合格品担保范围,如中期借贷便利(MLF)、定向中期借贷便利(TMLF)、常备借贷便利(SLF)和再贷款。

目前,永续债的发行主体已经包括国有大型银行、股份制银行、中小型银行及政策性银行。2021 年 7 月 27 日,中国进出口银行成功发行首单政策性银行永续债,票面利率 3.6%。政策性银行永续债利率将成为商业银行永续债定价的锚,有助于完善商业银行永续债定价,便利其发行。

除了以上几种外源资本金形式,商业银行还可以采用其他方式筹措资本。例如,通过国家资金的投入,扩大国有商业银行的资本规模,或者通过出售银行的资产来增加资本等。图 2-2 展示了近年来 A 股上市银行资本补充工具的使用情况。

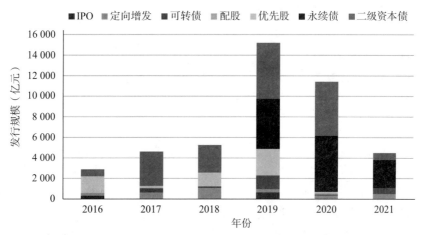

图 2-2　A 股上市银行主要外源资本金补充工具发行规模

资料来源:Wind、天风证券。

(二) 商业银行对外源资本金筹措方式的选择

商业银行在选择外源资本金的筹措方式时应考虑以下因素:

(1) 每种筹措方式的相对成本(包括利息成本、承销费用和手续费、管制监督成本等);

(2) 对股东收益的影响(一般以每股普通股的收益来表示),是否影响银行原有股东以及未来可能的新股东对银行的所有权与控制权等;

(3) 每种筹措方式的相对风险以及银行整体的风险状况;

(4) 筹措新的资本时,银行所面临的市场状况,如筹资的难易程度、市场利率等;

(5) 影响资本数量及其构成的各种管制规定等。

> 典型实例

我国商业银行的资本工具创新

为推动和规范商业银行开展资本工具创新，拓宽资本补充渠道，增强银行体系稳健性，支持实体经济持续健康发展，银监会于 2012 年发布了《中国银监会关于商业银行资本工具创新的指导意见》。从 2013 年 1 月 1 日起，商业银行发行的非普通股新型资本工具，应符合《资本办法》的相关规定，并通过合同约定的方式，满足本指导意见提出的认定标准。

（一）包含减记条款的资本工具

（1）当其他一级资本工具触发事件发生时，其他一级资本工具的本金应立即按照合同约定进行减记。减记可采取全额减记或部分减记两种方式，并使商业银行的核心一级资本充足率恢复到触发点以上。

（2）当二级资本工具触发事件发生时，其他一级资本工具和二级资本工具的本金应立即按合同约定进行全额减记。

（3）若对因减记导致的资本工具投资者损失进行补偿，应采取普通股的形式立即支付。

（二）包含转股条款的资本工具

（1）当其他一级资本工具触发事件发生时，其他一级资本工具的本金应立即按合同约定转为普通股。转股可采取全额转股或部分转股两种方式，并使商业银行的核心一级资本充足率恢复到触发点以上。

（2）当二级资本工具触发事件发生时，其他一级资本工具和二级资本工具的本金应立即按合同约定全额转为普通股。

（3）商业银行发行含转股条款的资本工具，应事前获得必要的授权，确保触发事件发生时，商业银行能立即按合同约定发行相应数量的普通股。

上述减记或转股的触发事件标准"其他一级资本工具触发事件"指商业银行核心一级资本充足率降至 5.125%（或以下）。

2012 年至今，我国商业银行的资本工具创新实现了从无到有的巨大突破：从整体上看，二级资本债等创新型资本工具呈现飞速发展态势；从工具种类上看，上市银行可选择的资本补充工具相对较多，非上市银行的资本发行渠道在逐步拓宽，市场创新不断推进。根据 Wind 统计，截至 2020 年年末，中国银行业累计发行 537 只二级资本债，发行规模 2.98 万亿元；累计 21 家上市商业银行发行 34 只优先股，发行规模 8 371.5 亿元；累计 59 家商业银行发行 70 只永续债，发行规模 12 180 亿元。

详情链接：《中国银监会关于商业银行资本工具创新的指导意见》（银监发〔2012〕56 号）；袁秋辰，《银行资本工具创新的监管改革》，《中国金融》，2021 年第 12 期。

二、商业银行内源资本金的增长

商业银行的内源资本金主要来源于银行的留存盈余,即从银行内部进行资本积累。银行内部资本积累是指在一个营业年度结束后,通过决算,将获得的收益扣除各项利息和费用开支,再按一定比例缴纳所得税后的净利润,不能全部用于股息支付,而应拿出一部分作为留存盈余保留在银行,增加银行资本。

银行内部资本积累主要有以下渠道:资本溢价和股票溢价,法人财产重估增值,法定盈余公积金,任意盈余公积金。

商业银行以留存盈余的方式增加资本具有以下优点:首先,商业银行只需将银行的税后净利润转入"留存盈余"账户,即可增加银行资本。留存盈余可节省为筹措资本所花费的费用,简单易行,因此被认为是增加资本的最廉价方式。其次,商业银行的留存盈余作为股东的未分配利润保留在银行,其权益仍属于普通股股东,可视为银行股东在收到股息后又将其投入银行,而且股东不必为这部分收入缴纳个人所得税,因此这种方式在某些情况下对普通股股东特别有利。

但是,商业银行以留存盈余的方式增加资本也有一些缺陷,过多的留存盈余会带来银行普通股股价下跌,致使投资者对投资于该银行未来的市场价值产生怀疑,从而构成对银行未来发展不利的影响因素。因此,商业银行要根据具体情况来确定留存盈余的比例以及合理数量。

银行内源资本金的增长不是无限度的,其限制性因素主要有:银行以及金融监管部门所确定的适度资本金的数额;银行所能创造的利润数额;银行的净利润中能够提留的数额;等等。

拓展阅读

创新资本补充工具

在宏观经济环境快速变化和资本监管要求日益严格的情况下,国务院积极倡导我国国有商业银行通过创新资本补充工具补充商业银行资本。2013年11月,国务院发布了《关于开展优先股试点的指导意见》,对我国优先股试点提出了指导性意见。2014年3月,证监会根据国务院精神发布了《优先股试点管理办法》,对我国优先股试点提出了明确的操作规范。4月,银监会根据《巴塞尔协议Ⅲ》和《资本办法》的有关规定,与证监会一起制定了《关于商业银行发行优先股补充一级资本的指导意见》,进一步规范了我国商业银行发行优先股的相关问题。

资本补充工具创新主要集中在其他一级资本和二级资本,从资本补充工具类型上看,我国商业银行目前已发行的资本补充工具主要包括优先股、永续债和二级资本债(其比较如表2—6所示)。商业银行资本补充工具的核心功能是吸收银行经营过程中形成的非预期损失,资本补充工具创新的经济实质是打破将融资工具简单地分为"所有者权益"和"债务"的会计"两分法",利用结构化技术对股本和债务特征进行组合,形成"中间型"资本补充工具。目前,资本补充工具创新已成为商业银行多种资本补充渠道的重要部分。

表 2-6 各类资本补充工具特征比较

项目	资本补充工具类型		
	一级资本工具		二级资本工具
	优先股	永续债	二级资本债
期限	永续	永续(或超过30年)	不低于5年
计入资本类型	其他一级资本	其他一级资本	二级资本
股息类型	固定股息,不得含有利率跳升机制	固定股息,不得含有利率跳升机制	一般为固定股息,不得含有利率跳升机制
清偿顺序	优先于普通股,次于其他债券及二级资本工具	优先于普通股,次于其他债券及二级资本工具	优先于优先股、一级资本工具、普通股
减记条款	无	目前以减记条款为主	目前全部是减记型
转股条款	强制转股	可有	可有
会计处理	根据是否有交付现金或其他金融资产的义务决定是否计入权益(国内现有实践是计入权益)	根据是否有交付现金或其他金融资产的义务决定是否计入权益(国内现有实践是计入权益)	计入负债
审核监管机构	银保监会、中国证监会	银保监会、中国人民银行	银保监会、中国人民银行

详情链接:袁秋辰,《银行资本工具创新的监管改革》,《中国金融》,2021年第12期。

关键术语

经济资本 《巴塞尔协议》 监管 资本补充 信用风险 流动性

复习思考题

1. 简述商业银行资本的构成与内涵。
2. 简述商业银行资本的功能。
3. 试述《巴塞尔协议》不同版本的异同。
4. 以我国实际为例,试述商业银行资本补充工具的种类与创新。

第三章

商业银行负债管理

学习目标

- 了解商业银行负债业务的含义和作用
- 熟悉商业银行存款的种类及存款负债创新
- 把握商业银行存款负债管理的目标,掌握商业银行存款的稳定性管理、市场营销管理以及存款的成本控制与定价管理
- 了解商业银行借入负债的种类及其经营管理要点
- 掌握商业银行负债业务的经营及风险管理要点

素养目标

通过对拓展阅读和典型案例的分析,培养学生的家国情怀、职业道德及对金融创新的价值取向的认识。

案例导读

有一个美国小镇,其高中篮球队二十几年来从未打进分区决赛,结果某年他们竟然打进了决赛,镇民们欣喜若狂,纷纷准备动身到两百多里外的决赛场地替他们加油。当天所有的镇民一起到镇上唯一的银行提钱当旅费。结果那家银行做梦也想不到它的存款会在同一天被领光,就这么莫名其妙地倒闭了。

日本关西地区的某个小城市有一天下午突然狂风暴雨,很多路过的行人纷纷躲到一家银行的营业大厅中避雨,挤得大厅水泄不通,结果正好有一个记者开车经过银行门口,看到这景象马上就引发了职业上的反应:嗯?这么多人,莫非这家银行在挤兑?记者回去马上就发新闻稿,竟然还真的引发了全面性的挤兑风潮,结果这家银行就这么含冤倒闭。

2020年4月1日,甘肃银行H股突然暴跌四成,收报0.65港元/股,成为首只银行股"仙股",甘肃银行的个别网点出现排队取现的挤兑现象,储户们表示甘肃银行股价暴跌,担心存款安全,所以赶紧把钱取出来。中国人民银行陇南市中心支行、中国银行保险监督管理委员会陇南监管分局和徽县人民政府随即发布通告:甘肃银行是经中国银行保险监督管理委员会批准成立的合法金融机构,是由甘肃省政府管理的国有商业银行,是甘肃省规模最大的省属金融机构,实力雄厚,经营良好,运营稳健,支付能力强,居民存款本息有国家《存款保险条例》作为保障,储户利益受国家法律保护,存款自愿、取款自由。请广大储户不要听信谣言,以讹传讹,避免个人利益受到损失。特别是在当前疫情防控的关键时期,各储户不要集聚、不要扎堆,合理安排时间,有序办理相关业务。

:根据相关资料整理。

你是不是有下面的疑问?

1. 商业银行的负债业务包括哪些?
2. 什么是挤兑风险?如何控制这种风险?

进入内容学习

负债管理是商业银行稳健经营的主要组成部分,对银行体系稳健运行具有至关重要的作用。负债管理以确保商业银行安全性、流动性和效益性为目的,注重负债的来源、结构及成本等方面。

第一节 商业银行负债业务概述

商业银行的自有资金(资本)是远远不能满足其资产活动需要的,这个资金缺口的弥补依赖于商业银行的负债业务。

一、商业银行负债业务的概念及种类

商业银行的负债业务是指商业银行筹措资金、借以形成其资金来源的业务,它是商业银行最主要、最基本的业务。

商业银行的负债有广义和狭义之分。广义负债是指除商业银行自有资本以外的一切资金来源,包括资本期票和长期债务资本等二级资本的内容;狭义负债主要是指商业银行的存款、借款等一切非资本性的负债,由存款负债、借入负债和结算中的负债构成。本章以狭义负债为研究对象。

商业银行的负债从不同的角度可以分为不同的种类。按负债期限的长短,可分为短期负债与长期负债。按商业银行取得资金的方式,可分为被动型负债与主动型负债。所谓被动型负债,是指商业银行被动地接受各种存款,而无法自主决定负债规模的一种负

债。因为客户是否将资金存入银行、何时存入、存入多少、期限多长等都取决于客户的决策，而商业银行在这种负债业务中是处于被动地位的。被动型负债是商业银行负债业务的最基本方式。所谓主动型负债，是指商业银行主动在金融市场上筹措资金，通过发行各种债务凭证获得资金来源，也可以通过向中央银行借款、同业拆借等方式来满足自身需要，商业银行在这种负债业务中处于主动地位。

二、商业银行负债业务的作用

1. 负债业务是商业银行开展各种业务活动的基础与前提

负债业务是商业银行开展资产业务的基础和前提。商业银行作为信用中介机构，首先通过负债业务吸收各种闲散资金，然后通过资产业务有效地运用这些资金。因此，商业银行负债的规模决定了资产的规模，负债的结构决定了资产的运用方向和结构特征。

同时，负债业务也是商业银行开展中间业务的基础，因为商业银行作为信用中介机构，把借者和贷者有机地联系起来，进而为商业银行开拓和发展中间业务创造了有利的条件。

2. 负债业务是商业银行保持流动性的重要手段

流动性原则是商业银行在其经营活动中必须遵循的"三性原则"之一。商业银行可以通过资产和负债两种途径获得流动性，两种渠道互为补充。商业银行通过负债业务聚集起大量资金，以确保银行对到期债务的清偿，满足客户合理的贷款需求和存款的提取等。

3. 负债业务是商业银行同社会各界联系的渠道

商业银行是社会资金的集散地，所有经济单位的货币收支都离不开银行的负债业务。市场的资金流向，企业、机关事业单位、社会团体和居民的货币收支，每时每刻都反映在银行的账面上。商业银行在为客户提供各种信息咨询、担保等金融服务的同时，也为宏观金融决策部门反馈必要的市场信息。所以，负债业务是商业银行同社会各界进行联系、提供服务、反馈信息和有效监督的重要渠道。

4. 负债业务量构成了社会流通中的货币量

流通中的货币量由现金和银行存款构成，现金是中央银行的负债，存款是商业银行的负债。存款的规模及结构的变化直接影响着流通中货币量的变化。因此，对存款规模及其结构的分析测量，是对通货数量和社会总需求状况分析的重要依据。

5. 商业银行的负债业务有利于整个国民经济的稳定发展

商业银行的负债业务把社会上的闲散资金聚集起来，然后贷放给急需资金的企业和个人，这些企业将闲散资金重新投入再生产，在现有的生产水平基础上创造出更高的生产力，生产出更多的为市场所需要的产品，这就有效地将货币这种资源通过商业银行的负债业务实现了优化配置。所以，商业银行通过筹集资金和再分配资金的活动，实现了国民经济的良性循环和健康发展。

> **拓展阅读**

我国银行业金融机构总负债情况如表 3-1 所示。

表 3-1 我国银行业金融机构总负债情况　　　　　　　　金额单位：亿元

项目	2021 年一季度	2021 年二季度
银行业金融机构总负债	3 019 912	3 079 603
1. 商业银行总负债	2 538 453	2 588 360
占银行业金融机构比例	84.1%	84.0%
2. 大型商业银行总负债	1 231 628	1 251 106
占银行业金融机构比例	40.8%	40.6%
3. 股份制商业银行总负债	544 512	555 250
占银行业金融机构比例	18.0%	18.0%
4. 城市商业银行总负债	390 328	403 083
占银行业金融机构比例	12.9%	13.1%
5. 农村金融机构总负债	405 061	410 490
占银行业金融机构比例	13.4%	13.3%
6. 其他类金融机构总负债	448 383	459 674
占银行业金融机构比例	14.8%	14.9%

资料来源：中国银保监会。

注：(1) 农村金融机构包括农村商业银行、农村合作银行、农村信用合作社和新型农村金融机构。

(2) 其他类金融机构包括政策性银行及国家开发银行、民营银行、外资银行、非银行金融机构和金融资产投资公司。

(3) 自 2019 年起，邮政储蓄银行纳入"商业银行合计"和"大型商业银行"汇总口径。

(4) 自 2020 年起，金融资产投资公司纳入"其他类金融机构"和"银行业金融机构"汇总口径。

第二节 商业银行存款负债的管理

存款负债是商业银行最基本、最主要的负债业务，是商业银行传统的资金来源。存款负债业务经营管理的好坏对商业银行的盈利水平和风险状况有着极大的影响。

一、商业银行存款的种类

(一) 以美国为代表的西方国家商业银行的存款种类

1. 传统存款业务

(1) 支票存款。这是一种允许其持有者向第三方签发支票的银行账户。其传统形式主要是不计息的支票账户(活期存款账户)。活期存款账户是指客户在不需要事先通知银行的情况下,可随时提取现金和进行转账结算等支付活动的存款。活期存款账户最大限度地满足了客户支付、提款方便的需要,但由于其流动性很高,客户在活期存款账户上存取频繁,银行为此要承担较大的流动性风险,并要向客户提供许多相应的服务。鉴于这种高风险和高营运成本,各国商业银行对这类存款一般不支付利息。随着竞争的加剧,商业银行往往利用免收各种服务手续费等方式向客户提供"隐性利息",或者向存入大笔金额的客户提供优惠利率,从而变相地支付利息。

(2) 非交易用存款。是指以生息为主要目的,但是不能够签发支票的存款。非交易用存款主要包括定期存款和储蓄存款。①定期存款是商业银行与存款人事先约定期限,到期取款时可以获得一定利息的存款。其利率随着期限的长短而高低不等,但总是高于活期存款利率,是存款人获取利息收入的重要金融资产。定期存单是定期存款的传统形式,存单面额不固定,存期也由存款人自由选择,利率根据存入日的挂牌公告确定,在整个存期内一般保持不变。定期存单采用记名存款方式,不能像支票一样转让流通,只能在签发银行兑现,但存款人可以以未到期的定期存单为抵押向商业银行申请贷款。②储蓄存款是商业银行为了满足居民个人积蓄货币和获得利息收入的需要而开办的一种存款业务,有活期和定期两种。活期储蓄存款无一定期限,只凭存折便可提现,但与活期存款账户不同的是,存款人不能在活期储蓄存款账户上进行透支,且不能像活期存款账户那样通过签发支票进行转账支付。定期储蓄存款类似于定期存款,须先约定期限,到期才能提取。

2. 存款产品创新

1933 年,美国联邦储备委员会制定了 Q 条例。该条例规定,美国联邦储备系统的会员银行不能对活期存款支付利息,对储蓄存款和定期存款支付的利率不得超过联邦储备委员会与联邦存款保险公司规定的上限。从 20 世纪 30 年代到 50 年代初,由于这个利率上限高于市场利率,银行业务并未受到什么影响。但到了 50 年代后期,随着美国通货膨胀的加剧,商业银行受 Q 条例的限制,存款利率低于其他金融机构的利率,其筹资能力受到很大影响。为了吸引更多的资金和应对非银行金融机构及其同业的竞争,美国的商业银行纷纷推出了自己的创新存款产品。

(1) 支票存款业务的创新。支票存款业务的创新主要包括有息的可转让支付命令账户(negotiable order of with-drawal account, NOW)和超级可转让支付命令账户以及货币市场存款账户、自动转账服务账户、协定账户等。这些创新支票存款业务的共同特点是:把传统的活期支票存款的方便性和储蓄存款的获利性有机地结合起来,对客户具有很大的吸引力。①可转让支付命令账户是一种对个人和非营利机构开立的、计算利息的支票账户。它由美国马萨诸塞州的一家互助储蓄银行于 1972 年发明,是一种不使用支票的支票账户,存款人可以开出可转让支付命令(相当于支票,但不使用"支票"字样)向第三方进行支付,或提现,或背书转让。②超级可转让支付命令账户是可转让支付命令账户的延伸,是美国于 1983 年批准商业银行开办的另一种新型账户。超级可转让支付命令账户较可转让支付命令账户的先进之处是其不存在利率上限,银行根据货币市场利率的变动每周调整存款利率。但是，超级可转让支付命令账户对存款最低余额和平均余额有所限制，规定二者都必须达到 2 500 美元，若账户的日常平均余额低于规定，则按普通可转让支付命令账户的利率水平计息。③货币市场存款账户是 20 世纪 80 年代出现的一种介于活期存款和储蓄存款之间的存款账户。其特点是：储户对象不限，个人、非营利机构和工商企业都可以开户，但要求开户最低存款金额为 2 500 美元，平均余额不低于 2 500 美元；存款利率没有上限；存款没有最短期限，但客户应提前 7 天通知商业银行才能提取存款；客户使用该账户向第三方支付时，不论开出支票，还是电话通知，每月均不能超过 6 次，且用支票付款不得超过 3 次；商业银行不必为货币市场存款账户保留法定准备金。④自动转账服务账户创办于 1978 年，是在电话转账制度基础上建立起来的一种更方便的转账服务业务。其主要内容是：客户开立两个银行账户，一个是有息的储蓄存款账户，另一个是无息的活期存款账户，后者的余额永远保持 1 美元，其余款项全部存入前一个账户，以取得利息收入。当需要签发支票时，商业银行会自动将需要的数额从储蓄存款账户转入活期存款账户进行支付。该账户的使用者需向商业银行交纳服务费，同时商业银行也要向中央银行缴纳存款准备金。⑤协定账户是自动转账服务账户的进一步创新，是一种可在活期存款账户、可转让支付命令账户、货币市场共同基金账户之间进行自动转账的账户。商业银行和客户达成一项协议，由客户授权银行将款项存在活期存款账户、可转让支付命令账户、货币市场共同基金账户中的任何一个上，对活期存款账户和可转让支付命令账户一般有一个最低存款余额的规定，超过最低存款余额的款项，银行自动将其转入货币市场共同基金账户，以取得较高的利息；若不足最低存款余额，则可由银行自动将其货币市场共同基金账户上的一定款项转入活期存款账户或可转让支付命令账户，以补足最低存款余额。

（2）定期存款业务的创新。定期存款业务的创新主要有大额可转让定期存单。大额可转让定期存单由美国花旗银行于 20 世纪 60 年代首创。其特点是：存单的面额通常较大，一般都在 10 万美元以上，利率通常高于同期的定期存款利率；计息方式灵活，利率可固定也可浮动；存款期限固定，分为 3、6、9、12 个月不等；不记名，但客户可以在市场上自由转让，有活跃的二级市场，流动性和盈利性较好，很受投资者的欢迎。

（3）储蓄存款业务的创新。储蓄存款业务的创新主要有个人退休金账户。该账户是美国商业银行在 1974 年创办的，所有工资收入都可开立。该账户主要面向中低收入者以及未被其他退休金计划包括在内的高收入阶层，存入该账户的资金均可享受 2 000 美元的免税优惠，银行支付的利息较高，但通常要求客户达到一定年龄后才可以提款。如果客户提前支取则应交纳罚金。这一账户的最大优点是可以形成商业银行长期稳定的资金来源。

（4）其他存款业务的创新，包括投资账户、现金管理账户等。①20 世纪 90 年代初，债券、股票等的投资收益率远高于存款利率，存款人纷纷将款项提出，用于购买债券、股票等，银行存款分流严重。银行为吸收更多资金，开办了投资账户业务。客户可用该账户购买债券、股票，银行在留住客户的同时还可以获得手续费收入。若银行自己管理这些账户，还可以获得管理费收入。但美国联邦存款保险公司不为投资账户的存款提供保险。②传统的存款账户只能以某种单一的形式出现，即在一个账户上的存款币种、期限及其他条件是唯一的。因此,要存多种货币、多种期限,就必须开立多个账户,这样既不利于管理,也常常使收益和便利之间顾此失彼。如果能够将多个账户加以综合,无疑是有市场竞争力的。现金管理账户就是根据这一市场需求推出的存款账户。一般情况下,现金管理账户由多个币种、期限和性质不尽相同的多种存款组成,根据客户与银行达成的协议,客户可以将不同存款账户的资金进行自由转换,也可以委托银行在某个账户资金出现较多盈余时进行货币市场投资,以增加存款的收益。对于银行而言,现金管理账户与传统的存款服务已有很大的不同,它实际上是一种综合性服务,是存款、投资、账户管理等多项金融服务的有机结合,因而成为目前金融市场上极具发展潜力的服务品种。

（二）我国商业银行的存款种类

1. 现有存款种类

当前,我国商业银行的存款产品主要分为两大类:一是个人存款,二是单位存款。

（1）个人存款主要分为人民币储蓄存款和外币储蓄存款。其中,人民币储蓄存款主要包括活期储蓄和定期储蓄。活期储蓄是指客户在开户时不约定存取日期,可随时存取、存取金额不限的一种储蓄方式。定期储蓄是指客户在开户时约定存期,一次或按期分次（在约定存期内）存入本金,整笔或分期、分次支取本金或利息的一种储蓄方式。个人定期储蓄又可分为整存整取、零存整取、整存零取、存本取息、定活两便等类型。外币储蓄存款包括外币活期储蓄存款和外币整存整取定期储蓄存款。外币活期储蓄存款是指不规定存期,客户无须预先通知银行,以各币种外币随时存取款,存取金额不限的一种储蓄方式。外币整存整取定期储蓄存款是指客户事先约定存期,以外币一次存入,到期后一次性支取本息的定期储蓄存款方式。

（2）单位存款按存款期限可分为单位活期存款、单位定期存款、单位协定存款、单位通知存款等类型。其中,单位活期存款是指不规定存款期限,客户可以随时存取,并依照活期存款利率按季计取利息的一种存款方式。单位定期存款是指客户将短期闲置资金存入银行,并事先与银行约定存期、利率,到期支取本息的一种存款方式。吸收单位定期存款可以为银行带来大额而又较为稳定的资金来源,所以这项业务备受广大金融机构的青睐。单位协定存款是指客户通过与银行签订协定存款合同,约定期限,商定结算账户需要保留的基本存款额度,由银行对基本存款额度内的存款按结息日或支取日活期存款利率计息,超过基本存款额度的部分按结息日或支取日人民银行公布的高于活期存款利率、低于六个月定期存款利率的协定存款利率给付利息的一种存款方式。单位通知存款见"存款产品创新"部分。

2. 存款产品创新

20世纪90年代以来,随着我国金融管制的放松、利率市场化进程的加速以及银行业对外开放程度的提高,国内银行业存款产品创新不断兴起,改善和丰富了银行存款产品的种类,满足了客户的多样化要求。这些创新存款产品主要有:

（1）本外币活期一本通。这是集人民币、外币等不同币种的活期储蓄存款于一个存折的存款方式。其最早是由中国农业银行深圳分行在1995年9月推出的。它是在人民币活期储蓄联网、原账户单一币种管理的基础上,实行多币种管理,具有一户多币、通存通兑、方便客户理财的特征,能兼顾储蓄、投资和消费等多种功能。

（2）本外币定期一本通。这是集人民币、外币等不同币种和不同档次的定期储蓄存款于一个存折的存款方式。其最早是由中国银行深圳分行于1994年推出的。与传统的定期存单相比,它具有一折多户、一折多币、通存通兑、自动转存、异地托收和转质押贷款等功能。

（3）通知存款。是指存款人在存款时不约定存期,支取时提前通知经办银行,约定支取存款日期和金额方能支取的一种存款方式。通知存款是一种比活期存款收益高,而又比定期存款支取更为灵活的存款方式。通知存款按存款主体可以划分为个人通知存款和单位通知存款,按存款人选择的提前通知的期限长短可以划分为一天通知存款和七天通知存款。其中,一天通知存款需要提前一天向银行发出支取通知,并且存期最少需两天;七天通知存款需要提前七天向银行发出支取通知,并且存期最少需七天。

典型实例

商业银行负债产品创新趋势

负债业务是商业银行最核心的业务之一,负债产品的创新对于做好负债管理乃至整个商业银行资产负债管理至关重要。然而,一直以来,相较于资产以及中间业务产品的创新,商业银行负债产品的创新较为滞后。随着利率市场化改革的推进,商业银行在负债端的创造力不断得到解放,可以预见商业银行负债端产品创新必然迎来爆发式增长。

随着资管新规、理财新规陆续发布,以及同业负债政策逐步收紧,商业银行回归零售市场趋势日趋明显,负债产品创新速度不断加快,存款竞争更加激烈。一些原本非传统主营项目的负债产品在经过包装、组合后,销售日渐火爆并成为吸储主力,其中不乏突破了传统负债产品限制并已被社会公众接受的金融创新。这些负债产品创新在悄然改变商业银行资产负债结构的同时,也在深刻地影响着货币政策传导。

1. 存本取息产品

存本取息产品即一次性存入较大金额定期存款的同时,约定时间分次取息,到期支取本金和剩余利息。个别商业银行在此基础上结合其他零存整取产品计算综合收益率,并突破五年期存款利率的行业自律上限(截至2019年3月底该值为4.875%)。

2. 提前付息产品

提前付息产品即在存款发生时先给付全部利息,到期再支付本金,同时也存在按照期限划分的按月付息、按季付息等模式。由于利息先付,储户可用其再次购买此产品,并循环累加,相当于扩大了存款基数,提高了收益率。

3. 靠档计息和分段计息产品

靠档计息和分段计息产品即定期产品提前支取时,按照到期日前一个存款周期的利率计息,或按照存款基准利率期限分别计息。目前,此类产品在一定程度上已经取代传统定期存款,成为很多国有大型商业银行的主打产品。

4. 大额存单

相较于其他传统负债产品创新,大额存单属于标准化的存款产品,其利率上浮倍数均高于同期限同档次存款产品,价格优势凸显。同时,地方法人银行大额存单利率一般高于国有银行和股份制银行,越来越多的地方法人银行开始尝试此项业务。

5. 结构性存款产品

资管新规出台后,商业银行结构性存款在一定程度上成为保本理财产品的替代品。目前,商业银行结构性存款的收益率在3%～5%,利率一般挂钩某种外汇价格、主要指数、市场利率等。虽然其收益计入表内,但不受存款产品的各种价格限制。地方中小型银行受自身资产规模、人力资源、衍生品交易资质、系统建设等因素影响,需要借助其他股份制银行来实现真正的结构化,并支付一定的通道费。

6. 存款收益权转让产品

存款收益权转让产品是存款理财化的典型产品,通过存款质押与收益权转让打通了定期存款和活期存款的界限,实际上做到了"T+0"随存随取和远高于活期存款的收益率。与以货币市场基金产品为主的"宝宝类"理财产品相比,存款收益权转让产品有银行背书,又有"存款"字眼加持,且利率能够达到货币市场基金产品利率,是当前民营银行和直销银行的主要负债产品。

通过对目前商业银行创新负债产品进行梳理我们可以发现,创新主要体现在对产品基础要素的创新和产品的重新组合上。其创新点的政策突破口主要包括以下方面:

(1) 期限。商业银行一般通过两种方式突破期限及相关规定:一是利用中国人民银行不再公布五年期基准利率的政策空白,开发五年期高收益存款产品,以五年期存本取息产品最为明显;二是部分商业银行在中国人民银行规定的基准存款期限和利率之外擅自设定期限和利率,开展规定期限外存款产品,变相提高利率。此外,为了解决部分客户长期存款产品提前支取的需求,部分中小型银行尝试存款收益权转让,以提高提前支取资金的收益水平。

(2) 额度。额度是商业银行一直以来存在的创新行为,即根据不同的日均存款余额,给予不同的利率和附加服务。目前,商业银行对个人存款1万元以上、单位存款30万元以上,以及个人单笔存款100万元以上、单位单笔存款1 000万元以上等额度,均相应执行不同的利率。商业银行通过细化存款额度分类,进一步执行更加精细化、差别化的利率标准,在细分市场的同时,相应地细化服务和营销策略。

(3) 计息方式。目前,存款竞争主要集中在定期存款上,商业银行为了满足客户提前支取需求创新多种计息方式,一般采取模糊化定义的思路,规避"定期存款"等名称以试图突破该类产品的计息规则。例如,在存款产品上,目前工、农、中、建四家大型国有商业银行均推出面向重点客户的"智慧存款产品",以区别以往的定期存款,并采取靠档计息或分段计息的方式提高预期收益率。

(4) 产品组合。随着商业银行对资管新规认识的逐步深入、存款竞争的日趋激烈,商业银行亟须通过"跨界"组合多种产品实现更高的收益率,目前主要是以存款产品结合衍生产品和资管产品为主。例如,较为火爆的结构性存款产品就是结合了负债产品和衍生产品优势,通过挂钩约定利率,将存款利率和外汇价格、股票指数、国债利率、市场利率等权威性指标挂钩,突破原有存款产品收益率,形成理财化的浮动收益率。

详情链接:刘承洋,《商业银行负债产品创新现状、突破与建议》,《债券》,2019年5月15日。

(4)定期自动转存业务。是指在整存整取存款到期后不支取,并可无限次地连本带息进行整存整取自动转存的一种存款方式。该业务利用了银行计算机系统集中管理的优势,客户在办理整存整取业务的当时或在第一次定期存款到期前,通过柜台申请、电话银行、手机银行以及网上银行等方式向银行发出自动转存申请,银行通过计算机系统处理后自动为客户进行办理。

(5)教育储蓄。是指为鼓励城乡居民以储蓄方式为其子女接受非义务教育积蓄资金,促进教育事业发展而开办的储蓄。教育储蓄的对象为在校小学四年级(含四年级)以上的学生。存款按存期分为1年、3年和6年三种。教育储蓄每一账户起存50元,本金合计最高限额为2万元。客户凭学校提供的正在接受非义务教育的学生身份证明一次性支取本金和利息时,可以享受利率优惠,并免征储蓄存款利息所得税。

(6)结构性存款。是指在普通存款的基础上嵌入某种金融衍生工具(主要是各类期权),通过与利率、外汇价格、股票指数、商品指数等挂钩,从而使存款人在承受一定风险的基础上获得较高收益的存款产品。自2003年我国金融机构先后推出个人外汇理财产品以来,结构性存款一直受到投资者的青睐。比较典型的有建设银行的"汇得盈"、中国银行的"汇聚宝"、农业银行的"汇利丰",不过国内银行推出的产品大多限于外汇结构性存款和部分利率结构性存款。同时,国内的外资银行也热衷于推出新产品,如汇丰银行、渣打银行、荷兰银行、东亚银行先后推出了与利率、外汇价格、股票指数、商品指数挂钩的各类结构性存款产品。

二、商业银行存款管理的目标

银行存款是商业银行最主要的资金来源,因此加强对银行存款的管理具有非常重要的意义。总体来说,商业银行存款管理的目标是:在符合商业银行安全性、流动性、效益性经营原则的基础上,努力提高存款的稳定性和存款的增长率,并努力降低存款的成本。

1. 提高存款的稳定性

商业银行在经营存款业务的过程中,所吸收的各种存款资金都是处于不断周转状态的。在某一个时点上,既有客户到银行存入一定的款项,又有其他客户到银行取出一定的款项。在这个此存彼取的过程中,银行总会保留一部分存款结存额,这部分存款结存额根据统计规律在一段时间内是不会发生太大变化的,这就体现了银行存款的稳定性。

提高存款的稳定性是商业银行保持充足流动性、降低流动性风险的重要手段,也是商业银行增强盈利能力的间接内在要求。

2. 提高存款的增长率

存款历来是维持银行经营的核心,存款的规模直接影响着银行的总体经营规模。一家银行的存款如果能以较快的速度增长,则往往意味着其强劲的发展势头和强大的市场竞争力。

但是,需要注意的是,商业银行不能一味地追求存款的高速度增长,即并不是存款越多,对银行就越有利。在银行资产业务发展势头不旺、存款利率较高的情况下,商业银行首先应该考虑的是如何扩大运用资金的渠道,而并非增加存款的数额。总之,商业银行应根据自身的实际情况,科学地制定存款增长目标,使之适应银行的资金需求状况。

3. 降低存款的成本

按照商业银行经营的效益性原则,资产的高收益和筹资的低成本是构成商业银行利润最大化的基础。存款成本构成商业银行经营成本的主要部分,因此降低存款成本,减少成本开支,对于改善银行负债管理、提高银行的经营效益具有十分重要的意义。

综上所述,为了提高存款的稳定性,商业银行需要做好存款稳定性的管理;为了提高存款的增长率,需要向社会进行存款服务的推销;为了降低存款的成本,需要对存款的成本加以控制,并对存款服务进行科学定价。所以,商业银行存款管理的内容主要包括三部分,即存款的稳定性管理、存款的市场营销管理、存款的成本控制与定价管理。

三、商业银行存款的稳定性管理

要做好存款的稳定性管理,商业银行首先应了解影响银行存款稳定性的主客观因素,然后才能有的放矢地采取具体的稳定措施。

(一)影响存款稳定性的因素

1. 存款的结构因素

根据存款的稳定程度可将存款分解成以下层次:

(1)核心存款。核心存款是指那些对利率变化不敏感,且不随经济环境和周期性因素的变化而变化的相对稳定的存款。这类存款主要有:积累财富以备远期消费的储蓄存款、中长期定期存款及有特定用途的专项存款等品种。由于核心存款在近期内提取的概率很小,商业银行无须为之保留较多的准备头寸,因此是形成商业银行中长期和高盈利资产的主要资金来源。

(2)非核心存款。非核心存款也称易变性存款或波动性存款,包括季节性存款和脆弱性存款。季节性存款的存取有明显的季节性规律。脆弱性存款是对利率等外部因素非常敏感的游资,一旦经济环境发生对银行不利的变化,这类存款就会大量流失。不稳定的存款随时可能被提取,因而需要大量流动性储备作为支付保障,可用度自然较低。

2. 客户因素

通常人们认为,银行客户越多,存款也就越多,其实不然,在一定时期、一定经济规模下,客户增加会使每个客户的平均存款数量减少,客户减少则会使平均存款数量增加。众多小客户的此存彼取对银行存款稳定性的实际影响很小。然而,每个客户的质量有差异,现阶段我国银行大约80%的存款集中在20%的客户群中。因此,抓住这些存款高端客户并且通过高质量的服务稳定这些客户的平均存款余额,银行存款稳定增长就有了保障。如果只抓客户数量或只抓高端客户而忽视服务质量,那么银行平均存款就不可能稳定地增长。

3. 存款的动机因素

保管性存款的动机是借用银行的安全保险设施为将来的消费积累财富,所以其稳定性较强;投资性存款的动机是食利或等待货币升值,所以在市场利率较为稳定和有利可图而其他金融产品风险较大时,此类存款的稳定性也较强;出纳性存款的动机是借助银行快捷方便的转账结算网络进行商品、服务交易,此类存款虽然存款频率较高,但支取转账的频率更高,所以存款的稳定性最弱。

4. 存款主体的行业因素

存款主体的行业及其生产经营特点对存款的稳定性也有重要影响。例如,批发行业比零售行业的存款稳定性弱,零售行业则比工业企业的存款稳定性弱;机关事业单位的预算外存款比预算内存款稳定性强,企业的专项存款比其往来户存款稳定性强。

(二) 提高存款稳定性的措施

(1) 银行可以通过调整客户结构的方式分散存款资金来源。在存款总量一定的情况下,客户越少,个别大客户的存款波动对银行总体存款稳定性的影响越大,因而银行应适当发展中小企业客户,重视个人存款业务。

(2) 银行需要通过提供优质服务来巩固客户关系,建立一个稳定的核心存款基础;否则,劣质服务不但无法吸引新客户,甚至老客户的存款也会转移和流失。

(3) 为了提高活期存款的稳定性,银行应注重活期存款客户数量的扩张。活期存款的稳定性与客户的数量有直接关系。存款客户越多,客户存取款相互抵消的可能性越大,这样能够沉淀下来的资金就越多,个别客户存款的波动对银行的影响就越小,存款的稳定性就越强。

(4) 银行应大力扩展存款范围,积极进行存款业务的创新,增加存款的种类,以延长存款的平均期限,提高存款的稳定性。

(5) 银行应把握存款相对于其他替代投资品的比较优势,宣传银行存款安全可靠、支付便利的特点。

总之,银行的经营实力、资信状况和优质服务是保证存款稳定性的基础,任何急功近利的短期行为都无法使存款持续、稳定地增长。

四、商业银行存款的市场营销管理

1. 存款营销的重要性

银行向市场提供的商品,无论是存款还是贷款都不能像一般商品那样,可通过触觉、视觉、味觉和听觉而辨别出好坏来,银行只能依靠广告宣传和促销手段,把信息传递给公众,以公共关系树立形象,以优质服务吸引客户。如果一家银行和另一家银行所提供的金融产品非常相似,利率又受管制,那么客户会选择购买这家银行的产品而不购买另一家银行的产品,主要就是因为这家银行在规模、信誉、服务效率和质量以及产品种类等方面比另一家银行优越。所以,现代商业银行日益重视存款营销,将本银行的产品和服务向客户宣传报道,并不断提高服务效率和质量,以争取更多的存款。

2. 存款营销策略

（1）树立以客户为中心的营销理念。银行存款要占有一定的市场份额，就必须树立以客户为中心、适应市场需求变化的全新理念。银行在行动上要主动采用满足客户各种需求、刺激客户购买冲动、诱导客户购买行为的市场营销方法，以求立足市场、进入市场、争得市场，在市场竞争中发展壮大。

（2）奠定优质服务的营销基础。优质服务是金融产品营销的最好载体，是银行营销获得成功的重要条件。通过服务，使金融产品附加值得以提升，强化服务主体对客体的形象感受，起到潜移默化的作用。特别是服务主体的思想意识、服务环境、服务措施、便利服务、创新服务等方面的全面完善，是一种无形的营销。服务是连接客户需求与银行营销之间的不可或缺的桥梁和纽带。

（3）实行差异化营销，提供差别化服务。面对银行间的激烈竞争，只有差异化营销，才是有效的营销策略。差异化营销是指银行正确选择目标市场，以专业服务、特色服务、品牌服务打造竞争优势，在某一具有市场潜力的业务领域做出自己的特色，针对不同客户及其需求提供差别化服务。

（4）开通大众传播的信息和促销渠道。大众传播的媒介有很多，如声像图文、电子信息、实物造型、户外标识等。利用这些传播媒介刺激客户的感官注意，把存款的方式、种类、利率及期限、网点分布、联络方式等信息传播给客户，促使客户对发出信息的银行产生深刻印象，从而产生存款需求。银行对传播的对象要有所研究，只有根据促销产品的特点，针对客户群中绝大多数人的需求和兴趣做到有的放矢，才能保证效果。

（5）强化商业银行的公共关系促销。商业银行公共关系的核心是交流信息，促进了解，广泛宣传银行的经营方向、产品特点及服务内容，达到争取公众的支持、提高自身的社会知名度、激励全体员工的目的。商业银行要实现公共关系促销的目标，就必须与传媒机构建立长期的密切关系，随时通过传媒的影响力展示银行的形象、介绍产品、沟通信息；通过支持社区的公益事业，关注和配合地方的重大活动，以扩大自身的影响力；有计划地选择重点联系客户，经常上门听取意见，改善内部管理，赢得客户的谅解和支持。这样，不但能巩固已有的存款业务关系，还能通过代表性客户的影响力扩大影响半径，取得更好的稳存增存效果。

五、商业银行存款的成本控制与定价管理

（一）存款成本构成

1. 利息成本

利息成本是银行按事先约定的存款利率，以货币的形式支付给存款人的报酬。

2. 营业成本

营业成本是银行花费在吸收存款上的除利息以外的一切开支，包括存款的广告宣传费用、存款柜台人员的工资与奖金、存款设备和房屋的折旧费摊销、相关管理人员的办公费用以及为储户提供服务的所有其他开支。

3. 相关成本

相关成本是银行为增加存款而支出的未包括在利息成本与营业成本中的成本。相关成本主要分为两类：

（1）风险成本，指因存款数量的增加而引起的银行经营风险增加所付出的成本。如利率敏感型存款的增加会加大银行的利率风险，银行存款总量的增加会加大银行的资本风险等。

（2）连锁反应成本，指因银行为新吸收存款所增加的新服务和较高的利息支出而引起的对原有存款增加的支出。如银行为了招揽更多的存款而提高利率，此时原有的储户会感到不公平，他们往往会要求银行向其提供同等的优惠措施，这就增加了银行的成本支出。

除以上三项外，还有两个与存款成本相关的概念，即资金成本和可用资金成本。

（1）资金成本是银行为吸收存款而支出的一切费用的总和，即资金成本＝利息成本＋营业成本。用资金成本除以存款总额，就是所谓的存款成本率，它是衡量银行存款成本的一个重要指标。

（2）可用资金成本。商业银行的存款必须扣除法定存款准备金和超额存款准备金后才可以用于盈利性资产经营，即银行存款的可用资金＝银行存款－法定存款准备金－超额存款准备金。资金成本除以可用资金数额即为存款的可用资金成本率。

（二）存款成本控制

1. 存款结构与成本选择

在正常情况下，存款的期限越长，利率就越高，成本也就越高。但是，在存款成本的构成中，我们可以把利息成本视为变动成本，把营业成本视为固定成本，在利率不变的情况下，随着存款业务量的增加，每一单位存款所负担的固定成本将会减少。由于不同的存款种类成本构成不同，其对存款成本的影响也就不一样。如活期存款的利息成本较低，但营业成本较高；定期存款的利息成本较高，但营业成本较低；储蓄存款的利息成本和营业成本相对都高于企业存款，但储蓄存款可以通过商业银行的中介职能派生出数倍的派生存款，而派生存款又都是低息的。所以，商业银行在经营管理实践中，对存款结构的选择，需要处理好以下问题：

（1）尽量扩大低息存款的吸收，降低利息成本的相对数。

（2）正确处理不同存款的利息成本与营业成本的关系，力求不断降低营业成本。

（3）活期存款的发展战略必须以不减弱银行的信贷能力为条件。

（4）定期存款的发展不应以提高自身的比重为目标，而应与存款的派生能力相适应。

2. 存款总量与成本控制

在商业银行经营管理实践中，存款总量与成本之间的关系可概括为以下四种不同的组合：

（1）逆向组合模式，即存款总量增长，成本反而下降。

（2）同向组合模式，即存款总量增长，成本随之上升。

(3) 总量单向变化模式,即存款总量增长,成本不变。

(4) 成本单向变化模式,即存款总量不变,成本上升。

以上四种组合表明,存款成本不但与存款总量有关,而且与存款结构、利息成本和营业成本占总成本的比重、单位成本内固定成本和变动成本的比例等,都有密切的关系,从而形成各种不同的组合。它要求商业银行努力实现逆向组合模式和总量单向变化模式,在不增加货币投入的情况下,尽量组织更多的存款;不能单纯依靠提高存款利率、增设营业网点、增加内勤和外勤人员等办法去扩大存款市场,而应在改变存款结构、创新存款品种、提高工作效率和服务质量等方面下功夫,走内涵式扩大再生产之路。

因此,从存款成本的角度分析,商业银行存款规模应保持适度,不应太大或太小,应努力寻求边际成本和实际收益的交点,从而使商业银行以最少的投入获得最大的收益。

(三) 存款定价管理

如何为存款定价,是商业银行管理中极为重要的问题。商业银行的经营目标是实现利润最大化,合理的存款定价可以稳定客户,保证存款规模的增加,有利于商业银行资产规模的扩大,从而提高商业银行的盈利水平。商业银行存款定价方法主要有以下几种:

1. 成本加利润定价法

成本加利润定价法也叫目标利润定价法,它是在银行存款成本的基础上,加上银行的既定目标利润率,即

每项存款服务的单位价格 = 每单位存款的经营费用 + 银行存款应负担的间接费用 + 出售每单位存款的计划利润

2. 边际成本定价法

当利率频繁变动时,银行使用平均成本为存款定价是不合时宜的,此时应当使用边际成本的方法进行定价。如当利率下降时,筹集新资金的边际成本会低于平均成本,某些贷款从平均成本的角度来看是亏损的,但以边际成本计算则是盈利的;相反,如果利率上升,则筹集新资金的边际成本会高于平均成本,从平均成本的角度来看应提供贷款,但从更高的边际成本的角度来看则可能是完全不盈利的。其计算公式为:

边际成本 = 总成本变动额
= 新利率 × 以新利率筹集的资金 - 旧利率 × 以旧利率筹集的资金

边际成本率 = 边际成本 / 筹集的新增资金额

当银行的边际成本小于边际收益时,存款的定价是可行的。这种定价方法使银行管理者明白存款扩张到什么程度银行利润开始下降,银行这时只有以更低的边际成本筹集资金或提高资产收益率才能盈利。

3. 价格表定价法

银行在日常经营中会有一定比例的小额客户,这些客户的存款金额小,活动频繁,对银行来讲常常是成本大于收益。价格表定价法就是针对这种情况设计的。银行为了降低

成本开始逐步向客户收取一定的相关费用。银行公布不同业务的收费范围和标准,客户可以根据自己对账户的使用情况来确定存取款的次数、账户的保留余额及挑选适合自己的开户银行,以便支付最少的费用,获取最大的收益。

4. 市场渗透定价法

市场渗透定价法是银行为了迅速扩大市场份额,暂时不强调利润对成本的弥补的一种定价方法。采取这种策略的银行通常靠提供高于市场平均水平的利率或收取低于市场平均水平的费用来吸引客户。高利率的政策可能因客户的忠诚度而获得成功,也可能因客户的忠诚度而失败。银行推出较高的利率吸引来客户以后,通过提高服务质量、增加服务品种,会培养客户对银行的忠诚度,即使以后银行推出较低的利率,由于客户不愿承担变换银行所带来的一系列代价,也会继续忠诚于该银行。这种忠诚在某些情况下也是银行高利率政策失败的原因,因为对原来开户银行的忠诚会使得一些客户不愿为获得利率差额收益而频繁更换开户银行,从而使银行推出的用高利率或低费用吸引客户的计划失败。

5. 差别定价法

差别定价法是指针对不同客户差别定价,主要是按存款余额水平确定价格。银行为客户规定一个存款平均余额的最低限额,客户的存款平均余额保持在最低限额以上,则只需支付很低的费用或者不支付费用;但是若存款平均余额降到最低限额以下,就要支付较高的费用。对不同的存款余额实施不同的定价,一方面有利于银行吸收大额存款,另一方面有利于客户挑选存款账户,为银行提供存款变动的资料。

6. 关系定价法

关系定价法以银行与客户的关系为定价依据,即对与银行业务往来较多的客户收取较低的费率;反之,则收取较高的费率。关系定价的理由很简单:客户享受一家银行的服务越多,对此银行的依赖性就越强,离开这家银行另择他行开户的可能性也就越小。因此,采取关系定价法对于提高客户对银行的忠诚度、降低客户对其他银行存款价格变动的敏感性有着积极的意义。

7. FTP 法

现代商业银行在经营管理实践中出于精细化管理的要求,形成了丰富的资产负债管理工具,其中内部资金转移定价(funding transfer pricing,FTP)作为主要的价格杠杆管理工具,在利润分割、利率风险剥离、均衡价格管理、资源配置、多维度绩效考核方面承担着重要的作用。

FTP 最早是以利润工具的角色被引入商业银行资产负债管理框架的,通过 FTP,商业银行的高层管理人员可以比较合理地将银行的净利差收益在各个业务单元中进行划分,从而对商业银行各业务单元的经营绩效进行有效的评估。发展至今,在现代商业银行资产负债管理框架中,FTP 已经成为能够将风险管理、产品定价、资源配置和绩效考核结合起来的最有效办法。

(1) FTP 的运作原理。在 FTP 管理模式下,银行内部与资金相关的部门可划分为三大类,即资金来源部门、资金运用部门和资金管理部门。资金管理部门也称司库,是全行的资金运作中心,将其管理的资金比作放在一个资金池里的水,则 FTP 基准利率代表行内资金池的"水位"高低,货币市场基准利率代表行外全资金池的"水位"高低,因此,FTP 基准利率一般都是货币市场基准利率体系,即内外资金池"水位"平衡的标准。按照 FTP 管理模式的要求,所有资金来源部门吸收的各期限资金都按内部转入价格注入全行统一的资金池,即对于负债业务,FTP 价格是对资金来源部门核算内部收益;所有资金运用部门所需要的资金都按内部转出价格从全行统一的资金池流出,即对于资产业务,FTP 价格是对资金运用部门核算内部成本;资金管理部门负责匹配资金来源和运用的期限、利率、金额等要素,并管理由于错配带来的利率等市场风险,同时还负责根据资金池内外的各期限套利机会和头寸管理要求进行资金调剂,以求内外"水位"基本持平,转移和化解市场风险。这种平衡资金来源部门、资金运用部门和资金管理部门之间转移资金的价格的原理,就是 FTP 的运作原理。

(2) FTP 的定价流程。银行的零售(存款)部门吸收了存款都要虚拟地"卖给"资金管理部门。存款部门是资金的提供方,其从客户手中吸收一笔存款,假定是 2.5%(存款定价),那么这时就由资金管理部门通过 FTP 来进行统一收购,假定以 3.5% 的价格来收购(存款 FTP)。这当中有 100 个 BP 的利差,即存款部门所创造的收益,一般要用于人员、租金、营销支出等开支。实际上存款 FTP 是银行运营效率的体现,因为它主要反映的是吸收存款的综合营销成本。单从存款部门而言,每一笔存款都卖断给资金管理部门,核算就结束了。同样,贷款部门每发放一笔贷款,比如发放一笔 5.5%(贷款定价)的房贷,资金管理部门都要根据占用资金期限的不同来给这笔贷款核定成本,假设是 4.0%(贷款 FTP)。那么从这个例子中容易看出,同一笔钱只是转了资金管理部门一手,价格就从 3.5% 上升到了 4%。这也是很多银行分支机构和总行资金管理部门之间矛盾的爆发点,因为一般情况下贷款部门同时也是存款部门,在分支机构看来这中间的 50 个 BP 利差就全部被资金管理部门赚去了。但实际上人力成本可以忽略,这 50 个 BP 利差还包含了很多方面的成本,主要是流动性成本。第一,存款首先要缴纳一定比例的法定存款准备金给央行,假如为 12%。这就意味着存款部门吸收了 100 亿元存款,实际上可用资金只有 88 亿元,剩下的 12 亿元以低息存到了央行。第二,剩下的 88 亿元还不能全部贷出,要购买一些国债、存放央行等,有一些流动性指标的要求。所以流动性成本一般来讲可能是 15~50 个 BP,每家银行不太一样,一般管理得好的大型银行可能仅 15 个 BP。其他还有利率风险、期限错配等带来的成本。

有了 FTP 后,银行可以单独衡量贷款产品对利润的真实贡献。而且对于存贷款部门来说,它可以剥离利率风险和流动性风险。这也就意味着存款部门只要拉了一笔存款,它可以先不考虑是否有相应的资产或贷款业务可做,每笔存款由资金管理部门买断,就可获得一个固定的收益;FTP 做得好的银行,可以用 FTP 作为指挥棒来调节规模指标,比如招商银行私人银行部和零售业务发达,FTP 敏感性更高,只要 FTP 高一些,其在短时间内就能获得更多的存款。

> **拓展阅读**

商业银行负债质量管理的国际经验及借鉴

商业银行负债质量管理已经成为决定银行可持续发展的关键。从国内商业银行发展趋势来看,一方面商业银行负债管理面临严监管、金融市场波动加剧等风险,另一方面商业银行负债成本管理、低成本资金渠道开发和创新产品设计等需求剧增,同时还面临全球货币政策分化和宽松政策退出等衍生风险,可能会对银行负债成本管理、风险应对等带来更大的挑战。借鉴国际同业负债质量管理经验,既有助于国内商业银行不断丰富和完善负债质量管理制度,又有助于商业银行从不同的视角厘清负债质量管理的发展脉络和成功经验。

1. 欧美银行业负债质量管理的特点

(1) 全面资产负债管理制度。欧美银行业的资产负债管理起步较早,资产负债管理是商业银行表内外各项资金来源和资金运用的统筹管理,商业银行在对经济、金融与监管的环境和政策综合平衡的基础上,建立了适合银行风险偏好和相对优势的发展策略,负债端结构受资产端的投放需求和负债成本的共同影响。

(2) 科学定价管理机制。欧美银行业通常倾向于采取差异化定价策略,不同银行在交易账户、储蓄账户、共同基金存款账户和存单产品上都有不同的价格空间,能够向客户提供差异化的收益和流动性选择。如2016年,在美国资产规模前100位的银行中,储蓄账户存款成本最高的银行为1.38%,最低的仅为0.01%。

(3) 多元、低成本负债来源。欧美银行业在经历多次经济危机之后,开始重视负债资金的来源问题,重点关注金融衍生品市场的负债资金风险、同业负债占比过高等问题。2008年全球金融危机后,尤其是2010—2016年,美国银行业的存款占比平均达83.4%,而同时期存款利息支出在计息负债利息支出中的占比仅为62.92%。

(4) 客户分层定价模式。欧美银行业对客户进行分层管理的一个很重要的原因是对负债资金进行结构重组,以清晰界定负债资金的来源、资金成本和付息方式,进而为负债产品的组合设计提供更为精细的数据参考。

(5) 完备的风险治理体系。经过2008年全球金融危机和2020年新冠肺炎疫情对国际银行业的冲击后,欧美银行业开始重视负债资金的风险治理。摩根大通依托其出色的公司治理体系和前瞻性的风险管控制度,实现了负债管理高质量发展。

2. 启示与借鉴

商业银行负债质量管理既是商业银行自身高质量发展、提升经营质效的内在要求,又是银行业监管的规范指引。通过借鉴欧美银行业负债质量管理经验,特别是美国银行业负债质量管理经验,我们建议商业银行从以下五个层面提升负债质量管理:聚焦金融服务实体经济,加强全面负债管理;优化内外部定价策略,提升负债质量管理效益;规范服务收费管理,促进非息业务合理有序增长;严控负债成本,合理安排存款期限结构;增强应对市场风险的风险防控能力,防止发生系统性风险。

详情链接:邓宇,《商业银行负债质量管理:国际经验及借鉴》,《银行家》,2021年第6期。

第三节　商业银行其他负债业务的管理

虽然存款构成了商业银行的主要资金来源,但仍不能满足贷款和投资增长的需要。因此,商业银行除以存款方式吸收资金外,还要通过其他负债方式扩大资金来源,其他负债业务成为商业银行补充资金来源和流动性的重要手段。

商业银行的其他负债业务是指非存款负债。非存款负债是银行主动地通过金融市场进行拆借或向中央银行融通的资金,以及结算中的负债及其他负债。

一、银行短期借款的经营管理

（一）银行短期借款的种类

1. 向中央银行借款

中央银行作为"银行的银行",担负着向商业银行提供"最后贷款"的责任,成为商业银行扩大信用能力、保证支付的最后手段。商业银行在资金不足时可以向中央银行借款,借款主要有两种形式:

（1）再贴现,也称间接贷款,指商业银行把自己办理贴现业务时买进的未到期票据,如短期商业票据、国库券等转卖给中央银行,获取现款。

（2）再贷款,也称直接贷款,指商业银行用自己的合格票据、银行承兑汇票、政府公债等有价证券作为抵押品向中央银行直接取得抵押贷款。

再贴现和再贷款具有很强的存款派生能力,因此各国中央银行对此类业务的开办都有严格的限制条件。通常情况下,商业银行向中央银行的借款只能用于调剂资金头寸、补充储备不足和资产的应急调整,商业银行不得将借入的款项用于发放贷款和其他套利活动。

2. 同业借款

同业借款是指商业银行之间或商业银行同其他金融机构之间发生的短期资金融通活动。主要有以下几种形式:

（1）同业拆借。这是商业银行的一项传统业务,指商业银行之间利用资金融通过程中的时间差、空间差和行际差调剂资金头寸的短期借贷。同业拆借是商业银行解决短期资金余缺、调剂法定存款准备金头寸、融通资金的重要渠道。其特点是:期限较短,可以是几日、几个星期或几个月,甚至是一天或一夜,因而有时也被称为隔日或隔夜放款;利率低,由于同业拆借是各金融机构之间共济共荣的一种资金调剂活动,参与者的信誉度比一般放款对象高,风险低,加上期限短,因此利率低。

（2）转贴现和转抵押。转贴现是指商业银行将自己贴现的尚未到期的票据在二级市场上转售给其他商业银行。转抵押是指商业银行发生准备金头寸不足时,将发放抵押贷款而获得的借款客户提供的抵押品,再次向其他商业银行申请抵押贷款,以取得资金。这两项业务提高了商业银行资金的流动性,促进了商业票据信用的发展。但如果过于频繁地从事该项业务,则预示着银行资金流动性出现了问题,有损其形象。

3. 回购协议

回购协议是指商业银行将其持有的有价证券,如国库券、政府债券等,暂时出售给其他金融机构、政府甚至企业,并在约定的未来日期以约定的价格购回的一种协议。这种融资方式相当于商业银行以证券为抵押品进行的短期资金融通行为。回购协议可以是隔夜回购,也可以是较长期的。利用回购协议进行资金融通,不仅可以使商业银行充分利用这些优质资产,而且由于回购协议利率较低,如果商业银行以此融资用于收益较高的投资,则会带来更高的盈利。但是,回购协议并不是绝对安全的,有时也会发生违约风险。

4. 国际金融市场借款

国内金融市场利率受本国货币政策的影响,而国际金融市场利率则一般完全由资金的供求决定。因此,当国内资金紧缺时,商业银行可以转向国际金融市场来寻求资金来源。目前,最具规模、影响最大的是欧洲货币市场。欧洲货币市场由于限制少、利率低、金额大、手续简便灵活,吸引了无数资金需求者,不少商业银行,尤其是一些大型跨国银行更是将其当成常用资金来源渠道。欧洲货币市场最早起源于欧洲,目前已突破欧洲地域,遍布世界各地。

(二) 银行短期借款的管理要点

短期借款在时间和金额上相对比较集中,借款期限有明确约定,便于商业银行加以控制,短期借款的稳定余额可以被借款银行长期占用,这些特点决定了商业银行对短期借款的管理要点。

(1) 主动把握借款期限和金额,有计划地把借款到期时间和金额分散化,以缓解流动性需求过于集中的压力。

(2) 尽量把借款到期时间和金额与存款的增长规律相协调,把借款控制在自身承受能力允许的范围之内,争取利用存款的增长来解决一部分借款的流动性需求。

(3) 通过多头拆借的办法将借款对象和金额分散化,力求形成一部分可以长期占用的借款余额。

(4) 正确统计借款到期时间和金额,以便做到事先筹措资金,满足短期借款的流动性需求。

二、银行中长期借款的经营管理

(一) 银行中长期借款的种类

商业银行除通过上述渠道筹集短期资金外,也从金融市场上筹集长期资金,主要手段是发行金融债券。商业银行作为债务人向社会发行金融债券筹集长期资金,已成为国外银行业较流行的做法。

商业银行发行金融债券相较于吸收银行存款有以下优点:

(1) 发行金融债券可以充分发挥财务杠杆的作用。由于金融债券的利率一般高于同期限的存款利率，对客户的吸引力强，筹资的效率要高于存款。

(2) 发行金融债券筹集的资金相对稳定。金融债券有明确的偿还期，一般不提前还本付息，资金的稳定程度高。

(3) 金融债券比存款的流动性强。金融债券一般不记名，有广泛的二级市场可以流通转让，比存款具有更强的流动性。

当然，商业银行发行金融债券筹集资金也有其自身的局限性：

(1) 发债成本要高于吸收存款的成本。金融债券除利率高外，还要承担相应的发行费用，因此受银行成本负担能力和盈利能力的制约。

(2) 由于金融债券时间较长，不确定因素较多，投资者和银行都可能面临较大的风险，如利率风险、信用风险等。在银行倒闭时，金融债券后于存款债权的偿还。

因此，金融债券的发行数量、利率、期限都要受到监管部门的严格限制。

(二) 银行中长期借款的管理要点

商业银行主要通过发行金融债券的方式获得中长期借款，发行金融债券的管理要点可归纳为以下几点：

(1) 做好债券发行和资金使用的衔接工作。商业银行应根据自身资金平衡的要求，制订好相应的债券发行计划、用款计划和还款计划。尤其要注重发行债券所筹得的资金在数量上和效益上与用款项目相衔接。

(2) 合理确定债券的利率和期限。金融债券的发行应根据利率变化的趋势决定计息方式和偿还年限。如预期利率有上升趋势，就应采取固定利率的计息方式，并使债券的期限尽量长一些；反之，如预期利率有下降趋势，则宜采取浮动利率的计息方式，并考虑缩短债券期限。

(3) 掌握好发债时机。商业银行应选择市场资金供给大于需求、利率较低的时机发行金融债券。

(4) 研究投资者心理。金融债券作为一种投资工具，能否顺利推销取决于投资者的购买心理。因此，商业银行必须研究与了解投资者对购买金融债券的效益性、安全性、流动性和方便性的心理要求，并针对这些要求设计和创新债券品种。

三、银行结算性负债的经营管理

结算业务是指通过商业银行结清由商品交易、劳务供应和资金调拨而引起的债权债务关系的一种货币收付行为。商业银行办理转账结算业务不仅可以收取一定的手续费，还可以占用客户的资金，使其成为信贷资金来源的一部分，形成结算性负债。

结算性负债作为商业银行资金来源的一种补充，既受一国支付结算制度的制约，又取决于该商业银行结算业务量的大小。由于结算性负债的流动性需求特别强，因此商业银行在经营过程中要尽量减少资金的在途时间，提高整个社会的资金周转速度；另外，商业银行还可以利用结算过程中的资金解决一部分流动性需求。

第四节　商业银行负债业务的经营及风险管理

一、商业银行负债业务的经营管理

商业银行负债业务的经营管理主要涉及三方面的内容,即保持适度的负债规模、保持合理的负债结构和降低负债成本。

(一) 保持适度的负债规模

商业银行的盈利主要来自各项资产,而扩大资产规模所需要的资金主要通过负债提供,因此商业银行一般总是存在尽力扩大负债规模的内在冲动。然而,负债并非多多益善,而是存在一个最佳数量界限。这是因为负债所动员的资金在被运用之前不仅不会给银行带来任何收益,反而要求银行付出一定的成本,银行只有把负债吸收的资金通过合理贷放或投资,使资产收益在抵消负债成本并扣除税费后还有一定的净利润,其经营活动才是有效的。如果负债的增加并未引起银行净利润的增加,甚至导致银行亏损,银行就应停止负债扩张行为。在垄断竞争条件下,银行最佳负债规模是边际负债成本与边际收益相等时的负债量,实际负债量大于或小于这一负债量都不能实现银行利润的最大化。显然商业银行负债规模的确定至少必须考虑三方面的限制:一是负债成本的高低,二是负债所吸收的资金有无适当的贷放或投资机会,三是资金运用的收益在抵消负债成本并扣除税费后能否产生必要的剩余。

(二) 保持合理的负债结构

合理的负债结构可以起到稳定银行资金来源、降低资金成本、保证银行安全高效运营、降低风险的作用。因此,商业银行必须重视对负债结构的调整。负债结构合理化既要求银行保持多样化的筹资方式和筹资渠道,以利于方便、及时地获得所需资金,提供流动性需求;又要求负债结构合理搭配,以利于所筹资金的稳定和降低筹资成本。

负债结构一般包括利息结构、期限结构和种类结构。合理安排负债的利息结构要求商业银行做好高息负债、低息负债和无息负债的优化组合;合理安排负债的期限结构要求商业银行做好短期负债和长期负债的优化组合,既不能为了增大盈利,如发放长期贷款而大量吸收长期负债,也不能为了降低负债成本而只增加短期负债的数量。商业银行应该将短期负债和长期负债的数量保持在一定的比例上,从而使银行的负债既能满足其资产业务的需求,又能保持一定的流动性。合理安排负债的种类结构要求商业银行做好被动负债与主动负债的优化组合,保持定期存款和活期存款的合理比例,保持对中央银行负债和对同业负债的合理比例等,同时要求商业银行不断进行业务创新,注重负债新品种的研发与推广,拓展负债的种类结构。

另外,合理配置负债结构,在某种程度上还取决于与资产结构的匹配合理。资产与负债是商业银行经营中同一事物的两个方面,所以商业银行在搞好负债结构调控的同时还应注意资产结构的合理安排。

（三）降低负债成本

银行作为一个企业，其经营活动的出发点是以尽可能少的投入获取尽可能多的收益，而负债成本在银行成本中占很大部分，因此为了实现利润最大化目标，银行必须最大限度地降低负债成本，做好负债成本控制工作。

商业银行的负债成本是指银行为吸收存款、筹措资金、借入款项所必须支付的成本费用开支。负债成本主要由以下三部分构成：一是利息成本，二是营业成本，三是相关成本。① 其中，前两项成本是最主要的。

商业银行负债成本的变动既与负债总量有关，又与负债结构有关（在利率不变的情况下）。在商业银行的经营管理实践中，一方面，正常情况下，负债总量与负债成本同方向变动，即负债总量增加，负债成本也增加。所以，要控制好负债成本，必须保持适度的负债总量规模。另一方面，商业银行不同的负债结构带来不同的负债成本。所以，要控制好负债成本，必须保持合理的负债结构。对于商业银行来说，目标是负债结构的变化既要满足银行资产运用的需要，又要使负债的综合成本降到最低。

另外，在商业银行的经营成本中，除利息成本外，日常营业成本在商业银行成本中所占的比重不容忽视。营业成本包括筹资的广告宣传费用、筹资人员的工资、筹资所需设备和房屋的折旧费摊销、筹资过程中的管理费用以及为客户提供服务所发生的费用等。商业银行在成本管理中，应制定切实可行的成本控制方法，如采用作业成本法、定额成本法、标准成本法等专业成本管理办法，降低银行的营业成本。

二、商业银行负债业务的风险及控制

商业银行通过负债筹集资金会面临各种各样的风险，这些风险主要有以下几种类型：

（一）流动性风险

银行的流动性是指银行满足存款者提现、支付到期债务和借款者正当贷款需求的能力。狭义的流动性风险主要是指银行没有足够的现金来清偿债务和保证客户提取存款的需要，从而发生支付危机。广义的流动性风险还包括银行不能满足客户正常合理的贷款需求，既影响银行的形象和信誉，又影响银行的盈利水平。银行流动性风险主要是由期限错配和利率的敏感性两方面原因产生的。

防范负债的流动性风险要求商业银行一方面建立分层次的准备金，通过资产的变现来解决头寸不足，既可以持有一部分流动性很强的证券，又可以出售其有稳定现金流的资产，实行资产证券化；另一方面根据银行经营环境的变化，拓宽银行资金来源渠道，从多种途径、以多种形式筹措资金，协调各种不同资金在利率、期限、风险和流动性等方面的搭

---

① 这里所讲的负债成本的构成与本章第二节中的"存款成本构成"是类似的，只不过前者指的是银行总负债（包括存款负债和非存款负债）的成本构成，而后者指的是银行存款负债的成本构成。

配,在确保资金安全性、流动性的基础上追求并实现利润最大化。

（二）利率风险

利率风险是指资金市场利率的变动对商业银行经营成本的影响,即利率的不确定性所导致的负债成本变动。银行不同的资产负债结构以及存贷款类型、数量和期限所面临的利率风险存在很大的差别。如浮动利率的大额定期存单、货币市场存款、短期储蓄存款、基金借款利率的敏感性较强,而固定利率的大额可转让存单、活期存款、长期储蓄存款的利率敏感性相对较弱。商业银行在筹集资金的过程中应考虑资金运用情况,筹集不同利率敏感性的资金,避免利率风险给银行带来损失。

对于利率风险,商业银行可采取的防范措施有:对未来市场利率的变动进行科学预测;运用远期利率协议、利率期权、利率互换等金融衍生工具来规避利率风险。

（三）清偿风险

清偿风险是指当存款人、借款人等债权人提出清偿债务的要求时,商业银行不能按时清偿债务所导致的风险。清偿风险分为相对清偿风险和绝对清偿风险两种。相对清偿风险是指商业银行资产总值足够偿还所有债务,但不能按时偿还目前要求清偿的债务,即由流动性引发的清偿风险,其管理对策与前面流动性风险的管理对策相同;绝对清偿风险是指商业银行的资产总值低于负债总值,不能立即清偿而且在任何情况下都不能清偿所有债务。对绝对清偿风险的防范,一是要建立存款保险制度,提高整个社会对商业银行的信心;二是要增加商业银行的资本金,确定适度的负债规模。

（四）资本金风险

在商业银行的经营管理中,由于银行资本的成本高于吸收存款和其他负债的成本,银行总是倾向于不断提高资本的杠杆作用,即在既定的资本规模下,加大负债比例,从而起到降低资金成本、增加银行盈利、扩张资产的目的。在过高的杠杆作用下,银行资本与资产的比例会急剧下降,使资本充足率受到考验,在资本充足率不足时,就会出现资本金风险。为了防止银行无限制扩大负债规模,避免引发资本金风险,《巴塞尔协议》规定了商业银行最低资本充足率,以便在银行发生经营亏损的情况下,保证银行的资金安全。

> 拓展阅读

银行负债管理从"规模取胜"走向"质量取胜"

为促进商业银行提升负债质量管理水平,维护银行体系安全稳健运行,银保监会于2021年3月发布实施《商业银行负债质量管理办法》。

党的十九大和十九届五中全会明确指出,我国经济已转向高质量发展阶段,必须坚持质量第一、效益优先。良好的负债质量管理是商业银行稳健经营的基础,是商业银行服务实体经济的支撑。近年来,随着利率市场化的推进和资本市场、互联网金融、影子银行等金融业态的发展,商业银行负债业务复杂程度上升、管理难度加大。为贯彻落实党中央决策部署,针对商业银行负债业务管理的新形势,客观上需要总结归纳和提炼负债业务的管理评价标准,构建全面、系统的负债业务管理和风险控制体系,持续推动商业银行强化负债业务管理,提高服务实体经济的效率和水平。

《商业银行负债质量管理办法》一是明确了商业银行负债质量管理的内涵和业务范围。二是确立了负债质量管理体系,从组织架构、公司治理、内部控制、业务创新管理等方面对商业银行负债业务管理提出了明确要求。三是提出了负债质量管理的"六性"要素,同时要求商业银行合规开展负债业务、加强负债质量持续监测和分析。四是强化了负债质量相关监督检查和监管措施,明确了商业银行向监管部门报告负债质量管理情况的要求及负债质量监管评价结果运用的范围等。

资料来源:根据相关资料归纳推理。

三、存款准备金制度

存款准备金制度是指中央银行依据法律所赋予的权力,要求商业银行和其他金融机构按规定的比率在其吸收的存款总额中提取一定的金额缴存中央银行,并借以间接地对社会货币供应量进行控制的制度。存款准备金制度建立的初衷,是将其作为商业银行清偿力的保证,即保障客户存款的安全,防范流动性风险,主要用于商业银行倒闭时偿付银行债务的准备。后来,存款准备金制度逐渐发展成为一种货币政策工具。存款准备金的存在,在一定程度上降低了商业银行的经营风险。

拓展阅读

我国的存款准备金制度

存款准备金制度起源于18世纪的英国,最初这一制度的主要功能是政府变相地向商业银行征收税收。美国1863年的《国民银行法》、1935年的《银行法》相继以法律的形式规定了商业银行向中央银行缴存存款准备金的制度。随后,存款准备金制度在全球各国普遍实施。

我国的存款准备金制度是在1984年建立起来的,之后,法定存款准备金比率经历了多次调整。在法定存款准备金比率多次调整的同时,我国的存款准备金制度也在不断地改革和完善。

1998年3月,中国人民银行对存款准备金制度进行了重大改革。其主要内容是:将原来各金融机构在中国人民银行的准备金存款和备付金存款两个账户合并,称为"准备金存款"账户;对各金融机构的存款准备金考核到法人单位进行管理;法定存款准备金率从13%下调到8%;超额存款准备金及超额存款准备金率由各金融机构自行决定。

2004年4月,中国人民银行开始实行差别存款准备金率制度。该制度规定资本充足率低于一定水平的金融机构存款准备金率提高0.5个百分点,执行7.5%的存款准备金率,其他金融机构仍执行现行存款准备金率,并按年定期对金融机构质量状况的分类标准进行动态管理。该制度使得金融机构适用的存款准备金率与其资本充足率、资产质量状况等指标挂钩,可以抑制资本充足率较低且资产质量较差的金融机构的贷款扩张,从而降低金融系统的风险。

2005年,中国人民银行重新修订印发了《金融机构外汇存款准备金管理规定》。该规定改变了原中资金融机构与外资金融机构在缴存外汇存款准备金方法和缴存比率上不一致的状况,杜绝了中资金融机构将外币折合为本币缴存等不规范操作。

虽然目前各国执行法定存款准备金制度的指导思想仍是通过改变存款准备金率来调控货币,进而影响宏观经济,但在发达国家,法定存款准备金率已经较低,而且调整法定存款准备金率的手段也较少运用。例如,美国在1980年以后的10年时间里,基本上没有调整过法定存款准备金率,90年代后美联储又采取措施逐步降低法定存款准备金率。目前,美国的平均法定存款准备金率已经较低。欧洲央行法定存款准备金率仅为2%,也没有频繁调整法定存款准备金率。

我国目前法定存款准备金率与发达国家相比处于较高水平,我国央行也多次通过调整法定存款准备金率来调控货币。可见,现阶段存款准备金制度仍是我国主要的货币政策工具之一,是央行调节货币供应量和社会流动性的重要手段。

资料来源:根据相关资料归纳推理。

四、存款保险制度

存款保险制度是国家为了保护存款人的合法利益,维护金融体系的安全与稳定,设立专门的存款保险机构,规定经办存款的金融机构必须或自愿根据存款额大小按一定的费率向存款保险机构投保,当投保的金融机构出现经营危机或陷入破产境地时,由存款保险机构向其提供流动性支持或者直接向其存款人支付部分或全部存款的一种制度。

(一)存款保险制度的作用

存款保险制度起源于美国,它对于商业银行的经营活动、风险转移和防范具有重要意义,其作用主要体现在以下几点:

(1)保护存款人的利益,增强存款人对金融机构的信心。当一家银行因经营不善或其他原因造成支付困难而破产时,由存款保险机构代为支付公众存款,从而既保护了存款人的合法利益,特别是保护了中小存款人的利益,又增强了存款人对金融机构的信心,能够保证金融机构有较为稳定的存款来源,增加了存款向投资转化的流量,有利于一国资本的形成和经济的发展。

(2)有利于维护金融体系的稳定。金融机构作为一种特殊的企业,其经营面临来自各方面的风险。一家银行因自身经营不善而倒闭,可能会使存款者人人自危而引发大规模的挤兑风潮,从而造成对整个金融体系的冲击。如果有了存款保险制度,就可以对陷入困境的金融机构采取援救措施,使其渡过难关,避免破产。如果到了非破产不可的地步,那么由于存款人确信自己的存款可以得到赔偿,因此其他金融机构遭到挤兑而导致连锁破产的可能性就会小得多,从而保护了那些正常经营的金融机构。

(3) 可以作为中央银行进行金融监管的补充手段。存款保险机构为了减少保险赔偿金的支出,有必要对投保金融机构的经营活动进行监督和检查,这可以促进投保金融机构提高经营管理水平,从而防止和减少金融机构破产倒闭现象的发生。

(4) 有助于提高金融机构的资信。在已建立了存款保险制度的国家,无论是实行强制保险还是自愿投保,金融机构都会主动要求参加保险,因为参加保险的金融机构可以借此提高其信誉等级,从而提高其竞争能力,为其日后拓展业务奠定基础。现在,各国商业银行都在大力开展国际业务,在激烈的国际竞争中,那些对境外分支机构吸收的存款也给予保险的国家,占据了很大优势。

(二) 存款保险制度可能引发的问题及应对措施

存款保险制度虽然能增强公众对银行业的信心,维护金融稳定,但该制度可能带来的道德风险和逆向选择问题,也成为难以回避的困扰因素,这在某种程度上阻碍了各国加速建立存款保险制度的步伐。

存款保险制度主要在以下三个方面造成道德风险:首先,从存款人的角度来说,存款保险降低了存款人监督银行的自我保护激励。这将导致那些经营不善,甚至是资不抵债的银行能够继续吸收存款。其次,从银行的角度来说,存款保险易诱使银行高风险经营。最后,从监管当局的角度来说,存款保险使得监管者往往更容忍濒临破产的银行继续在市场上生存,而不要求其立刻采取及时的纠正行动。存款保险制度可能造成的道德风险不仅会削弱市场规则在抑制银行风险方面的积极作用,而且使经营不善的投保金融机构继续存在。这些投保金融机构的高风险、高利率举措,使得经营谨慎的金融机构在业务经营上无法与之公平竞争,这间接地允许和鼓励了金融体系内部的资产质量恶化与风险累积。

存款保险制度的逆向选择问题来自存款保险机构和投保银行有关投保银行风险水平的信息不对称,这在加入存款保险制度完全出于自愿、支付单一固定保费的情况下尤为突出,因为在一个自愿加入的存款保险制度中,如果存款保险机构以所有银行的平均风险水平确定保费,则加入存款保险制度的可能都是风险水平较高的银行。这样,投保银行的平均风险水平会比存款保险机构预期的要高,存款保险机构不得不提高保费,这又会导致一部分银行退出存款保险制度。逆向选择的结果是:只有风险水平最高的银行留在存款保险体系中。由于风险太高,这样一个存款保险制度是无法长期维持下去的。

由于存款保险制度可能带来上述道德风险和逆向选择问题,存款保险制度要发挥出其积极作用,还需要良好的制度设计和监管环境作为配合,以降低道德风险和逆向选择问题发生的可能性。从国际经验来看,这些制度设计主要有以下几方面:

(1) 树立正确的存款保险制度的目标。存款保险制度建立的目标应该是保护整个金融体系的安全稳定,而不是用来保护个别金融机构。日本就曾努力创立"银行不倒神话"。美国联邦存款保险公司也出现过类似的失误。其曾对11家最大的银行实行"大银行难以倒闭"政策,在它们陷入困境时全力挽救,而对小银行的处置方式通常是立即破产。这样就带来了严重的问题,增加了大银行的道德风险,使中小银行在竞争中处于不利地位,经营风险急剧膨胀。所以,存款保险机构在银行破产的问题上不应过于谨慎,对那些内部混乱、经营作风不稳健的银行应坚决不予支援,该破产的就让它破产。实际上允许银行破产应是存款保险制度的前提,关键是把银行破产的规模和数量控制在社会可接受的范围内。

(2) 实行与风险相联系的差别费率。保险费率的确定必须与投保银行的风险状况密切联系。低风险的银行只需定期向存款保险机构交纳小额的保费;而高风险的银行不仅要向存款保险机构交纳高额的保费,还要按照其要求进行整改。这样做是为了增加银行从事高风险投资的成本,从而抑制其冒险动机。

(3) 实行限额偿付,即确定一个偿付上限,一旦银行破产,限额内的存款就由存款保险机构偿付,超过限额的存款则要等到银行清算之后再进行偿付。这一制度设计不但能保护中小存款人的利益,形成储户对银行进行选择的机制;而且能有效激发大额存款人监督银行的积极性,进而从外部来促使投保银行加强经营管理,提高经济效益。

(4) 实行强制性存款保险。强制性存款保险一方面可以有效抑制逆向选择行为,保证参加保险的银行数量,壮大保险基金的规模;另一方面可以淡化某些银行由于规模或其他因素的影响而享有的竞争优势,从而有利于促进竞争的公平性。

拓展阅读

我国存款保险制度的建立

完善的金融安全网由中央银行的最后贷款人职能、审慎监管和存款保险制度三大支柱构成,三者共同促进银行业健康发展、维护金融市场和公众对银行体系的信心。中央银行作为"银行的银行"发挥最后贷款人的职能,主要通过提供流动性支持,解决银行业"借短贷长"的期限错配问题。审慎监管主要通过最低资本要求、流动性覆盖等监管措施来限制杠杆积累,保证银行业经营的合规性和稳健性。在此基础上,银行业健康发展还需要一个稳健经营的市场环境,中小存款人一般难以了解银行的具体经营情况,一旦有"风吹草动",出于"安全"考虑,他们就去排队挤兑,即使是正常经营的银行也可能因恐慌情绪而遭到挤兑。建立存款保险制度,通过宣布明确的法律保障和及时偿付政策,切实保障存款人权益,稳定存款人预期,提升公众对银行体系的信心,可以有效防止个体风险引发连锁反应和银行挤兑。得益于这种设计,存款保险制度于1933年在美国诞生后即获成功,形成了完善的金融安全网,并一直延续至今。

我国从1993年开始着手研究存款保险制度,经过22年的酝酿之后,存款保险制度终于落地。2015年2月17日,国务院发布《存款保险条例》(中华人民共和国国务院令第660号)(以下简称《条例》),并自2015年5月1日起正式施行。《条例》经2014年10月29日国务院第67次常务会议通过,2015年2月17日由国务院总理李克强签署。自此,我国成为全球第114个建立存款保险制度的国家(地区)。

《条例》第一条规定,条例的目的是依法保护存款人的合法权益,及时防范和化解金融风险,维护金融稳定。存款利率放开后,银行为竞争存款,会抬高银行吸储成本,一些小型银行如果经营不善,很可能面临破产倒闭的风险,这时就需要存款保险制度保障存款人的利益。

确定存款保险的最高偿付限额,既要充分保护存款人的利益,又要有效防范道德风险。从国际上看,最高偿付限额一般为人均国内生产总值(GDP)的2～5倍。《条例》规定,我国金融机构存款保险的最高偿付限额为人民币50万元,这一数字是中国人民银行会同有关方面根据我国的存款规模、结构等因素,并考虑我国居民储蓄意愿较强、储蓄存款承担一定社会保障功能的实际情况,经反复测算后提出的,这一数字约为2013年我国人均GDP的12倍,高于世界多数国家的保障水平,能够为99.63%的存款人提供全额保护。同时,这个限额并不是固定不变的,而是可以根据经济发展、存款结构变化、金融风险状况等因素,经国务院批准后进行适时调整。

从国际对比来看,美国、印度、巴西、比利时、阿根廷、西班牙、加拿大、英国的全额被保险存款账户占全部存款账户的比例分别为99%、98%、98%、96%、95%、94%、87.5%和70%。我国99.63%的全额被保险存款账户比例处于较高水平。

为有效保障存款人的利益,保证存款保险制度的公平性和合理性,促进银行业公平竞争,《条例》规定的存款保险具有强制性。存款保险的保费由投保的银行业金融机构交纳,存款人不需要交纳。存款保险实行基准费率与风险差别费率相结合的制度。

资料来源:根据相关资料归纳推理。

关键术语

商业银行负债　存款　存款准备金　存款保险制度　流动性风险　负债管理

复习思考题

1. 商业银行负债的种类主要有哪些?每种负债有何特点?
2. 什么是商业银行的负债成本?请举例说明商业银行负债成本的构成情况。
3. 与商业银行负债相关的风险主要有哪些?请说明这些风险是如何形成的,商业银行应如何进行负债成本控制与风险管理。
4. 试述我国存款保险制度对商业银行负债管理的影响。

第四章

商业银行现金资产与流动性管理

> 学习目标

- 了解商业银行现金资产的构成、作用和特点
- 了解商业银行现金资产管理的基本原则和目的
- 了解商业银行流动性需求和来源的预测方法,掌握商业银行流动性管理理论以及流动性的重要度量指标
- 掌握商业银行资金调度的意义和渠道

> 素养目标

通过对拓展阅读和典型案例的分析,培养学生的道路自信、制度自信、文化自信、风险意识及金融安全意识。

> 案例导读

移动货币和移动银行的比较

近年来,随着互联网金融和电子商务的不断普及,中国的移动支付业务获得了迅猛发展。目前,国际上对移动货币还没有统一的定义,各国根据本国的实际发展情况对移动货币的界定也不尽相同。安永认为,所有通过手机完成的货币交易都可称为移动货币,这一概念较为宽泛也较为模糊。而根据全球移动通信系统协会(Global System for Mobile Communications Assembly, GSMA)的定义,移动货币是一项金融服务革新,该革新借助信息和通信技术(Information and Communication Technologies, ICTs)以及非银行物理网络,将金融服务延伸到没有被传统银行覆盖的地区和人群,并具有两个主要特点:一是客户在银行体

系之外的网络完成存取款操作;二是客户通过手机界面完成交易。为了更好地进行阐述,我们倾向于引用非洲发展银行的定义,即移动货币与存放在传统银行账户上的货币不同,是指存放在用户识别卡(SIM卡)上的货币,SIM卡取代银行账号成为用户身份的识别码。从功能角度分析,移动货币涵盖汇款、小额支付等多种业务,旨在通过手机向没有银行账户的人群提供金融服务,或者向已有银行账户的人群提供技术便利。

目前,国际上主要有两种通过手机提供金融服务的模式:一是移动运营商主导的移动货币服务,简称移动货币;二是银行主导的移动金融服务,简称移动银行或手机银行。移动货币可以为用户直接开立与手机SIM卡相关联的虚拟账户,用户在指定的移动货币代理点进行现金的存取,并通过虚拟账户直接进行汇款、小额支付等操作;移动银行使得客户通过手机即可登录其银行账户并进行账户操作,同时可通过银行自身的网点、自动提款机(ATM)进行现金存取。移动运营商主导模式和银行主导模式共同为客户提供移动金融服务。二者的主要区别如表4-1所示。

表4-1 移动货币和移动银行的区别

项目	移动货币	移动银行
主导机构	移动运营商	银行
账户类型	与SIM卡相关联的虚拟账户	传统银行账户
客户类型	手机用户	银行客户
适用范围	金融基础设施落后的国家或地区	银行覆盖

由此可以看出,移动货币和移动银行的模式选择与发展路径,主要是由所在国家或地区的经济和社会环境决定的。在金融基础设施落后的国家或地区,传统金融服务覆盖率低,移动货币具有成本低、易推广的优势,增强了金融的普惠性;而在经济发展较好、银行业竞争充分的国家或地区,移动银行打破了银行物理网点的限制,丰富了银行服务渠道,提供的产品或服务较移动货币更为多样,便利了广大银行客户,有利于增强客户黏性。近年来,在一些国家,移动货币和移动银行呈现互补发展、相互趋同的趋势,并逐步发展出了基于代理商网络的银行服务体系,即银行不仅借助于自身的物理网点为客户提供服务,而且通过与零售商等代理机构的合作,借助于代理商渠道为客户提供基本的银行服务,从而将银行服务延伸到广大农村地区。就具体的汇款和支付业务而言,移动货币和移动银行均使得客户通过移动终端实现汇款或支付,在支付方面的功能都属于移动支付的范畴,与银行传统支付方式相比,移动支付不受时间和空间的限制,具有便捷迅速、运营成本低、费率低廉的优势,但无论是移动货币还是移动银行,有两点是不变的:手机服务永远是由移动运营商提供,而资金清算则由银行负责。

详情链接:中国人民银行网站。

> **你是不是有下面的疑问？**

1. 互联网金融对支付系统有哪些影响？
2. 移动货币与传统货币在功能上有什么区别？
3. 移动银行对现代银行业的影响是什么？

> **进入内容学习**

资产业务是商业银行的资金运用业务，它既是商业银行最主要、最基本的盈利来源，又是商业银行信誉高低的重要标志。商业银行资产业务包括现金资产业务、贷款业务和证券投资业务，其中现金资产是商业银行流动性最强的资产。商业银行持有一定数量的现金资产，主要目的是满足银行经营过程中的流动性需求。商业银行持有现金资产需要付出机会成本。商业银行要在保证银行经营过程中流动性需求的前提下，将持有现金资产的机会成本降到最低，作为银行经营安全性和盈利性的杠杆，服务于银行整体经营状况最优化目标。

第一节 商业银行现金资产概述

一、商业银行现金资产的构成

现金资产是指商业银行所持有的现金及与现金等同、随时可用于支付的资产。它作为银行流动性需求的第一道防线，是非盈利性资产，从经营的角度出发，银行一般都尽可能地把现金资产降到法律规定的最低标准。过量的现金准备会造成较高的机会成本，并且随着投资利率水平的上升，机会成本也随之上升；但是，现金准备过少，又存在巨大的经营风险，银行手中如果没有足够的现金满足储户的提款需求，就会使储户丧失对银行的信心，同时也会产生潜在的清偿能力降低的隐患。所以，商业银行的现金资产应保持在一个合理适度的规模。

商业银行现金资产也可称为现金头寸，主要包括库存现金、在中央银行的存款、存放同业存款和在途资金四个项目。

（一）库存现金

库存现金是指商业银行保存在金库中的现钞（纸币）和硬币。商业银行经营必须以满足债权人的支付要求和银行其他的日常开支为前提条件。因此，商业银行需经常保持一定数额的库存现金。由于库存现金是商业银行的非盈利性资产，并且保存库存现金需要花费大量的各类相关费用，如果商业银行的库存现金过多，就可以将其存放到中央银行的存款账户或是同业存款账户中，或者将其用于其他用途。

(二) 在中央银行的存款

在中央银行的存款包括一般性存款和存款准备金两部分。一般性存款是用于商业银行支票清算、资金转账等的基本存款账户,同时也可以用来调剂库存现金余缺。商业银行由于同业拆借、回购、向中央银行借款等业务而出现的资金划转以及库存现金的增减等,均需要通过这个账户进行。存款准备金包括法定存款准备金和超额存款准备金。

1. 法定存款准备金

法定存款准备金是依据法定存款准备金制度,商业银行所吸收的存款按照中央银行规定的存款准备金率缴存中央银行的准备金。在正常情况下,法定存款准备金一般不能动用,商业银行能够用于存款支付和新增贷款的只能是超额存款准备金。法定存款准备金作为中央银行调节信用规模的一种政策手段与工具,具有强制性。

2. 超额存款准备金

超额存款准备金有两种含义:广义的超额存款准备金是指商业银行吸收的存款中扣除法定存款准备金以后的余额,即商业银行可用资金;狭义的超额存款准备金则是指在存款准备金账户中,超过了法定存款准备金的那部分存款,这部分存款是商业银行在中央银行账户上保有的用于日常支付和债权债务清算的资金。由于超额存款准备金是商业银行的可用资金,其数量也直接影响着商业银行的信贷扩张能力。在商业银行准备金总量不变的情况下,超额存款准备金与商业银行的法定存款准备金之间存在此消彼长的关系。当法定存款准备金增加时,商业银行的超额存款准备金就会减少,其信贷扩张能力下降;反之,当法定存款准备金减少时,商业银行的超额存款准备金就会增加,其信贷扩张能力就会增强。因此,超额存款准备金是货币政策的近期中介指标,直接影响社会信用总量。

(三) 存放同业存款

存放同业存款也称在其他商业银行的存款,是指商业银行存放在代理行或其他银行的存款。其目的是便利同业之间的票据清算和代理收付以及委托代理行提供服务。同业间开立的存款账户一般为活期账户,这部分款项是可以随时支用的,故视同于现金资产。

(四) 在途资金

在途资金也称托收未达款或托收中的现金。商业银行在为客户办理票据清算的过程中,会产生需要向其他付款银行托收但尚未收妥的款项,是一笔他行占用的资金,这类资金在途时间较短,收妥后即成为存放同业存款。因此,托收中的现金是在银行之间票据清算过程中自然形成的,它亦属于非盈利性资产,商业银行一般将其视为现金资产。

二、商业银行持有现金资产的目的

商业银行持有现金资产的主要目的是应付各种日常支付需要,满足银行的流动性需求。

1. 满足日常交易提取现金的需要

商业银行的库存现金主要是为存户日常提取现金准备的。在现代社会中,电子计算机广泛应用于银行业务处理,快捷方便的转账结算和信用卡大大节省了现金流通,但是小额零星交易仍使用现金支付。银行必须保留足够的现金以满足客户日常交易提取现金的需要。

2. 满足中央银行存款准备金制度的要求

世界上大多数国家都实行存款准备金制度,法律规定商业银行和存款机构必须按照法定存款准备金率向中央银行缴存法定存款准备金、超额存款准备金。其目的是保持银行体系的支付能力,降低商业银行的风险,并借以控制和调节商业银行乃至整个社会的货币供应量。

3. 保证存户所开支票的兑付

商业银行是支付的中介,全社会交易活动的货币收付都通过商业银行进行。为了保证客户所开支票的兑付、到期定期存款和证券的兑付,保证电汇和其他业务往来引起的存款流出,商业银行必须保留足够的备付金存款以满足流动性需求。

4. 满足保持清偿力的需要

商业银行是经营货币信用业务的企业,以追求利润最大化为目标。这就要求商业银行在安排资产结构时,尽可能持有期限较长、收益较高的资产。但商业银行又是一种风险较大的特殊企业,银行的经营资金主要来源于客户的存款和各项借入资金,属于被动负债,商业银行只能无条件满足客户的需求。如果商业银行不能满足客户的需求或者无法对借入资金还本付息,那么也会影响银行信誉,严重威胁银行的安全性。因此,在追求盈利的过程中,商业银行必须保有一定数量的、可直接用于应付提现和清偿债务的资产,现金资产正是可以满足这种需要的资产准备。

三、商业银行现金资产管理的原则

1. 存量适度原则

存量适度原则是指在一定时期内商业银行必须将现金资产保持在一个适度规模上。这里的适度规模是指商业银行以最低的机会成本满足经营活动对流动性的需求所需要的现金资产的规模。商业银行只有坚持存量适度原则,才符合银行经营方针的要求。

2. 适时调节流量原则

适时调节流量原则是指商业银行必须根据经营活动中现金流量的变化,及时调节现金资产的规模。现金资产管理必须根据银行现金流量的变化及时调节现金资产的规模,以保证银行经营活动对现金资产的需要。

3. 安全防范原则

安全防范原则是指商业银行必须防止库存现金被盗、被抢,或清点、包装的差错及自然灾害等原因造成的风险。商业银行的现金资产以多种形态存在,除库存现金之外,其他形态的现金资产都是通过银行账户的资金转移完成支付的,只要库存的现钞、硬币以实物形态存在,就不可避免地会发生危险。因此,商业银行对库存现金要严加管理,健全安全防范制度,严格业务操作规程,保证库存现金的安全。

四、商业银行现金资产的特点

商业银行的现金资产具有频繁性、波动性、强制性和矛盾性的特点。

(1) 频繁性。商业银行的经营对象是货币资金,货币资金的特性就是流动性,只有在流动中才能真正发挥其作用,只有在不断的周转中才能增值。因此,商业银行现金资产的流动非常频繁。

(2) 波动性。商业银行现金资产的需求和供给受很多因素的影响,而且很多方面是商业银行自身难以控制的。因此,商业银行的现金资产存在很大的波动性。

(3) 强制性。商业银行必须及时保证存款人以现金形式提取存款,必须按中央银行规定的存款准备金率缴存法定存款准备金。因此,现金资产在很大程度上是强制性的。

(4) 矛盾性。现金资产具有非常高的流动性,但其缺陷是盈利性非常低,库存现金不能给商业银行带来任何收益,反而需要花费大量的保管成本。对于存放在中央银行的款项,在中国具有一定的存款利息收入,但利率很低;而在美国则没有任何利息收入。因此,现金资产存在高流动性与低盈利性之间的矛盾。

五、现金资产与流动性之间的关系

现金资产在很大程度上受流动性需求的影响,而流动性需求又受现金需求的影响。表4-2是某银行的资产负债表,我们可以分析现金资产与流动性之间的关系。

典型实例

表 4-2　某银行的资产负债表　　　　　　　　　　　　　　单位:百万元

资产	金额	负债和股东权益	金额
库存现金	2	活期存款	100
在中央银行的存款	17	定期存款	500
在其他金融机构的活期存款	28	同业拆借	60
在途资金	8	其他负债	30
合计	55	负债合计	690
证券与生息存款	270	股东权益合计	60
贷款净额	375	—	750
其他资产	50	—	—
资产总计	750	负债和股东权益总计	750

注:本案例中,中央银行规定的法定存款准备金率为活期存款10%,定期存款1%,下同。

(一) 库存现金与流动性供求

在正常情况下,客户存取现金的数额有一定的规律。通常是定期存入现金,在可以预测的时间内,如周末、节假日、旅游旺季、收到付现支票时支取现金。如果出现库存现金短缺,则只要商业银行在中央银行或同业银行有存款,便可以随时提取现金补足,不会出现流动性问题。

表 4-2 说明,该银行持有现金资产 5 500 万元,其中库存现金为 200 万元,在中央银行的存款为 1 700 万元,存放同业存款为 2 800 万元,均可用于应对日常现金提取。如果在日常交易中出现库存现金不足,则可以提取在中央银行的存款与存放同业存款满足现金需要。例如,客户需提取现金 250 万元,200 万元的库存现金无法满足现金需求,则可提取在中央银行的存款 50 万元,银行资产负债表进而会发生变化,如表 4-3 所示。

典型实例

表 4-3 资产负债表库存现金变化   单位:百万元

资产	金额
库存现金	0.5
在中央银行的存款	−0.5

以上实例说明,由于商业银行在中央银行有足够的资金以应付客户提存,因此不会出现流动性不足。问题在于,当银行交易活动减少现金资产,而在中央银行和同业银行的活期存款不足时,商业银行便会出现流动性不足。商业银行必须通过非存款借入资金或出售资产来增加现金资产。如果某日出现了 250 万元的活期存款兑现,那么该银行在中央银行就会出现 50 万元的资金缺口。当然,商业银行日常交易活动中存款的增加或贷款的收回都会增加现金资产,进而增加银行流动性供给。

(二) 法定存款准备金与流动性供求

表 4-2 中的银行有活期存款 1 亿元,应缴纳存款准备金 1 000 万元,有定期存款 5 亿元,应缴纳存款准备金 500 万元,总计在中央银行应保持 1 500 万元的存款准备金。该银行在中央银行的活期存款余额为 1 700 万元,有超额存款准备金 200 万元,满足中央银行存款准备金制度的要求。当存款准备金率提高时,商业银行需要计提更多的法定存款准备金,超额存款准备金就会减少,这意味着可供银行提取的现金资产减少,进而降低流动性供给;反之,当存款准备金率降低时,随着商业银行超额存款准备金的增加,流动性供给也会上升。

(三) 存放同业存款与流动性供求

商业银行在清算时经常会出现头寸调整的情况,为了方便清算,银行之间会开展存放同业业务,以满足银行在清算过程中的流动性需求。同时,存放同业也为商业银行提供了良好的短期流动性管理工具。当商业银行的流动性状况较好时,通过存放同业业务可以赚取利差,提升银行的资金利用率;当商业银行的流动性状况趋紧时,能够取出存放同业存款应对流动性需求。此外,商业银行通过开展存放同业业务能够提升盈利能力,有助于获得更为充足的储备资金,进而更好地应对流动性需求。

(四) 在途资金与流动性供求

商业银行每天都有大量的支票在托收中,个人、企业和政府部门任何时候都可以存入支票,但是由他行客户付款的支票必须通过银行的支付系统完成收付结算。对于收款银行来说,只有在资金收妥之后,才能使用这些款项。因此,托收中的款项也叫浮存,它是银行流动性供求的一条渠道。托收未达款的占用时间取决于银行结算系统的效率,目前各国银行普遍使用电子联行系统进行异地资金结算,资金交易在瞬间便可以完成,当天可以抵用,大大减少了支票的传递和资金在银行的转移时间,加快了资金周转,提高了资金的使用效率。

> **拓展阅读**

广发银行"极智"现金管理系统

2019年,由亚洲知名财经杂志《财资》(The Asset)主办的"2018年度金融科技奖"在香港举行颁奖典礼。此奖项针对亚太及中东地区在金融科技创新上做出杰出贡献的金融机构、金融科技公司,以严格的遴选标准著称。广发银行"极智"现金管理系统以丰富的功能、领先的科技创新、舒心的体验赢得客户和专家的一致赞誉,摘得最具创新新兴技术奖。

2018年,广发银行全新推出"极智"现金管理系统以及移动App(手机软件),采用大数据、生物识别、人工智能等前沿技术,实现定制化UI(用户界面)设计、穿透式数据查询、扫码/手势/指纹登录、智能客服、全球账户统一视图等多项创新,以全新的视觉、简约的操控,为客户提供"极智"体验。

专属定制化便捷体验

"极智"现金管理系统采用扁平化、图形化的设计风格,提供菜单自定义、系统Logo(徽标)定制、界面显示要素自定义、可视化报表定制等功能,企业客户可根据自身需求自由定制专属系统界面显示风格。此外,系统从产品体系层面对功能进行分类,按照五大模块进行重新整合,规划三级菜单模式以及穿透式数据处理,增强了易用性和便捷性。

智慧创新型移动互联

"极智"现金管理系统结合现金管理移动App,业内首创GPI(global payment innovation,全球支付创新)交易追踪、扫码登录、扫码填单、扫码审核、扫码分享、智能客服、自动记忆等智慧实用性功能,与移动端紧密联系,提升系统客户操作及服务体验。

全球账户统一视图

广发银行"极智"现金管理系统以全球现金管理及个性化行业解决方案著称。其中,全球现金管理通过全球账户统一视图、跨境收付款服务、GPI服务、跨境资金池四项服务,帮助企业实现全球账户及结售汇管理,全面提升客户资金管理效率。运用个性化系统设置,广发银行"极智"现金管理系统为公共缴费、集中代付、招投标三大行业提供了极为贴心的解决方案。

据介绍,广发银行还将推出"智慧城市"综合金融服务方案,秉承"善政、惠企、利民"服务理念,为"智慧城市"建设涉及的智慧医院、智慧连锁、智慧法院、智慧教育、智慧物流、智慧交通等十二大重点领域打造一体化综合解决方案。

详情链接:《广发银行"极智"现金管理获2018年度金融科技大奖》,中国新闻网,2019年4月30日。

第二节 商业银行现金资产管理

一、现金头寸的匡算方法

商业银行现金资产管理的实质主要集中于现金头寸的匡算与调度,其中现金头寸的匡算是现金资产管理的基础。

(一) 商业银行现金头寸的构成及匡算

在现金资产中,可供商业银行直接、自主运用的资金,被我国银行业习惯地称为"头寸"。商业银行的头寸根据层次来划分,可分为基础头寸和可用头寸。

1. 基础头寸和可用头寸的定义及其构成

头寸是指商业银行手头拥有的资金和款项,或者说是商业银行能够直接、自主运用的资金。当一家银行存入款项大于支出款项时,称为"多头",反之称为"空头"或"缺头"。而商业银行平衡资金收支总额的过程叫"轧平头寸"或"平盘"。

基础头寸是指商业银行的库存现金与在中央银行的超额存款准备金之和。在基础头寸中,库存现金和超额存款准备金是可以互相转化的,商业银行从其在中央银行的存款准备金中提取现金,就会增加库存资金,同时减少超额存款准备金;反之,商业银行将库存现金存入中央银行存款准备金账户,就会减少库存现金而增加超额存款准备金。但在经营管理实践中,二者的运动状态又有所不同:库存现金是为客户提现保持的备付金(中国人民银行曾规定商业银行必须持有5%~7%的备付金),它将在银行与客户之间流通;而在中央银行的超额存款准备金是为有往来的金融机构保持的清算资金,它将在金融机构之间流通。此外,二者运用的成本、安全性也不一样。

基础头寸的计算公式如下:

$$基础头寸 = 库存现金金额 + 在中央银行一般性存款余额$$

可用头寸又称可用资金,是指商业银行扣除法定存款准备金以后还可以运用的资金,它包括基础头寸和商业银行存放同业存款。法定存款准备金的减少和其他现金资产的增加意味着可用头寸的增加;相反,法定存款准备金的增加和其他现金资产的减少则意味着可用头寸的减少。

可用头寸的计算公式如下:

$$可用头寸 = 基础头寸 \pm 应清入清出汇差资金 \pm 到期同业往来 \pm$$
$$缴存存款调增调减金额 \pm 应调增调减二级准备金金额$$

可贷头寸是指商业银行在某一个时期内可直接用于贷款发放和投资的资金,它来自商业银行在中央银行的一般性存款,但又不能等同于超额存款准备金。因为超额存款准备金必须首先满足各项资金清算的需要,只有超过银行正常周转需要的限额部分,才可以计算可贷头寸。

2. 现金头寸的匡算

正确地匡算现金头寸,有利于商业银行合理地进行资金调度,科学地调整资产负债结构,保证商业银行安全性、流动性和效益性原则的协调统一。

商业银行现金头寸的匡算在当天营业开始或营业中间进行,具有预测性质。匡算公式为:

$$当日可动用的现金头寸 = 前日在中央银行的存款准备金 \pm 预计当日的存款增减额 +$$
$$预计当日收回的贷款本息 \pm 预计当日的联行汇差 - 当日必$$
$$须存在中央银行的存款准备金 - 当日到期的存款本息$$

营业日初始现金头寸由以下几项构成:

(1)在中央银行的一般性存款,这是保证日常资金清算需要而必须保留的周转金,因此也称备付金,实际上就是超过法定存款准备金的部分。商业银行一般可根据清算资金的需求量,按存款的一定比例,计算一个满足正常清算需要的限额。

(2)库存现金,主要是为客户支取现金所保留的周转金,它是商业银行的非盈利性资产,因而该资产数额不是越多越好,需要核定一个限额。

(3)到期同业往来差额,主要是指商业银行在上一个营业日终了时未及时办理同业清算的资金额,这部分资金是营业日一开始就要支付或收入的款项,可视同已减少或已增加的可用头寸。

(4)应清算的汇差资金,是指商业银行之间、商业银行与各金融机构之间的汇兑所产生的差额,汇差资金必须定期清算。

商业银行应在当天业务终了轧平头寸,用以平衡联行汇差和保持在中央银行的存款。营业日现金头寸的匡算,是商业银行在掌握营业日初始可用现金头寸的基础上,对当日营业活动中能够增减的可用资金以及需要运用的可用资金的匡算,因此能起到统筹安排资金的作用,达到保持营业日结束时资金平衡的目的。

(二)商业银行现金头寸的管理原则

商业银行的经营目的是获取尽可能高的投资回报。由于商业银行持有的现金不能取得任何利息收入,商业银行现金头寸管理的基本原则就是尽量减少现金持有量以及加快现金收取,以降低机会成本。

在现金头寸管理中,商业银行存放在中央银行的法定存款准备金不能作为流动资金使用,即不能用来满足各种现金需求。由于商业银行必须满足中央银行所规定的法定存款准备金要求,并且法定存款准备金往往随商业银行的各种存款的波动而变化,商业银行经常要被动地拆入和拆出现金以满足法定存款准备金要求。商业银行在现金头寸管理中要不断地监视各种存款的变动情况,特别是大存款客户的动向。大银行还需要密切关注货币市场的走势,观察反映宏观经济运行的各种经济指标,因为宏观经济状况影响着现金的需求情况,从而影响银行间同业拆借的成本。

一般来说,规模相异的商业银行在现金头寸管理中遵循的原则与方法基本一致,其差别仅在于现金头寸的数额与现金来源渠道的不同。

二、现金资产的流动性预测

流动性预测是商业银行预测内部流动性供给和流动性需求来源,估算可能出现的流动性余缺,据以平衡流动性供求的管理手段。流动性预测主要有三种方法,即资金来源与运用法、资金结构法和流动性指标法。

(一) 资金来源与运用法

资金来源与运用法是指商业银行通过预测资金来源与占用数量来预测流动性需求量,进而组织资金来源,满足流动性需求的一种方法。

资金来源与运用法是一种通过估算一定时期内(流动性计划期)潜在的资金来源量和潜在的资金需求(运用)量的变动,以确定商业银行流动性余缺的方法。这种方法将计划期内存款和贷款的数量变化作为分析与测算的重点,包括季节性、周期性和趋势性资金需求变动三个方面的内容。

这种方法的基本操作程序是:

第一步,预测计划期(如1年)存贷款数额,通常是按月或按周计算存贷款数额的预测值。

第二步,根据同一时期存贷款数额变动的估计,测算出流动性需求净额(短缺或盈余)。

表4-4是A银行对计划年度每月存贷款数额预测。我们将以此表为样本简要说明每月存贷款数额的具体预测方法。在这个例子中,我们假设该银行在基期(上一年度)年末的存款总额为16亿元,贷款总额为14亿元(这两个数据来自基期年末资产负债表);同时,根据对过去5年历史数据的分析,预计存款年均增长率为6%,贷款年均增长率为12%。这些数据是预测计划期(新一年度)存款数额的重要基数。

典型实例

表4-4 A银行计划年度每月存贷款数额预测　　　　　金额单位:百万元

月份	存款预测				
	存款趋势值 (1)	季节性指数(%) (2)	季节性变动净额 (3)	周期性变动额 (4)	总额 (5)
1	1 608	99	−16	−3	1 589
2	1 616	102	32	8	1 656

(金额单位:百万元)(续表)

月份	存款预测				
	存款趋势值 (1)	季节性指数(%) (2)	季节性变动净额 (3)	周期性变动额 (4)	总额 (5)
3	1 623	105	80	7	1 710
4	1 631	107	112	10	1 753
5	1 639	101	16	1	1 656
6	1 647	95	−64	−8	1 575
7	1 655	93	−112	−15	1 528
8	1 663	95	−80	−9	1 574
9	1 671	97	−48	−4	1 619
10	1 680	101	16	0	1 696
11	1 688	104	64	3	1 755
12	1 696	100	0	0	1 696

月份	贷款预测				
	贷款趋势值 (1)	季节性指数(%) (2)	季节性变动净额 (3)	周期性变动额 (4)	总额 (5)
1	1 413	101	14	6	1 433
2	1 427	97	−42	−9	1 376
3	1 440	95	−70	−18	1 352
4	1 454	94	−84	−21	1 349
5	1 467	97	−42	−15	1 410
6	1 481	102	28	−3	1 506
7	1 495	108	11	9	1 515
8	1 510	106	84	17	1 611
9	1 524	103	42	11	1 577
10	1 538	99	−14	5	1 529
11	1 553	98	−28	0	1 525
12	1 568	100	0	0	1 568

资料来源:根据某商业银行现金资产管理资料整理而来。

在表4-4中,栏(1)存贷款趋势值是根据预计的每年存款增长6%、贷款增长12%预测的,表明在正常情况下(没有季节性和周期性变动的影响),每月存贷款余额将按此增长速度持续增长。

栏(2)为每月存贷款的季节性指数,它是过去5年每月存贷款平均数与12月份的平均数之比。受季节性因素的影响,各月的季节性指数常常不同,如1月份的存款为12月份存款的99%,2月份的存款相当于12月份存款的102%,等等。我们假定以前的季节性指数同样相当于计划期的情况。

栏(3)为每月的存贷款季节性预测数与基期(上一年度)12月份数额的差额,即季节性变动净额,其计算公式为:

季节性变动净额 = 基期12月份的数额 × 季节性指数 - 基期12月份的数额

栏(4)为上一年度每月预测的存贷款趋势值加上季节性变动额得出的估算值与同期实际的存贷款余额之差。它反映了周期性的资金需求。我们假定上一年度的周期性因素对资金需求的影响同样适用于计划年度。

栏(5)为预测的存款总额和贷款总额,它是栏(1)、栏(3)与栏(4)的数字之和。

在预测存贷款数额的基础上,即可测算计划期的流动性需求。表4-5显示了A银行计划年度每月流动性需求预测。在表4-5中,栏(1)与栏(4)的存款总额和贷款总额分别来自表4-4中栏(5)的数值。栏(2)存款变动额与栏(5)贷款变动额是分别以当月存款总额和贷款总额与基期12月份的数据相比较计算出来的,即

各月存(贷)款变动额 = 各月存(贷)款总额 - 基期12月份的存(贷)款总额

栏(3)所需应缴准备金是按每月存款变动额乘以存款准备金率计算的。它反映了因存款数额的增减而引起的应缴准备金数量的变化。如果存款数额减少,则相应减少的法定存款准备金上缴数即为商业银行提供了流动性来源;反之,则增加了流动性需求。最后,栏(6)为预计流动性需求净额,其计算公式为:

预计流动性需求净额 = 存款变动额 - 所需应缴准备金 - 贷款变动额

典型实例

表4-5　A银行计划年度每月流动性需求预测　　　　　　　　　　　单位:百万元

月份	存款总额 (1)	存款变动额 (2)	所需应缴准备金 (3)	贷款总额 (4)	贷款变动额 (5)	预计流动性需求净额 (6)
1	1 589	-11	-1.1	1 433	33	-42.9
2	1 656	56	5.6	1 376	-24	74.4
3	1 710	110	11.0	1 352	-48	147.0
4	1 753	153	15.3	1 349	-51	188.7
5	1 656	56	5.6	1 410	10	40.4
6	1 575	-25	-2.5	1 506	106	-128.5
7	1 528	-72	-7.2	1 515	115	-179.8
8	1 574	-26	-2.6	1 611	211	-234.4
9	1 619	19	1.9	1 577	177	-159.9
10	1 696	96	9.6	1 529	129	-42.6

（单位：百万元）（续表）

月份	存款总额 （1）	存款变动额 （2）	所需应缴准备金 （3）	贷款总额 （4）	贷款变动额 （5）	预计流动性需求净额 （6）
11	1 755	155	15.5	1 525	125	14.5
12	1 696	96	9.6	1 568	168	−81.6

资料来源：根据某商业银行现金资产管理资料整理而来。

注：应缴准备金按假定存款准备金率10%计算；"预计流动性需求净额"一栏中，带正号的数据表示流动性盈余，带负号的数据表示流动性短缺。

预计流动性需求净额反映了每一间隔期资金来源量与资金需求（运用）量的差额，即流动性缺口。当流动性资金来源量小于资金需求（运用）量时，商业银行便存在负缺口（缺口为负号的数值），表示流动性不足或短缺，为此商业银行必须及时筹措资金以满足流动性需求；反之，当流动性资金来源量大于资金需求（运用）量时，商业银行存在正缺口（缺口为正号的数值），表示流动性盈余或过剩，这意味着商业银行可将剩余的资金运用于能产生收益的资产。

依据表4-5，可明确A银行计划年度流动性需求的大致程度和时间。这对商业银行的流动性管理提供了重要信息和有价值的指导。商业银行可以决定它需要持有的充作流动性准备的资产形式和数量，以及如何为弥补流动性负缺口而增加流动性来源或者对正缺口情况下剩余资金的运用做出最佳安排。

（二）资金结构法

资金结构法是指商业银行根据流动性需求大小预测应保留的流动性准备，对合格贷款的增长保留十足流动性准备的预测方法。这种方法适用于按照负债稳定性分类的商业银行。资金结构法的预测步骤如下：

1. 预测流动性需求

（1）负债的流动性需求预测，即对商业银行负债按照提取的可能性大小加以分类。资金结构法将负债按照提取的可能性大小分为游资存款、易损资金和稳定资金三类：

第一，游资存款是指那些利率敏感性强或者在最近将要被提取的存款，包括同业拆借的短期资金。

第二，易损资金是指那些在近期内有可能被大比例提取的存款，包括最大额存款和非存款负债。

第三，稳定资金是那些最不可能被提取、稳定性最强的存款，即核心存款。

将负债进行分类后分别确定各类负债的流动性需求。

（2）新增贷款的流动性需求预测。大多数商业银行认为，银行必须随时准备发放高质量的贷款来满足客户融资的需求，并为其保留十足的流动性准备。即使流动性短缺，也要依靠借款来满足主动的优质贷款需求。这是商业银行的客户关系准则。这样做的好处在于,贷款不仅可以带来利息收入,而且可以带来新的存款;一旦贷款发放,银行就可以有步骤地向客户提供其他金融服务,并与客户建立多方面的联系,从而为银行带来额外的服务费收入。根据这种经营思想,商业银行总是估算出优质贷款的最大值,并为此持有十足的流动性准备。

基于负债与新增贷款流动性需求预测,可计算得出流动性总需求:

流动性总需求 = 负债流动性需求 + 新增贷款流动性需求
　　　　　　 = 流动性需求比例 × (游资存款 − 法定准备) + 流动性需求比例 × (易损资金 − 法定准备) + 流动性需求比例 × (稳定资金 − 法定准备) + 流动性需求比例 × 预计新增贷款

表 4-6 是某银行运用资金结构法预测流动性需求的例子,可以预测该银行计划期的流动性总需求为 5 307 万元。

典型实例

表 4-6　运用资金结构法预测流动性需求　　　　金额单位:百万元

分类	账户余额	法定存款准备金率	扣除存款准备金后的账户余额	流动性需求比例	预计流动性需求
游资存款	25	3%	24.25	95%	23.04
易损资金	24	3%	23.28	30%	6.98
稳定资金	100	3%	97.00	15%	14.55
合计					44.57
优质贷款(贷款总额为135万元,最近已达140万元,并且每年以10%的速度增长)	135×(1+10%)−140=8.5	—	—	100%	8.5
流动性需求总计					53.07

资料来源:根据某商业银行现金资产管理资料整理而来。

注:本例假定游资存款、易损资金、稳定资金的法定存款准备金率均为3%。

预计流动性需求按照扣除法定存款准备金后的余额计算。

流动性需求比例即商业银行为其保留的流动性准备金比例。

游资存款95%的流动性需求比例包括银行存放同业的资金、政府证券和可随时变现的回购协议资金。

2. 预测最有可能出现的流动性需求

上述预测的流动性需求只是可能出现的一种情况。为了使需求预测更接近实际,商业银行还要预测最有可能出现的流动性需求。在实际中,流动性需求可能出现最坏和最好的两种状况。如果存款超出预期大幅下降,甚至降到历史最低点,或者合格贷款需求大幅上升至历史最高点,便会出现最坏的流动性需求状况;相反,银行存款也会出现超出预测的大幅增长,达到历史最高点,或者合格贷款需求可能出于经济不景气等原因超出预期大幅下降,银行出现大量流动性盈余,这是最好的流动性需求状况。在实际中,一些商业银行采用概率分析来预测应当持有的流动性准备,其计算公式为:

预计流动性需求=最好状况的可能性×最好状况下的流动性缺口+最坏状况的可能性×最坏状况下的流动性缺口+最可能状况的可能性×最可能状况下的流动性缺口

例如,某银行将下周可能出现的流动性需求状况归纳为如表4-7所示的三种情况。

典型实例

表4-7 某银行下周可能出现的流动性需求状况　　　　　　　金额单位:百万元

可能的流动性状况	短期存款	短期贷款	流动性缺口	变现的可能性大小
最坏状况	130	150	-20	25%
最好状况	170	110	60	15%
最可能状况	150	140	10	60%

资料来源:根据某商业银行现金资产管理资料整理而来。

表4-7中,某银行预测下周最坏的流动性需求状况是存款的增长不能满足贷款增长的需求,存在0.2亿元的负缺口,但是其发生的概率只有25%;最好的流动性需求状况是存款的增幅大大超过贷款,存在0.6亿元的流动性盈余,但是其发生的概率只有15%;最可能的流动性需求状况是只存在0.1亿元的流动性盈余,其发生的概率为60%。所有可能出现的状况其发生的概率之和必须为1。根据上述公式,该银行预测最可能出现的流动性需求状况为:

预计流动性需求 = $25\% \times (-0.2) + 15\% \times 0.6 + 60\% \times 0.1 = 0.1$(亿元)

由表4-7可见,该银行计划期内总的流动性需求状况是有盈余(0.1亿元),银行应进一步做好存款、贷款期限合理匹配,合理配置盈余资金。

(三)流动性指标法

流动性指标法是指商业银行根据资产负债表中的数据,计算流动性指标,用以衡量银行流动性状况的预测方法。实践中很多商业银行都采用流动性指标法,根据经验和银行业的平均水平估算流动性需求。衡量商业银行流动性需求状况的指标有两类,即资产流动性指标和负债流动性指标。

1.资产流动性指标

常见的资产流动性指标有:

(1)现金状况比率,指商业银行的现金和应收款与总资产的比率。用公式表示为:

$$现金状况比率 = \frac{现金和应收款}{总资产}$$

该指标越高,表明商业银行可动用的付现资产比率越高,在满足立即付现需求过程中处于有利地位。

(2) 流动性证券比率,指商业银行持有的 1 年以内的政府债券(包括政府机构债券)与总资产的比率。用公式表示为:

$$流动性证券比率 = \frac{政府债券}{总资产}$$

该指标越高,表明商业银行资产的流动性越强,当银行出现流动性缺口时,可随时将政府债券出售以弥补流动性缺口。

(3) 获利能力比率,指净贷款和租赁与总资产的比率。用公式表示为:

$$获利能力比率 = \frac{净贷款和租赁}{总资产}$$

净贷款和租赁是商业银行获利的主要资产,其流动性较差,该指标越高,表明商业银行资产的流动性越差,它是流动性的反向指标。

(4) 抵押证券比率,指商业银行持有的抵押证券与证券总额的比率。用公式表示为:

$$抵押证券比率 = \frac{抵押证券}{证券总额}$$

该指标越高,表明能够满足商业银行流动性需求的证券比例越小,商业银行证券资产的流动性越差。

2. 负债流动性指标

常见的负债流动性指标有:

(1) 游资比率,指商业银行的货币市场资产与货币市场负债的比率。用公式表示为:

$$游资比率 = \frac{货币市场资产}{货币市场负债}$$

其中,货币市场资产包括现金、短期政府债券、中央银行超额准备金拆出及逆回购协议。货币市场负债包括大额存单、中央银行超额准备金拆入及回购协议借款。该指标能够反映商业银行平衡货币市场资金头寸的能力。

(2) 短期资产比率,指商业银行的短期资产与敏感性负债的比率。用公式表示为:

$$短期资产比率 = \frac{短期资产}{敏感性负债}$$

其中,短期资产包括在其他银行的短期存款、中央银行超额准备金拆出和银行持有的短期证券。敏感性负债包括大额存单、外国机构存款、同业借贷、回购协议中的证券等对利率变动敏感的负债项目。这些负债对市场利率变化的反应极强,很容易从银行中流出。该指标越高,表明商业银行的流动性越强。

(3) 经纪人存款比率,指经纪人存款与存款总额的比率。用公式表示为:

$$经纪人存款比率 = \frac{经纪人存款}{存款总额}$$

经纪人存款是指证券经纪人代客户存入银行的资金,其特点是数额大、期限短,并以获取高利息收入为目的,因此对利率变化的敏感性很强。该指标越高,表明商业银行发生流动性危机的可能性越大。

(4) 核心存款比率,指核心存款与总资产的比率。用公式表示为:

$$核心存款比率 = \frac{核心存款}{总资产}$$

核心存款是商业银行存款中最稳定的部分,其特点在于利率敏感性不强,且不随经济条件和周期性因素的变化而变化。由于核心存款到期前被提取的可能性很小,该指标越高,表明商业银行流动性压力越小。

(5) 存款结构比率,指活期存款与定期存款的比率,用公式表示为:

$$存款结构比率 = \frac{活期存款}{定期存款}$$

该指标用来衡量商业银行存款的稳定性。活期存款的稳定性差,该指标上升,意味着商业银行存款的稳定性减弱,流动性需求增加。

商业银行在运用上述流动性指标时应当注意,这些指标受季节性和周期性因素影响很大。例如,在经济繁荣时期与经济衰退时期,流动性指标会出现较大程度的变化,使得商业银行流动性指标在长期不具有稳定性与可比性。因此,在运用流动性指标时,必须与同类银行(包括同一规模、同一地位、同一运作环境)进行比较,把握流动性变化的原因。

拓展阅读

商业银行现金资产管理——流动性缺口处置

星期二上午,某股份制商业银行 A 分行行长在审阅星期一营业终了轧出的"头寸表"时发现,该行在中央银行的超额存款准备金仅有 270 万元。这时,他马上找来计划科科长询问头寸短缺情况。计划科科长认为,目前头寸短缺的原因主要是春节将至,客户提现增加,导致该行在中央银行的存款急剧下降。更严峻的是,昨日同业清算表明,A 分行应支付中国农业银行 B 分行的清算逆差高达 760 万元。考虑到今天开门后提现的可能,已与 B 分行协商推延 3 日支付。计划科科长现在正着手筹措资金,但用哪种方式还没有确定,准备向行长请示。

行长听取汇报后,当即与计划科科长商议如何在目前头寸短缺的情况下,迅速弥补资金缺口。计划科科长按照商业银行公认的顺序提出弥补缺口的途径:自有资金→组织存款→系统内申请资金调拨→同业拆借→向资金市场借款→发行金融债券→再贴现→向中央银行借款。经分析,系统内申请资金调拨、同业拆借、向资金市场借款和向中央银行借款是弥补资金缺口的可行途径。

当天下午,计划科科长按选定目标开始筹资。首先是向上级行申请调入资金,得到的答复是:由于其他分行欠缴应汇差资金,该收的资金尚未收到,目前没有能力进行资金调剂。第二日上午,计划科经办人员又向本市略有结余资金的中国建设银行请求同业拆借,得到的答复是:几天后有数笔大额存款到期,目前结余资金不能动用。第二日下午,计划科经办人员又从资金市场获悉,要求拆入的银行为数众多,有意向拆出者甚少,于是,从这一渠道获取资金的希望也落空。第三日上午,计划科经办人员带着最后的希望来到中央银行申请借款,在讲明是因为需要支付将被罚款的同业清算资金后,中央银行立即同意借款800万元,为期5日。在熬过这几天艰苦的日子后,A分行的决策人员都觉得,在头寸调度时,依靠中央银行这条渠道是最为可靠的。

10天之后,基层营业机构报来几家企业申请生产周转贷款820万元的计划,计划科立即着手安排资金。在本行可用资金不足的情况下,直接向中央银行申请借款800万元。但这次中央银行的答复是目前再贷款"窗口"对其关闭。令A分行感到不解的是,为什么仅隔10天,同样是800万元的贷款申请,遭遇却大相径庭?同时,现在又该采取哪些措施来解燃眉之急呢?

这是因为中央银行的再贷款"窗口"通常为商业银行提供两种产品:一是日拆性借款,二是季节性借款。日拆性借款期限较短,一般只有几天,资金来源主要是各家商业银行在中央银行的存款余额,借款也不会使流通中的货币量增加。季节性借款是中央银行为满足社会季节性的信用需求,向流通中提供的短期性货币借款,一般约为几个月,资金来源主要是中央银行提供的基础货币,这种借款会引起流通中货币的数倍扩张,所以中央银行对其审查比较严格。

由上述可知,A分行第一次申请的是日拆性借款,所以得到满足。但第二次申请借款是为了投放生产周转贷款,而生产周转贷款属于季节性信用需求,若中央银行同意借款,就等于给流通中提供了新的基础货币,这与当时年底中央银行收缩信用规模的信贷政策不相符,所以遭到了拒绝。

详情链接:中国银行业协会。

三、资金头寸的调度

商业银行的资金调度也称为头寸调度,是指商业银行在科学预测的基础上,根据其资金头寸的松紧情况,按照安全性、流动性和效益性协调统一的要求而进行的资金上缴下拨、调出调入、拆出拆入、借出借入等一系列的内调外借活动。

(一) 头寸调度的意义

1. 头寸调度是商业银行扩大业务规模、增强实力的基本手段

头寸作为商业银行的一种资产,首先表现为一定的存量,存量要转化为流量,就必须进行调度。在头寸量一定的条件下,善于调度头寸的银行能有效加快资金周转,业务规模也相应扩大;反之,业务规模就会缩小。善于调度头寸的银行不但能有效扩大银行的基础货币,而且能协调好掌握基础货币的时间,增强派生存款的能力,提高银行的实力。

2. 头寸调度是维护和提高商业银行信誉的保证

商业银行作为信用中介机构,其经营活动表现为一系列的债权债务关系。凡善于调度头寸的银行,都具有较高的清偿能力以保证债务的偿还,同时又能拥有足够的可贷头寸来建立适当的债权债务关系,使一系列债权债务关系正常、顺利地不断建立和消除,此外银行信誉得到了维护和提高,而银行信誉正是银行经营的生命线。

3. 头寸调度是避免和降低商业银行经营风险的重要手段

商业银行在经营管理实践中必然要面临各种风险,如存款提取风险、贷款呆账和坏账风险、利率波动风险、股价涨落风险等,产生这些风险的原因大多与银行资金头寸的供给和需求有关。商业银行通过及时灵活的头寸调度,有效协调资金头寸的供给和需求关系,可以在一定程度上避免和降低经营风险。

4. 头寸调度是商业银行提高经营效益的重要途径

有效的头寸调度能扩大银行业务规模和增强银行实力,而业务规模扩大和实力增强能导致银行收益水平的提高。凡能够及时灵活调度头寸的银行都能将非盈利性资产降至安全可行的最低水平,使银行总资产中盈利性资产的比重上升。商业银行盈利基础的提高,则通常表示收益水平的上升。

(二) 头寸调度的方法及渠道

在方法上,商业银行头寸调度可分为近期调度和远期调度两种。

1. 近期头寸调度

在近期头寸调度的操作上,商业银行应按以下四个原则进行。

(1) 保持适度的支付准备金。商业银行在中央银行的清算存款和库存现金,都是应付日常支出和清算所必需的资金,保持得过少,会导致支付准备金的不足,进而影响商业银行的流动性;但由于它们是低收益或无收益资产,保持得过多又会影响商业银行的盈利能力。

(2) 选择多种渠道、多种方式调度头寸。商业银行常用的调度头寸的方式有:①同业拆借。它是任何一家经营有道的商业银行都必然建立的广泛的日拆性短期融资网络,在头寸短缺时可及时拆进资金,一旦头寸盈余又可随时拆出资金。同业拆借既能满足商业银行短期流动性的需要,又能使商业银行的日常周转头寸始终保持在一个适当水平。②短期证券回购及商业票据交易。尤其是短期国库券以及商业票据是商业银行的二级储备,也是商业银行头寸调度的主要渠道。③总行与分行之间的头寸调度。其基础是我国目前实行的商业银行总行一级法人制。存款准备金的缴付与资金头寸的调度由各商业银行总行统一负责管理。④通过中央银行融通资金。这也是商业银行头寸调度的主要渠道之一。商业银行在资金头寸不足时,可采取再贷款和再贴现的方式向中央银行调入头寸;反之,商业银行头寸盈余则直接反映为超额存款准备金的增加,可通过贷款和投资方式调出头寸。⑤中长期证券交易。中长期证券是一种高盈利性的流动资产,是商业银行流动性的三级储备,而一年内到期的长期证券则视同短期证券而作为二级储备。当商业银行通过上述渠道仍无法弥补头寸缺口时,可以通过抛售中长期证券的办法调入头寸;而当商业银行可贷头寸充裕时,则可以选择有利的时机购进中长期证券。但中长期证券交易不应成为商业银行调度头寸的主要渠道。⑥出售贷款和固定资产。这是商业银行突然遇到流动性危机时的措施。在上述所有渠道都难以弥补头寸缺口时,商业银行还可以通过出售贷款和固定资产的方法调度头寸。

(3) 选择最佳路线和最佳时间调度头寸。头寸调度存在一个在途时间,时间越长,积压的资金越多,越会影响商业银行头寸的使用和资金周转,最终影响商业银行的效益。资金在途时间的长短,除受银行系统资金划拨手段和服务质量的影响外,主要取决于所选择的最佳调度时间。一般来说,商业银行调度头寸的最佳路线应当"就近、直达"。"就近"是指尽量与距离较近的地区联系,力争资金在当天进账;"直达"是指在系统内调拨资金时,应尽量避免产生中间阻塞。

(4) 加强内部各个业务部门的协调行动。商业银行内部各个业务部门开展的各项业务活动都是紧紧围绕着资金这个中心来进行的,其结果也都要反映在库存现金和在中央银行的超额存款准备金的变动上。因此,作为头寸调度中心环节的计划部门的头寸调度人员,应当加强与其他各业务部门工作人员的联系,及时了解资金在各业务部门的出入情况,以避免商业银行头寸严重短缺或过度盈余情况的出现。

2. 远期头寸调度

远期头寸调度是指商业银行根据对一段时间以后资金变动趋势的预测,结合近期资金的松紧情况,做出的资金调度安排。调度的主要方法有以下几种:

(1) 贷款安排。商业银行在近期资金充裕时,要考虑一段时间以后的资金供应状况,特别是要考虑到季节性因素的影响,而不能不考虑期限随意发放贷款,出现当远期资金需求量急剧上升时,贷款却因期限安排不合理而收不回来,从而导致流动性风险。

(2) 资产搭配。这种方法适用于市场上有多种金融资产可供选择的情形。商业银行将其可用资金分布在流动性和期限各不相同的多种资产上,通过资产的搭配来安排远期和近期资金的转换。这样做的目的是让商业银行随时都有流动性资产转换为可用资金,以避免可能出现的流动性风险。

(3) 意向协议。当商业银行预测到在季节性资金需求高峰,动用自身储备和利用其他筹资方式仍不足以填补头寸缺口时,商业银行会采取事先与其他商业银行签订意向协议的方式,来满足流动性需求。这就要求商业银行既要有良好的信用,又要有良好的公共关系和业务协作网络。

(4) 回购协议。这种方法适用于商业银行近期头寸紧张,但预测未来某个时期头寸将比较宽松的情形。这时,商业银行可以通过回购协议暂时出售其持有的证券,等头寸宽松时再将证券购回。这样做既能解决当前的流动性问题,又能获取一定的收益。

第三节　商业银行流动性管理

流动性是商业银行生存和发展的先决条件,是商业银行进行资产负债管理时所面临的最主要的问题。

一、流动性及流动性风险

(一) 流动性的概念及主要内容

商业银行的流动性体现在资产和负债两个方面。资产的流动性主要是指资产在不发生损失或尽可能少发生损失的前提下迅速变现的能力;而负债的流动性则是商业银行能够以最合理的成本通过负债手段来获取现金的能力。商业银行资产的流动性综合反映了银行的应变能力。

从理论上说,商业银行保持流动性的途径主要有两条:一是在资产负债表中"存储"流动性;二是直接在金融市场上"购买"流动性。存储流动性就是保留一定的现金资产和信誉好、流动性强、易变现的证券,如政府短期债券等。购买流动性是指商业银行向外筹资,从而保持流动性,一般的中小银行多倚重此法。由于大银行特别是国际性大银行具有信誉良好、资金来源广泛、筹资成本较低的优势,其常常通过在金融市场上拆借资金来满足其流动性。

(二) 流动性风险的概念

在复杂多变的金融环境下,流动性风险是商业银行面临的主要风险之一。流动性风险是资产和负债的额度及其期限不匹配引起的。当资产大于负债时,商业银行便产生流动性缺口,需要从市场上寻找资金来源;当资产小于负债时,盈余的资金则需要寻找出路进行投资。资产和负债的差额被称为流动性缺口。商业银行的流动性风险就是指银行不能保持必要的资金来源或者不能锁定外部资金与资产规模使其保持平衡从而引发清偿问题的可能性。

商业银行的流动性需求由资金来源和资金需求所决定,而流动性风险则是由未来的资金来源和资金需求的不确定性所引起的。银行经理要有效地控制流动性风险,就必须对未来的资金流量做出合理的预测。

二、商业银行流动性的衡量

流动性问题是商业银行破产的直接原因,也是很多金融危机发生的"导火索"。良好的流动性状况,是银行安全的重要保障和基础。因此,注入流动性是商业银行陷入困境后最重要的解救措施之一。

目前,对商业银行流动性的衡量方法尚无定论,银行未来的现金流入与流出以及信用风险等因素都与流动性有关系,衡量流动性的准确程度显然受到这些因素的影响。一般来说,常用的衡量商业银行流动性的方法主要有静态分析法和动态分析法两大类。

(一) 静态分析法

静态分析法是指通过运用一些流动性指标来衡量商业银行的流动性。

1. 核心存款与总资产的比率

核心存款是指那些相对稳定的、对利率的变化不敏感的存款,季节性因素和经济环境对其影响也较小。核心存款是商业银行稳定的资金来源。与核心存款相对的是非核心存款,它受利率等外部因素的影响较大。对同等规模的商业银行而言,这一比率越高,表明该银行的流动性就越高,流动性风险就越小。

2. 贷款总额与总资产的比率

如果贷款不能在二级市场上转让,那么这类贷款就是商业银行所有资产中最不具有流动性的资产项目。因此,这一比率越高,表明商业银行的流动性越差,流动性风险越大;而该比率较低,则反映了商业银行具有较大的贷款潜力,其满足新增贷款的能力也较强。

3. 流动资产与总资产的比率

流动资产是指那些投资期限短、信誉好、变现能力强的资产。这一比率越高,表明商业银行资产的流动性越强,应付潜在的流动性需求的能力也就越强,流动性风险就越小。

4. 易变负债与总资产的比率

易变负债是指那些受利率等经济因素影响较大的银行资金来源。这一比率越高,表明商业银行面临的流动性风险就越大。

5. 大额负债依赖度比率

其计算公式为:

$$大额负债依赖度比率 = \frac{大额负债 - 临时投资}{盈利性资产 - 临时投资}$$

该指标适用于分析较大的商业银行,比率越高,表明该银行流动性状况越差,所承担的流动性风险就越大。

以上几个流动性指标的共同缺陷是:它们都是存量指标而不是流量指标,都没有考虑商业银行在金融市场上获得流动性的能力。

(二) 动态分析法

动态分析法包括流动性缺口分析法和现金流分析法。

1. 流动性缺口分析法

流动性缺口是指未来一定时期内银行资产和负债的差额。当负债大于资产,即流动性缺口为负值时,便出现资金盈余,这时不会产生流动性风险;当负债小于资产,即流动性缺口为正值时,便出现资金短缺,这意味着银行具有较多的资金需求,此时,流动性风险已经产生,银行面临无法从金融市场获得资金以及满足资金需求必须支付比正常成本高的成本的风险。要估算流动性缺口,商业银行应该预测未来一定时期内的新增贷款净值、新增存款净值以及到期的资产和负债等关键变量。

2. 现金流分析法

这里的现金流是指实际的和潜在的现金流。实际的现金流是指那些按合同规定发生的现金流,如即将到期的资产和负债。而实际业务中存在的可能发生的大量现金流,如到期的资产和负债可能被展期,银行可能出售部分资产等,就是潜在的现金流。

通过对商业银行短期内的现金流入和流出的预测与分析,可评估商业银行短期内的流动性状况,一般表现为流动性盈余或短缺。当流动性出现盈余时,商业银行必须考虑这种流动性盈余头寸的机会成本;当流动性出现短缺时,则商业银行必须考虑这种赤字可能给自身运营带来的风险。

三、商业银行流动性管理措施

商业银行流动性管理是对商业银行的流动性进行计划、预测和控制等,旨在降低流动性风险的一系列管理活动的总称。从商业银行的发展历史来看,流动性管理的重心及其管理理论处于不断变化和发展之中。

(一) 商业银行流动性管理理论

1. 资产流动性管理(或资产转换)理论

这一理论认为,商业银行以持有流动性资产的形式保持流动性。当商业银行需要现金时,它会将一些资产出售。这种方式是将非现金资产转换成现金资产,因此也被称为资产转换战略。这类资产包括证券、贷款等。

2. 负债流动性管理理论

20世纪六七十年代,一些大银行率先通过在货币市场借入可立即使用的资金来满足所有预期的流动性需求,这种借入流动性的战略被称为负债流动性管理。

商业银行借入流动性的主要来源包括大额可转让定期存单、同业拆借、回购协议,以及欧洲货币借款和向中央银行再贴现票据。其优点是:银行不必长期持有一定金额的流动性资产,避免银行潜在的收益降低;无须改变资产规模和构成;可以灵活调整借入资金的利率。其缺点是:借款成本有时会很高,以至影响银行的盈利;银行遇到财政困难时由于自身风险增大,往往难以借到流动资金。

3. 平衡流动性资产(资产负债流动性)管理理论

这种理论要求商业银行持有一定数量具有较强流动性的债券和同业存款,以满足部分预期的流动性需要,同时与代理行事先商定借款额度以满足其他预期的流动性需要。平衡流动性资产管理理论要求商业银行的管理者密切关注银行所有的资金运用和资金筹集活动,明确流动性管理的目标和任务,制订必要的流动性计划。

(二) 流动性计划与预测

1. 流动性计划

商业银行的流动性计划是商业银行为实现流动性目标而进行的有关安排,是商业银行总体计划的组成部分。商业银行流动性计划的内容主要包括：预测银行未来的流动性，包括存款水平和贷款水平的状况，从而找出其未来经营目标的流动性缺口和差距；流动性来源分析，即对银行获取流动性的方式进行成本收益分析，进而进行选择；在对未来流动性预测与流动性来源分析的基础上制订长期流动性计划和短期流动性计划，并根据实际情况进行调整。

2. 流动性预测

积极的流动性风险管理要求商业银行预测未来一定时期内的资金来源和资金需求，二者的缺口反映了流动性风险的程度。预测流动性需求主要考虑外部环境因素对商业银行存款及贷款的影响，特别要注意短期流动性需求和周期性流动性需求。

（三）流动性风险管理

在2007年次贷危机中，不少金融机构陷入流动性危机，导致重大损失甚至倒闭，使得流动性风险管理成为近年来商业银行管理关注的重点之一。无论是巴塞尔委员会出台的《巴塞尔协议Ⅲ》，还是我国银保监会出台的相关监管法规，都将流动性风险纳入商业银行风险监管框架，促使商业银行开展积极的流动性风险管理。

2018年，我国银保监会正式发布《商业银行流动性风险管理办法》，对商业银行流动性风险管理的治理结构，管理策略、政策和程序，流动性风险识别、计量、监测和控制，管理信息系统，监管指标等方面进行了详细的规定。其中，流动性覆盖率、净稳定资金比例、流动性比例、流动性匹配率和优质流动性资产充足率成为衡量商业银行流动性风险的重要监管指标（具体如表4-8所示）。资产规模不小于2 000亿元人民币的商业银行应当持续达到流动性覆盖率、净稳定资金比例、流动性比例和流动性匹配率的最低监管标准；资产规模小于2 000亿元人民币的商业银行应当持续达到优质流动性资产充足率、流动性比例和流动性匹配率的最低监管标准。

表4-8 流动性风险监管指标

指标名称	计算公式	最低监管标准
流动性覆盖率	合格优质流动性资产/未来30天现金净流出量	不低于100%
净稳定资金比例	可用的稳定资金/所需的稳定资金	不低于100%
流动性比例	流动性资产余额/流动性负债余额	不低于25%
流动性匹配率	加权资金来源/加权资金运用	不低于100%
优质流动性资产充足率	优质流动性资产/短期现金净流出	不低于100%

详情链接：银保监会《商业银行流动性风险管理办法》，2018年5月23日。

由于商业银行面临的流动性需求往往是不确定的，且当存款人对银行丧失信心时，即使在银行原有流动性良好的状况下，依然可能遭遇严重的流动性危机，因此，商业银行应该对流动性的最坏情形进行估计，并且确保在最坏情形下，仍然能够采取有效措施及时获得流动性，以保证银行的生存。商业银行应明确自身的流动性风险容忍度，建立、健全相应的治理框架,采用科学的方法开展流动性风险识别、度量与监控,进行定期的压力测试与受压情境分析,以应对可能发生的流动性危机。

拓展阅读

北岩银行挤兑案

北岩银行(又译诺森罗克银行)于1965年成立、1997年上市,曾是英国第五大抵押贷款机构,拥有150万储户,并向80万购房者提供贷款。然而,在2007年,受美国次贷危机的影响,北岩银行出现了大规模的挤兑风潮。

北岩银行是一家以住房抵押贷款为主营业务的银行,因此主要面对房地产和金融两个市场,这两个市场的变动也影响着该银行的发展。在如何实现扩张这个问题上,北岩银行面临如何通过负债端扩大自己的规模,其主要采取了提高存款利率、扩大吸储范围、设计新产品等策略。但这些策略的实施并没有给北岩银行带来业务规模的改变,1997—2000年,北岩银行的居民存款增速仅为个位数,银行整体经营状况较差,整体规模的扩张并未实现。

1999—2003年,由于英国面临经济下行的压力,对金融业放松了管制,进而造成了金融市场的流动性过剩。北岩银行随之改变经营策略,从增加吸储转向扩大放贷,发放了大量的缺乏流动性的住房贷款,并通过资产证券化业务,形成了"贷款—证券化—贷款扩张"的运作模式。截至2006年年底,北岩银行实际证券化的住房抵押贷款总额高达866.85亿英镑。

2007年,随着美国次贷危机的爆发,北岩银行的经营也迅速陷入困境。资产证券化业务备受业界诟病,导致北岩银行难以继续通过证券化获得大量融资,加之全球性的信贷紧缩,使得北岩银行流动性迅速枯竭,出现流动性危机。2007年8月16日,北岩银行向英格兰银行寻求第一次紧急援助,但是英格兰银行并未批准北岩银行的申请。9月13日,北岩银行流动性危机进一步加深,被迫再次向英格兰银行请求贷款支援。9月14日,英格兰银行宣布对北岩银行注资,但是公众对北岩银行已然丧失了信心,大量储户开始从北岩银行提取资金,挤兑风潮爆发。9月17日,北岩银行资金已被挤提30多亿英镑。9月17日晚,为了防止北岩银行挤兑风潮蔓延,英国财政部不得不宣布保障现有储户存款的安全,为储户资金提供全额担保。9月18日,英格兰银行宣布再向银行体系注资44亿英镑。在英国政府不断的干预下,北岩银行挤兑风波才逐渐平息。2008年2月,英国政府宣布北岩银行国有化,使其成为英国历史上第一个因挤兑被国有化的银行。

详情链接:李奇霖,《北岩银行的发展与覆灭》,《银行家》,2017年第6期。

关键术语

现金资产　现金头寸　核心存款　易损资金　流动性风险

复习思考题

1. 请说明我国商业银行现金资产的构成。
2. 什么是托收中的现金?为什么美国商业银行有这项资产,而我国商业银行没有?
3. 请说明商业银行现金资产的作用和特点。
4. 商业银行在现金资产管理中应遵循哪些基本原则?说明商业银行在库存现金、存放中央银行款项、存放同业款项的管理中,分别需要注意的主要问题。
5. 商业银行流动性需求和来源如何测算?度量商业银行流动性的主要指标有哪些?
6. 请说明商业银行流动性管理的主要理论和主要内容。

第五章

商业银行贷款业务管理

学习目标

- 理解商业银行贷款的主要分类方法
- 理解贷款原则和贷款政策的基本内容
- 掌握贷款价格的构成和贷款定价的方法
- 掌握信用评价的内容和财务分析的方法

素养目标

通过对拓展阅读和典型案例的分析,培养学生的金融风险防范、合法合规意识及对金融服务实体经济定位的认识。

案例导读

我国绿色信贷规模世界第一

截至2021年一季度末,国内21家主要银行绿色信贷余额达到12.5万亿元,占各项贷款的9.3%,其中绿色交通、可再生能源、节能环保产业贷款余额占比超过70%。绿色信贷资产质量整体良好,近5年不良贷款率均保持在0.7%以下,远低于同期各项贷款的整体不良水平。

按照绿色信贷资金占绿色项目总投资的比例计算,21家主要银行绿色信贷每年可支持节约标准煤超过3亿吨,减排二氧化碳当量超过7亿吨。

商业银行如何进一步加大对绿色低碳产业的支持?第一,要大力支持新能源、低碳能源发展,继续支持低碳交通发展,特别是低碳建筑领域;第二,要加大创新力度,可以探索碳排放权将来作为有效的抵质押品,为银行扩大融资提供重要的质押基础;第三,可以将银行信贷资产通过资产证券化方式进一步流转,把绿色信贷资产效益传递下去,动员更多的社会资本投资绿色资产。

全国碳排放权交易市场于2021年7月上线交易,未来碳金融市场发展空间巨大,商业银行应在整体规划上积极布局碳金融领域。例如,提供开户、结算、存管等基础碳金融服务;利用自身信息优势充当做市商,降低企业之间的交易成本,增强市场交易活力;创新碳金融市场融资工具,大力发展基于碳排放权等环境权益的融资工具;探索创新碳托管、碳咨询、碳核算等碳金融中介服务。

详情链接:《银保监会:我国绿色信贷规模位居世界第一》,人民网,2021年7月15日。

你是不是有下面的疑问?

1. 商业银行绿色信贷业务具体指什么?
2. 长期来看,商业银行绿色信贷对银行及社会发展会产生什么样的影响?
3. 商业银行应如何支持绿色低碳产业发展?
4. 绿色信贷业务可能存在哪些风险?

进入内容学习

贷款业务是商业银行最主要的资产业务,既是商业银行的重要利润来源,又是实体经济的主要融资来源,同时还是货币政策传导的重要渠道。近年来,随着我国《商业银行法》的进一步修订和我国利率市场化改革的深入,商业银行贷款业务更加依托市场化机制,授信审查流程更加规范化,在开展信贷业务过程中,坚持"服务实体经济"与"防范金融风险"两项基本原则,避免信贷资金脱实向虚。

第一节 商业银行贷款业务概述

一、商业银行贷款业务的含义

贷款是商业银行资金运用的主要业务,是商业银行资产的重要组成部分,也是商业银行利润的主要来源之一。它是指商业银行作为贷款人按照一定的贷款原则和政策,以还本付息为条件,将组织到的货币资金以一定的利率提供给借款人使用,并到期收回本息的一种资金运用形式,是商业银行业务经营的重点。商业银行通过贷款既可以满足社会经济各方面对资金的需求,促进经济发展,又可以为银行带来经济效益。贷款业务管理的好坏,不仅是商业银行经营成败的关键,还是社会经济兴衰的重要因素。

需要注意的是,在我国能够从事贷款业务的机构,除国有商业银行、股份制商业银行和地方性的城市商业银行外,还有政策性银行(从事政策规定的特定领域的信贷业务)、财务公司(从事企业集团内部成员之间的存贷款业务)、信托投资公司(办理委托存贷款业务),相比较而言,国有商业银行、股份制商业银行和地方性的城市商业银行是最典型的信贷服务主体,具有信用中介、支付中介和创造信用的全面职能,全面实行商业信贷经营原则。

二、商业银行贷款的种类

依据不同的划分标准,可以将贷款分为不同的种类。

1. 按期限长短不同,可以划分为短期贷款、中期贷款和长期贷款

(1)短期贷款,指期限在1年以内(含1年)的贷款。

(2)中期贷款,指期限在1年以上(不含1年)5年以下(含5年)的贷款。

(3)长期贷款,指期限在5年以上(不含5年)的贷款。

2. 按有无担保,可以划分为信用贷款和担保贷款

(1)信用贷款,指没有担保、仅依据借款人的信用状况发放的贷款。

(2)担保贷款,指由借款人或第三方依法提供担保而发放的贷款。担保贷款包括保证贷款、抵押贷款、质押贷款。保证贷款是指按《中华人民共和国担保法》规定的保证方式,以第三人承诺在借款人不能偿还贷款时,按约定承担一般保证责任或者连带责任而发放的贷款。抵押贷款是指按《中华人民共和国担保法》规定的抵押方式,以借款人或第三人的财产为抵押物而发放的贷款。质押贷款是指按《中华人民共和国担保法》规定的质押方式,以借款人或第三人的动产或权利为质物而发放的贷款。

3. 按用途不同,可以划分为流动资金贷款和固定资金贷款

(1)流动资金贷款,指为满足企业流动资金周转的需要而发放的贷款,其对象主要是工商企业。流动资金贷款主要包括周转贷款、临时贷款、结算贷款、卖方贷款、科技开发贷款等。

(2)固定资金贷款,指针对企业固定资产投资或固定资金不足而发放的贷款,主要包括基本建设贷款、技术改造贷款、房地产贷款等。

4. 按发放贷款时是否承担本息收回的责任及责任大小不同,可以划分为自营贷款、委托贷款和特定贷款

(1)自营贷款,指银行以合法方式所筹集的资金自主发放的贷款,其风险由银行承担,并由银行收回本金和利息,这是商业银行最主要的贷款方式。

(2)委托贷款,指政府部门、企事业单位及个人等委托人提供资金,由银行(即受托人)根据委托人确定的贷款对象、用途、金额、期限、利率等代为发放、监督使用并协助收回的贷款。银行(受托人)只收取手续费,不承担贷款风险。

(3)特定贷款,指经国务院批准,并对贷款可能造成的损失采取相应补救措施后责成国有独资商业银行发放的贷款。由于事先已经确定风险损失的补偿,因此银行对此类贷款也不承担风险。

5. 按贷款的质量(或风险程度),可以划分为正常贷款、关注贷款、次级贷款、可疑贷款和损失贷款

(1)正常贷款,指借款人能够履行合同,有充分把握按时足额偿还本息的贷款。

（2）关注贷款，指借款人目前有能力偿还贷款本息，但存在一些可能对偿还产生不利影响因素的贷款。

（3）次级贷款，指借款人的还款能力出现明显问题，依靠其正常经营收入已无法保证足额偿还本息的贷款。

（4）可疑贷款，指借款人无法足额偿还本息，即使执行抵押或担保，也肯定要造成一部分损失的贷款。

（5）损失贷款，指在采取所有可能的措施和一切必要的法律程序之后，本息仍然无法收回或只能收回极少部分的贷款。

> **典型案例**

美国的次级贷款

在美国，抵押贷款市场根据借款人的信用高低分为最优贷款、次级贷款和超 A 贷款三类。次级贷款因其贷款标准低而得名，其主要特点：一是借款人无须良好的信用记录，二是借款人的债务占其收入的比例及其按揭的比例分别高达 55% 和 85%。在房价持续走高的时期，此类融资方式为借款人提供了源源不断的资金流，而抵押贷款公司则将贷款出售给商业银行或投资银行，银行再将贷款重新打包成抵押贷款证券后出售给个人或机构投资者来转移风险。

所谓次级按揭，是指美国向信用分数较低、收入证明缺失、负债较重的人提供的住房贷款。统计显示，2001 年全美 25% 的次级按揭发放给了那些收入证明缺失的借款人，到 2006 年这个比例已升至 45%。更令人惊愕的是，一些贷款机构甚至推出了"零首付""零文件"的贷款方式，借款人可以在没有资金的情况下购房，仅需声明其收入情况，无须提供任何有关偿还能力的证明。

美国纽约大学斯特恩商学院梅建平教授表示，次级按揭本身是好的，它使得穷人也能买得起房，但是它最终走过了头。和讯首席分析师文国庆说，美国次级按揭客户的偿付保障不是建立在客户本身的还款能力基础上的，而是建立在房价不断上涨的假设之上的。一旦房价下跌，加上贷款利率逐步上升，客户们的负担就会逐步加重。当这种负担达到极限时，大量违约客户出现，危机就此产生。美国抵押贷款银行家协会的报告显示，2006 年获得次级按揭的美国人中有 30% 可能无法及时还贷，即美国全国有大约 220 万人可能因无力还贷而失去住房。

详情链接：《警惕美国次级债危机的传染效应》，《新华日报》，2007 年 8 月 7 日。

6. 按贷款偿还方式不同，可以划分为一次偿还贷款和分期偿还贷款

（1）一次偿还贷款，指借款人于最后到期日一次偿还贷款本金，但利息可以分期偿付或于还本时一次付清。这种贷款一般用于短期的临时性、周转性贷款。

（2）分期偿还贷款，指借款人按规定期限分次偿还贷款本息。这种贷款的期限可以按月、季、半年和年确定，一般用于固定资金贷款和消费贷款。

7. 按贷款对象不同,可以划分为工业贷款、商业贷款、农业贷款、消费贷款、科技贷款等

商业银行贷款种类的划分并非出于一般统计学意义上的需要,商业银行可根据自身的业务特点、经营规模采用不同的划分标准。

第二节 商业银行贷款政策管理

一、贷款管理原则

贷款管理原则是在贷款发放和收回过程中必须遵循的准则,它是信贷方针和政策的具体体现。商业银行的贷款管理原则是商业银行贷款的基本指导方针,是商业银行信贷行为规范的总体性准则,是商业银行在贷款过程中要达到的基本标准和要求,具有普遍性,在商业银行审核、发放、收回贷款的过程中具有强有力的约束作用。贷款管理原则主要有以下几点:

(1)效益性、安全性、流动性原则。商业银行现行贷款管理原则要求贷款的发放和使用讲求效益性、安全性、流动性,这是商业银行从事贷款业务应遵循的基本原则。效益性原则是指除收回本金外,还要收到利息,追求盈利是商业银行经营目标的要求;安全性原则是指避免经营风险,保证信贷资产的安全,即本金及其预期收益到期可收回的保障程度;流动性原则是指贷款期限的长短搭配要适当,与负债相匹配,能够随时满足存款人提取存款的要求,通常贷款的流动性与其偿还期限成反比,与债务人的信誉成正比。

(2)合法性原则。合法性原则是指在我国境内从事贷款业务不得与我国法律法规以及有关规定抵触。我国经济是法制经济,任何经济活动都必须在法律规定的范围内进行,贷款的发放和使用也不例外。在我国,信贷资金在资源配置、稳定币值方面起着举足轻重的作用,因此,贷款的发放和使用必须严格遵守相关法律法规和行政规章制度的规定。

(3)平等、自愿、公平、诚实信用原则。借贷双方应当遵循平等、自愿、公平和诚实信用的原则。

二、贷款政策

贷款政策是商业银行指导和规范贷款业务、管理与控制信用风险的各项方针、措施和程序的总称。正确贯彻贷款政策,可以规范、约束商业银行的贷款行为,从而进一步落实贷款管理原则,同时也是落实国家经济政策和中央银行的货币政策、实现商业银行经营目标的重要保证。商业银行在决定对借款人发放贷款时,具体依据主要就是贷款政策和对借款人的信用分析。商业银行在分析借款人信用情况的基础上,根据贷款政策做出是否发放贷款和发放多少贷款的决策。

商业银行的贷款政策因其经营品种、方式、规模、所处的市场环境不同而各有差别,但基本包括以下几方面的内容:

(1)贷款业务发展战略。贷款业务发展战略是商业银行开展贷款业务的指导思想,包括商业银行希望开展业务的行业和区域、希望开展的业务品种以及希望达到的业务扩

展的速度和贷款规模。大多数商业银行的贷款政策文件中都提出,贷款业务的开展应符合银行稳健经营的原则,保证银行业务经营的安全性、流动性和效益性,并对银行业务发展速度、发展领域进行战略性的规划。

（2）贷款审批的分级授权。贷款审批的分级授权是商业银行控制和管理信用风险的重要手段。一般来说,分级授权的主要依据是贷款金额,因为贷款给商业银行带来的风险直接反映在贷款金额上,金额越大,风险越大,对贷款专业知识和经验的要求也就越高。授权一般由银行董事会或最高决策层统一批准,自董事会到基层银行管理层,权限逐级下降。贷款分级授权一旦确定,即应严格执行,未经许可,不得超越授权发放贷款。

（3）贷款的期限和品种结构。贷款政策应明确规定可接受的最长贷款期限,并规定贷款期限应保持与融资项目生产周期或资产转换周期一致。

（4）贷款发放的规模控制。商业银行通常根据其负债资金来源及其稳定性状况、资本金状况、流动性准备比率、经营环境状况、贷款需求情况和经营管理水平,以及中央银行规定的存款准备金率等因素,来确定计划的贷款规模。商业银行一般可通过以下比率来控制和调节贷款规模：①贷存比。该比率是商业银行资产负债表中的贷款资产占存款负债的比例,又称存贷比,反映商业银行的资金运用于贷款的比重和贷款能力的大小。我国《中华人民共和国商业银行法》规定这一比率不得超过75%。2015年6月24日,国务院常务会议审议通过《中华人民共和国商业银行法修正案（草案）》,删除贷存比不得超过75%的规定,将贷存比由法定监管指标转为流动性监测指标。②贷款与资本金比率。该比率反映商业银行资本的盈利能力和商业银行对贷款损失的承受能力,这一比率越高,说明商业银行在收回贷款本息的前提下的盈利能力越强,承受呆账损失的能力也越强;反之,则说明商业银行资本盈利能力和贷款损失承受能力就越低。③单个企业贷款比率。该比率是指商业银行给最大一家客户或最大十家客户的贷款占银行资本金的比率,反映了商业银行贷款的集中程度和风险状况。这一比率越低,说明商业银行贷款集中程度越低,其贷款风险程度也就越低。

（5）贷款的定价。在市场经济条件下,商业银行对贷款的定价是一个复杂的过程,商业银行贷款政策应对其进行明确的规定。贷款的价格一般由贷款利率、补偿性余额、承诺费和隐含价格构成。在贷款定价过程中,商业银行必须考虑资金成本、贷款风险程度、贷款期限、贷款管理费用、目标收益率等诸多因素。

（6）贷款的担保政策。商业银行应根据有关法律制定贷款的担保政策。在贷款政策中明确担保政策,是为了在贷款中能够完善贷款的还款保障,确保贷款的安全性。贷款担保政策应至少包括以下内容：明确担保的方式；规定抵押品的鉴定、评估方法和程序；确定贷款与抵押品价值的比率、贷款与质押品价值的比率；确定担保人的资格和还款能力的评估方法与程序等。

（7）信贷档案的管理。贷款档案是对商业银行贷款管理过程的详细记载,能够体现商业银行信贷管理水平和信贷人员素质,反映贷款质量,在一些情况下,甚至可以决定贷款的质量。信贷档案管理政策是贷款政策的重要内容,商业银行应建立科学、完整的贷款档案管理制度。贷款档案管理制度一般应包括以下四方面的内容：第一,贷款档案的结构及其应包括的文件。贷款档案应包括法律文件、信贷文件和还款记录三个部分。第二,贷款档案的保管责任人。信贷管理人员应清楚所管档案的完整程度,对所缺内容及原因做书面记录,归入贷款档案。第三,贷款档案的保管地点。对法律文件要单独保管,应保存在防火、防水、防损的地方。第四,贷款档案存档、借阅和检查制度。

(8) 贷款的审批和管理程序。商业银行应制定书面的贷款审批和管理程序,为信贷部门开发贷款项目提供指导,规定贷款审批过程的正式步骤、贷款的审批权限,以及有关信贷组织之间的报告关系,体现审贷分离的原则。

(9) 贷款的日常管理和催收制度。贷款发放之后,贷款的日常管理对保证贷款的质量尤为重要,贷款政策中应对其做出明确规定。信贷人员应保持与借款人的密切联系,定期或不定期走访借款人,了解借款人的业务经营情况和财务状况,进行定期的信贷分析,以便及时发现存在的问题,并形成分析报告存档。与此同时,商业银行应制定有效的贷款回收催收制度。在贷款还本付息到期日之前的一定时间内,商业银行应提前书面提醒借款人偿还到期的贷款本息。如果借款人未按时偿还贷款本息,则商业银行应立即通过电话与借款人联系并催收。若借款人仍未能还本付息,则商业银行应采取进一步的措施,通过上门催收、约见借款人或借款企业经理共同研究还款问题等方法,尽可能地收回贷款本息。

(10) 不良贷款的管理。对不良贷款的管理是商业银行贷款政策的重要组成部分。对于各种不良贷款,贷款政策中应明确规定处理的程序和基本方法,并根据各类不良贷款的不同性质以及不同的质量等级,将处理不良贷款和保全银行债权的各个环节、各个程序的工作落实到具体的部门,定岗、定人、定责,积极有效地防范贷款风险,保全银行债权。

三、贷款程序

1. 贷款申请

借款人需要贷款,应具备一定的条件并向主办银行或其他银行的经办机构直接申请。

(1) 借款人为法人或其他组织的,应具备以下基本条件:①依法办理工商登记的法人已经向工商行政管理部门登记并连续办理了年检手续;事业法人依照《事业单位登记管理暂行条例》的规定已经向事业单位登记管理机关办理了登记或备案。②有合法稳定的收入或收入来源,具备按期还本付息的能力。③已开立基本账户、结算账户或一般存款账户。④按照中国人民银行的有关规定,应持有贷款卡(号)的,必须持有中国人民银行核准的贷款卡(号)。⑤管理机关另有规定的除外。

借款人为自然人的,应具备以下基本条件:①具有合法身份证件或境内有效居住证明。②具有完全民事行为能力。③信用良好,有稳定的收入或资产,具备按期还本付息的能力。④管理机关另有规定的除外。

机关法人及其分支机构不得申请贷款;境外法人、其他组织或自然人申请贷款,不得违反国家外汇管理规定。

(2) 借款人应当填写包括借款金额、借款用途、偿还能力及还款方式等主要内容的《借款申请书》并提供以下资料:①借款人及保证人基本情况。②财政部门或会计(审计)事务所核准的上年度财务报告,以及申请贷款前一期的财务报告。③原有不合理占用的贷款的纠正情况。④抵押物、质物清单和有处分权人的同意抵押、质押的证明以及保证人拟同意保证的有关证明文件。⑤项目建议书和可行性报告。⑥贷款人认为需要提供的其他有关资料。

2. 对借款人进行信用等级评估

贷款人应当根据借款人的领导者素质、经济实力、资金结构、履约情况、经营效益和发展前景等因素,评定借款人的信用等级。评级可由贷款人独立进行,内部掌握,也可由有权部门批准的评估机构进行。

对借款人进行信用等级评估是指对借款人如约偿还本利的可靠程度进行测定或审查。信用等级评估的目的在于提供风险信息,避免信贷资产的损失。贷款人根据借款人的"6C"状况对其进行信用等级评估,即品德(character)、能力(capacity)、资本(capital)、担保品(collateral)、经营状况(condition)、事业的持续性(continuity)。

3. 贷款调查

贷款人受理借款人申请后,应当对借款人的信用等级以及借款的合法性、安全性、效益性等情况进行调查,核实抵押物、质物、保证人的情况,测定贷款的风险程度。

4. 贷款审批

贷款人应当建立审贷分离、分级审批的贷款管理制度。审查人员应当对调查人员提供的资料进行核实、评定,复测贷款的风险程度,提出意见,按规定权限报批。

5. 签订借款合同

所有贷款应当由贷款人与借款人签订借款合同。借款合同应当约定借款种类,借款用途、金额、利率,借款期限,还款方式,借贷双方的权利、义务,违约责任和双方认为需要约定的其他事项。

保证贷款应当由保证人与贷款人签订保证合同,或保证人在借款合同上载明与贷款人协商一致的保证条款,加盖保证人的法人公章,并由保证人的法定代表人或其授权代理人签署姓名。抵押贷款、质押贷款应当由抵押人、出质人与贷款人签订抵押合同、质押合同,需要办理登记的,应依法办理登记。

6. 贷款发放

贷款人要按借款合同的规定按期发放贷款。贷款人不按借款合同约定按期发放贷款的,应偿付违约金。借款人不按借款合同约定用款的,应偿付违约金。

7. 贷后检查

贷款发放后,贷款人应当对借款人执行借款合同的情况及借款人的经营情况进行追踪调查和检查。

8. 贷款收回

借款人应当按照借款合同的规定按时足额归还贷款本息。贷款人在短期贷款到期1个星期之前、中长期贷款到期1个月之前,应当向借款人发送还本付息通知单;借款人应当及时筹备资金,按时还本付息。贷款人对逾期的贷款要及时发出催收通知单,做好逾期贷款本息的催收工作。贷款人对不能按借款合同约定期限归还的贷款,应当按规定加罚利息;对不能归还或者不能落实还本付息事宜的,应当督促归还或者依法起诉。

提前还贷应在借款合同中约定,并按合同约定执行。事先未约定的,应征得贷款人同意。

9. 建立贷款档案

贷款人要按借款人逐个建立贷款档案,其目的是积累信息资料,为今后的贷款决策提供依据。贷款档案应包括以下内容:

(1) 企业报送的生产经营计划、销售计划、财务报表、统计报表及其他资料等。

(2) 借款申请书、贷款调查报告、贷款审批意见、各种贷款检查记录、贷款的归还情况等。

(3) 企业信用等级评估的有关资料、等级证书及有关贷款管理的其他资料。

典型案例

国家助学贷款:浦发银行留学贷款政策

留学贷款是指银行向出国留学人员或其直系亲属或其配偶发放的,用于支付出国留学人员学费、基本生活费等必需费用的个人贷款。

1. 产品特色

(1) 支持我国公民出国留学深造;

(2) "存贷款证明"已被多国使领馆认可。

2. 申请贷款条件

(1) 具有完全民事行为能力且贷款到期日不超过55岁;

(2) 借款人为出国留学人员本人的,在出国留学前应具有贷款人所在地的常住户口或其他有效居住身份;

(3) 借款人为出国留学人员的直系亲属或配偶的,应具有贷款人可控制区域内的常住户口或其他有效居住身份,有固定的住所,有稳定的职业和收入来源,具备按期还本付息的能力。

3. 须提供资料

(1) 有效身份证件和户籍证明、婚姻状况证明;

(2) 亲属关系证明和个人收入/财产证明(借款人为出国留学人员的直系亲属或配偶时需提供),有效学籍证明及相关收费证明(如国外入学通知书、学费清单等);

(3) 留学贷款申请表;

(4) 银行要求提供的其他材料。

4. 贷款额度

最高额度为人民币80万元;同时不得超过国外留学学校录取通知书或其他有效入学证明上载明的报名费、各年学费、生活费及其他必需费用的等值人民币总和。

5. 贷款期限

可根据留学期限、借款人收入状况和提供贷款担保的具体情况而定,最长不超过六年。

6. 申办流程

提出申请——银行审批——签署合同——办妥手续——贷款发放——客户还款。

详情链接：浦发银行网站。

四、贷款过程控制

1. 贷款三查制度

我国银行业在长期的贷款实践中摸索出来的贷款"三查"制度，即贷前调查、贷时审查、贷后检查，是商业银行对企业贷款实行的一种有效的分析、管理和监督制度。

（1）贷前调查。商业银行受理借款人的贷款申请后，即对借款人的信用等级以及借款的合法性、安全性、效益性等情况进行调查，核实抵押物、质物、保证人情况，测定贷款的风险度。贷前调查是发放贷款的前提和关键，为贷时审查和贷后检查提供必要的条件。贷前调查的目的是掌握申请贷款的借款人的资产状况、经营状况、偿还能力的有无和大小，从而确定贷与不贷。贷前调查应当做到实地查看，如实报告授信调查掌握的情况，不回避风险点，不因任何人的主观意志而改变调查结论。

（2）贷时审查。贷时审查是在贷前调查的基础上，审核每一笔贷款的发放是否合理，有无风险，这是贷款发放的必不可少的步骤，其目的是进一步确认申请贷款的借款人的偿还能力和贷款风险，通过对借款人的生产和流通周转、经营状况、经营潜力等方面的审查来决定贷多贷少、期限长短。贷时审查应当做到独立审贷、客观公正，充分、准确地揭示业务风险，提出降低风险的对策。

（3）贷后检查。贷款发放后，商业银行应当对借款人执行借款合同情况及借款人的经营情况进行跟踪调查和分析。贷后检查是贷前调查、贷时审查的延续和必要补充，其目的是运用现场检查与报表分析，检查贷款物资保证、贷款使用效果、贷款回收程度，促进贷款对象加强经营管理，确保贷款本息按时回收。同时，通过审贷分离、分级审批的制度和其他责任制度，确保贷款的安全性、流动性和效益性。贷后检查应当做到实地查看、如实记录，及时将检查中发现的问题报告有关人员，不得隐瞒或掩饰问题。

2. 贷款管理责任制度

（1）审贷分离制度，指商业银行在发放贷款时，要将贷款的审查与贷款的具体发放及管理分开的一种管理方式。审贷分离的目的是减少贷款过程中的人情与关系贷款问题，增强贷款过程的客观性，从而提高贷款质量、减少不良资产。实行审贷分离制度有利于商业银行管理制度的完善，使之更加科学，降低"以贷谋私"的可能性，从而降低银行风险。实行审贷分离制度要求商业银行各级机构应当建立贷款审查委员会。贷款审查委员会的作用是对信贷部门提出的贷款要求进行审查，确定是否同意某个贷款要求。参加委员会的人员主要应该有负责各信贷部门的主管、计划部门主管、政策研究部门主管。必要时，还要求有关工程技术人员或资深信贷人员参加。

（2）分级审批制度，指根据不同级别的分支机构，确定其贷款审批权限的管理方式。超过审批权限的贷款，应当报上级审批。实行贷款分级审批制度的商业银行首先要确定其经营层次。一般来说,实行贷款分级审批制度大致有以下几种模式:①按县支行(市分行)、省分行和总行三级授权审批贷款。②对大银行分支行的贷款审批权可以设立一些能够量化的指标,在达到这些指标之前,它只能吸收存款、办理其他服务性业务,而不能发放贷款。③弹性授权。每年由上级银行对已授权的分支行的贷款质量进行全面考核,甚至派出稽核人员进行贷款稽核,将考核结果作为第二年是否继续授权和调整授权额度的基础。

典型案例

对公授信业务全流程风险控制要点及案例

对公授信业务全流程在实践中可以划分为四个环节,即前期调查、授信审批、贷款发放和贷后管理。任何一个环节的疏忽都可能导致信贷风险发生,因此,做好全流程管理是一个系统工程。

一、前期调查环节的风险控制

前期调查是对公授信业务的开端,也是对公授信业务风险控制最重要、最复杂的一环,授信审批、贷款发放、贷后管理等环节是建立在这一基础之上的。

1. 坚持双人调查

实践中对公授信客户通过各种关系与银行的客户经理认识,与客户建立关系的客户经理有时为了方便或碍于情面,在调查中走过场、流于形式、应付了事。为了保证调查的质量,一定要做到双人调查。

2. 坚持实地调查

对企业的固定资产、主要生产设备、重要动产一定要实地调查,调查重要资产是否存在抵押;各类证明文件一定要核验原件。对需要年检的,要跟踪其是否通过年检,而不能道听途说。

3. 检查企业账目

检查企业账目,而不应只被动接受企业提供的报表,做到账证相符、账实相符。

4. 调查主要账户

调查企业主要往来银行账户、主要贷款银行、重要合同回款账户。

5. 调查其他情况

调查企业股东资产情况、个人喜好等其他情况。

银行在对业务进行前期调查时,客户一般都能尽量配合,因此客户经理要利用这一时机,尽量扩大调查的广度和深度,为后续风险控制打下坚实的基础。

案例 1

在甲行对 A 企业的授信中,客户经理在调查环节就对企业的经营情况进行了认真了解,针对企业出口业务占比较大的特点,对企业主要国外贸易伙伴的回款路径、回款周期进行了详尽调查,做到了心中有数。

在 A 企业授信出现逾期后,其他银行都忙着查封土地、厂房、机器设备时,甲行经过冷静分析,对其一个主要国外贸易伙伴的回款账户抢先进行了查封。由于在国际贸易中,回款账户更改比较困难,因此在甲行对该账户查封后几个月内,该账户陆续大额回款,甲行几个月内就该笔逾期贷款实现了现金收回。

二、授信审批环节的风险控制

授信审批是对公授信业务的中间环节,也是决定授信能否办理的核心环节。有时,审批人员受客户经理或经营单位领导的压力,对不应办理的授信业务给予同意的审批意见;或审批人员因过于谨慎而对可以办理的授信业务进行了否决。

1. 合法合规

合法合规是一笔业务能否进行审批的第一标尺,对于不合法、不合规的业务,无论其预计收益如何高、回报如何丰厚,银行都不能进行审批,不能轻信不会出现风险而对不合法、不合规的业务进行放行。

2. 用专业抵御道德风险

审批人员要能够顶住市场压力,杜绝内部营销、人情审批,根据自己的专业知识和观点进行审批,确保审批环节不出现道德风险。

3. 支持业务开展

对于能够控制最终风险的业务,审批人员在合法合规的前提下应尽量审批,用于业务创新,不浪费市场人员辛苦营销来的宝贵市场机会。

案例2

B企业在甲行申请授信,但B企业刚刚进行了破产重整,其前期大量银行授信按照法律规定不再偿还,此外其他银行对其信用评级在正常以下。

甲行对其破产重整情况进行分析,发现该企业经过破产重整甩掉了历史债务包袱,资产质量比较优良;重整后,新入主的股东调整经营策略,企业前景看好。甲行成为该企业重整后第一个对其新增授信的银行,取得了较好的收益。

三、贷款发放环节的风险控制

贷款发放是对公授信业务中银行能够主动进行风险控制的最后一个环节,这一环节主要有合同签订、抵质押手续办理等核心工作。

1. 严格落实授信审批条件

严格落实授信审批条件,核心审批条件未落实的坚决不予发放贷款。在实践中,贷款发放环节往往出于这样或那样的原因导致有些审批条件未能落实,放款管理人员对此要有清醒的认识,对于影响风险控制的核心审批条件,无论哪级领导同意,都坚决不能办理贷款发放。

2. 保证核心工作质量

对于重要授信合同、保证合同的签订,重要抵质押手续的办理,风险管理部门要适度介入,保证这些核心工作的质量。在实践中,某位客户经理为了贪图方便或碍于情面,特别是对于续作客户,在合同签订时不能做到真正双人面签,抵质押手续交由客户自己办理,这就为风险的发生提供了可乘之机,这些风险如在后期显现,则往往会给银行带来不可挽回的损失。

案例 3

甲行在对 C 企业的授信放款过程中,要求 C 企业的法定代表人及其妻子签署连带保证合同。客户经理在 C 企业的法定代表人签署合同时能够做到双人实地面签,但由于其妻子当时不在现场,未能一同签署保证合同,在 C 企业法定代表人的建议下,客户经理为了贪图方便,将合同交由 C 企业的法定代表人,由其找其妻子签署后交给甲行。经办客户经理认为,企业的法定代表人已经当场签署完毕,只剩其妻子签字,并且企业的法定代表人信誓旦旦地保证没有任何问题,于是就轻信了该企业的法定代表人的保证。

C 企业的法定代表人在企业出现危机后,与其妻子办理了离婚手续,并将大量财产转移到其妻子名下。C 企业出现逾期后,甲行对其提起诉讼,但 C 企业的法定代表人的妻子提出保证合同签字不是其亲笔签字,对其没有法律效力。经过鉴定,果真不是其亲笔签字,导致甲行调查到的大量财产无法实现追索,给甲行造成了严重损失。

四、贷后管理环节的风险控制

1. 定期实地走访

按照制度要求进行定期贷后检查,坚持走出去的方针。贷后检查应以实地检查为主,而不应只听客户经理的走访汇报。

2. 早发现,早行动

贷后检查要防止流于形式,对于出现风险苗头的应及时启动预警机制,早发现,早采取措施,不使风险扩大化。

3. 适时启动保全程序

对于出现实质风险的客户,尽早启动保全程序。

案例 4

甲行对 D 企业的授信出现逾期后,贷后管理人员会同客户经理进行了密切跟踪调查,发现企业由于所处行业存在周期性特点,出现了暂时周转困难但尚未达到资不抵债的境地,其大量银行授信密集到期,一时无法偿还。同时根据调查发现,D 企业准备出售其拟用于建造新厂房的土地,用以缓解资金紧张问题,但该土地的价值尚不足以偿还其全部银行授信。

甲行在得到上述信息后,密切关注 D 企业的土地转让进程,并选择恰当的时机对其土地进行了查封,由于 D 企业亟须对该土地进行转让,迫于甲行压力,及时偿还了甲行的逾期授信。

五、小结

对公授信业务的风险控制是一个系统的、庞杂的工程,是一个不断发展、完善的过程,银行必须做好全流程管理。

(1) 前期调查:双人实地调查,检查企业账目和主要账户;

(2) 授信审批:坚持合法合规,抵御道德风险;

(3) 贷款发放:严格落实审批条件,保证核心工作质量;

(4) 贷后管理:定期实地走访,适时启动保全程序。

详情链接:《树立风险意识,促进业务发展》,平安知鸟学习平台内部资料。

第三节 商业银行贷款信用分析

商业银行贷款信用分析是指对借款人的信誉及其偿还债务的能力进行分析。信用分析是贷款决策的前提,是为确保贷款的安全性和效益性,在对借款人进行分析的基础上,决定借款人的信用可信度,以决策是否对借款人发放贷款和发放多少贷款。信用分析的方法主要是调查研究。信用分析的内容一般包括对借款人的信用评价和财务分析。信用分析的重点是借款人的偿债能力。

一、对借款人的信用评价

对借款人的信用评价通常采用 6C 评估法,即分析重点影响借款人的信用的六个方面的一种方法。这六个方面的英文首字母都是 C,故称之为 6C 评估法。

(1)借款人的品德(character)。一般由借款人的责任感、真实明确的借款目的以及归还借款的意图组成,主要是指借款人的偿债意愿。银行必须确定借款人的借款目的、对所借资金持有的态度,以及借款人过去的偿债记录。

(2)借款人的能力(capacity)。是指借款人偿还债务的能力,可以根据借款人的主体资格、经营规模和经营状况来判断。

(3)借款人的资本(capital)。是指借款人的财务实力和财务状况,反映借款人可能偿还债务的背景。资本越雄厚,借款人信用风险越小,贷款越安全。

(4)借款人的担保品(collateral)。是指借款人能否为获得贷款提供担保资产。担保品应该价值稳定,在保险公司已投保,市场广泛,易于出售。当借款人无法偿还贷款时,银行能够迅速将其变现,收回资金,降低银行贷款的风险和损失。

(5)借款人的经营状况(condition)。是指借款人自身的经营情况和其外部的经营环境。银行了解这些情况,目的在于判断借款人在经济衰退、通货膨胀等不利情况下偿还债务的能力,以便事先采取措施,保证银行贷款的安全。

(6)借款人事业的持续性(continuity)。是指借款人能否在日益激烈的市场竞争环境中生存和发展。若借款人的竞争能力弱,盈利能力差,则银行的贷款就会有收不回来的可能性,因此,对借款人事业的持续性的评价也是银行信用评价的一个重要组成部分。

> **拓展阅读**
>
> 《中国人民银行信用评级管理指导意见》将借款企业信用分为三等九级,即 AAA、AA、A、BBB、BB、B、CCC、CC、C。各等级含义如下:
>
> AAA 级:短期债务的支付能力和长期债务的偿还能力具有最大保障;企业经营处于良性循环状态,不确定因素对经营与发展的影响最小。
>
> AA 级:短期债务的支付能力和长期债务的偿还能力很强;企业经营处于良性循环状态,不确定因素对经营与发展的影响很小。
>
> A 级:短期债务的支付能力和长期债务的偿还能力较强;企业经营处于良性循环状

态,未来经营与发展易受企业内外部不确定因素的影响,盈利能力和偿债能力会产生波动。

BBB级:短期债务的支付能力和长期债务的偿还能力一般,目前对本息的保障尚属适当;企业经营处于良性循环状态,未来经营与发展受企业内外部不确定因素的影响,盈利能力和偿债能力会有较大波动,约定的条件可能不足以保障本息的安全。

BB级:短期债务的支付能力和长期债务的偿还能力较弱;企业经营与发展状况不佳,支付能力不稳定,有一定风险。

B级:短期债务的支付能力和长期债务的偿还能力较差;受内外部不确定因素的影响,企业经营较困难,支付能力具有较大的不确定性,风险较大。

CCC级:短期债务的支付能力和长期债务的偿还能力很差;受内外部不确定因素的影响,企业经营困难,支付能力很困难,风险很大。

CC级:短期债务的支付能力和长期债务的偿还能力严重不足;经营状况差,促使企业经营及发展走向良性循环状态的内外部因素很少,风险极大。

C级:短期债务支付困难,长期债务偿还能力极差;企业经营状况一直不好,基本处于恶性循环状态,促使企业经营及发展走向良性循环状态的内外部因素极少,企业濒临破产。

每一个信用等级可用"+""-"符号进行微调,表示略高或略低于本等级,但不包括AAA+。

详情链接:中国人民银行网站。

二、对借款人的财务分析

财务分析是以借款人的财务报表为主要依据,采用专门的方法,系统分析与评价借款人过去和现在的财务状况、经营成果和现金流量及其变动。其目的是了解过去、评价现在、预测未来。财务分析最基本的功能是将大量的报表数据转换成对贷款决策有用的信息,以降低决策的不确定性。分析比较借款人的财务报表有助于商业银行确定借款人的信用,从而决定是否发放贷款和发放多少贷款。

(一)对借款人财务报表的分析

1. 对资产负债表的分析

资产负债表反映了借款人在某一特定日期的财务状况。商业银行分析借款人的资产负债表的目的在于剔除其中的水分,降低贷款的风险。在资产项目中,货币资金、应收账款、存货和固定资产占有绝大部分的比重,其中货币资金是资产中比较明确的部分,一般不作为分析的重点,商业银行主要是对应收账款、存货和固定资产进行分析。应收账款分析的重点是账龄结构、数量结构及对象分布,以防虚账、假账、坏账带来的风险。存货分析的重点是存货的规模、流动性、价格稳定性、投保情况、变现能力等。固定资产分析的重点是固定资产是否提足折旧、投保情况如何、其用途是否具有通用性和广泛性(易售性)、是否已用于其他抵押。对于负债项目,要了解数额、期限、偿债安排以及是否存在逾期未付或漏计的负债。对于资本项目,要了解资本结构以及其中是否存在虚假成分。

2. 对利润表的分析

利润表反映了借款人在某一会计期间的经营成果。商业银行分析借款人的利润表的目的在于了解借款人的盈利能力,确定还款的可能性。因为盈利多少不仅关系到贷款本金到期的偿还,还关系到日常利息的支付。分析时,商业银行可以将借款人本期的利润表同以前不同时期的利润表进行纵向比较,以揭示借款人盈利情况的变动趋势;也可以将借款人的利润表与同行业平均水平或其他公司进行横向比较,以了解借款人在行业中所处的位置以及经营情况中存在的问题。

3. 对现金流量表的分析

现金流量表是以现金(广义)为基础编制的,用来反映借款人一定时期现金及现金等价物流入、流出情况的财务报表。贷款本息能否按时收到,除借款人的还款意愿和盈利能力外,商业银行还应关注借款人获取现金的能力。通过分析现金流量表,商业银行可以了解借款人的经营活动、投资活动和筹资活动的现金流入、流出情况,从而有助于确定借款人的还款来源,为贷款决策提供最直接的依据。

(二) 对借款人财务比率的分析

1. 偿债能力分析

偿债能力是指借款人偿还各种到期债务的能力。商业银行通过对借款人的偿债能力进行分析来确定贷款的安全性和效益性,从而进一步决定是否为该借款人提供或继续提供贷款。偿债能力分析一般可以分为短期偿债能力分析和长期偿债能力分析。

(1) 短期偿债能力分析。短期偿债能力是指借款人偿付流动负债的能力。流动负债是指将在一年内或超过一年的一个营业周期内需要偿付的债务。反映借款人短期偿债能力的指标主要有流动比率、速动比率和现金比率。

① 流动比率。流动比率是衡量借款人短期偿债能力的一个重要财务指标。它由流动资产除以流动负债计算得出。公式为:

$$流动比率 = 流动资产 / 流动负债$$

借款人能否偿还短期债务,要看有多少债务以及有多少可变现偿债的流动资产。流动资产越多,短期债务越少,则偿债能力越强。一般认为,借款人的流动比率应至少为2,因为流动资产中一部分变现能力较差的存货一般要占到流动资产总额的一半,剩下的流动性较强的流动资产至少要等于流动负债,借款人的短期偿债能力才有保障。商业银行在分析流动比率时,还应结合借款人的应收账款周转率和存货周转率来进行,以得出可信度较高的结论。

② 速动比率。比流动比率更进一步的有关短期偿债能力的指标为速动比率,也称为酸性测试比率。速动比率是从流动资产中扣除存货部分,再除以流动负债的比值。公式为:

$$速动比率 = (流动资产 - 存货) / 流动负债$$

流动比率在评价借款人的短期偿债能力时存在一定的局限性。如果流动比率较高,但同时流动资产的流动性较差,则借款人的短期偿债能力仍然不强。流动资产中的短期有价证券、应收票据、应收账款的变现能力均比存货强,存货是流动资产中流动性相对较差的。速动比率越高,说明借款人的短期偿债能力越强。一般认为,借款人的速动比率应至少为1。

③ 现金比率。现金比率是借款人现金类资产与流动负债的比值。现金类资产包括借款人的库存现金、随时可以用于支付的存款以及现金等价物(可在3个月内变现的有价证券)。公式为:

$$现金比率 = (现金及现金等价物)/流动负债$$

现金比率反映借款人可以直接支付流动负债的能力。现金比率越高,说明借款人的偿债能力越强。

(2) 长期偿债能力分析。长期偿债能力是指借款人偿还长期负债的能力。借款人的长期负债主要有长期借款、应付债券、长期应付款等。反映借款人长期偿债能力的指标主要有资产负债率、产权比率、有形净值债务率、利息保障倍数等。

① 资产负债率。资产负债率是负债总额与资产总额的比值。公式为:

$$资产负债率 = 负债总额/资产总额$$

资产负债率反映总资产中有多大比例是通过借债而得到的,也可以衡量借款人在清算时保护债权人利益的程度。借款人资产负债率越低,债权人权益保障程度越高;反之,借款人资产负债率越高,债权人权益保障程度越低。

② 产权比率与有形净值债务率。产权比率是负债总额与股东权益总额的比值。公式为:

$$产权比率 = 负债总额/股东权益总额$$

产权比率反映债权人所提供的资金与股东所提供的资金的对比关系,可以用来分析借款人的财务风险以及股东权益对债务的保障程度。产权比率越低,说明债权人贷款的安全越有保障。

有形净值债务率实际上是产权比率的延伸,它更为保守地反映了在借款人清算时债权人的贷款受到股东权益保障的程度。公式为:

$$有形净值债务率 = 负债总额/(股东权益 - 无形资产净值)$$

有形净值债务率越低,说明借款人的财务风险越小,债权人贷款的安全越有保障。

③ 利息保障倍数。利息保障倍数是企业经营业务收益与利息费用的比值,用来衡量借款人的经营所得偿付借款利息的能力,也叫已获利息倍数。公式为:

$$利息保障倍数 = 息税前利润/利息费用 = (税前利润 + 利息费用)/利息费用$$

利息保障倍数反映借款人的经营所得为所需支付的债务利息的多少倍。该比率越高,说明借款人支付利息费用的能力越强。一般来说,借款人的利息保障倍数至少应大于1,否则就难以偿付债务及利息,而且随着时间的推移,甚至会导致借款人破产倒闭。

2. 营运能力分析(经营效率分析)

营运能力反映了借款人的资金周转状况,是借款人在生产经营活动中管理能力的体现。资金周转状况好,则说明借款人的经营管理水平高,资金利用效率就高;反之,则说明借款人的经营管理存在问题,需要改进。反映借款人营运能力的指标主要有存货周转率、应收账款周转率、流动资产周转率、固定资产周转率、总资产周转率等。

(1) 存货周转率和存货周转天数。存货周转率是衡量和评价借款人购入存货、投入生产、销售收回等各环节管理状况的综合性指标。它是借款人一定时期的主营业务成本与平均存货的比值,或称存货利用率、存货的周转次数。用时间表示的存货周转率就是存货周转天数。公式为:

$$存货周转率 = 主营业务成本 / 平均存货$$

$$存货周转天数 = 360 / 存货周转率$$

存货周转率表示存货一年中可以周转的次数,存货周转天数表示存货周转一次需要的时间。周转次数越大或周转天数越短,说明存货周转得越快,变现能力越强。不同行业之间的存货周转率存在一定的差别,在分析存货周转率时,应结合借款人的历史水平或同行业平均水平进行比较分析。

(2) 应收账款周转率和应收账款周转天数。能否及时收回应收账款,不仅影响借款人的短期偿债能力,还反映出借款人管理应收账款的效率。应收账款周转率是指年度内应收账款转为现金的平均次数,它反映了应收账款流动的速度。用时间表示的应收账款周转率就是应收账款周转天数,也叫应收账款回收期或平均收现期,它表示企业从取得应收账款的权利到收回款项转换为现金所需要的时间。公式为:

$$应收账款周转率 = 主营业务收入净额 / 平均应收账款$$

$$应收账款周转天数 = 360 / 应收账款周转率$$

其中,主营业务收入净额是指主营业务收入扣除销货退回、销货折扣及折让后的净额。

应收账款周转率表示应收账款一年中可以周转的次数,应收账款周转天数表示应收账款周转一次需要的时间。周转次数越大或周转天数越短,说明应收账款周转得越快,变现能力越强。

(3) 流动资产周转率。流动资产周转率是借款人主营业务收入净额与平均流动资产的比值。公式为:

$$流动资产周转率 = 主营业务收入净额 / 平均流动资产$$

流动资产周转率反映了借款人流动资产的周转速度,该比率越高,说明借款人流动资产的使用效率越高,盈利能力越强。

(4) 固定资产周转率。固定资产周转率是借款人主营业务收入净额与平均固定资产净额的比值。公式为:

$$固定资产周转率 = 主营业务收入净额 / 平均固定资产净额$$

固定资产周转率用来衡量借款人的固定资产对其销售收入所做的贡献,是反映借款人使用固定资产效率的指标。该比率越高,说明借款人的管理水平越高。若该比率低于同行业平均水平,则说明借款人的生产效率较低,对其盈利能力会有影响。

(5) 总资产周转率。总资产周转率是借款人主营业务收入净额与平均资产总额的比值。公式为:

$$总资产周转率 = 主营业务收入净额 / 平均资产总额$$

总资产周转率反映了资产总额的周转速度,可以用来分析借款人全部资产的使用效率。该比率越高,说明借款人利用其资产进行经营的效率越高,盈利能力越强。

3. 盈利能力分析

盈利能力是指借款人获取利润的能力,是借款人偿还债务的一个重要来源。评价借款人盈利能力的指标主要有销售毛利率、销售净利率、资产净利率、净资产收益率等。

(1)销售毛利率。销售毛利率是销售毛利与主营业务收入净额的比值。公式为:

$$销售毛利率 = (主营业务收入净额 - 主营业务成本)/主营业务收入净额$$

销售毛利率反映借款人主营业务收入中扣除主营业务成本后,有多少钱可以用于各项期间费用和形成盈利。它是销售净利率的基础,借款人没有足够大的销售毛利率便不能盈利。

(2)销售净利率。销售净利率是指净利润与主营业务收入净额的比值。公式为:

$$销售净利率 = 净利润/主营业务收入净额$$

销售净利率反映销售收入带来的净利润的多少。它可以促使借款人在扩大销售的同时,注意改进经营管理,提高盈利水平。将借款人连续几年的销售净利率进行比较分析,可以看出其销售活动盈利能力的发展趋势。

(3)资产净利率。资产净利率是借款人净利润与平均资产总额的比值。公式为:

$$资产净利率 = 净利润/平均资产总额$$

资产净利率反映借款人资产利用的综合效果,可以用来衡量借款人利用资产获取利润的能力。

(4)净资产收益率。净资产收益率亦称股东权益报酬率,是借款人净利润与平均净资产(股东权益)的比值。它是借款人综合性最强、最有代表性的财务指标。公式为:

$$净资产收益率 = 净利润/平均净资产(股东权益)$$

净资产收益率反映借款人净资产的获利能力。若净资产收益率高于贷款利息率,则说明借款人适度负债经营成本低,负债经营有利;反之,则说明负债经营成本高,负债经营不利。

三、贷前调查及授信报告分析注意事项

1. 基础信息及调查记录

(1)列明申报机构、申请人名称、申请品种及金额、申请期限等。

(2)各项内容务必写准确全称,申请方案与报告最终结论处保持一致。

2. 申请人基本情况

(1)通过验看申请人经过年检的营业执照副本及原件、工商查询等手段,了解企业注册资本、注册地址、法定代表人等基础信息,在实地调查中了解申请人经营场所与注册地址是否一致、经营场所产权是自有还是租赁等。

(2)通过查验公司章程、验资报告等材料及天眼查、企查查等工具核实申请人注册资本及实收资本,了解企业的股东背景及股权结构,判断企业的实际控制人,须追溯至国资委或自然人。对上市公司可查询公开信息,了解股权结构、股票质押情况、大股东股票质

押融资具体投向等。

（3）列明申请人发展历史，含股权变更情况、业务发展情况、关联企业等；分析管理层情况，包括家族企业还是职业经理人、从业经验、个人品行、信用情况等。

3. 申请人经营情况

（1）分析申请人的主营业务情况，包括业务资质、单一主业还是多元化、多元化各板块是否有协同关系；分析盈利模式及销售收入、盈利在各业务板块的分布情况，包括哪些是产生稳定现金流的成熟业务，哪些是新开拓业务，新业务前景如何。

（2）分析申请人的上下游情况，上下游是否稳定，是集中还是分散，对单一上下游客户是否有较大的依赖性，有没有将原材料价格波动向下游传导的能力（如发电企业）；了解上下游结算方式、结算周期，从而判断企业在产业链中交易地位的强弱（如贸易类企业）。

（3）分析申请人所在行业情况、行业政策（发展改革委产业结构目录）、行业前景等，了解同业竞争对手情况（可通过查询同行业上市公司公开信息进行对照），判断企业行业地位。

4. 申请人融资情况

（1）查询申请人整体银行授信情况，各行授信品种、金额、期限、担保方式及近年变化，了解企业或有负债（对外担保对象）情况，了解企业资本市场等其他融资渠道情况。

（2）查询申请人征信，与企业授信情况对照看是否准确，查看企业是否有欠息垫款余额或记录，是否有等级下调情况。

5. 财务分析

（1）原则上要求申请人提供经会计师事务所审计的年报，核对审计报告原件，认真阅读审计意见和审计报表附注。

（2）注意各期财务报表期初数与期末数是否对应，对于期初数与期末数不能衔接的，应进一步了解原因，以判断财务报表的真实性。

（3）通过分析资产负债表、利润表、现金流量表，研究申请人的资产负债结构、盈利能力、现金流状况，判断申请人的承贷能力和还款能力。

（4）将财务分析的结论同实际调查的有关定性情况进行比较，财务分析结论不能解释定性分析调查结论的，要进一步分析原因。

6. 贷款用途、金额和还款来源

（1）贷款用途合规。贷前调查时明确申请人融资的主要用途，对于特殊用途的需在贷前报告中予以说明，如母公司代理支付子公司采购款，用于子公司日常周转、关联方之间款项支付，等等。

（2）贷款金额合理。根据银监会 2009 年《固定资产贷款管理暂行办法》及 2010 年《流动资金贷款管理暂行办法》等合理测算贷款金额。

（3）还款来源合理。①第一还款来源是核心：重点分析和测算第一还款来源现金流的稳定性和充足性。②第二还款来源为辅助：在第一还款来源不足时，第二还款来源能否形成有效补充。

7. 担保分析

（1）担保分析的重点是担保人的资格、财务实力、抵（质）押品的变现能力、担保人的担保意愿、担保人履约的经济动机及与申请人之间的关系等。

（2）调查担保人履行担保义务的历史记录，包括是否了解贷款的真实用途、担保人履约的经济动机以及与申请人之间的关系等。如果担保人是申请人的关联企业，或者担保人与申请人之间存在较多的经济利益关系，则应侧重分析有无代偿性现金来源，防止其通过互保、循环担保等方式削弱担保的有效性。

（3）抵（质）押品的调查与分析包括抵（质）押品对担保人的重要性、抵（质）押行为的合法合规性、抵（质）押品价值的合理性及变现能力。

8. 风险点及结论

（1）提出贷款的主要风险点及防范措施。

（2）结论需明确提出授信方案，包括业务品种、币种、金额、期限、利率、担保和还款方式等基本要素。

第四节 商业银行贷款定价

贷款是商业银行最典型的盈利性资产，适当的贷款定价是商业银行获取利润的基础，因此，合理确定贷款定价对于商业银行的盈利能力具有重要影响，同时也是影响借贷双方的某项贷款业务能否达成的关键因素。商业银行贷款定价的内容包括制定利率、确定补偿性余额以及对某些贷款征收的费用（如承诺费等）。贷款定价的核心是确定贷款利率。

一、贷款定价的一般原理

贷款的价格（主体是利率）在竞争市场中是由贷款的供求双方决定的，贷款的供给方（商业银行）随价格的提高而增加供给，贷款的需求方（借款人）随价格的提高而减少需求。当贷款的供给曲线与需求曲线一定时，供给曲线与需求曲线的交点即为双方可接受的价格，同时也决定了最佳贷款量（均衡价格时的贷款量）。如图 5-1 所示，横轴代表贷款量（L），纵轴代表贷款价格（主体是利率）（R），曲线 D 代表贷款的需求曲线，曲线 S 代表贷款的供给曲线，曲线 D 与曲线 S 的交点 E 即为贷款的均衡价格。供求两条曲线中的任何一条发生变化，交点 E 的位置就会发生变化，即贷款的均衡价格将会提高或降低。

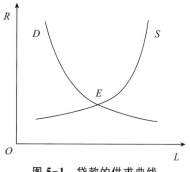

图 5-1 贷款的供求曲线

需要说明的是,上述分析是基于供求原理的基本模型,是对贷款价格进行的理论阐述,它并没有考虑其他因素对贷款定价的影响。事实上,性质不同、期限不同、风险不同的贷款应该具有不同的价格。尽管如此,供求关系仍然是竞争市场中影响贷款价格的根本因素。

二、贷款价格的影响因素与构成

(一) 贷款价格的影响因素

除贷款的供求影响外,在确定贷款价格时还要考虑其他影响贷款成本和风险的诸多因素,主要包括以下几个方面:

1. 可用于贷款的资金的成本

不同来源的资金其成本往往不同,同一来源不同期限的资金其成本也不同。如吸收储蓄形成的资金的成本就不同于发行长期债券形成的资金的成本。用于贷款的资金筹集成本高,则贷款的定价就高。商业银行在进行贷款定价时,须根据不同种类、不同期限的贷款业务考虑所筹资金的成本,以确定合理的利率差,从而获取预期收益。

2. 贷款费用

商业银行向借款人发放贷款,需要做一系列的工作,如对借款人进行信用调查与分析,对抵押品进行估价与管理,以及其他与开展业务有关的工作。这些工作产生的费用也应包含在利率之中,贷款费用是上述各项费用的一个函数。

3. 贷款期限

贷款的期限较短,则其流动性较强,风险也较低,相应的贷款价格一般就较低;期限较长的贷款包含的不确定性因素较多,其成本和风险相对较高,因此贷款价格也相应较高。

4. 贷款方式

收益与风险呈正向变动关系,因此,一般来说,担保贷款风险低于信用贷款风险,担保贷款的价格也就低于信用贷款的价格。

5. 通货膨胀

借款合同中所载明的利率是名义利率,并不是商业银行的实际收益,还要考虑通货膨胀因素。一般而言:

$$实际贷款利率 = 名义贷款利率 - 当期通货膨胀率$$

当通货膨胀率高时,贷款利率也会相应提高。

6. 中央银行基准利率

商业银行筹资成本随着中央银行基准利率的变化而变化,从而使得商业银行的贷款定价发生变动。此外,借款人的信用等级以及商业银行的其他非利息收入如开户费、补偿性余额、承诺费等也会影响贷款定价。

(二) 贷款价格的主要组成部分

商业银行的贷款价格一般由以下四个部分组成:

1. 贷款利率

贷款利率是借款人使用资金支付的利息与本金之比。贷款利率的高低受资金供求状况、同业竞争、中央银行货币政策以及相关法律法规的制约,单个银行不能决定贷款利率,但可以参照基本利率水平上下浮动。

2. 补偿性余额

补偿性余额是指商业银行要求借款人将贷款总额的一定比例(一般为10%～20%)留存银行,作为银行同意提供贷款的前提条件。此时,借款人并不能全额使用资金。采用补偿性余额对贷款进行定价,对商业银行而言,因在贷款的同时获得了可运用的资金来源,所以提高了贷款的实际收益。

3. 承诺费

承诺费是商业银行对借款人在最高借款限额内可使用而尚未使用的贷款收取的一定的费用。借款人在用款期间,对已使用的资金要支付利息,而对未提用的部分,银行要准备出一定的资金以备借款人的提款,因而借款人应按未提贷款金额的一定比例向银行支付承诺费,作为对银行因承担贷款责任而遭受利息损失的补偿。

4. 隐含价格

隐含价格是指能够降低商业银行贷款风险的非货币性内容,如对贷款担保品的要求、对贷款期限的限制和特殊契约条款等。

三、贷款定价的方法

市场化使贷款利率成为贷款市场竞争的关键因素,贷款定价过高会使银行在同业竞争中处于劣势甚至失去市场,贷款定价过低可能使竞争到的贷款业务无利可图甚至出现亏损。建立科学、合理的贷款定价机制,是商业银行应对利率市场化的迫切需要。商业银行具有代表性的贷款定价方法有以下四种:

1. 成本加总法

成本加总法是指在分析商业银行发放贷款成本的基础上,对每一笔贷款确定有利可图的利率。贷款的最低利率由资金成本、贷款管理成本、风险补偿成本和目标收益率四部分加总而得,即

$$贷款价格 = 资金成本 + 贷款管理成本 + 风险补偿成本 + 目标收益率$$

商业银行以最低利率为底线,根据市场竞争情况和相对于客户的谈判地位确定贷款利率,以保证每一笔贷款都能获取目标收益。成本加总法可以保证商业银行每笔贷款都有利可图,但这种内向型的定价方法没有考虑其他银行的竞争而制定贷款价格,可能影响贷款定价的市场竞争力。

2. 基准利率加点法

基准利率加点法也被称为优惠利率定价法,指以对信用等级最高的客户发放的短期流动资金贷款的最低利率为基准利率,每笔贷款根据其违约风险和期限风险的大小,在基准利率的基础上加点或乘以一个系数来确定。对商业银行而言,借款人信用等级不同,贷

款风险也不同。借款人信用等级高,则贷款风险低,从而贷款价格低;反之则高。基准利率加点法表现出更强的市场导向,但由于对资金成本重视不够,有时可能导致占有市场而失去利润的结果。

3. 交易利率定价法

交易利率定价法是指以交易利率(如同业拆借利率、国库券利率、大额定期存单利率)为基础,根据借款人的情况加上某个加息率(如0.5%、1%)来确定贷款价格。采用此种方法,借款人可以从商业银行认可的利率表中选择基础利率和到期日,并且在借款期间利率可以变化,但同时要求借款人的借款额超过某一最低限额。交易利率定价法既可以保证商业银行的收益,又可以给予借款人自由选择权,降低了借贷双方的利率风险。

4. 成本收益法

成本收益法是指商业银行将贷款定价纳入客户与银行的整体业务关系考虑。贷款收益和与贷款相关的客户存款的边际收益、结算收益等作为总收益;贷款成本(包括资金成本、管理成本、风险补偿成本)、存款利息支出和结算成本作为总成本,根据贷款的预期利润水平同时确定存款利率和贷款利率。近年来,成本收益分析朝更全面、更深入的方向发展,出现了更具综合性的客户盈利性分析,商业银行根据从该客户获取的综合业务收益来确定贷款利率。

四、我国贷款利率市场化改革

利率市场化是建设现代中央银行制度的关键环节,是健全基准利率和市场化利率体系、完善金融机构自主经营机制的必要条件。我国长期以来存在利率"双轨"问题,推动利率"两轨合一轨"是利率市场化改革的迫切要求。

中国人民银行以推动贷款利率和市场利率并轨为重点,于2019年8月17日宣布启动改革完善贷款基础利率(loan prime rate,LPR)形成机制,疏通货币政策传导渠道,推动降低贷款利率。改革后的LPR由各报价行按照对最优质客户执行的贷款利率,于每月20日(遇节假日顺延)以公开市场操作利率(主要指中期借贷便利利率)加点形成的方式报价。LPR的报价行由原有10家扩大至18家,并在原有1年期一个期限品种的基础上增加了5年期以上期限品种。

为了进一步完善市场利率传导机制,中国人民银行将LPR运用情况纳入宏观审慎评估(macro prudential assessment,MPA)考核,推动银行将LPR嵌入内部资金转移定价(FTP),并于2020年3—8月按照市场化、法治化原则推动存量浮动利率贷款定价基准转换,LPR改革已初见成效。

(一)改革前的LPR形成机制存在不足

2013年10月,LPR集中报价和公布机制正式运行,每日由10家报价行自主报出本行对最优质客户贷款利率,经中国外汇交易中心暨全国银行间同业拆借中心(以下简称"交易中心")对报价以各报价行的贷款余额为权重,计算加权平均利率后对外公布,并由市场利率定价自律机制(以下简称"利率自律机制")在中国人民银行的指导下负责监督和管理,金融机构可以此为参考确定各自的贷款利率。自运行以来,LPR 存在诸多问题:一是由于各报价行主要参考贷款基准利率进行报价,导致 LPR 长期与贷款基准利率同向同幅变动,市场化程度明显不够,不能有效反映市场利率变动情况,这也影响了银行运用 LPR 的积极性,实际上并未起到有效替代贷款基准利率的作用,失去了意义。二是报价行只有全国性银行,代表性不足。三是期限品种不全,只有 1 年期一个品种。四是报价频率过高,报价行重视程度不足,报价不能代表报价行对贷款利率的判断。五是运用不足,只有部分报价行在形式上运用 LPR 定价,事实上大多都是通过贷款基准利率定价,然后再套算为 LPR 加减点的形式,且主要运用集中在短期固定利率贷款上。

(二)按照市场化要求改革完善 LPR 形成机制

推进贷款利率"两轨合一轨"是利率市场化改革的重要突破口。由于仍公布贷款基准利率,对贷款利率的市场化定价形成约束,有必要健全市场化的贷款利率基准。因此,中国人民银行选择优化 LPR 报价方式,建立与 MLF(中期借贷便利)利率相挂钩的机制,提高 LPR 报价的市场化程度,并积极推动 LPR 在贷款定价中的运用,以此逐步替代贷款基准利率,渐进有序地推进贷款利率市场化。

按照推进贷款利率"两轨合一轨"的要求,并结合国际经验,中国人民银行主要按照以下思路对 LPR 形成机制进行了改革完善:一是明确 LPR 作为贷款利率定价基准的定位。以 LPR 为银行贷款利率的定价基准,要求各金融机构主要在贷款定价时运用 LPR 作为参考。为避免与贷款基准利率相混淆,将 LPR 中文名称由原来的"贷款基础利率"调整为"贷款市场报价利率",并保留英文简称 LPR。二是继续实行报价形成机制。保留现行由报价行报价形成的机制,并增加报价行的数量和类型,提高报价的代表性。三是要求报价行根据自身对最优质客户的贷款利率,在 MLF 利率基础上加点报出 LPR。MLF 是中央银行提供中长期流动性的重要渠道,其利率是中央银行中期政策利率,传达了中央银行利率调控的信号,且期限和操作频率均与 LPR 匹配,将 LPR 报价方式与 MLF 利率挂钩,可形成由中央银行间接调控的市场化参考基准,也可更好地反映市场供求状况。

(三)LPR 形成机制改革成效

一是 LPR 与市场资金供求相关性明显增强,充分体现了市场资金供求变化。LPR 报价逐步下行,发挥了方向性和指导性作用。

二是 LPR 已经成为银行贷款利率的定价基准。金融机构绝大部分新发放贷款已将 LPR 作为基准定价,存量浮动利率贷款定价基准转换已于 2020 年 8 月末顺利完成,转换率超过 92%。

三是中央银行货币政策操作向贷款利率传导的效率明显增强。通过下调 MLF 利率引导 LPR 市场利率下行,贷款利率隐性下限被完全打破,银行内部定价和传导机制的市场化程度显著提高。同时促进了存款利率的市场化,推动存款利率与市场利率逐步并轨。

四是贷款利率隐性下限被有效打破,降低贷款利率成效显著。过去一些银行以贷款基准利率的一定倍数设定隐性下限,使得政策利率向实体经济传导不畅。而 2020 年年末,东部、中部、西部和东北地区 1 年期以内新发放贷款低于原贷款基准利率 0.9 倍下限的占比分别为33.85%、17.08%、33.27%、20.31%,意味着贷款隐性下限完全被打破。

五是LPR改革优化了信贷资源结构性配置。LPR改革打破了贷款利率隐性下限后,一些银行将信贷资源向中小企业配置的倾斜性提升了。

六是LPR利率衍生品市场迅速发展,金融机构利率风险管理手段不断丰富。

拓展阅读

以LPR改革推动解决利率双轨问题

MLF利率作为中期政策利率,在引导和调节中期市场利率方面发挥了重要作用。在此背景下,可对LPR报价方式加以优化,建立与MLF利率相挂钩的机制,提高LPR市场化程度,以改革的方式破除利率传导中的体制机制障碍,打破贷款利率隐性下限,增强金融机构自主定价能力,并推动存款利率市场化。

(一) 打破贷款利率隐性下限

贷款利率隐性下限的存在导致贷款利率易升难降,使银行在利率下行阶段无法将货币政策有效传导至实体经济。由于贷款利率隐性下限的存在,最优质的企业也只能获得利率不低于隐性下限的贷款。在此情况下,银行更偏好给违约概率低的大企业贷款以获得超额收益,也在一定程度上导致小微企业融资难、融资贵问题。

改革完善LPR形成机制后,LPR由报价行以市场化方式报出,不再具有行政色彩,银行难以参考LPR协同设定贷款利率隐性下限。随着贷款利率的隐性下限被打破,银行对大企业贷款的超额收益会明显减少,通过增加大企业贷款规模维持利润的动力减弱,促使大银行比以前更倾向于服务小微企业和普惠金融。由于大银行的负债成本明显低于中小银行,对于相同资质的小微企业能够提供比中小银行更低的贷款利率,带动小微企业平均贷款利率下行。同时,小微企业贷款市场的竞争格局也将发生改变,大银行的加入将带动小微企业贷款市场的良性竞争,降低银行整体对小微企业的风险定价,也有利于降低小微企业的贷款利率。在此过程中,大企业将转向更多通过债券市场融资,也有利于债券市场发展。

(二) 增强金融机构自主定价能力

LPR改革前,银行贷款发放侧重于大企业,主要考虑是这些企业贷款体量大、信用风险小、管理难度低。而部分银行由于风险管理能力和定价水平不足,在发放小微企业贷款时,经常凭借企业短期内的销售收入、利润增长等财务指标就决定是否发放贷款,并未综合考虑企业经营状况、长期发展合理定价,构建长期合作关系,不利于银行提高风险定价能力。LPR改革打破贷款利率隐性下限后,大企业议价能力增强,将倒逼银行提高定价能力,综合考虑资金成本、风险成本、资本成本和税收成本等因素合理报价,以拓展小微企业客户,促进银行可持续发展和稳健经营。

(三) 推动存款利率市场化

贷款利率市场化可对存款利率市场化起到推动作用。贷款利率市场化后,银行贷款利率下降,高息揽储的行为难以持续,银行面临的存款竞争压力将有所缓解,存款自主定价能力将进一步增强。在银行信用货币制度下,银行通过贷款等资产扩张创造存款货币,因此提高存款利率不能增加存款总量,只能改变存款在银行之间的分布。贷款利率的变化可以影响贷款供求,从而决定贷款的数量,进而决定存款的数量。贷款利率市场化可"牵一发而动全身",推动促成存款利率的市场化。

详情链接:中国人民银行,《中国货币政策执行报告》增刊,2020年9月17日。

第五节　商业银行贷款风险管理

所谓贷款风险,是指商业银行贷款不能按期收回本息而导致银行资金遭受损失的可能性。如企业破产倒闭造成贷款损失、企业亏损造成贷款呆滞、企业产品积压造成贷款损失、企业投资项目失败造成贷款损失、企业挤占挪用贷款造成贷款无法归还等。

一、贷款风险产生的原因

贷款风险产生的原因归纳起来主要有主观因素和客观因素两大类。

1. 主观因素

由主观因素引起的贷款风险与商业银行自身的经营管理活动直接相关。这些因素包括:对贷款对象了解不深入,分析不透彻;约束、激励机制乏力,贷款管理责、权、利相互脱节;由于信息管理手段落后、信息系统不健全、信息反馈不及时、信息预测不准确,造成贷款决策失误;商业银行内部管理松懈、监督检查不力,违章违纪操作;商业银行业务人员素质较差、工作责任心不强;等等。商业银行通过自身的努力,可将主观因素引起的风险降到最低。

2. 客观因素

客观因素引起的贷款风险不是商业银行所能左右的。这些因素包括:国家的政策发生调整;市场突变;相关的法律法规不健全、不配套;自然灾害的发生;整个社会信用秩序混乱;等等。商业银行要想将此类风险降到最低,只有提高自身的预测能力,尽量降低经济运行的不确定性。

二、贷款风险的识别

商业银行只有在正确识别贷款风险的前提下,才能准确预测可能发生的贷款风险,估计贷款风险的损失程度,提出控制贷款风险的有效对策。通常情况下,商业银行可以通过对借款人财务报表和一些非财务因素的分析,对贷款风险的预警信号进行动态监测并及时发布。风险信号包括:

(1) 借款人的借入资金过多,偿债负担过重,有可能大量拖欠应付货款和银行贷款。

(2) 借款人应收账款期限过长,逾期金额和笔数过多,平均期限大大超过贷款期限。

(3) 借款人存货大量积压或滞销,周转速度明显降低。

(4) 借款人成本提高,收益水平下降,效益滑坡,经营严重亏损或"虚盈实亏"。

（5）借款人不能按期支付贷款利息，或贷款用途与借款合同不符，或贷款被挪用。

（6）借款人贷款的担保单位出于各种原因撤回担保，或不愿续保。

（7）抵押物和质押物的价值下降。

（8）借款人发生重要的人事变动，领导层不团结，职能部门矛盾尖锐，不能互相配合；职工情绪对立，干劲不足等。

（9）借款人在改制重组过程中即将实行兼并、承包或租赁，有可能逃避银行债务，架空银行债权。

三、贷款风险管理

贷款风险管理包括两层含义：一是在贷款风险发生前力图控制与消除风险；二是在贷款风险发生后自我承担并进行经济补偿。

贷款风险的管理策略包括以下几方面内容：

1. 风险规避

商业银行在经营贷款业务的过程中，通过拒绝向低效益企业或高风险项目发放贷款来规避贷款风险的发生，称为风险规避。如果商业银行认为某项贷款的风险过大，一旦承担，就会给信贷资金带来严重损失，那么只有拒绝该项贷款才能规避风险。采用这种方法，商业银行必须通过信用分析，了解企业的生产经营状况、资金营运状况、财务核算状况以及管理人员状况。对固定资产投资项目，商业银行必须逐个进行全面的评估，科学地分析论证。通过信用分析和项目评估，商业银行对贷款偿还能力不足、贷款偿还无可靠保证的企业和项目不发放贷款。

2. 风险分散

对不可回避的贷款风险采取分散策略，是各国商业银行普遍应用的一种风险管理方法，其基本途径是实现贷款结构的多样化。可采取的措施有：第一，贷款投向的分散化，即将贷款分散在各个地区、各个行业和各个客户，防止因某一地区的自然灾害、某一行业的经济不景气或某一客户的破产倒闭而遭受严重的经济损失。第二，贷款投量的分散化，即商业银行发放贷款，不应将资金过度集中在某一地区、某一行业或某一客户，而应选择不同的地区、不同的行业和不同的客户。在贷款总规模一定的条件下，每个客户的平均贷款规模越小，客户经营失败对银行贷款安全性的影响程度也就越小。第三，贷款方式的分散化，即商业银行贷款应采取多样化的方式，逐步缩小信用贷款的比重，相应扩大抵押贷款和质押贷款的比重。四是贷款期限结构的分散化，即商业银行的长期、中期、短期贷款的比例要适当。

3. 风险转移

风险转移是指商业银行以某种合法的业务手段将贷款风险损失转移给他人来承担。可采取的措施有：第一，贷款担保。有担保的贷款将本应由银行承担的客户信用风险转移给担保人，但银行在转移贷款风险的同时，又承担了担保人的信用风险，所以，采用担保来转移风险，关键在于担保人的资信。第二，实行贷款利率的浮动。在贷款期限内，商业银行贷款利率可以根据市场利率的变化进行调整，因而可以将利率风险转移给借款人来承担。第三,实行贷款证券化,即商业银行将贷款(一般为抵押贷款)转让给其他金融机构,而这些金融机构通过发行债券来筹集接受贷款的资金。实行贷款证券化,不仅可以将流动性较差的贷款资产变成流动性较强的证券资产,而且可以使贷款银行通过这种转化将可能承担的贷款风险转移到证券市场上去。

> 典型案例

商业银行与资产证券化业务的互动

我国资产证券化市场发展迅速,其直接融资功能和服务实体经济能力得到了长足发展。在这一过程中,商业银行承担着重要使命、发挥了关键作用。

所谓资产证券化,系以特定资产组合或特定现金流为支持,发行可交易证券的一种融资形式。自20世纪70年代在美国问世以来,资产证券化迅速成为被广泛运用的金融创新工具。2005年4月,中国人民银行、银监会颁布《信贷资产证券化试点管理办法》,标志着我国资产证券化试点拉开帷幕;2012年9月,国家开发银行101.6亿元信贷资产支持证券(asset-backed security, ABS)正式向全国银行间债券市场成员发行,标志着资产证券化试点正式重启;2013年3月,证监会颁布《证券公司资产证券化业务管理规定》(以下简称《管理规定》),标志着交易所ABS业务重新启动;2014年,证监会修订《管理规定》,颁布《证券公司及基金管理公司子公司资产证券化业务管理规定》及相关配套文件,将行政审批制改为备案结合负面清单管理制度,交易所ABS业务迎来繁荣的"黄金时代";2016年12月,银行间市场交易商协会颁布《非金融企业资产支持票据指引(修订稿)》,在交易结构中引入特定目的载体,实现风险隔离,资产支持票据发行规模大幅上升。2018年9月13日,中共中央办公厅、国务院办公厅联合印发《关于加强国有企业资产负债约束的指导意见》,明确提出积极支持国有企业按照真实出售、破产隔离原则,依法合规开展以企业应收账款、租赁债权等财产权利和基础设施、商业物业等不动产财产或财产权益为基础资产的资产证券化业务,这为资产证券化市场带来新的发展契机。

商业银行在我国资产证券化市场发展过程中充当了至关重要的角色:一是商业银行作为信贷资产证券化的发起机构,提供了较为庞大的基础资产规模,占全市场资产证券化规模近一半的分量。对发行银行来说,需密切关注宏观调控导向及有效信贷需求变化,合理掌握发行总量和节奏,确保腾出的信贷规模"用得好",切实支持实体经济。二是商业银行作为投资机构与财务顾问,是各类ABS产品能够成功发行和交易的重要参与方。商业银行利用自营资金和理财资金,参与银行间市场与交易所市场的各类ABS产品投资,可在促进两市场互联互通、完善ABS产品估值与定价机制、提高市场流动性等方面发挥积极作用。少数商业银行还具备全方位开展资产证券化业务的潜力,如监管允许,商业银行可以在担任ABS的承销商、管理人、投资人等全方位服务方面发挥更大的作用。

对商业银行而言,信贷资产证券化能够实现商业银行存量信贷资产出表,腾出信贷规模进一步优化信贷结构;打造交易银行和信贷流量经营模式,加快信贷资产周转速度,增强客户黏性,支持实体经济发展;改善商业银行资产负债表结构,节约资本,提高资本充足率。此外,信贷资产证券化也是商业银行化解不良贷款的有效途径,特别是对在表内仅能通过常规方式核销处置的个人不良贷款,证券化提供了唯一的批量处置通道,对商业银行快速压降个人不良贷款具有重要作用。

详情链接:潘清,《中国资产证券化迎来"跨越式增长"契机》,新华网,2015年3月6日。

4. 风险补偿

由于商业银行的贷款损失总是有可能发生的,对这种将要发生或已经发生的损失需要进行补偿。风险补偿的方式主要有以下三种:第一,科学确定贷款价格。贷款价格的确定,除以成本价格为定价基础外,还要考虑商业银行可能承受的贷款损失。在贷款定价中加进风险因素,可以预先补偿将要产生或已经形成的贷款损失。第二,提取呆账准备金。按贷款的内在质量和风险大小及时足额提取呆账准备金,不仅有利于商业银行充分弥补贷款损失,而且能够真实反映商业银行的损益。第三,处置抵押品。通过变卖、拍卖或折让,全部或部分收回贷款的本金和利息。

关键术语

贷款业务 保证贷款 抵押贷款 质押贷款 自营贷款 委托贷款 特定贷款 关注贷款 次级贷款 6C评估 利息保障倍数 风险补偿

复习思考题

1. 商业银行贷款的划分标准有哪些?各包括哪几种贷款?
2. 贷款管理原则的基本规定是什么?
3. 贷款政策的基本内容是什么?
4. 简述贷款程序。
5. 信用分析主要分析哪些财务比率?
6. 影响商业银行贷款定价的因素是什么?贷款定价有哪些方法?
7. 简述商业银行贷款风险管理的含义及策略。

第六章

商业银行证券投资业务管理

学习目标

- 掌握商业银行证券投资的功能及投资对象
- 掌握商业银行证券投资的收益与风险
- 理解收益与风险的关系
- 理解商业银行证券投资策略

素养目标

通过对拓展阅读和典型案例的分析,培养学生的人生观、环保意识,以及对国家战略、国家发展和经济建设的认识。

案例导读

探寻银行配置债券资产的密码

截至 2019 年年末,银行投资性资产以债券为主,占比高达 81%,其中政府债券、金融债券和信用债券的占比分别为 53%、20%、8%。资产收益是影响银行资产配置的重要因素,因为对于银行资产配置部门来说,微观机制会要求其追求绩效,使得收益最大化。

银行信贷投放后剩余部分是配置债券的主要资金来源。银行可配债券资金可以近似看作银行完成信贷投放目标后的剩余资金,对于银行来说,可配债券资金需要综合考虑银行资金供给和实体融资需求,银行资金供给主要来自存款,而信贷投资增速可以近似代表实体融资需求,同时也反映了银行在信贷上的配置。这意味着,信贷政策会影响到银行可配债券资金规模。当信贷受到管控时,例如国家对房地产和地方政府融资平台的信贷管控导致信贷投放不畅,这会增加银行债券资金配置空间。

流动性监管会对银行债券投资形成扰动。银行为了满足流动性监管的要求,有动力在资产端相对加大债券的配置,由于国债、政策性金融债、财政部担保的地方政府债属于一级流动性资产,因此银行会在结构上向国债和政策性金融债倾斜。2018年5月《商业银行流动性风险管理办法》正式落地后,银行流动性覆盖率指标持续改善,从2017年年末的120.2%回升至2020年3月的151.5%,远高于监管要求的100%。

政府债券的发行节奏决定了商业银行的债券配置节奏。商业银行是政府债券的最主要买家和持有者,因而当国债和地方政府债发行规模增加时,商业银行也加大对债券的购买。如果银行后续流动性吃紧,则由于国债是高质量的抵押品,银行可以用国债向央行质押融资。截至2020年5月,记账式国债中银行持有规模占比为64%。

比价效应会影响银行债券品种选择。银行的债券配置种类主要有国债、政策性金融债、地方政府债。从债券托管数据来看,截至2020年5月,商业银行记账式国债、政策性金融债、地方政府债托管规模分别为10.2万亿元、9.3万亿元、20.5万亿元。当国债综合收益较地方政府债综合收益提高时,银行国债投资增速也会跟随上行;反之亦然。

详情链接:《固定收益专题:探寻银行配置债券资产的密码》,国盛证券,2020年7月9日。

你是不是有下面的疑问?

1. 商业银行经营证券投资业务的目的是什么?和贷款业务有什么区别?
2. 商业银行的投资性资产主要有哪些?哪些因素会影响投资性资产的配置?
3. 商业银行进行证券投资时会面临何种风险?如何处理收益与风险的关系?
4. 商业银行应怎样开展证券投资业务?有何策略?

进入内容学习

证券投资业务是商业银行从事与有价证券投资有关的各项业务的总称。它不仅是商业银行收入的主要来源之一,还提高了银行资产的流动性以及银行防范风险的能力。商业银行从事证券投资业务曾经受到种种限制,美国、日本限制尤多。但随着金融深化、竞争加剧和监控能力提高,发达国家对商业银行从事证券投资业务的限制日趋减少,证券投资业务在商业银行经营中的地位也日渐重要。

第一节 商业银行证券投资的功能与对象

一、商业银行证券投资的功能

商业银行证券投资的目标是实现一定风险程度下的收益最大化和一定收益条件下的风险最小化。围绕此目标,商业银行的证券投资具有如下功能:

1. 增加收益

通过证券投资获取收益是商业银行从事证券投资业务的首要目标。商业银行通过吸收存款和向外借款而流入的资金只有通过资金运用才能取得收益并补偿资金成本,获得差额利润。在商业银行的业务经营中,贷款始终是最重要的业务,也是商业银行收益的主要来源。但是,受银行同业竞争、贷款需求、贷款风险等诸多因素的影响,商业银行不一定在任何时候都能寻找到理想的客户来投放资金,从而使资金暂时闲置而不能增值。因此,商业银行必须在放款之外另行寻找资金出路,寻找其他资金投放对象。证券投资就是一个重要途径。商业银行从事投资活动,可避免资金的闲置,使全部资金都得以充分运用,从而使银行资金的总收益达到最大值。

商业银行证券投资业务的收益主要来自两个方面:利息收益和资本溢价收益。利息收益是指商业银行购买一定有价证券以后,依证券发行时确定的利率从发行者那里取得的收益。资本溢价收益是指商业银行购入证券在出售时或偿还时收到的本金高于购进价格的余额。

2. 降低风险

证券投资是商业银行实现资产分散化以控制风险的重要手段。

首先,证券投资为商业银行分散资产提供了选择机会。当商业银行将资产集中在贷款这种单一资产上时,一旦贷款收回困难,银行就必须承担全部(至少是大部分)风险;而增加了证券投资形式以后,商业银行资金运用途径增加,即使贷款一时收不回来,证券也可能收回,这就在一定程度上分散了风险。

其次,证券投资分散风险比贷款更加有利,原因有二:一是地域分散。证券投资的选择面广,不像贷款那样受地域限制,商业银行可以购买全国甚至全世界的证券,这无疑使得证券投资分散风险的范围也随之扩大。二是金额分散。受资产规模、地理位置等因素的制约,一家商业银行的贷款客户不会很多,贷款往往要达到相当数量;而证券可进行小额投资,因此同量的资金用在投资上比用在贷款上分散度更高。

最后,证券投资与银行贷款相比,更易于转移风险。银行的贷款周期一般与企业的生产周期接近,或者说,在一个生产周期结束以前,贷款的收回是比较困难的,即使生产不断继起,周期性可能淡化一些,但毕竟还是存在的;而证券投资不同,证券投资可以在一日之内改变,一旦银行发现某一证券风险上升,就可以随时转卖出去,贷款则很难做到这一点。因此,商业银行不仅可以通过选择多种证券组合分散风险,而且可以通过证券的变现来转移风险,从而有效地将商业银行的经营风险和投资损失降到最低限度,提高资金的安全度。

3. 保持流动性

保持资产的流动性是商业银行经营过程中的基本要求,流动性的高低是衡量商业银行经营活动是否稳健的重要标志之一。在商业银行的资产构成中,库存现金、存放同业存款、在中央银行的存款以及同业往来中的应收账款等现金资产作为应付流动性的第一准备,其流动性最强。正常情况下,现金资产能充分满足客户提现和贷款的需要,但其收益为零。过多持有现金资产,会降低商业银行的盈利能力。因此,商业银行要保持足够的流动性,除第一准备外,还应有第二准备,即商业银行持有的短期证券资产作为补充。由于短期证券可以迅速变现,而且在变现时损失较少,一旦银行遇到大量提存或有大量放款需求,如果现金储备不足以应付,就可以通过变卖短期证券来满足要求。为此,商业银行一般要保持相当部分的短期投资,银行短期证券往往要占银行购入证券的25%左右。此外,商业银行购入的中长期证券也可以在一定程度上满足流动性需求。因此,证券投资业务为商业银行在资产保持一定收益的条件下,提供了一个重要的流动性来源。

4. 合理避税

商业银行投资的证券主要集中于国债和地方政府债券,而地方政府债券往往具有税收优惠。因此,商业银行可利用证券组合达到避税目的,从而提高收益。

二、商业银行证券投资的特点

商业银行证券投资的特点主要表现在它与工商企业投资及商业银行贷款业务的区别方面。

1. 与工商企业投资的区别

(1) 投资目的不同。工商企业投资主要是为了生产经营的需要,目的是获取利润;商业银行的证券投资除要获取利润外,另一个重要目的是通过证券资产的选择与组合,提高银行资产的流动性,降低银行经营中的风险。

(2) 投资对象不同。工商企业投资主要表现在购买各种固定资产和其他实物等方面,是能够增加资产存量的实物投资;而商业银行的证券投资表现在购买各种有价证券方面,是间接投资。

(3) 获取收益的方式不同。工商企业通过组织生产要素进行生产和销售活动,最终通过提供产品或服务来获得收益,扣除成本、税金等支出而赚取利润;商业银行则是通过持有有价证券收回本金、利息、红利,或者通过转让证券赚取差价而获得收益。

(4) 投资管理方式不同。工商企业的投资管理主要是对投资企业的产、供、销的管理,而商业银行的投资管理则主要是通过不断组合证券资产,以期实现投资的风险最小化和收益最大化。

2. 与商业银行贷款业务的区别

(1) 资产的流动性不同。贷款业务具有固定的期限,一般在到期日之前是无法提前收回的,即使到期后也有转化为呆账的风险,对于面临各种风险和激烈竞争的商业银行来说,这不利于对经营进行调整。而投资的证券一般要求具有良好的二级市场,通过在二级市场上不断买卖证券,商业银行可以及时主动地调整资产的种类和期限结构。

(2) 银行所处的地位不同。贷款业务的数量、种类和期限等不仅取决于银行方面的意愿,更取决于借款人的意愿和需求。而证券投资则可使银行拥有更大的主动选择范围,银行可根据自身的条件和对市场的判断主动决定投资方式。

(3) 银行与债务人的关系不同。商业银行在考虑是否发放贷款时,往往受银行与客户之间业务关系和人事关系的制约,而且一旦发放贷款,银行一般就是企业的主要债权人。企业需在银行开户,企业的资金运营活动往往受到银行的控制。证券投资则不同,它是商业银行的一项独立性较强的资产业务。银行是否投资某一证券,不受证券发行人的影响和制约,银行完全可以根据独立自主的资金力量和证券市场行情决定是否购买、购买哪种。此外,即使银行购买了某种证券,也只是证券发行人的众多债权人中的一个,其没有条件去控制证券发行人的活动情况。

三、商业银行证券投资的对象

可供商业银行投资的有价证券大体可分为三类,即政府债券、公司债券和股票。

(一)政府债券

政府债券是政府机构发行的债券凭证,是证明持券人有权按约定条件从政府机构到期收回本金并取得利息的依据。政府债券一直是商业银行的良好投资对象。政府债券的种类较多,按照发行人划分,有中央政府债券、政府机构债券和地方政府债券。

1. 中央政府债券

中央政府债券是由国家财政部门组织发行,以中央政府为担保人的政府债券。中央政府发行债券主要是用于弥补财政赤字,用于中央政府负责投资的国家重点建设项目开支,用于弥补因突发事件引起的政府收支差额,以及用于偿还到期中央政府债券的部分本息。

中央政府债券是商业银行证券投资的主要种类,这项业务有以下四方面优越性:①安全性高,商业银行投资于中央政府债券,其本息收回具有可靠的保证;②流动性强,中央政府债券可以随时转让,特别是在发达的金融市场上,中央政府债券交易最为活跃,交易量最大;③收益高,中央政府债券的票面利率虽然较低,但其利息收入可免交所得税,因而实际收益率较高;④抵押代用率高,通过抵押中央政府债券,商业银行可以较快获得中央银行贷款。

根据债券期限长短及其发行主体,中央政府债券可划分为两类,即国库券和政府公债。

(1)国库券。国库券是国家为解决财政资金短缺而发行的一种以中央政府信誉为担保的短期政府债券。国家发行国库券主要是为解决或满足政府短期资金的需要,在长期资金利率不稳定时,还可以起到弥补财政赤字、等待筹措长期资金的作用。国库券是中央银行进行公开市场活动的主要工具,是金融市场上比较畅销的投资工具之一。国库券的特点是:信誉高,风险低,具有安全可靠性;收益高,其利率高于银行同期储蓄存款利率,而且收益多,免交所得税;流动性强,易手方便,随时可以变现。国库券的上述特点,使之成为各国商业银行证券投资的重要对象之一。

(2)政府公债。通常人们把中央政府发行的中长期国债称为公债。与国库券一样,各类政府公债也是由国家财政部门组织发行的,以中央政府信誉为担保的政府债券。如我国多年来发行的国家重点建设债券、财政债券、保值公债、特种国债等。

2. 政府机构债券

政府机构债券是指由中央政府所属部门或机构发行,以中央政府信誉为担保的一种债务凭证。政府机构本身包括两类部门:

(1) 政府部门。其预算属于政府预算范围。如在美国,联邦存款保险公司就是纳入联邦政府预算范围内的。

(2) 最初由政府建立,但后来由私人控制的部门。其预算已不在政府预算范围内,美国的联邦住房贷款银行即属这一类。尽管这些机构不在政府预算范围内,但其与政府有一定的特殊关系,其债券在一定程度上有政府做担保,因此信誉一般较高,风险不大。

政府机构债券一般以中长期为主,其二级市场一般没有国库券活跃,但收益比较高,投资者购买大都为获利。一般来说,政府机构债券收益要缴纳中央政府所得税,但免交地方政府所得税。

3. 地方政府债券

地方政府债券又称市政债券或地方政府公债,它是地方政府财政部门为筹集本地区建设性资金而发行的一种债券。在美国,地方政府债券很受投资者的欢迎,主要在于它有许多优点,如可以免交联邦政府和州政府所得税,可以出售,也可以作为向银行获取贷款的抵押品,安全可靠,其信誉仅次于中央政府债券,而且利息丰厚,等等,故而成为包括银行在内的广大投资者的重要投资对象。我国于2009年也开始发行地方政府债券。

> 拓展阅读

我国地方政府债券的演进历程

我国地方政府债券最早于2009年4月3日上市,发债规模从最初的2 000亿元增加至2020年的64 438亿元,发债模式先后经历了以下四个阶段:

2009—2011年,中央"代发代还"。应对全球金融危机期间,为增强地方安排配套资金和扩大政府投资能力,2009年国务院批准由财政部代发地方政府债券,从发行到还本付息都由财政部代办。

2011—2014年,地方"自发"、中央"代还"。2011年,在"代发代还"运行两年后,国务院批准上海、浙江、广东、深圳四省市试点在国务院批准的额度内自行发行债券,但仍由财政部代办还本付息。2013年,新增了江苏和山东两个试点省。

2014年,地方"自发自还"。2014年,国务院批准上海、浙江、广东、深圳、江苏、山东、北京、江西、宁夏、青岛等十个省市试点地方政府债券自发自还。这些地方政府不仅自行发行债券,还直接向投资者支付本金和利息。

2015年起,《中华人民共和国预算法》(2014年修正)(以下简称"新预算法")时期规范发展。新预算法赋予地方政府依法适度举债融资权限,同时坚决制止地方政府违法违规举债,打开了地方政府举债的限制,并明确地方政府债券为地方政府举债融资的唯一合法渠道。

为落实新预算法要求,2014年国务院印发《关于加强地方政府性债务管理的意见》,这是我国政府性债务管理的顶层设计方案,在加快建立规范的地方政府举债融资机制、对地方政府债务实行规模控制和预算管理、控制和化解地方政府性债务风险等方面做了总体部署。在新预算法和"四本预算"框架下,财政部陆续配套出台多个文件,将一张蓝图绘到底,逐步建立起政府性债务管理的政策体系。

总体来讲,在以上四个阶段的转变过程中,参与试点的地方政府的发债方式逐步趋近市场化,地方政府在债券发行过程中的权责利得到进一步明确,国家信用在地方政府债券中的担保作用逐渐弱化。

详情链接:《近几年地方政府债券市场创新发展梳理及展望》,和讯网,2020年6月19日。

(二) 公司债券

公司债券是企业发行的借款凭证,是企业为生产经营活动筹集资金的一个重要手段。公司债券分为两种:

(1) 抵押债券。它是以企业不动产或动产债权等财产做抵押而发行的债券。到期若企业不能还本付息,则债券持有人可以依法处理抵押品,获得受偿。

(2) 信用债券,即企业仅凭自身信用发行的无担保公司债券。

为了保障债券持有人的利益,避免过高的信用风险,各国对公司债券的发行有一系列的严格规定。比如,企业发行的公司债券总额不得超过该企业现有资产与负债相抵以后的余额,即不得超过净值总额,发行企业以前如有违约或推迟还本付息情况的,不得再发行新的公司债券;企业发行公司债券必须与金融机构(如投资公司、信托公司等)订立信托契约,委托其充当受托人,代表全体债权人行使权力;限制发行企业与其他企业合并,限制发行企业处理其资产以及分配股息等。

商业银行购买公司债券的数量一般不多,其主要原因如下:

第一,公司债券的实际收益率较低。一般公司债券的收益要缴纳中央和地方所得税,其税后收益较之其他证券收益要低,对商业银行的吸引力不太大。

第二,公司债券的风险较大。公司债券的发行主体多为私人企业,其破产倒闭的可能性较政府及其他机构要大。一旦发行者破产,投资者必然遭受损失,其风险自然比较大,也正是因为这一点,其二级市场不如政府债券发达。

第三,公司债券的流动性较差。公司债券的期限一般比较长,造成银行资金的长期占用,而银行资金一般来说以及时周转为主,不能长期占用在某一方面,故投资公司债券对于商业银行来说并不十分合适。

(三) 股票

股票是股份公司发给股东的所有权证书,表示投资者拥有公司一定份额的财产和权利。股票分为普通股和优先股。股票投资同债券投资相比有三大特点:

（1）股票没有到期日。债券在发行时都规定到期日,到期必须偿还本金并支付利息。而股东购买了股票,其资本即归公司支配,股东若要抽回投资,则只能在股票市场上转让。

（2）收益不固定。债的利息一般都是固定的,不论公司是否盈利,债券的利息必须支付。而股票的股息和红利则随公司的盈利水平而定,多盈可多分,不盈则不分。即使是优先股,尽管股息一般稳定不变,但也不是非付不可。

（3）股价波动剧烈。债券属固定收益证券,其价格变化不大。而股票最初一般是按面值发行,但一旦进入市场,其价格即开始和面值分离,随市场利率和供求状况的变化而变化。因此,在股票市场上交易的股票,其价格一般与面值相距较远,公司的效益越好,经营历史越长,其股票价格超过面值的幅度越大。

商业银行购买股票的目的一般有两个:一是作为公司的股东,参与和控制公司的经营活动;二是仅仅作为证券投资的手段,即与购入政府债券和公司债券一样,只是作为交易对象。对于前者,购买的数量要达到一定程度,才能实现控股或部分控股的目的,而且受有关法令限制较严(比如购买股票不能超过银行自有资本的一定比例)。而对于后者,则基本不存在数量限制和约束。

为了保证整个金融体系的稳定和健全,银行直接投资股票的行为受到严格的限制和监管。各个国家都对商业银行从事股权投资有不同程度的限制。对商业银行和投资银行不实行分业管理的国家允许商业银行投资企业股票,对企业进行直接的控制。而实行分业管理的国家一般禁止商业银行持有企业股票。我国则严格禁止商业银行持有企业股票。

第二节　商业银行证券投资的收益和风险

一、商业银行证券投资的收益

商业银行进行证券投资的根本目的是获取收益。因证券种类不同,收益表现的方式也不尽相同。对于债券投资而言,商业银行主要以获取利息为主,还可根据市场行情的变化相机买卖,以赚取市场差价。对于股票投资而言,商业银行主要以获取股息或红利为主,当然,择机而动在股市上适时吞吐,也可以赚取股市差价;此外,还可享受股票发行者送、派股给银行增加的超额收益。

（一）债券投资收益

债券投资收益的高低主要取决于债券投资收益率。所谓债券投资收益率,是指投资收益额与投资额的比率,一般计算年收益率,以百分数表示。债券投资收益率的高低取决于票面利率、买入价、卖出价、持有期限等因素。以贴现方式出售的债券的投资收益率还要取决于贴现率。债券投资收益率的计算方式主要有五种:

1. 票面收益率

票面收益率分为三种类型:一是证券票面上标明的收益率。如一张面值为100元的债券,票面上标明年利息率10%,这10%就是该债券的票面收益率,它表明债券持有人凭此债券每年可获得10元的利息。二是票面规定的收益额与票面面额之间的比率,这种证券票面上并未标明收益率,但附有息票,载明每期支付利息的数额。三是预扣利息额与票面金额的比率,这种证券票面上并未标明收益率或利息额,而是通过贴现发行预先扣除应付的利息。如一张面值为100元的债券,发行价为80元,1年后兑现100元,其利息收入为20元,票面收益率为(100-80)/100×100% = 20%。

2. 当期收益率

当期收益率是指债券的票面收益额与债券现行市场价格的比率。在市场行情的变化中,债券的价格也会发生不断的变化,高于或低于债券面值的现象经常发生。在这种情况下,债券的票面收益率是无法真实反映其收益情况的。如果投资者不是持有原始债券,而是从二级市场上购入并持有至到期,则由于现行市价与票面价值并不相同,收益率也就无法通过票面面额来计算,而是要以实际买入价进行调整。例如,银行以95元的价格购进一张面值为100元、票面收益率为9%的债券,到期以后,银行可以从发行者那里得到9元的利息,与其投入的95元相比,其实际收益率并不是9%,而是9.47%。或者银行以105元的价格购进一张面值为100元,票面收益率为10%的债券,由于银行每年获得的利息收入是10元,与其投入的105元相比,实际收益率为9.52%,而不是10%。从上述两例中可以看出,在不同时点上,债券的当期收益率大不相同。

3. 持有期收益率

持有期收益率是指银行在二级市场上买入债券后,持有一段时间,并在该债券未到期之前,在二级市场上再次转让卖出所获得的投资收益率。其公式为:

$$持有期收益率 = \frac{年利息收入 + \dfrac{卖出价格 - 买入价格}{持有年数}}{买入价格} \times 100\%$$

例:某债券面值为100元,年利率为6%,期限5年,某银行以95元买进,2年后回涨到98元并在那时卖出,计算持有期收益率。

根据公式得:

持有期收益率 = [100 × 6% + (98 - 95) ÷ 2] ÷ 95 × 100% = 7.89%

4. 到期收益率

到期收益率是指银行在二级市场上买进二手债券后,一直持有至该债券期满时取得实际利息后的收益率。该指标是银行决定将债券在到期前出售还是一直持有至到期日的主要分析指标。

(1) 单利计息债券的到期收益率,公式为:

$$到期收益率 = \frac{年利息收入 + \dfrac{面值 - 买入价格}{距离到期的年数}}{买入价格} \times 100\%$$

例:某银行在证券市场上买入面值为100元的二手国债,买入价格为88元,债券年利率为10%,按单利计息,剩余偿还期为3年,计算到期收益率。

根据公式得:

到期收益率 = [100 × 10% + (100 - 88) ÷ 3] ÷ 88 × 100% = 15.9%

(2) 复利计息债券的到期收益率,公式为:

$$P = C \frac{1 - \frac{1}{(1+r)^n}}{r} + \frac{R}{(1+r)^n}$$

$$= \frac{C[(1+r)^n - 1]}{r(1+r)^n} + \frac{R}{(1+r)^n}$$

其中,P 代表买入价格;r 代表复利到期收益率;R 代表面值;n 代表距离到期的年数;C 代表年利息收入。

例:某银行在证券市场上买入面值为100元的二手国债,买入价格为95元,债券年利率为10%,按复利计息,剩余偿还期为3年,计算到期收益率。

根据公式得:

$$95 = \frac{10 \times [(1+r)^3 - 1]}{r(1+r)^3} + \frac{100}{(1+r)^3}$$

$$r = 12.1\%$$

5. 到期税后收益率

在有些国家,投资者购买债券的利息收入也要缴纳所得税,纳税后的收益才是净收益或实际收益。因此,在计算到期收益率时应把资本盈利的差别税率考虑进去,作为一个负因素予以扣除。其公式为:

$$到期税后收益率 = \frac{年利息收入 \times (1 - 税率) + \frac{(面值 - 买入价格)}{距离到期的年数}}{买入价格} \times 100\%$$

例:某债券面值为100元,年利率为5%,期限为5年,某银行在债券发行后的第4年年初以99.5元的价格买进,税率为20%,计算到期税后收益率。

根据公式得:

到期税后收益率 = [100×5%×(1-20%) + (100-99.5)÷2] ÷ 99.5×100% = 4.27%

(二) 股票投资收益

股票投资的收益来源于股息或红利、市场买卖价差和股票增值三个方面。衡量股票投资收益水平的指标主要有五个。

1. 股利收益率

股利收益率是指股份公司以现金形式派发的股息与股票买入价格的比率。其计算公式为:

$$股利收益率 = \frac{现金股息}{股票买入价格} \times 100\%$$

该指标可用于计算已得的股利收益率,也可用于预测未来可能的股利收益率。该指标对投资决策有一定帮助。

2. 持有期收益率

持有期收益率是指投资者持有股票期间的股息收入与买卖价差占股票买入价格的比率。其计算公式为:

$$持有期收益率 = \frac{卖出价格 - 买入价格 + 现金股利}{买入价格}$$

该指标是投资者最关心的指标,投资者可将其与债券收益率、银行利率等其他金融资产的收益率进行比较,分析比较投资的结果。

3. 市盈率

市盈率是指某种股票市价与该股票上年每股税后利润(红利)的比率。这是商业银行确定是否投资的一个重要参考指标。其计算公式为:

$$市盈率 = \frac{股票市价}{该股票上年每股税后红利}$$

股票市盈率是一个倍数,其高低对投资者的影响不同。市盈率高,倍数大,意味着股票的实际收益较低,不适宜长期投资。但市盈率高又反映了投资者对该股票投资的前景抱有信心,并愿意为此而付出更多的资金,意味着该股票的市场价格将呈进一步上涨趋势,短期投资可望获取较大收益。然而市盈率过高也意味着投资风险的进一步加大,以稳健经营为特征的商业银行不宜投资。

4. 市净率

市净率是指每股市价与每股净资产的比率。其计算公式为:

$$市净率 = \frac{每股市价}{每股净资产}$$

市净率反映市场对公司资产质量的评价,是投资者判断某股票投资价值的重要指标。从静态意义上讲,市净率越低,表明投资者的投资价值越高,股价的支撑越有保证,从而投资风险越小;反之,则投资价值越低。从动态意义上讲,公司每股净资产是变动的,其增长最终来自公司盈利的增长。因此,公司每股净资产的变动取决于公司的发展前景与盈利水平。但相对每股税后利润而言,每股净资产的变动幅度较小。因此,市净率的变动幅度要比市盈率的变动幅度小。

5. 价差收益率

商业银行从事证券投资的目的是保持银行经营的流动性和盈利性。因此,除保留一部分信誉可靠的国债作为长期投资外,商业银行也十分重视股票短期价格的涨落变化,力求通过机会和时间的选择,低买高卖,赚取投资价差收益。价差收益率的计算公式为:

$$价差收益率 = \frac{股票卖出价格 - 股票买入价格}{股票在手时间 \times 股票买入价格} \times 100\%$$

例:某银行1月1日以每股10元的价格买进A股票10万股,总金额100万元(手续费略),7月1日以每股15元全部卖出,总收入150万元(手续费略),求价差收益率。

根据公式得：

$$价差收益率 = (15-10) \div \frac{6}{12} \div 10 \times 100\% = 100\%$$

二、商业银行证券投资的风险

证券投资的风险是指实际收益与预期收益相比发生变动、偏差的可能性,特别指投资遭受损失的可能性。与证券投资相关的所有风险称为总风险,总风险又分为系统性风险和非系统性风险两大类,如图6-1所示。

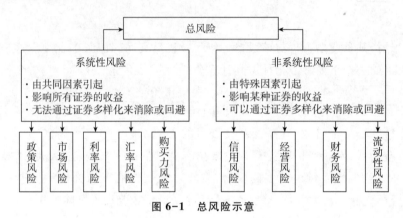

图6-1　总风险示意

(一) 系统性风险

系统性风险是指某种因素对市场上所有证券造成收益损失的可能性。在它的作用下,所有证券的收益都会呈同方向波动。系统性风险无法通过证券多样化来消除。系统性风险主要包括以下类型：

1. 政策风险

政策风险是指政府有关证券市场的政策发生重大变化或有重要的举措法规出台,引起证券市场的波动,从而给投资者带来的风险。政府对本国证券市场的发展通常有一定的规划和政策,借以指导市场的发展和加强对市场的管理。证券市场政策应当是在尊重证券市场发展规律的基础上,充分考虑证券市场在本国经济中的地位、与社会经济其他部门的联系、整体经济发展水平及政治形势、证券市场发展现状等多方面因素后制定的。政府关于证券市场发展的规划和政策应该是长期稳定的,在规划和政策既定的前提条件下,政府应运用法律手段、经济手段和必要的行政管理手段引导证券市场健康、有序地发展。但是,在某些特殊的情况下,政府也可能出台一些扶持或抑制证券市场发展的政策,制定出新的法规或交易规则,从而改变市场原先的运行轨迹。特别是在证券市场发展的初期,由于对证券市场发展的规律认识不足,法律体系不健全,管理手段不充分,政府更容易较多地使用政策手段来干预市场。由于证券市场政策是政府指导、管理、整合证券市场的手段,一旦出现政策风险,几乎所有的证券都会受到影响,因此属于系统性风险。

2. 市场风险

市场风险是指由于经济形势的动荡和供求关系的变化而给投资者带来损失的可能性。证券市场的价格波动比较频繁,尤其是股票价格时起时落、变化莫测。相对而言,债券价格的变化似乎平稳一些。但如果国民经济出现停滞或衰退,投资者就会对证券投资失去信心,证券市场也就会失去活力。那么,即便是信誉状况良好的债券,也难以保证其价格的持续稳定。至于股票,则完全可能出现全面下滑的走势,如果此时银行出售证券,则只能以大大低于买进价的价格成交,从而蒙受巨大损失。

3. 利率风险

利率风险主要是指由于市场利率变化而给证券投资者带来损失的可能性。证券价格的涨落与市场利率呈逆向运动,即市场利率上升,证券价格下降;市场利率下降,证券价格上涨。如果证券在未到期前出售或未分红前出售,则其价格要取决于当时市场的利率水平,这样就产生了投资证券持有期收益率与到期收益率不相符的现象,从而使预期收益发生变化。市场利率水平的变化对不同种类、不同期限证券的影响也是不同的。就债券而言,其剩余期限越长,受市场利率变动影响越大,价格变化越大;反之,其剩余期限越短,受市场利率变动影响越小,价格变化越小。就股票而言,市场利率上升,意味着股份公司经营成本增加,盈利减少;同时,利率上升也会引起消费萎缩,社会购买力下降,从而导致公司利润减少。这两方面的原因不仅使公司股票的分红派息能力减弱、资本难以增值,还会因此而降低对投资者的吸引力,造成股票供过于求、价格下跌的后果。当然,如果利率下降,其结果则正好相反。

4. 汇率风险

汇率风险是指由于汇率变动而给证券投资者带来损失的可能性。汇率变动对证券市场的影响是复杂的。如果以单位外币的本币标值来表示汇率,则汇率主要从以下几方面影响证券价格:①汇率上升,本币贬值,出口型公司因产品竞争力增强而受益,其证券价格上扬;相反,以进口原材料为主从事生产经营的公司成本增加,利润受损,其证券价格下跌。汇率下降的情形与此相反。②汇率上升,本币贬值,将导致资本流出本国,资本的流失将使本国证券市场需求减少,从而市场价格下跌;汇率下降的情形与此相反。一般来讲,汇率变动对短期资本的流动影响较大,短期资本主要是在金融市场上进行投机交易,当一国汇率上升时,外国投机者为了避免损失,会竞相抛售拥有的该国金融资产转兑外汇,而这种行为会进一步加剧该国汇率的上升,有可能导致金融危机。

5. 购买力风险

购买力风险也叫通货膨胀风险,指由于通货膨胀、货币贬值而给投资者带来损失的可能性。通货膨胀意味着单位货币量所代表的实际价值减少。在证券投资中,本金和收益都表现为一定的货币量,在通货膨胀情况下,单位货币的贬值必然造成投资者的本金损失和实际收益水平的下降。当通货膨胀达到严重或恶性程度时,投资者非但不能获利,甚至会损失投资额的大部分或全部,并导致证券市场的全面崩溃。

通货膨胀对不同证券的影响也是不一样的。对于债券而言,其利率水平一般是固定的,不能因通货膨胀造成物价上涨而相应提高,这样,投资者所获得的实际利息收入就会大大低于其名义收益率,因而不得不承受购买力下降的风险损失;对于股票而言,因其收益具有不确定性,股息或红利分配水平可以随物价上涨而相应提高,此外在通货膨胀情况下,公司的资产会自行增值,公司股票所代表的实际资产价值总量也会相应提高,从而导致股票价格上涨。上述两方面的原因在一定程度上减少或冲抵了通货膨胀给股票投资者带来的损失,当然并不可能完全抵偿这种购买力下降的风险损失。

(二) 非系统性风险

非系统性风险是指存在于某一行业或某一企业中的风险,它只造成个别证券收益的波动与损失,而不与整个市场体系发生联系。非系统性风险可以通过相互间关联性较小的不同证券的组合而在一定程度上消除和分散。非系统性风险主要包括以下类型:

1. 信用风险

信用风险是指由于证券发行人到期不能还本付息而给投资者带来损失的可能性。这种风险主要存在于债券投资中,在股票投资中一般不存在这种风险。该风险主要受债券发行人的经营能力、资本大小以及经营前途等因素的影响。一般而言,以政府名义发行的债券信用风险较小,尤其是中央政府发行的债券(包括政府公债、国库券等),几乎不存在什么风险;由商业银行发行的金融债券从信誉上看仅次于政府债券,但存在一定的信用风险;而以企业(公司)名义发行的债券,其信用风险最大。为了方便投资者进行充分选择,各国一般都有对债券优劣进行评级的专门机构。

> **拓展阅读**

国内信用评级机构对债券的评级标准

信用评级机构是金融市场上一个重要的服务性中介机构,它是由专门的经济、法律、财务专家组成的,对证券发行人和证券信用进行等级评定的组织。中国信用评级行业诞生于20世纪80年代末,是改革开放的产物。最初的信用评级机构由中国人民银行组建,隶属于各省市的分行系统。20世纪90年代以后,经过几次清理整顿,信用评级机构开始走向独立运营。1997年,中国人民银行认定了9家信用评级机构具有在全国范围内从事企业债券评级的资质。2005年,中国人民银行推动短期融资券市场建设,形成了中诚信、大公、联合、上海新世纪和远东五家具有全国性债券市场评级资质的信用评级机构。2006年后,上海远东因"福禧短融"事件逐渐淡出市场。经过三十多年的发展和市场洗礼,目前规模较大的全国性信用评级机构只有中诚信、大公、联合、上海新世纪四家。

国内信用评级机构根据发行债券的企业的信用风险高低,把债券分为不同级别,具体划分等级标准如表6-1所示。

表6-1 债券信用等级标准

信用等级	说明
AAA	债券发行人的偿还能力很强,资信较高,投资者一般不承担投资风险
AA	债券发行人的偿还能力较强,资信较高,投资者投资风险很低

（续表）

信用等级	说明
A	债券发行人的偿还能力和资信状况与 AA 级相仿,但投资者的风险略高
BBB	债券发行人的偿还能力和资信状况较好,但投资者要承担一定风险
BB	债券发行人有偿还能力,但不履行债务的风险较大
B	债券发行人的偿还能力在平均水平之下,缺乏合乎要求的投资特点,投资具有投机性
CCCCC	债券发行人的偿还能力劣等,可能或经常不履行债务,投机性很高
C	债券发行人的偿还能力明显不足,有极大可能不履行债务,投资风险极大

资料来源:中国证券网。

注:表中所列等级将债券分为两类:一类为投资级债券(AAA 至 BBB 级),即商业银行可以进行投资的信誉可靠、信用风险不高的债券;另一类为信誉较差、存在较大信用风险的投机类债券(BB 级以下),商业银行一般不购买这类债券,否则会引起人们对其经营作风不稳定的怀疑。

2. 经营风险

经营风险是指公司的决策人员与管理人员在经营管理过程中出现失误而导致公司盈利水平变化,从而使投资者的预期收益下降的可能性。经营风险来自公司内部因素和外部因素两个方面。公司的内部因素主要有:一是项目投资决策失误,未对投资项目进行可行性分析,草率上马;二是不注意技术更新,使自己在行业中的竞争力下降;三是不注意市场调查,不注意开发新产品,仅满足于目前公司产品的市场占有率和竞争力,满足于目前的利润水平和经济效益;四是销售决策失误,过分地依赖大客户、老客户,没有花力气打开新市场、寻找新的销售渠道。另外,还有公司的主要管理人员因循守旧、不思进取、人浮于事,以及对可能出现的天灾人祸没有采取必要的防范措施等。外部因素是指公司以外的客观因素,如政府产业政策的调整;竞争对手的实力变化使公司处于相对劣势地位,引起公司经营管理水平的相对下降;等等。但是,经营风险主要来自公司内部的决策失误或管理不善。公司的经营状况最终体现为盈利水平的变化和资产价值的变化,经营风险主要通过盈利水平的变化产生影响,对不同证券的影响程度也有所不同。经营风险是普通股的主要风险,公司盈利水平的变化既会影响股息收入,又会影响股票价格。当公司盈利增加时,股息增加,股价上涨;当公司盈利减少时,股息减少,股价下降。经营风险对优先股的影响要小一些,因为优先股的股息率是固定的,盈利水平的变化对股票价格的影响有限。公司债券的还本付息受法律保障,除非公司破产清理,否则一般情况下不受公司经营状况的影响。但是,公司盈利水平的变化同样可能使公司债券的价格呈同方向变动,因为盈利增加使公司的债务偿还更有保障,信用提高,债券价格也会相应上升。

3. 财务风险

财务风险是指公司财务结构不合理、融资不当而导致投资者预期收益下降的可能性。负债经营是现代企业应有的经营策略,通过负债经营可以弥补企业自有资本的不足,还可以用借贷资金来实现盈利。股份公司一般通过发行股票和债务两种方式来筹集运营所需资金。其中,债务(包括银行贷款、发行公司债券、商业信用)的利息负担是一定的,如果公司资金总量中债务比重过大,或是公司的资金利润率低于利率,就会使股东的可分配利润减少,股息下降,使股票投资的财务风险增加。例如,当公司的资金利润率为10%,公司向银行贷款的利率或发行债券的票面利率为8%时,普通股股东所得权益将高于10%;当公司的资金利润率低于8%时,公司须按8%的利率支付贷款或债券利息,普通股股东所得权益就将低于10%。实际上,公司融资产生的财务杠杆作用犹如一把双刃剑,当融资产生的利润率大于债息率时,给股东带来的是收益增长的效应;反之,就是收益减少的财务风险。

4. 流动性风险

流动性风险是指由于证券信誉不高或数量少而在二级市场上不易转让,必须降价求售的可能性。

上述各类风险虽然存在于各类证券中,但与证券市场没有内在的必然联系,可以通过商业银行投资的选择而在一定程度上得到控制。

三、风险与收益的关系处理

证券投资的收益与风险同在,收益是风险的补偿,风险是收益的代价。明确风险与收益之间的关系,是为了处理好二者的关系。因为证券的收益与风险是不断交替的,随着收益与风险的变化,商业银行需要不断地调整证券头寸,在调整过程中,应当坚持以下原则:在既定风险的条件下取得尽可能高的收益,或者在取得一定收益的情况下承担尽可能少的风险。

调整证券头寸,一般可以与条件相同或相似的同业相比较,也可以与本行业历史情况相比较。不管比较方法如何,收益和风险的变动基本表现为三种情况:第一,风险不变,收益变动。由于收益的变动既可以是增加,也可以是减少,商业银行应当尽可能地增加收益,避免收益的减少。第二,收益不变,风险变动。由于风险的变动也存在上升和下降两种情况,商业银行应当尽可能地避免风险上升,以降低风险为选择。第三,收益与风险同时变动。收益和风险的单方面变动只是偶然和特殊情况,二者同时变动的情况极其普遍,这种变动又可以分为以下情况:

(1) 风险上升,收益增加。商业银行应当避免收益增长幅度低于风险上升幅度的情况,尽量使收益增长超过风险上升的幅度,以实现盈利。

(2) 风险降低,收益减少。收益减少固然不可取,但由于风险也在下降,只要风险的降低较之收益的减少更快,商业银行的投资行为就仍然是值得的。

(3) 收益增加,风险降低。这显然是商业银行最希望得到的情况,商业银行应当极力寻求和促成这种情况。

(4) 收益减少,风险上升。一般来说,不管投资者是谁,都应当避免在这种情形下进行投资,除非在投资完成以后情况发生变化。

总之,处理好风险与收益的关系,实际上是进行证券投资组合的基本前提和条件。如果处理得好,则组合必然比较合理,盈利机会也自然较多;相反,如果处理得不好,则会使组合产生相反效果,使商业银行承受不必要的损失。

> **拓展阅读**

规范信用评级 推动债券市场高质量发展

2021年8月,中国人民银行会同国家发展改革委、财政部、银保监会、证监会联合发布《关于促进债券市场信用评级行业健康发展的通知》,从加强评级方法体系建设、加强信息披露等多方面入手,促进债券市场信用评级行业规范发展。此举有利于提升我国信用评级质量和竞争力,使信用评级行业更好地服务于债券市场健康发展的大局。

提升评级质量。近年来,我国债券市场规模稳步增长,融资功能显著增强,截至2021年8月10日,年内债券市场融资规模达36.2万亿元。但在债券规模继续快速增长的同时,信用类债券违约事件时有发生。2021年上半年,债券市场共有109只信用债发生违约,涉及债券余额1 168亿元。这一现象的根本原因在于信用评级结果无法客观反映企业与债券的真实风险。因此,新规从加强评级方法体系建设、完善公司治理和内部控制机制、强化信息披露等方面提出了明确要求,构建了以违约率为核心的质量验证机制,以倒逼信用评级机构及时、准确地提供评级结果,推动信用评级机构更加关注受评主体隐藏的违约风险,提升信用评级整体质量。

细化评级核查。新规要求,信用评级机构一次性调整信用评级超过三个子级的,信用评级机构应立即启动全面的内部核查程序。2020年以来发债主体的评级调整中,单次评级调低在三个子级及以上的次数占全部评级调整次数的比重超过50%。对信用评级机构大幅评级调整的核查要求,将有助于信用评级机构加强对发行主体的日常跟踪,及时调整受评主体的评级,降低信用债投资风险。

加强信息披露。目前,我国存量信用债主体中选择两家及以上信用评级机构开展评级业务的发行人仅49家,仅占全体发行人的1.23%。新规要求,鼓励发行人选择两家及以上信用评级机构开展评级业务,继续引导扩大投资者付费评级适用范围。如果后续投资者付费评级能逐渐推行,则部分信用债的主体和债项评级可能被下调,短期或将加大信用债收益率的分化,同时也将提升信用债评级的有效性和客观性。

详情链接:《债券信用评级市场将迎来新变革?》,国金证券,2021年3月31日;《债券市场统一监管大格局再次推进》,申港证券,2021年8月19日。

第三节 商业银行证券投资的管理与策略

证券投资管理的目的是通过组合投资,在投资收益和投资风险中找到一个平衡点,即在风险一定的情况下实现收益最大化,或在收益一定的条件下使风险尽可能地降低。有效的证券投资管理对商业银行来说至关重要。

一、确定证券投资管理目标

商业银行做好证券投资管理的首要任务是制定出适合银行管理总目标的证券投资管理目标。一般而言,证券投资的目的无非是取得收入,提高资产组合的质量,保证银行资金得到充分运用,为银行提供必要的流动性和为其他业务提供担保,等等。但每一家商业银行都必须根据自身的具体情况做一些调查,从而明确规定银行证券投资管理的具体目标。选择什么样的目标,取决于商业银行对投资活动目的性的认识以及银行资产规模、借款能力、贷款需求等方面的情况。一般说来,大银行比小银行的借款能力强,这样在大银行的证券投资管理目标中,满足流动性需求的目标就成为次要目标;另外,大银行抵御风险的能力比小银行强,因此在大银行的证券投资管理目标中,获得证券投资收入的目标就成为主要目标。

典型实例

投资、承销两不误——兴业银行的特色债券业务

近年来,兴业银行的债券投资规模发展迅猛,截至2018年12月,其债券投资规模已达514亿元,占总资产的比例超过40%。兴业银行近年来的快速发展得益于其债券投资规模的不断扩大以及主动参与银行间债券市场,抢夺债券市场份额,优化资产结构,使银行资本更加充足。

兴业银行以债券投资为主的投资配置规模一直以来保持在股份制银行前列,近年来"非标转标""去通道化"进程倒逼各家银行提升标准化债券管理能力。兴业银行沿袭债券投承积累的先发优势,配合兴业研究子公司投研能力,生息投资收益率在2020上半年高出股份制银行均值26个基点。

2019年始,兴业银行顺应形势变化,立足自身资源禀赋,提出"商行+投行"战略,使其债券承销业务获得了更强劲的增长,承销只数和规模均跃居全市场第一。2020年,兴业银行承销非金融企业债务融资工具1 077只,承销规模6 546亿元,同比增长26%,市场占比7.66%,发展势头未受新冠肺炎疫情影响,反而是稳中有进。

在"碳达峰"和"碳中和"目标下,我国经济结构、能源结构、产业结构等都面临深刻的低碳转型,所需的绿色投资规模在百万亿元以上,绿色债券市场将在其中发挥重要作用。兴业银行投资银行部负责人表示,兴业银行坚持"商行+投行"战略,实现绿色金融和债券业务两个领先优势叠加放大,引领绿色债券创新发展潮流,绿色债券业务连续多年位居市场前茅,兴业银行成为全球绿色债券发行余额最大的商业性金融机构。

2021年2月9日,由兴业银行独立主承销的"中国南方电网有限责任公司2021年度第一期绿色中期票据"在银行间市场成功发行,成为全国首批、也是粤港澳大湾区首单"碳中和"主题债券。截至2021年2月9日,兴业银行已累计为40余家发行人承销发行约300亿元绿色债券,累计承销规模、承销支数、服务客户家数均位列市场首位。其中,2020年承销绿色非金债79亿元,绿色债务融资工具投资人排名居全国性商业银行首位。

详情链接:《兴业银行800亿绿色金融债发行完成 累计规模创商业银行新高》,兴业银行,2019年7月18日;《兴业银行落地市场首批"碳中和债"》,证券时报,2021年2月9日。

二、预测外部环境

证券投资管理目标确定之后,商业银行就要对证券业务所涉及的外部环境,诸如经济增长、利率水平、通货膨胀等方面的情况进行预测。对关键经济指标变动趋势进行预测是商业银行证券投资管理的重要一环。几乎所有的证券投资决策都是建立在对外部环境的预测基础之上的。例如,在购买政府债券还是公司债券的决策中,商业银行就必须对经济增长、利率水平的变动趋势进行预测。一般来说,公司债券因包含的风险较政府债券包含的风险更大些,其预期收益率也较高。但公司债券风险能否转化为风险损失,则取决于整个经济的增长势头,如果经济前景看好,则从宏观角度来说,公司债券的风险收益均衡关系对商业银行可能更有利。在购买长期证券还是短期证券的决策中,商业银行就必须对利率和通货膨胀率的变动趋势进行预测。

作为证券投资决策的依据,预测结果应力求明确,避免含糊不清的预测出现。一旦商业银行对外部环境有了一定的预测,证券投资决策就必须符合这些预测的要求。另外,由于任何经济预测都存在一定的不确定性,商业银行在做投资决策时应尽量估计到预测在失误时所可能出现的结果,并采取适当的防范措施。从某种意义上讲,对外部环境预测的准确性是商业银行证券投资管理绩效优劣的基础和关键。

三、制定投资政策

商业银行管理部门应根据本行的投资目标制定出相应的投资政策。投资政策应当有足够的灵活性,使商业银行在经济环境发生变化以及竞争对手出现新动向时可以及时进行调整。商业银行在制定投资政策时,应当考虑以下几方面:

1. 商业银行可接受的证券投资风险总水平

商业银行应明确在证券投资中可以承担的适当风险。商业银行可接受的投资风险总水平取决于以下三个方面的因素:

(1) 银行贷款和其他资产已经承担的风险。当商业银行可接受的总风险一定时,贷款和其他资产已经承担的风险越大,则银行可接受的证券投资风险总水平就越低。

(2) 银行资本实力与资产规模的对比状况。这两个因素共同决定了商业银行对风险的承受能力。如果商业银行现有资本在满足承担贷款和其他资产风险的需要之后,还有超额资本,则增加证券投资份额的行为就不会面临过大的风险。反之,如果商业银行现有资本不足以承担额外风险,则存在两种选择:如果商业银行认为高风险投资的收益大于追加资本的成本,银行就应该研究考虑追加资本的方案;如果商业银行认为追加资本的成本大于高风险投资的收益,则应该限制证券投资组合的风险。

(3) 银行对证券业务的管理经验及可付出的精力。

2. 投资安排与流动性计划的协调

商业银行投资政策应当使银行投资安排与流动性计划相统一,使银行的流动性要求得到满足。因此,商业银行在进行证券投资时必须考虑其变现能力。各种证券的到期期限必须与商业银行计划资金需求相吻合,从而达到银行的流动性目标。由于在经营规模、借款能力等方面存在差异,不同银行这方面的要求是不尽相同的。一些银行进行证券投资的主要目的是购买可列入流动性资产的高质量短期证券,使投资安排服从流动性计划;而另一些银行则在计划中从来不以流动性资产挤占投资资金。

3. 资产多样化对证券的要求

商业银行资产多样化要求银行安排好贷款及证券投资在行业和地域上的分布,努力避免在高集中度的行业和地域上增加投资。但多样化也可能使商业银行丧失某些方面的管理优势,如分散化投资使商业银行对每种证券信用风险的掌握更加困难,同时管理成本提高。因此,商业银行应根据其投资规模、风险承受能力等因素,确定证券投资多样化的具体要求。

4. 应税状况

商业银行在进行证券投资时需要考虑税后收益率的高低,尽量把资金投向税后收益率较高的证券,以使整个证券投资组合收益率最大化。

四、确定证券投资组合

根据商业银行证券投资政策的要求,可以确定证券投资的规模、类型和期限,将资金进行分配,以使证券投资组合具有理想的风险和收益特征。

(一) 确定证券投资组合规模

证券投资组合规模主要取决于三个方面的因素:
(1) 银行在满足流动性准备和合理的贷款需求后剩余资金的数量。
(2) 银行需用作担保的证券投资量。
(3) 证券投资的相对盈利水平。

(二) 确定证券的种类及质量标准

证券选择的核心问题在于保证所选择证券的种类和质量与商业银行证券投资管理要求相一致。影响商业银行证券选择的主要因素有以下几方面:

(1) 风险等级。受证券投资可接受风险总水平的制约,商业银行必须确定证券投资的风险等级。对于那些承担大量贷款风险以及缺乏证券投资管理专业技能和人力的银行,其证券投资可接受的风险水平低,最好只购买政府债券和信用等级高的公司债券。这种选择与合理的期限政策相配合,就可以限制投资组合的风险。小银行尤其应该采用这种政策。相反,对于那些能够在证券市场上承担风险以及拥有证券投资管理专业技能和人力的银行,在证券的选择上就不必限制过严,这样可以使证券投资的预期收益率更高些。

(2) 流动性。流动性也会影响投资对象的选择,如果商业银行要以证券为流动性资产,就应从严要求证券质量,只有高质量的畅销证券才具有较强的流动性。

(3) 税收问题。由于存在应税证券与免税证券,商业银行在选择证券时不仅要考虑其票面收益率,还要考虑利息收入的课税问题,以使税后收益达到最大化。

(4) 有关的法律。商业银行的证券投资活动是受法律约束的,在购买证券时,商业银行不仅要顾及收益率的高低、流动性的强弱及课税问题,还要考虑使投资活动符合有关法律要求。法律对投资活动的限制一般涉及投资的范围、投资的数量和证券的质量要求等问题。

（三）确定期限

确定期限的中心问题是权衡利率风险和收益之间的关系。为此,商业银行必须做出两个独立的决策:一是规定证券投资的最长期限,二是安排好所有证券的期限结构。

规定证券投资的最长期限取决于两项关联的风险因素:一是证券质量变化带来的风险。缺乏证券投资管理专门技能和人力的银行可以制定较短的证券投资最长期限限制来降低这类风险。二是利率变动带来的风险。证券期限越长,包含的利率风险越大。如果利率上升,则长期证券价格下降的幅度将超过短期证券价格下降的幅度;如果利率下降,则长期证券价格上涨将快于短期证券价格上涨。一般地,商业银行如果不具备较好的证券投资管理专门技能和人力,对较长期限内市场利率变动趋势预测的能力不足,则应确定较短的证券投资最长期限限制;商业银行如果具备较好的证券投资管理能力并能够接受某些可能的损失,则为了追求长期证券的较高收益,可以不规定证券投资最长期限限制。

商业银行要合理地确定期限结构,就必须准确地预测利率变动趋势,并掌握全部利率风险状况,使银行的证券投资能够弥补现存的风险或增加银行的收益。

五、证券投资策略

商业银行证券投资策略的目标应是在控制利率风险的条件下,实现证券投资流动性和收益的有效组合。商业银行可以选择的主要证券投资策略有梯形期限策略、杠铃式期限策略和收益率曲线策略。

（一）梯形期限策略

梯形期限策略是一种以获取平均收益为目标的策略。商业银行把投资资金相对平均地投放在各种期限的有价证券上,保持等额投资。当期限最短的证券到期、资金收回后,银行再把资金投放出去,购买期限最长的证券,如此循环往复,使银行持有的各种期限的证券总是保持相等的数额。从图形上看,按照这种策略所形成的投资份额如同一架横格等距的梯子,故得此名（见图 6-2）。这种方法一般适用于具有固定到期日的证券投资。

例:某银行投资 500 万元认购国债,等额、分散投资在 5 个年份上。在 1 年期国债到期后,银行收回本金 100 万元,并将其用于购买新的 5 年期国债,此时,原有年份上的国债到期日都自动向前跨越了一年,即原有 2 年期的现在变成了 1 年期,3 年期变成了 2 年期,依次类推,加上银行新购入的 100 万元 5 年期部分,银行手中仍掌握 500 万元 5 个年份的等额投资,如图 6-2 所示。

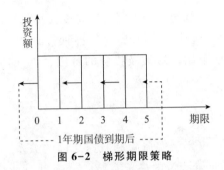

图 6-2 梯形期限策略

这种方法的优点在于:简便易行,易于掌握和操作;银行不必经常观察和预测市场利率变化,始终采用同样的策略,减少了工作量,避免了因预测失误而造成的损失;可以保证银行获取平均的投资收益率,因为各种证券收益的上升和下跌可以相互抵消。然而,这种方法也存在很大的缺陷,表现在:缺少灵活性,因为采用这种连续进行的操作,当有利的投资机会出现时,银行很可能因手中没有足够的资金而失去大好的获利机会;不能满足变现需求,当银行因资金短缺而需要变现时,因为短期证券数量有限,可能无法满足银行的需求,如果此时银行没有其他资金来源,则只能出售中长期证券,相对短期证券而言,中长期证券流动性差,要迅速变现往往找不到理想的转让对象,届时,银行只能采取压价的方法出售,那么银行也就不得不承受由此而带来的损失。因此,商业银行在运用这种方法进行投资时,应力求采取灵活的态度和策略。

(二) 杠铃式期限策略

杠铃式期限策略是指商业银行把投资资金集中用于短期和长期证券,相对减少对中期证券的投入,以期获得较高收益和流动性的一种投资方法。按这种方法投资所形成的份额从图形上看如同一个两头大、中间小的杠铃,故得此名,如图 6-3 所示。

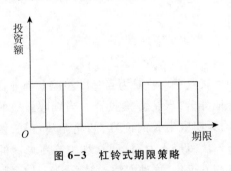

图 6-3 杠铃式期限策略

这种方法的优点是既可以使银行的投资活动获得较高的收益率,又可以保持一定程度的流动性和灵活性,如果银行对市场利率的预测较准,则其所获得的收益率可以达到很高的水平。这种方法的不足是需要依据对市场利率的准确预测才能决定投资的方向。因此,需要银行对市场上各种类型、不同期限的证券利率经常地进行观察,并做出反应;需要具有专门知识与投资经验的人进行具体操作和管理,花费大量的人力。这种方法对于中小银行而言往往得不偿失,而且一旦市场行情预测有误,其损失就无法避免。

(三) 收益率曲线策略

以上两种证券投资策略都属于被动型策略,即证券投资的收益和风险主要是由外部因素决定的。而收益率曲线策略在本质上是一种主动型的投资策略,其基本内容是:银行的投资不拘泥于某一个固定模式,而是随收益率曲线的变化随时调整证券的期限结构。当收益率曲线处于相对较低水平和向上倾斜时,银行通常购买短期证券,随着利率在未来几个月(或几年)内出现上升,证券不断地续期为较高收益证券,如果银行有额外的流动性需求,那么也可以提供额外的流动性;当收益率曲线处于相对较高水平时,预期利率会下降,银行转向长期证券,这样银行可以获得最大的利息收入,而且在未来一段时间内,如因流动性需求而出售长期证券,银行也可以获得资本利得;当银行认为利率已经达到最低点时,就可以出售长期证券,并将本金和资本利得转投资于短期证券。

这种方法与杠铃式期限策略的区别在于:在杠铃式期限策略中,虽然投资资金也随收益率曲线的变化而调整,但在杠铃的两端,不论多少,总是保持一部分证券。而收益率曲线策略则不然,只要某种期限的证券价格将要上升,银行的投资资金就全部转移到这种证券上。

商业银行采用收益率曲线策略可以获得较高的收益率。但这有一个重要的前提,即银行对收益率曲线的预测必须准确。一旦失误,银行的损失就十分惨重。所以,一般的银行如果没有很大的把握,是不敢轻易采用这种策略的,只有那些资本规模大、分析队伍健全的大银行才会将其作为增加收入的方法。

> **典型实例**

调整证券组合,协调风险与收益的关系

某银行将 100 万元资金投资于四种有价证券,分别是短期政府债券 25 万元、长期政府债券 25 万元、高级公司债券 25 万元、中级公司债券 25 万元,四种证券的收益率分别为 3%、5%、7.5% 和 9%。若 3 个月后,短期政府债券收益率上升到 3.8%,长期政府债券收益率上升到 5.7%,高级公司债券收益率不变,中级公司债券收益率上升到 10%。在这种情况下,如何调整证券头寸,才能提高银行的投资收益或降低投资风险?

(1) 在收益率没有发生变化时,该银行的投资收益为:

$$25 \times 3\% + 25 \times 5\% + 25 \times 7.5\% + 25 \times 9\% = 6.125(万元)$$

(2) 在收益率发生变化后,不改变证券的投资组合,该银行的投资收益为:

$$25 \times 3.8\% + 25 \times 5.7\% + 25 \times 7.5\% + 25 \times 10\% = 6.750(万元)$$

投资收益额之所以增加了 0.625 万元(6.750-6.125),是因为证券收益率的普遍提高。也就是说,即使不对证券头寸进行调整,银行的投资收益也会增加。但如果根据市场变化调整证券头寸,则增加的收益可能更多或承担的风险更少。

(3) 若减少 10 万元的高级公司债券,增加 10 万元的中级公司债券,则调整证券头寸后该银行的投资收益为:

$$25 \times 3.8\% + 25 \times 5.7\% + 15 \times 7.5\% + 35 \times 10\% = 7.000(万元)$$

与收益率发生变动之前相比,银行投资的净收益增加了 0.875 万元(7.000-6.125)。但在增加中级公司债券的同时增加了银行承担的风险——当然,这种风险是投资者的主观判断,风险增加了 0.150 万元[10×(9%-7.5%)]。因此,应将 0.150 万元的收益作为对多承担风险的补偿,可以认为银行实际增加投资收益 0.725 万元。

(4) 若减少 10 万元的高级公司债券,增加 10 万元的短期政府债券,则调整证券头寸后该银行的投资收益为:

$$35 \times 3.8\% + 25 \times 5.7\% + 15 \times 7.5\% + 25 \times 10\% = 6.380(万元)$$

与收益率发生变动之前相比,银行投资的净收益增加了 0.255 万元(6.380-6.125)。但在增加短期政府债券的同时减少了银行承担的风险,风险减少了 0.450 万元[10×(7.5%-3%)]。因此,应将风险减少 0.450 万元视为银行实际增加投资收益 0.705 万元。

由此可以看出,调整证券头寸的方法有很多。但有一个原则必须把握,即在承担既定风险的条件下争取尽可能高的收益,或在取得同样收益的情况承担尽可能少的风险。

关键术语

证券投资业务 政府债券 公司债券 票面收益率 当期收益率 持有期收益率 到期收益率 市盈率 市净率

复习思考题

1. 商业银行证券投资的基本功能是什么?
2. 商业银行证券投资业务与贷款业务有何区别?
3. 商业银行证券投资业务的主要内容是什么?
5. 商业银行证券投资的风险有哪些?如何防范?
6. 如何正确处理风险与收益的关系?
7. 商业银行证券投资的各种策略的内容和优缺点是什么?

第七章

商业银行中间业务管理

学习目标

- 了解中间业务的类型及其主要内容,明确开展中间业务对商业银行的意义
- 掌握中间业务和表外业务的概念,以及二者的联系与区别
- 把握各类中间业务和表外业务的经营管理要点

素养目标

通过对拓展阅读和典型案例的分析,培养学生的创新意识、风险意识及金融安全意识。

案例导读

盘点上市银行的中间业务收入

A股上市银行2020年财报显示,中国工商银行中间业务收入达到1 312亿元,成为中间业务规模最大的商业银行;招商银行作为股份制商业银行,其中间业务收入达到795亿元,排名第3;邮政储蓄银行作为六大国有商业银行之一,其中间业务收入仅仅只有165亿元,排名第13,低于大部分股份制商业银行;城市商业银行的中间业务规模普遍较小。

比起中间业务规模,投资者更关心的是中间业务收入占比(中间业务收入占营业收入的比值)。2020年财报显示,股份制商业银行的中间业务收入占比普遍较高,在中间业务领域占有一定的优势;平安银行和招商银行的中间业务收入占比分别排名第1、第2,接近30%;中国建设银行的中间业务收入占比约为15%,排名第7,在四大国有商业银行中排名第1。虽然中国商业银行中间业务收入占比逐渐提高,但是与国外排名靠前的商业银行相比差距仍旧很大,国外许多银行的中间业务收入占比超过50%。

有专家认为,是否"混业经营"是中国和美国的商业银行估值存在巨大差距的原因之一。美国的商业银行实行"混业经营",而中国的金融业实行"分业经营",导致中国的商业银行无法开展证券等其他业务,中间业务收入占比天然低于美国的商业银行。

如果中国的商业银行中间业务收入占比能够与美国的商业银行在同一水平线上,相信估值也会向美国的商业银行看齐。长期来看,如果混业经营得以通过设立子公司、控股非银行金融机构等途径变相实现,则中间业务收入占比的天花板还有提升空间,中国部分中间业务领先的商业银行(如招商银行、平安银行)中间业务收入占比可追赶甚至超过国际同业水平。

详情链接:《盘点上市银行的中间业务收入》,行长投资笔记(微信公众号),2021年6月7日。

你是不是有下面的疑问?

1. 商业银行中间业务具体包括哪些业务?
2. 开展中间业务对商业银行具有哪些重要意义?
3. 我国商业银行在中间业务方面与发达国家商业银行相比有哪些差距?为什么?
4. 我国商业银行应该如何提升中间业务水平和盈利能力?

进入内容学习

随着国际金融市场的不断发展和进步,商业银行对中间业务的重视程度逐步提高。同时,利率市场化、金融自由化、金融信息化的趋势使得金融市场竞争日益激烈。由此,各家商业银行在金融科技、信息技术发展的基础上,纷纷推出不同类型的中间业务,以求加快转型升级,突出自身差异和专业优势。目前,我国商业银行的中间业务占比不断提升,中间业务在银行的发展中占据了越来越重要的地位,成为各大银行关注的焦点。但与国外已经相对成熟的商业银行中间业务的发展情况相比,还有一些差距,也存在诸多的问题。为了改善现有发展情况,商业银行需要加大产品创新力度,创新中间业务经营模式,通过发展中间业务,实现差异化运营,提升市场竞争力。

第一节 商业银行中间业务概述

一、中间业务的概念及特点

(一)中间业务的概念

商业银行的中间业务是指商业银行在资产业务和负债业务的基础上,利用其在技术、信息、网点和信誉等方面的优势,不运用或较少运用银行的资金,以中间人或代理人的身份替客户办理收付、咨询、代理、担保、租赁及其他委托事项,提供各类金融服务并收取一定费用的经营活动。在资产业务和负债业务两项传统业务中,商业银行是作为信用活动的一方参与;而中间业务则不同,商业银行不再直接作为信用活动的一方,扮演的只是中介或代理的角色,通常实行有偿服务。

由于中间业务不计入商业银行的资产负债表,因此讲到商业银行的中间业务通常就会联系到表外业务,二者既有重叠又有区别。依据中国人民银行发布的《商业银行中间业务暂行规定》(2001年):中间业务是指不构成商业银行表内资产、表内负债,形成银行非利息收入的业务。按照《巴塞尔协议》所确定的标准,表外业务有狭义和广义之分,狭义的表外业务通常包括那些虽不在资产负债表中反映,但在一定条件下会转变为资产或负债的有风险的业务(或有资产与或有负债);广义的表外业务泛指所有不在资产负债表中反映的、有风险和无风险的银行金融活动。由此可见,中间业务等同于广义的表外业务。

从中国人民银行的规定来看,我国商业银行的中间业务与巴塞尔委员会定义的广义的表外业务基本一致,日常经济活动中我们所说的表外业务是指会计准则反映的狭义的表外业务。因此,按照商业银行的传统业务和发展情况,商业银行的业务大致可以分为资产业务、负债业务和中间业务(包括狭义的表外业务)三大类。

(二)中间业务的特点

中间业务具有以下显著特点:

1. 不需要银行动用自有资金

商业银行经营中间业务只是代客户办理收付、咨询、代理、担保、租赁及其他委托事项,商业银行原则上不垫付资金,这样就大大降低了商业银行的经营成本。

2. 特定的业务方式

商业银行通常以接受客户委托的方式开展中间业务。

3. 中间业务是特殊的金融商品

中间业务是金融创新的产物,它涵盖投资、信托、基金、保险、代理、咨询等广阔的业务领域,是凝结了商业银行信誉的金融商品。

(三)商业银行开展中间业务的意义

商业银行开展中间业务的意义主要体现为以下几点:
(1)增加银行的收入;
(2)分散银行的经营风险,增强银行的风险抵御能力;
(3)扩大信贷规模,支持传统信贷业务;
(4)提高银行的综合竞争能力。

二、中间业务的类型

按照不同的划分标准,中间业务可以分为不同的类型。

(一) 按照收入来源分类

目前,国际上最常见的划分中间业务类型的依据是收入来源标准。美国银行业根据收入来源将中间业务分为五类:一是信托业务,指信托部门从事的交易和服务;二是投资银行和交易业务,指从事证券承销、金融交易等活动;三是存款账户服务业务,包括账户维护等;四是获取手续费类收入的业务,包括信用卡收费、贷款证券化、抵押贷款再融资服务收费、共同基金和年金的销售、自动提款机(ATM)提款收费等;五是获取其他手续费类收入的业务,包括数据处理服务费、各种资产出售收益等。

(二) 按照功能和形式分类

商业银行中间业务按照功能和形式的不同可以划分为以下几种类型:

1. 结算业务

结算业务是指由商业银行为客户办理因债权债务关系而引起的与货币收付有关的业务,如结算、进口押汇、信用卡业务等。具体而言,商业银行的结算业务按服务对象所处的区域可分为同城结算、异地结算、国际结算;按结算工具可分为汇票结算、支票结算、银行卡结算、信用证结算、电子数据交换结算等。

2. 代理业务

代理业务是指商业银行受政府、企事业单位、其他银行或金融机构以及居民个人的委托,以代理人的身份代表委托人办理一些经双方协定的经纪事务的业务。

3. 咨询顾问业务

咨询顾问业务是指以转让、出售信息和提供智力服务为主要内容的中间业务。商业银行运用自身所积累的大量信息、网点及人力资源,以专门的知识、技能和经验为客户提供所需信息及多项智力服务,即商业银行的咨询顾问业务。

4. 信用卡业务

信用卡业务是指商业银行以其发行的信用卡为依托,为客户提供的与信用卡相关的一切服务。

5. 表外业务

这里的表外业务是指或有资产与或有负债业务,即从会计准则的角度不计入商业银行资产负债表的业务,是通常所讲的狭义的表外业务。

(三) 我国对中间业务的规定

根据中国人民银行2001年颁布的《商业银行中间业务暂行规定》和2002年发布的《关于落实〈商业银行中间业务暂行规定〉有关问题的通知》,我国商业银行的中间业务分为九大类:①支付结算类中间业务,包括国内外结算业务;②银行卡类业务,包括信用卡和借记卡业务;③代理类中间业务,包括代理证券业务、代理保险业务、代理金融机构委托、代收代付等;④担保类中间业务,包括银行承兑汇票、备用信用证、各类银行保函等;⑤承诺类中间业务,主要包括贷款承诺业务;⑥交易类中间业务,例如远期外汇合约、金融期货、互换和期权等;⑦基金托管业务,例如封闭式或开放式投资基金托管业务;⑧咨询顾问类业务,例如信息咨询、财务顾问等;⑨其他类中间业务,例如保管箱业务等。

总之,商业银行在办理中间业务时所处的身份不同,决定了在办理中间业务时所拥有的权利和应负的责任不同。商业银行在办理代理业务时,所负的责任最小,拥有的权利也最小,通常不需要承担什么后果,也没有什么自主权,一切要按委托人的意志办;办理委托业务所拥有的权利和应负的责任次之,有一定的自主权,但要受客户委托程度的限制,通常不承担风险损失的后果,但由于是以银行的名义开展业务的,因此需要承担信誉损失;办理自营业务应负的责任最大,需要承担所有的后果,但拥有的权利也最大,可以自主经营。接下来,本书将依据功能和形式的分类标准对商业银行除信用卡业务之外的结算业务、代理业务、咨询顾问业务和表外业务进行介绍。

拓展阅读

中美银行业收入比较

中美银行业收入均以净利息收入为主,但美国银行业的非利息收入要高于中国。从收入占比来看,2017年,美国银行业非利息收入占比为34.0%,高于中国22.7%的水平。其中,大中型银行非利息收入占比更高,如美国四大银行(摩根大通银行、花旗银行、美国银行、富国银行)非利息收入平均占比为45%,中国四大银行(中国工商银行、中国建设银行、中国农业银行、中国银行)为26%。20世纪80年代利率市场化完成以后,美国银行业非利息收入占比开始提高,尤其是20世纪90年代以后,受混业经营、金融脱媒和银行业竞争加剧的影响,非利息收入占比大幅提高,2003年达到了43.8%的峰值。2008年,次贷危机爆发,美国银行业非利息收入占比开始下降。中国银行业在非利息收入方面的营收能力远不如美国。近年来,中国商业银行也在积极地进行转型,非利息收入占比从2010年的17.5%快速提高到2016年的23.8%,2017年略有下降,为22.7%。对比分业监管时期美国银行业非利息收入占比的变化过程,中国商业银行业务发展相当于美国利率市场化完成之后一段时间的水平,未来中国银行业非利息收入占比还会呈现继续提高之势,但由于对银行收取手续费和混业经营的监管限制,非利息收入占比可能不会快速提高。

从2017年的数据来看(如图7-1和图7-2所示),美国银行业非利息收入呈现多元化组合状态。其中,传统的信托业务、存款账户服务业务收入占比较高,分别为14.0%和14.1%;交易账户业务占比为9.9%;附加值较高的资产证券化业务、保险业务、投资银行业务占比较低,分别为0.5%、1.5%和5.0%;包括资产管理、信用卡等业务收入在内的服务费业务占比为3.7%。由此可见,美国商业银行中间业务比较注重客户服务,经营范围更广。中国银行业非利息收入中,银行卡类业务、支付结算类业务等传统中间业务依然处于绝对领先水平,投资银行、理财、托管等新型中间业务的轻资产、轻资本特征契合了商业银行的转型方向,已逐渐成为商业银行中间业务的着力点和驱动力。由于监管规定取消暂停商业银行部分基础金融服务收费规定,银行业手续费、支付结算类业务收入将会减少,理财、托管及其他受托业务逐渐成为各银行非利息收入发展的重点领域。

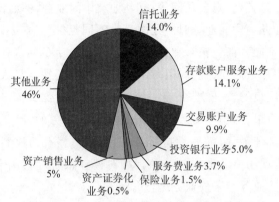

图 7-1　2017 年美国商业银行非利息收入来源占比

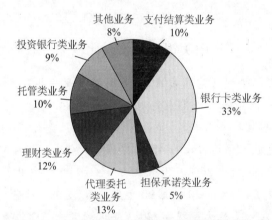

图 7-2　2017 年中国商业银行非利息收入来源占比

详情链接:韩军伟、周琼,《对比中美银行业资产负债收入结构,中国银行业将如何发展?》,智通财经,2019 年 3 月 17 日。

第二节　商业银行结算业务

商业银行的结算业务是指商业银行通过使用各种结算工具,清偿单位与单位之间由于商品交易、劳务供应所引起的债权债务关系,办理由于利息收支、资金调拨等经济活动引起的货币收付业务。

一、结算原则

转账结算涉及收付双方与银行之间的经济利益关系。为妥善处理这种经济利益关系,参与结算的各方须遵守以下原则:

1. 恪守信用、履约付款

所谓"恪守信用、履约付款",是指各单位之间因商品交易、劳务供应而发生的货币收付,除当即实行钱货两清的部分外,对双方事先约定的预收、预付货款和赊销商品货款必须分期结清,不得破坏协议,不得相互拖欠货款,应切实保障购销双方的正当权益不受侵害。办理结算业务的商业银行,对购销双方来说是第三方,处于中立地位。无论是债权人开户行,还是债务人开户行,都不得从本行利益出发,占用他行资金;应公正、客观地办理每笔业务,维护购销双方的正当权益。如因合同协议规定不具体而引起纠纷,则应由购销双方协商解决,或由仲裁机构调解仲裁,银行不应包揽这类纠纷的调解,以免使自身陷入商业纠纷。

2. 谁的钱进谁的账,由谁支配

所谓"谁的钱进谁的账,由谁支配",是指无论是国家、企事业单位还是个人的存款,银行都应予以及时入账,并保证其对归自己所有的存款有自行支配的权力。坚持这条原则,就要求任何部门、单位都无权超越法律的规定,要求银行查询、截留、挪用甚至冻结各项存款,当然,银行也无权随意停止企事业单位和个人存款的正常支付。

3. 银行不予垫款

"银行不予垫款"是指银行办理转账结算时,只负责把资金从付款单位账户转入收款单位账户,不承担垫付款项的责任。为贯彻此原则,必须坚持"先付后收,收妥抵用"的做法,即各单位委托银行代收的款项,在银行未收妥之前不能支用;各单位委托银行付款,必须事先筹足资金,在不超过自己的存款余额或批准的贷款额度范围内签发支付凭证,不得开空头支票。

二、结算工具

结算工具即商业银行用于结算的各种票据。结算票据是有价证券的一种,票据上记载的权利与票据本身同时存在,同时被转移或占有,不能脱离票据而独立存在。商业银行用于结算的票据一般有三种,即本票、支票和汇票。

1. 本票

本票(promissory note)是指由发票人签发的,载有一定金额,承诺于指定到期日由自己无条件支付给收款人或持票人款项的票据。本票记载的事项包括表明其为本票的文字、一定的金额、收款人的姓名或公司名称、无条件担保支付、发票地、发票日期、付款地、到期日。上述八项内容是本票必须具备的条件。本票因到期日的不同,可分为定日付款、发票日后定期付款、见票即付、见票后定期付款等四种类型。本票经背书后可以流通转让。

2. 支票

支票(check)是活期或支票存款的存户委托接受其存款的银行,向收款人或持票人无条件支付一定金额款项的支付命令书。支票是一种委托式信用证券,当事人有三个,即发票人、付款人和收款人。支票的发票人可自为收款人,支票的付款人则只能是银行。银行之所以成为支票付款人，是因为接受了发票人的存款，或者事先与存户订有透支契约。存户所能签发支票的金额，仅以存款余额和透支金额为限。支票一般由存户签发，是由存户发出的支付命令，而不是银行自己的支付承诺。支票记载的事项包括发票人签名、表明其为支票的文字、一定的金额、付款银行名称、收款人的姓名或公司名称、无条件支付的委托、发票地、发票日期、付款地等。支票经背书后可以流通转让。

3. 汇票

汇票（draft bill of exchange）是指由发票人签发一定金额，委托付款人于指定到期日无条件付款给收款人或持票人的票据。汇票是委托付款人付款的信用证券，它经收款人背书后可以流通转让，其流通能力取决于关系人的信用程度。若付款人、收款人或背书人信用很高，则汇票流通范围就大；否则，流通范围就小或很难流通。商业银行结算中使用的主要有银行汇票和银行承兑汇票。汇票须有发票人签名，并依法记载应予记载的事项，主要包括表明其为汇票的文字、一定的金额、付款人的姓名或公司名称、收款人的姓名或公司名称、无条件支付的委托、发票地、发票日期、付款地、到期日等。

典型案例

宁波银行"捷算卡"对公结算、融资、理财的一站式服务

小微企业不仅需要简单、方便、快捷的融资服务，还需要简单、方便、快捷的结算服务。捷算卡正是宁波银行专门面向小微企业客户开发设计、凭密码为客户办理对公账户支付结算的工具。小微企业客户可持捷算卡，凭密码在宁波银行任意一家营业网点办理存取款、转账等各类对公账户结算操作。

捷算卡的主要特点有：一是客户凭密码进行支付结算，免去携带印鉴、使用密码器的麻烦；二是客户免填凭证，避免了因填写错误而导致重复购买汇款凭证，降低了企业财务成本，节约了填单时间；三是可在银联POS（销售终端）机具上刷卡使用，拓宽了应用场景；四是突破了时间和空间的限制，实现对公账户7×24小时的结算服务，就算在中午、双休日、节假日等对公柜面不开放时，也可以通过宁波银行对私柜面或ATM办理对公账户结算业务。为了让利企业，宁波银行针对捷算卡除收取制卡工本费之外，不收取其他任何费用。

为了进一步提升客户产品体验，宁波银行对捷算卡进行了升级，推出了捷算卡2.0版，即银联版捷算卡。新版捷算卡整合了多种金融产品和服务功能，功能更加强大，使用更加便捷，为小微企业客户提供"结算便利、融资快捷、存款增值"一站式综合金融服务，实现了从单一结算功能产品向综合金融服务产品的发展转型。

宁波银行南京分行通过完善交易便利化、资产增值化、营销网络化的现金管理体系，对外提升卓越的客户体验，对内开展高效的交叉销售，积极打造小微企业现金管理专家。捷算卡2.0版将支付结算渠道拓展至整个银联体系，小微企业客户除可以在宁波银行营业网点的ATM取款外，还可以在所有银联ATM取款，更加方便；增加了跨行转账、异地跨行转账以及银联POS机刷卡交易等功能，结算更为便利；新增账户透支功能，当企业账户资

金不足以对外支付时,可以进行账户透支,解决临时性资金周转问题。此外,为了满足企业理财需求,宁波银行针对捷算卡客户,定期发行捷算卡专属理财产品,5万元起购,理财门槛低,客户能够轻松实现财富增值。

详情链接:《宁波银行捷算卡实现对公结算、融资、理财一站式服务》,和讯网,2017年6月26日。

三、结算方式

按债权债务双方所处地域的不同,结算方式通常分为同城结算和异地结算两大类。

(一)同城结算方式

债权债务双方同在一座城市或地域的情况下,二者业务的结算即采用同城结算方式。商业银行大量也是最主要的同城结算方式是支票结算。近年来,随着结算方式的改革和电子计算机的引入,又出现了一些新的同城结算方式。

1. 支票结算

支票结算是客户根据其在银行的存款数量和透支限额开出支票,命令银行从其账户中支付一定款项给收款人,从而实现资金调拨、了结债权债务关系的一种结算方式。支票结算代替了现金交付,一方面可以节省与现金收付有关的费用和时间,另一方面可以避免现金运送和保管中的风险。支票结算中,一般由支票的收款人或持票人将支票交给其开户行,由银行代为收取。若收付双方在同一银行开户,则银行只需将支票所载金额从付款人账户转到收款人账户即可,这是最基本的支票结算。若收付双方不在同一银行开户,则需通过票据交换所才能实现交换,完成结算。随着电子计算机引入银行,支票结算更多地利用计算机进行处理,从而迅速、准确地实现交换。

2. 账单支票与划拨制度

账单支票与划拨制度是两种不用开支票,通过直接记账而实现资金结算的方式。账单支票是由提供货物或服务的卖方将账号告知付款人,付款人审查无误后,将账单的一联签字后退给收款人,收款人送交银行通过票据交换所收款。

划拨制度与账单支票类似,二者的区别在于划拨制度下,账单是付款人直接交给自己的开户行,银行将账单金额借记付款人账户后,通过票据交换所直接贷记收款人账户完成资金结算。

3. 直接贷记转账和直接借记转账

这两种结算方式是在自动交换所的基础上发展起来的。自动交换所与普通票据交换所一样,都是办理银行之间资金结算业务的机构,不同之处在于自动交换所交换的是磁带而不是支票。它通过电子计算机对各行送交的磁带进行处理,实现不同银行之间的资金结算。目前,自动交换所主要办理直接贷记转账和直接借记转账两种业务。直接贷记转账是通过自动交换所将资金直接贷记到收款人账户上,从而实现资金结算的一种方式。直接借记转账则是通过自动交换所将资金直接借记到付款人账户上,从而实现资金结算的一种方式。

4. 票据交换所自动转账系统

这是一种进行同城同业资金调拨的系统。纽约、伦敦和香港等金融中心都设有这种系统。参加这个系统的银行之间所有同业拆借、外汇买卖、汇划款项等业务，都无须将本票或通知书送交收款银行，而只需将有关数据输入自动转账系统的终端机，这样收款银行即可收到相关信息，交换所同时借记付款银行账户，贷记收款银行账户，迅速完成资金结算。这就进一步加快了结算速度，降低了与支票使用有关的费用。

（二）异地结算方式

债权债务双方不在同一城市或地域的情况下，二者业务的结算即采用异地结算方式。商业银行在异地结算中主要采用汇款、托收、信用证和电子资金划拨等多种结算方式。

1. 汇款结算

汇款（remittance）结算是由付款人委托银行将款项汇给外地某收款人的一种结算方式。银行接到付款人的汇款请求后即收下款项，然后通知收款人所在地该银行的分行或代理行，请其向收款人支付一定数额的款项。汇款结算一般涉及四个当事方，即汇款人、收款人、汇出行和汇入行。银行汇款结算无须实际寄送货币，只需将付款命令通知汇入银行即可做成。如果汇出行与汇入行不为同一银行，则需要事先商定代理办法，并定期结清两行之间的债权债务关系。

商业银行汇款结算是通过将付款命令通知汇入行而完成的，根据通知的方式不同，汇款结算又分为电汇、信汇和票汇三种方式。

2. 托收结算

托收（collection）结算是指债权人或销货人为向外地债务人或购货人收取款项而向其开具汇票，并委托银行代为收取的一种结算方式。它一般涉及四个当事方，即委托人、托收银行、代收银行和付款人。办理托收时，要由债权人或销货人开具一份以外地债务人或购货人为付款人的汇票，将汇票和其他单据交给其开户行，由开户行寄给债务人或购货人所在地的该银行的分行或代理行，请其向债务人或购货人收取款项并寄回，然后转交给债权人或销货人。商业银行的托收业务主要有光票托收和跟单托收两类。

3. 信用证结算

信用证（letter of credit）是银行根据申请人的要求和指示，向受益人开立的载有一定金额，在一定期限内凭规定的单据在指定地点付款的书面保证文件。信用证结算方式是付款人将款项预先交存开户行作为结算保证金，委托银行开出信用证，通知异地收款人的开户行转告收款人，收款人若按合同和信用证所载条款发货以后，银行即按信用证规定，代付款单位给付货款。这种结算方式的特点是，能够避免购货人拖欠货款或不按合同付款的结算风险。它尤其适用于销货人对购货人信誉不了解，或者异地之间特别是国际非经常性的交易中的货款结算。但这种结算方式速度较慢，每笔交易占用资金的时间较长。

4. 电子资金划拨系统

随着电脑和网络等新技术在银行的运用，电子计算机的大型化和网络化改变了商业银行异地资金结算的传统处理方式。通过电子资金结算系统进行异地结算,商业银行资金周转大大加快,业务费用大大降低。例如,美国的一些大型商业银行可以利用联邦储备通信系统、银行通信系统、信用卡清算中心、银行内部付款交换所系统、世界银行财务远程通信协会等五个系统实现资金异地结算。

几种常用的银行结算方式对比如表 7-1 所示。

表 7-1 银行结算方式对比

结算工具	具体类型	使用规定	适用范围与条件	结算期限	金额起点	背书转让	账户设置
支票	现金支票 转账支票 普通支票	禁止使用空头支票;若银行退票,按票面金额处以 5% 但不低于 1 000 元的罚款,持票人有权要求出票人按票面金额的 2% 赔偿	单位和个人均可;同城结算	自出票日起 10 日	无	允许	"银行存款"
银行本票	定额本票 不定额本票	可用于转账,也可用于支取现金;申请人或收款人为单位的,不得申请签发现金银行本票	单位和个人均可;同城结算	自出票日起最长不得超过 2 个月	定额本票有 1 000 元、5 000 元、10 000 元和 50 000 元面额;不定额本票无金额起点限制	允许	"其他货币资金——银行本票存款"
银行汇票	无	可用于转账,也可用于支取现金;按实际金额付款	单位和个人均可;同城、异地均可	自出票日起 1 个月	无	允许	"其他货币资金——银行汇票存款"
商业汇票	商业承兑汇票 银行承兑汇票	各企事业单位只有根据购销合同进行合法的商品交易,才能签发商业汇票;必须经过承兑	具有真实交易关系或债权债务关系的单位;同城、异地均可	最长不得超过 6 个月	无	允许	"应收票据" "应付票据"
汇兑	信汇 电汇	汇款人可申请撤销;可以办理退汇	单位和个人均可;异地结算	无	无	无	"银行存款"
委托收款	委邮 委电	凭已承兑商业汇票、债券、存单等付款人债务证明办理结算;不得部分拒付	单位和个人均可;同城、异地均可	无	无	无	"应收账款" "应付账款"

(续表)

结算工具	具体类型	使用规定	适用范围与条件	结算期限	金额起点	背书转让	账户设置
托收承付	邮寄电报	收款人办理托收，必须具有商品确已发运的证明及其他有效证件或证明；付款人开户行对付款人逾期支付的款项按每天5‰计算赔偿金	必须是国有企业、供销合作社、经审查同意的城乡集体所有制工业企业；必须是商品交易以及因商品交易而产生的劳务款项异地结算	验单付款3天；验货付款10天	10 000元	无	"应收账款""应付账款"
信用卡	单位卡个人卡	单位卡不能用于10万元以上结算和支取现金	单位和个人均可；同城、异地均可	无	无	无	"其他货币资金——信用卡存款"
信用证	无	主要用于国际业务结算，国内仅限于商品交易	单位；异地结算	无	无	无	"其他货币资金——信用证保证金存款"

拓展阅读

央行发布2020年支付体系运行总体情况

中国人民银行发布的《2020年支付体系运行总体情况》显示，全国支付体系运行平稳，社会资金交易规模不断扩大，支付业务量保持稳步增长。

银行账户方面，银行账户数量保持增长。截至2020年年末，全国共开立银行账户125.36亿户，同比增长10.43%，增速较上年年末下降1.64个百分点。

个人银行账户方面，个人银行账户数量稳步增长。截至2020年年末，全国共开立个人银行账户124.61亿户，同比增长10.43%，增速较上年年末下降1.64个百分点。人均拥有银行账户数达8.9户。

非现金支付业务方面：①银行卡发卡量稳步增长。截至2020年年末，全国银行卡在用发卡数量89.54亿张，同比增长6.36%。其中，借记卡在用发卡数量81.77亿张，同比增长6.57%；信用卡和借贷合一卡在用发卡数量共计7.78亿张，同比增长4.26%。借记卡在用发卡数量占银行卡在用发卡数量的91.31%,较上年年末有所上升。全国人均持有银行卡6.4张,同比增长6.01%。其中,人均持有信用卡和借贷合一卡0.56张,同比增长3.91%。②银行卡交易量小幅增长。2020年,全国共发生银行卡交易3 454.26亿笔,金额888万亿元,同比分别增长7.28%和0.18%;日均9.44亿笔,金额2.43万亿元。③移动支付业务量保持增长态势。2020年,银行共处理电子支付业务2 352.25亿笔,金额2 711.81万亿元。其中,网上支付业务879.31亿笔,金额2 174.54万亿元,同比分别增长12.46%和1.86%;移动支付业务1 232.2亿笔,金额432.16万亿元,同比分别增长21.48%和24.5%;电话支付业务2.34亿笔,金额12.73万亿元,同比分别增长33.06%和31.69%。此外,2020年非银行支付机构处理网络支付业务8 272.97亿笔,金额294.56万亿元,同比分别增长14.9%和17.88%。

支付系统方面,2020年支付系统共处理支付业务7 320.63亿笔,金额8 195.29万亿元,同比分别增长28.77%和18.73%。

值得注意的是,网联清算平台运行平稳。截至2020年年末,共有560家商业银行和133家支付机构接入网联清算平台。2020年,网联清算平台处理业务5 431.68亿笔,金额348.86万亿元,同比分别增长36.63%和34.26%;日均处理业务14.84亿笔,金额9 531.79亿元。

详情链接:《2020年支付体系运行总体情况》,人民网,2021年3月24日。

第三节 商业银行代理业务

代理业务是服务与监督相结合的金融信托业务,它是商业银行接受单位和个人的委托,以代理人的身份代办客户指定的经纪事项的业务。代理业务一般不要求转移财产所有权。商业银行在接受客户委托承办代理业务时,只能按委托人指定的权限范围办事,在法律上其财产所有权不能改变。商业银行在为客户代办经纪事项的过程中,发挥财务管理和信用服务的职能,只代办手续,不负责处理经济纠纷,也不垫款,风险较小。目前,商业银行办理的代理业务主要有代理收付款、代理融通、代理保管和代理发行有价证券等。

一、代理收付款业务

代理收付款业务亦称收付款信托业务,是商业银行利用自身的结算优势,接受单位或个人的委托,代理收付指定款项的业务,其范围较广,有代收管理费、养路费、环保费、水电煤气费,代付货款、租金、运费等。其具体操作程序如下:

1. 确定代理收付款的事项范围

为了使代理收付款业务顺利进行,商业银行应首先确定收付款的事项范围,按照方便监督和对委托单位负责的原则,主要代理那些定时、定量、有规律的应收应付款。如公用事业单位按月收取的水、电、煤气等费用,企业主管部门按月从下属企业统筹收取和支付的各种款项等。

2. 提供合法依据,签订委托代理协议书

客户在委托商业银行代理收付款项时,均需提交收付款项的合法依据及有关单据,经商业银行审查同意后,与其签订委托代理协议,明确代理收付款项的内容、范围、对象、时间、金额及方式。代理付款时,委托人须事先将代付款足额交存商业银行。

3. 确定手续费收取标准

商业银行的代理收付款业务以服务为主,适当收取代理手续费,收取标准由委托人与商业银行商定,一般按代理收付金额的大小或业务数的多少协商计收。

4. 确定开展代理收付款业务所需的组织宣传费

这项费用一般按照实际发生数额计收,由委托人承担。当然组织宣传工作也可以由委托人自行开展,所需费用自行核支。

5. 落实代理收付款项的具体经办单位

代理收付款业务一般由商业银行与委托人签订协议后,再交给委托人开立账户的基层营业机构具体代办。

6. 代理收付款结转委托单位

一般代收款项随收入进度按旬汇总划转委托人账户。委托人同时委托代付款项的,则以收入抵付其支出,结余部分再定期划转;只委托代付款项的,则由委托人先将足额款项转入所委托的商业银行账户,以保证按期办理代付。

代理收付款业务具有严格的规范程序,商业银行在办理该业务时,除应严格按操作规程办事外,还应坚持以下原则,即只代为办理手续、不予垫款、不负责处理经济纠纷等。

二、代理融通业务

(一) 代理融通的概念和含义

代理融通又称收买应收账款或承购应收账款,是商业银行代理客户收取应收账款,并向其融通资金的业务。代理融通业务包含三层含义:

(1) 商业银行代理客户收取应收款项。这些客户一般是赊销商品的工商企业,应收账款主要是应收货款,或是应收劳务款项。

(2) 商业银行向该客户提供资金融通的便利,使客户不至于因外欠而影响正常的资金周转。

(3) 代理应收账款与融通资金是相互依存、相互制约的关系,主要体现在三个方面:一是融通资金的便利有赖于代理应收账款的存在;二是融通资金的额度要控制在应收账款的数额之内;三是应收账款实际上是融通资金的还款保证。

(二) 代理融通业务的程序

由于代理融通业务的形式多种多样,其运作程序也各有不同。但一般情况下有以下几个基本步骤:

1. 赊销企业向银行提出申请

赊销商品或劳务的企业想要融通资金,首先要向银行提出申请,对企业的生产经营状况,特别是赊销货款及欠账单位的情况提供翔实的资料,提出代理融通的申请。

2. 银行进行业务调查

银行受理企业申请后,要认真进行调查研究。主要包括以下内容:

(1) 申请代理融通企业的经营状况;

(2) 申请代理融通企业的资信情况;

(3) 欠账单位的基本情况和资信;

(4) 收账的难度或风险度测定等。

3. 银行与赊销企业签订合同

对经过调查符合条件的企业,银行与申请企业就代理融通业务的有关问题进行磋商,并在代理融通合同中予以明确。合同的主要内容包括:

(1) 对应收账款是权益转让还是权益售与;

(2) 是公开融通还是幕后融通,追索欠款的方式与责任;

(3) 融通资金的额度、期限、利率;

(4) 代理融通的费用或佣金(通常为周转额的 0.85%～2.50%)等。

4. 实施代收账款和融通资金

按照代理融通合同,赊销企业将货物或劳务发票送交银行,银行按照约定向企业融通资金,同时依据发票等有关法律手续,向欠账单位追索欠款,并每月向赊销企业提供收账清单。

5. 代理融通业务结清

应收账款收回后,首先用于归还银行融通资金的本金和利息,并扣除佣金等费用,其余款项退还赊销企业。如果应收账款未能全部收回形成呆账,则按合同约定处理:

(1) 如果属于权益转让方式,则呆账损失由赊销企业承担,银行所融通资金仍由企业偿还。

(2) 如果属于权益售与方式,则企业已将应收账款折价卖给了银行,所以呆账损失由银行承担。收款额超过买价(一般是融通金额),则银行盈利;收款额低于买价,则银行亏损,企业不再承担责任。

(三) 保理业务

保理是保付代理的简称,是商业银行代理资金融通的典型业务,由银行与债权方签署协议,债权方将在国内采取赊销方式销售商品或提供劳务形成的应收账款,转让给保理银行,由保理银行对其提供综合性金融服务。

保理业务是一种专门为商品(劳务)赊销而设计的集贸易融资、商业资信调查、应收账款管理、信用风险担保于一体的综合性金融服务产品,可以帮助企业在日益激烈的市场竞争中取得先机,全面解决应收账款的困扰。保理业务根据企业信用、产品等情况可分为有追索权保理和无追索权保理两种。

有追索权保理是指卖方企业提出申请,由保理银行购买其与买方企业因销售商品或提供劳务所产生的应收账款,卖方企业对买方企业到期不还款承担担保责任或回购该笔应收账款的责任。无追索权保理是指银行凭债权转让向卖方企业融通资金后,即放弃对卖方企业追索的权利,银行独自承担买方企业拒绝付款或无力付款的风险。但是,对于商务合同纠纷争议而导致应收账款不能收回的,银行对卖方企业仍保有追索权。

目前,在我国,有二十多家商业银行开办了保理业务,业务范围由国际延伸至国内,业务性质也由有追索权的应收账款收购发展至无追索权的应收账款买断。

典型案例

企业拆转融 + 银行再保理

一、概念

再保理业务相当于二次保理业务,是指保理公司/银行保理商将其提供保理服务而获得的应收账款及该应收账款项下享有的全部权利转让给银行,由银行为其提供包括贸易融资、应收账款管理、账款收取及坏账担保等在内的综合性金融服务。

二、业务模式

1. 有追索权再保理业务模式

银行保留追索权。保理公司/银行保理商将其提供保理服务而获得的应收账款及该应收账款项下享有的全部权利转让给银行,由银行为其提供包括贸易融资、应收账款管理、账款收取及坏账担保等在内的综合性金融服务。银行与保理公司/银行保理商签署国内有追索权保理业务协议。

2. 无追索权再保理业务模式

保理公司/银行保理商具有改善财务报表需求。保理公司/银行保理商将其提供保理服务而获得的应收账款及该应收账款项下享有的全部权利转让给银行,由银行为其提供包括贸易融资、应收账款管理、账款收取及坏账担保等在内的综合性金融服务。银行与保理公司/银行保理商签署国内无追索权保理业务协议。

3. 无追索权再保理(单额度)业务模式

在原无追索权再保理双额度管理的框架下,以基础交易项下买方为核心,在买方放弃对应付账款争议权的前提条件下,将基础交易项风险锁定至买方,实行买方单额度管理。在符合如下条件的情况下,该交易项下仅占用买方保理买方信用担保额度,无须占用保理公司/银行保理商的无追索权保理额度:

(1)买方承诺放弃对应付账款的争议权,并签署《无追索权再保理(单额度)业务三方协议》;

(2)保理公司/银行保理商打分卡超过80分;

(3)已批复无追索权再保理(单额度)业务方案。

三、经典案例

T集团是某银行重点营销的家电行业集团客户,每年销售额超200亿元。由于集团子公司及上游供应商数量众多,为便于统一管理,T集团开发了电子业务平台(简称"J平台"),要求子公司与供应商的结算通过J平台开具"金单"(一种电子票据)进行。该平台可为其成员单位(集团子公司、供应商)提供应收、应付账款查询,应收账款转让,在线融资等服务。B公司为T集团内部从事保理服务的公司,专门为J平台内金单持有人提供应收账款融资服务。

业务流程如下:

(1) B公司与T集团在某银行开立网银,B公司为J平台用户。

(2) 由B公司在线发起再保理流程。

(3) 应收账款转让。

(4) B公司线上提出再保理融资申请。

(5) T集团各成员单位在线还款至某银行保理专户。

通过以上案例我们发现:

(1) 与传统标准保理不同,再保理业务涉及业务主体众多,既有原始交易的买、卖方,又有前期已受让应收账款的保理公司。再保理协议文本须以现有标准格式的无追索权保理协议为蓝本进行修改,条款沟通耗费时间较长。

(2) 由于本次保理业务涉及众多金单付款人(原始业务买方),无法让买方在线上逐笔对应收账款转让事宜进行确认,该银行最终制定出由T集团代为通知子公司应收账款转让事宜的方案。

(3) 由于本次保理业务为无追索权保理,需同时占用买卖双方额度;并且由于卖方——B公司以及买方——T集团子公司,均为T集团下属企业,因此本次保理业务需重复占用T集团授信额度两次。

四、审查要点及建议

1. 审查要点

(1) 贸易背景真实性的核查。基础交易方和银行没有合作关系,贸易背景调查难度更大。

(2) 债权再次转让的确认。再保理流程中,买方对应收账款的转让需进行两次确认,一次是商业保理中的确认,一次是再保理中的确认,给买方增加了工作。

(3) 回款账户的控制。应收账款应回至银行监管账户。

2. 建议

(1) 再保理业务授信主体锁定国有企业,并且主推有追索权再保理,授信主体的还款能力作为银行开展再保理业务的重要条件。

(2) 对基础交易各方进行信息收集,通过公开渠道尽可能多地了解客户信息。

(3) 基础材料现场审核原件,实地调查贸易背景的真实性。

(4) 银行员工见证买方盖章确认环节,保证银行受让权益有效。

(5) 回款账户修改为银行账户,控制回款资金。

(6) 定期对账,做好贷后管理。

详情链接:《企业拆转融+银行再保理案例解析》,搜狐网,2019年9月9日。

三、代理保管业务

代理保管业务是指商业银行代客户保管各种贵重物品、有价证券和出租保险箱的业务。一般有露封保管、密封保管和出租保管三种形式。

1. 代理保管业务的具体做法

代理保管业务一般要经过如下程序：

（1）由委托人填写委托申请书，写明代保管期限、贵重物品件数和价值或有价证券金额，注明有价证券张数、号码等；一式三份，两份交受托人，一份由委托人留存。申请书上要加盖委托人印鉴，以留提取。

（2）受托人清点代保管的物品，并与申请书核对，清点核对无误后，出具保管证，然后将物品入库保管。保管期间，若委托人的名称、地址有变动，或需要更换印鉴，则要及时到商业银行、信托投资公司办理变更手续。

（3）委托人提取保管物品时，应出示保管证、身份证，经受托人核对无误后，方可提取。如全部提取，则受托人要收回保管证，予以注销；如部分提取，则受托人须收回原保管证，并注明该次提取时间、物品、金额及经办人，再将剩余物品重新开具新的保管证。

2. 代理保管业务的收费标准

保管费的收取标准因保管物品价值的不同而有所区别。如果是有价证券、贵重物品，则一般按其价值的一定比例按月收取；如果是文件、图纸、契约，则一般按物品的件数或体积按年收取。中途提取者，保管费不予退回。

3. 代理保管业务的保管责任

如果在代保管期间，出于受托人的人为原因而给委托人的财产造成损失的，则按照《中华人民共和国赔偿法》，由受托人负责赔偿；如果是不可抗拒的因素造成的损失，则受托人不负赔偿责任。

四、代理发行有价证券业务

代理发行有价证券是指商业银行接受政府或企业的委托，代理销售公债、企业债券和股票等有价证券，从中收取手续费的一种代理业务。有证券发行，就有证券承销，而证券承销一般包括代销和包销两种。由于企业债券和股票价值与企业经营效益联系密切，变动的可能性较大，采取包销方式的银行承受的风险亦较大。出于安全性考虑和为了维护存款人利益，国家一般不允许商业银行包销企业债券和股票，该业务通常由投资银行来做，商业银行只是利用其机构网点、技术、人员等的便利，采取代销方式帮助证券发行主体进行证券的发行，并不负责一定将证券全部销出，而是将剩余部分退还发行人，银行只是从中赚取手续费。

商业银行接受代理发行有价证券必须先调查委托人的信用状况，并要求其填写委托书。代理发行有价证券的出售价格有两种：一是市场价格，指该有价证券在证券交易所成交的价格；二是限价，指委托人所欲卖出有价证券的最低价格。

> **典型案例**

罗庄农商银行：多措并举提升代理业务质效

罗庄农商银行坚守服务"三农"和实体经济的经营宗旨，全行广大员工与农村金融工作管理人员（以下简称"农金员"）齐心协力，不断提升服务"三农"、服务乡村振兴战略质效，2020年全年新增代理存款5.28亿元，为辖内村居百姓提供了方便、快捷的金融服务，让普惠金融的触角延伸至"最后一公里"。

加强走访互动，促进沟通交流。推行"感情+"和"重复+"工作模式，支行行长、客户经理把走访作为常态工作，经常到农金员家中走访慰问，了解需求困难，表达关爱重视；定期召开农金员会议，传达最新制度要求，不断提升服务水平；每年开展代理业务竞赛活动，并对活动结果进行隆重表彰，树立荣誉感、归属感，进一步激发营销热情。

拓宽"农金员+"模式，加快农金员转型步伐。引导农金员转变思想，借助"人熟、地熟、情况熟"的优势，从单一的存款营销转变为一揽子营销，不断拓宽农金员业务范围，积极开展代收水费、电费、话费等业务，拓展"农金员+快递""农金员+家政"和"农金员+社区团购"等业务，丰富农金员角色，扩大农金员作用，实现社区金融服务、代理服务、自助服务、电商服务的有机融合，将农金员由"业务营销员"转变为"综合服务员"，通过延伸服务内涵，全面提升便民服务水平，把高质量金融服务送到广大群众身边。2020年，共有148名农金员开展家政服务、35名农金员开展快递服务、22名农金员开展社区团购业务，全力推动农金员转型发展。

加强教育培训，增强农金员整体素质。举行农金员巡讲培训，以小课面授的方式，邀请优秀农金员进行授课，从存款、银行卡（社保卡）和主题活动策划等方面讲解营销小技巧，结合实际营销案例，给农金员带来崭新的营销理念，提升农金员营销技巧，为农金员转化为"农金员+"多元化发展模式奠定理论基础；加大对农金员新业务、新知识的培训力度，督促农金员第一时间掌握各类金融产品特点，提升金融素养，吸引年轻客群；加大反假币知识、信贷知识、预防电信诈骗等金融知识的培训教育力度，引导农金员向辖内老百姓宣传产品服务、讲解防诈骗知识，提升村民尤其是老年人防范金融诈骗的能力。

详情链接：《罗庄农商银行：多措并举提升代理业务质效》，琅琊新闻网，2021年3月2日。

第四节　商业银行咨询顾问业务

咨询顾问业务是指商业银行依靠自身在信息、人才、信誉等方面的优势，收集和整理有关信息，并通过对这些信息以及银行和客户资金运动的记录及分析，形成系统的资料和方案，提供给客户，以满足其业务经营管理及发展需要的服务活动。咨询顾问业务包括信息咨询业务、资产管理业务、财务顾问业务和现金管理业务等。

一、信息咨询业务

信息咨询业务是以转让、出售信息和提供智力服务为主要内容的中间业务。商业银行的信息咨询业务就是指商业银行运用自身所积累的大量信息资源,以专门的知识、技能及经验为客户提供所需信息和多项智力服务。商业银行的信息咨询业务通常分为委托中介类信息咨询和评估类信息咨询两大类。

(一)委托中介类信息咨询

委托中介类信息咨询主要包括技术贸易中介咨询、资信咨询、专项调查咨询和委托常年咨询顾问等业务。

1. 技术贸易中介咨询

商业银行开展技术贸易中介咨询业务,对开拓技术市场、沟通技术贸易渠道、促进科技成果迅速转化为现实生产力都具有十分积极的意义和作用。商业银行咨询部门开展这项业务的主要内容有:参与技术转让,参与技术开发,提供技术咨询,参与技术服务,参与技术协作等。

2. 资信咨询

商业银行开展资信咨询业务,是站在中间人的立场,通过提供企业主要财务资料和对企业资信做出公正评价,以满足企业在生产经营活动中了解交易对方信用程度的需要。资信咨询业务有一般性资信咨询和风险性资信咨询之分。

3. 专项调查咨询

专项调查咨询是指根据特定的目的和要求,在指定的范围内,由商业银行咨询部门组织力量,运用科学的方法,收集各种资料,通过加工整理出咨询报告,为经济部门和工商企业当参谋、出主意。

4. 委托常年咨询顾问

委托常年咨询顾问是指客户委托商业银行对其日常经营管理提供咨询。鉴于这种需要的经常性和重复性特点,商业银行咨询部门可以通过委托群体或个人作为常年咨询顾问的方式满足客户的要求。这项业务要求咨询顾问经常或定期进驻客户单位,全面、深入地了解客户单位的经营管理情况,关注其动态的发展变化,使单位决策和咨询论证密切结合,进而提出正确的建议。

(二)评估类信息咨询

评估类信息咨询主要包括工程项目评估、企业信用等级评估和验证企业注册资金等业务。

1. 工程项目评估

工程项目评估包括市政工程项目、建筑项目、企事业单位和个人的各类固定资产投资项目、企业的技术改造项目等的评估。

工程项目评估依据委托单位提供的咨询委托书、项目建议书和可行性研究报告等,运用系统工程与价值工程的理论和方法,通过大量的定量分析,对项目的技术设计、市场设计、市场前景、经济效益等方面做出综合评价,推出定性结论。

其评估的主要内容有项目概论、市场预测、技术和设计分析、投资计划、财务预算和财务效益分析、社会经济效益分析、不确定性分析、总结和建议。

工程项目评估的一般程序为：第一步，受托单位接受委托单位的委托后，预审评估条件是否齐全完备；第二步，受托单位组织有关专家成立评估小组，到委托单位进行评估；第三步，评估结束形成书面报告后，受托单位领导及有关专家组成评审小组对评估报告进行审定；第四步，受托单位向委托单位通报评估结果，送交评估报告。

2. 企业信用等级评估

企业信用等级评估是商业银行咨询部门开办的一项严肃的信用认定业务。按照国际惯例，企业信用等级评估一般从企业的资金信用、经济效益、经济观和发展前景等四个方面，按 AAA、AA、A、BBB、BB、B、CCC、CC、C 共三等、九个信用等级对企业信用进行划分。

企业信用等级评估的一般程序为：第一步，委托单位提出申请，填写委托书，与受托单位签订合同；第二步，受托单位组织评估小组到企业进行调查，形成评估报告；第三步，由专家评审委员会进行评审，确定委托单位的信用等级；第四步，颁发信用等级证书，并予以跟踪监测，及时加以调整。信用等级证书的有效期为一年。

3. 验证企业注册资金

商业银行咨询部门对企业注册资金的验证业务，是接受工商管理部门的委托，对准备登记开业和已登记开业的新老企业法人自有资金数额的真实性与合法性进行核实、验证的业务。该业务既包括对新企事业单位和私营、个人工商业登记注册资金的验证，又包括对老企事业单位确认和变更注册资金的验证。

验证企业注册资金主要有两个方面的要求：验证注册资金的真实性，以及验证注册资金来源的合法性。验资程序较为简单，主要是申请验资手续，进行验证，最后出具验资证明。

二、资产管理业务

2018 年 4 月 27 日，中国人民银行、中国银保监会、中国证监会、国家外汇管理局联合发布了《关于规范金融机构资产管理业务的指导意见》（以下简称"资管新规"）；同年 7 月 20 日，中国人民银行发布《关于进一步明确规范金融机构资产管理业务指导意见有关事项的通知》并进行说明，银保监会发布《商业银行理财业务监督管理办法（征求意见稿）》并公开征求意见，证监会发布《证券期货经营机构私募资产管理业务管理办法（征求意见稿）》《证券期货经营机构私募资产管理计划运作管理规定（征求意见稿）》并公开征求意见。一行两会同时发文，针对资管新规部分内容进行修正，并出台资管新规配套细则，就过渡期内有关具体的操作性问题进行明确，以促进资管新规平稳实施。2018 年 9 月 26 日，中国银保监会正式发布《商业银行理财业务监督管理办法》（以下简称"银行理财新规"）。

资管新规中规定，资产管理业务是指银行、信托、证券、基金、期货、保险资产管理机构、金融资产投资公司等金融机构接受投资者委托，对受托的投资者财产进行投资和管理的金融服务。本部分主要介绍商业银行的资产管理业务。

(一) 资产管理产品分类

资产管理产品按照募集方式的不同,分为公募产品和私募产品。公募产品面向不特定社会公众公开发行,公开发行的认定标准依照《中华人民共和国证券法》执行;私募产品面向合格投资者通过非公开方式发行。按照银行理财新规的规定,银行理财产品也分为公募和私募理财产品。公募理财产品面向不特定社会公众公开发行,私募理财产品面向不超过200名合格投资者非公开发行;同时,将单只公募理财产品的销售起点由原来的5万元降至1万元。

资产管理产品按照投资性质的不同,分为固定收益类产品、权益类产品、商品及金融衍生品类产品和混合类产品。固定收益类产品投资于存款、债券等债权类资产的比例不低于80%;权益类产品投资于股票、未上市企业股权等权益类资产的比例不低于80%;商品及金融衍生品类产品投资于商品及金融衍生品的比例不低于80%;混合类产品投资于债权类资产、权益类资产、商品及金融衍生品类资产,且任一资产的投资比例未达到前三类产品标准。

(二) 合格投资者的认定

按照银行理财新规的规定,银行理财的合格投资者是指具备相应风险识别能力和风险承受能力,投资于单只理财产品不低于一定金额且符合下列条件的自然人、法人或者依法成立的其他组织:

(1) 具有2年以上投资经历,且满足下列条件之一的自然人:家庭金融净资产不低于300万元人民币,家庭金融资产不低于500万元人民币,或者近3年本人年均收入不低于40万元人民币。

(2) 最近1年年末净资产不低于1 000万元人民币的法人或者依法成立的其他组织。

(3) 国务院银行业监督管理机构规定的其他情形。

(三) 资产管理产品可投资范围

银行理财新规对银行理财产品的非标准化债权类资产投资做出如下规定:

(1) 期限匹配。按照资管新规相关要求,除另有规定外,理财资金投资非标准化债权类资产的,资产的终止日不得晚于封闭式理财产品的到期日或开放式理财产品的最近一次开放日;投资未上市企业股权的,应当为封闭式理财产品,且需要期限匹配。

(2) 限额和集中度管理。延续现行监管规定,要求银行理财产品投资非标准化债权类资产的余额,不得超过理财产品净资产的35%或银行总资产的4%;投资单一机构及其关联企业的非标准化债权类资产的余额,不得超过银行资本净额的10%。

(3) 认定标准。资管新规明确由中国人民银行会同银行业监督管理机构另行制定标准化债权类资产的具体认定规则,银行理财新规将从其规定。

(四) 其他规定

1. 打破"刚兑"

按照资管新规的规定,经银行业监督管理机构认定,存在以下行为的视为刚性兑付:

(1) 资产管理产品的发行人或者管理人违反真实公允确定净值原则,对产品进行保本保收益;

(2) 资产管理产品的发行人或者管理人采取滚动发行等方式,使得资产管理产品的本金、收益、风险在不同投资者之间发生转移,实现产品保本保收益;

(3) 资产管理产品不能如期兑付或者兑付困难时,发行或者管理该产品的金融机构自行筹集资金偿付或者委托其他机构代为偿付;

(4) 银行业监督管理机构认定的其他情形。

银行理财新规特别强调,商业银行要诚实守信、勤勉尽责地履行受人之托、代人理财的职责,提高投资者自担风险认知,商业银行销售理财产品时不得宣传或承诺保本保收益。

2. 杠杆与分级

商业银行每只开放式公募理财产品的杠杆水平不得超过140%,每只封闭式公募理财产品、每只私募理财产品的杠杆水平不得超过200%。商业银行不得发行分级理财产品。

3. 穿透监管

商业银行理财产品不得投资本行或他行发行的理财产品;根据资管新规,要求理财产品所投资的资产管理产品不得再"嵌套投资"其他资产管理产品。银行业监督管理机构应当对理财业务实行穿透式监管,向上识别理财产品的最终投资者,向下识别理财产品的底层资产,并对理财产品运作管理实行全面动态监管。

拓展阅读

资产管理业务的风险与监管

2012年前后,在市场需求和政策推动的共同作用下,特别是随着一系列监管制度的调整,中国的资产管理业务迎来了爆发式的增长,形成了所谓"大资管"的业务体系。

第一,如何看待中国"大资管"业务的风险及其成因?

资产管理业务本应是直接金融的重要组成部分。随着实体经济的快速发展,居民财富管理的需求日益增加,市场各方对多元化的投融资金融工具存在强烈的需求,但是金融机构、金融产品和金融服务的数量、质量与业态都受到金融监管体制的抑制。"大资管"业务的产生和发展实际上是金融体系和实体经济发展逐步匹配的过程,这在一定程度上弥补了原有金融体系的不足,既拓宽了储蓄转化为投资的渠道,又在弥补资金的供需缺口方面发挥了积极作用。资产管理业务缺乏清晰的法律概念和统一的监管规范,受到抑制的各类金融业务都相继聚集在制度洼地,以资产管理的名义展业,导致"大资管"业务名不副实。直接金融与间接金融混淆，投资业务与融资业务混淆，公募产品与私募产品混淆，市场与监管的边界不清，严重的异化使本应促进直接金融发展、分散银行体系金融风险的资产管理业务，抑制和扭曲了直接金融体系的发展，金融风险反而向银行体系聚集。

防范化解"大资管"业务的风险，需要对症下药，疏堵结合，既要统一资产管理业务的规则，又要解除金融领域的过度抑制，还原扭曲在"大资管"名下各类业务的本来面目，让银行存贷业务、证券发行业务、资产管理业务各自回归本源，健康发展。

第二，如何认识资产管理业务及其监管？

在中国的"大资管"业务已经严重异化的情况下，正确认识资产管理业务及其监管必须以中外对比的角度为切入点。资产管理业务的源起和发展与监管制度的演变是密切相关的。美国的1933年《银行法》(《格拉斯-斯蒂格尔法案》)将商业银行和投资银行分离开来。1934年，美国根据《证券交易法》成立了证券交易委员会，规定证券交易经纪商应当到美国证券交易委员会登记，证券交易经纪商从此在法律上确立了自己的地位。1940年，美国《投资顾问法》规定，以营利为目的，为他人提供证券投资咨询建议和投资管理服务的投资顾问应当到美国证券交易委员会登记，由此确立了资产管理行业的独立地位。2008年全球金融危机以后，在监管制度调整、人口老龄化、低利率、股市长期走高等一系列因素的综合作用下，国际资产管理业务规模呈明显的上升趋势，2015年已占全球金融体系总资产的40%。

资产管理业务的诞生及发展和直接融资体系的立法一脉相承，是直接融资的重要组成部分，其自身的发展既取决于也作用于直接融资体系的发达程度。证券的法律定义是直接融资体系的地基，证券的定义越广泛，证券法等直接融资体系法律法规的调整和规范范围就越大，投资银行业务和资产管理业务的展业空间就越宽广，资本市场对经济的润滑作用就越能充分体现。规范和发展资产管理业务并建立健全监管制度体系，不应当局限于资产管理业务本身，必须同时着眼于资产管理业务的上下游，对直接融资体系全链条的监管制度进行整体规划。

详情链接：吴晓灵、邓寰乐等，《资管大时代》，中信出版社2020年版。

三、财务顾问业务

21世纪的中国金融市场是国际化的开放市场，融资脱媒化、利率市场化使得商业银行的传统盈利模式受到空前巨大的挑战。随着客户金融意识和投资理念逐步成熟，他们在财务顾问的帮助下越来越多地将投融资活动转向金融市场，这种转变给各类投资银行业务带来了新的利润空间。然而，由于目前国内政策的诸多限制，商业银行尚不能完全开展所有投资银行业务，为了在日趋激烈的竞争中取得主动，大力发展财务顾问业务，带动其他投资银行和传统商业银行业务，树立精品金融服务品牌，既是商业银行迫于竞争压力的必要选择，又具有现实的可行性。2002年以来，中国金融市场上出现了诸多热点：中国工商银行担任海南航空、云南省政府财务顾问；中银国际担任深圳市政府、陕西省政府财务顾问;南方证券担任湖南、海南、黑龙江等省政府财务顾问。各类金融机构都在尝试开拓一种新的业务领域——财务顾问业务。这一新兴业务正受到券商、银行、咨询公司和资产管理公司的竞相追逐,逐渐成为金融市场的新亮点。

(一) 财务顾问业务的定义

国内理论界和具体从事财务顾问业务的机构对财务顾问并没有一个统一的定义。有人认为,财务顾问是管理顾问的一个分支,因为财务系统是企业管理系统的子系统,财务活动是管理活动的一部分;有人认为,财务顾问是金融顾问的一个分支,因为财务顾问的工作范围涉及企业的上市、发债、租赁等融资活动;有人认为,财务顾问等同于会计顾问;有人认为,财务顾问等同于金融顾问。

根据金融机构开展财务顾问业务的实际经验,我们将银行开展的财务顾问业务定义为银行为政府、企业等客户的投融资、理财、重组并购等经济活动提供金融咨询、经济分析和财务方案设计等有偿收费性顾问服务。对于商业银行来讲,财务顾问业务属于中间业务类投资银行业务,银行只收取顾问费,不为客户垫付资金,只承担协议约定的义务和责任,不承担其他任何风险。

(二) 财务顾问业务的特点

财务顾问业务具有如下特点:

1. 对象的广泛性

几乎所有的单位、个人都可以是财务顾问的服务对象。换句话讲,只要存在金融活动或涉及金融领域但自己不愿或者不能独立完成的,需要聘请专家和顾问的政府首脑、政府部门、机构、企业或个人,都可能成为财务顾问的服务对象。

2. 内容的多样性

财务顾问业务的内容是多种多样的,包括财政、金融、财务、理财、资产管理等。大体上,财务顾问业务可以分为三类,即咨询服务、信息服务和培训服务。

3. 有偿性

商业机构提供服务是为了增加收益,财务顾问则是通过专业人员的智力劳动从单位或个人获取收益。有些机构也提供"免费"的财务顾问服务,比如银行在贷款营销中提供的财务顾问服务,证券公司在IPO和企业发债前期提供的财务顾问服务等,但是这种财务顾问服务并不是真正的免费,其收益体现在后续的金融服务中。

4. 专业性

财务顾问业务不仅要涉及金融市场方面的问题,还要涉及法律、行业等方面的问题,这就决定了财务顾问业务的从业人员必须具有金融、法律、市场等方面的专业知识,应当是复合型的专家。商业银行要提供高质量的财务顾问服务就必须有各种权威专家,这样才能有较高的知名度和较好的市场需求,才能为客户提供较高质量的财务顾问服务。

5. 个性化

任何两个业主的金融需求的实际情况都不会完全相同,即使是同一业主的两项不同需求也会各有特点,财务顾问服务对象的独特性在本质上决定了财务顾问业务的独特性,因此就需要财务顾问服务具有个性化、差别化的特点。

6. 品牌化

品牌是提供财务顾问服务的机构的无形资产。一个业绩优良的财务顾问机构,依托其专业化分工、知名专家群和产品深加工,可以打造出著名的品牌,有了这个品牌,就不愁业务来源,收入就比较有保障。从某种意义上讲,这种品牌声誉主要来自财务顾问机构的著名专家,具有一流的专家,才能有一流的业绩和一流的服务。

(三) 商业银行开展财务顾问业务的意义

商业银行开展财务顾问业务对自身发展具有重要意义:

(1) 应对混业竞争格局。混业经营已成为全球银行业的发展趋势,我国商业银行涉足投资银行领域也将成为一种必然的趋势。

(2) 增加收入来源,改善利润结构。国外商业银行中间业务收入普遍占利差收入的40%~60%,中间业务收入中投资银行业务又是主要收入来源。而国内商业银行竞争的白热化造成存贷利差不断下降,银行利润空间日益缩小,亟须通过开发新的业务来增加收入来源,改善利润结构。

(3) 竞争优质客户的需要。随着客户金融意识和投资理念逐步成熟,越来越多的客户要求商业银行提供包括投资银行业务在内的综合金融服务。提供包括投资银行业务在内的综合金融服务已成为商业银行竞争优质客户的必备手段。

四、现金管理业务

现金管理业务通常是指商业银行为企业提供的现金管理业务,具体是指商业银行将已有的收付款、账户管理、信息和咨询、投融资等金融产品和服务整体打包,为不同类型的客户提供符合其个性需求的现金管理方案,从而使客户资金流动更合理、财务监控更易实现、资金的流动率和使用效率都有所提高。这里的现金包括库存现金、银行存款以及变现能力强的短期投资。

1. 客户进行现金管理的目的

客户进行现金管理的主要目的是优化资产负债结构,降低资金使用成本,提高资金回报率。具体而言,客户现金管理的目标可细分为以下几点:

(1) 通过快速收回销售款,缩短资金在途时间,将应收款迅速转化为账内营运资金。

(2) 减少现金冗余,保持最佳资金头寸,降低资金使用成本。

(3) 把握更多投资机会,将现金用于合理投资,提高资金收益。

(4) 集中控制收付款,提高财务管理水平。

(5) 促进资金流、信息流和物流的紧密结合,优化业务流程,即资金的收付与企业的商务活动过程更好地配合,如付款与采购、收款与销售的结合。

2. 商业银行提供现金管理服务的目的

（1）满足客户需求，巩固客户关系，提高客户忠诚度。银行通过综合化的现金管理方案，可以很好地巩固与客户的合作关系。

（2）丰富"现代金融超市"的业务品种，增加竞争手段。现金管理作为一项重要的中间业务，深受大型优质客户的欢迎，许多国外大型银行都将其作为竞争客户的重要手段。

（3）优化信贷资产质量，降低经营风险。银行通过为客户提供现金管理服务，能够及时掌握企业经营管理、资金需求、产品开发、市场营销、资金回笼、盈利能力、市场占比等有效信息，为银行信贷决策提供最有效的参考。另外，银行为企业提供现金管理服务，可以随时观察企业的经营状况，在企业出现经营困难之前提早退出信贷市场，还可以监督企业及时归还银行贷款，规避企业道德风险。

（4）增加中间业务收入。现金管理包括收款、付款等诸多服务内容，银行将其一揽子提供给客户，不仅可以取得手续费收入，还可以就整个现金管理方案收费，增加中间业务收入。

3. 现金管理服务的基本内容

在实践过程中，各家银行根据自身的优势和市场定位，其具体的现金管理服务内容可能不尽相同，如表 7-2 所示。

从表 7-2 来看，现金管理服务的内容似乎很简单，主体部分是我们所熟悉的结算服务。但现金管理服务并不能简单地等同于支付结算产品的罗列。现金管理服务的真正意义在于，银行根据企业现金管理的需求，针对企业现金运动的特点，将收款、支付、投资以及信息查询产品等进行有机组合，形成综合化的解决方案，突出企业现金管理的理念。

表 7-2　四家世界著名银行的现金管理服务

银行	现金管理服务
美联银行	收款服务（collections services）
	付款服务（payment services）
	信息报告服务（information reporting services）
	电子商务服务（electronic commerce services）
摩根大通	清算服务（clearing services）
	电子商务解决方案（e-commerce solutions）
	全球地区服务能力（global-regional service capability）
	信息管理服务（information management services）
	流动性管理和投资服务（liquidity management and investment services）
	付款解决方案（payment solutions）
	收款服务（collections services）
	贸易解决方案（trade solutions）

(续表)

银行	现金管理服务
德意志银行	客户提取服务(customer access services)
	收付款服务(payment and collections services)
	流动性管理服务(liquidity management services)
	信息和账户服务(information and account services)
	电子支付服务(electronic payment services)
汇丰银行	账户管理服务(account management services)
	交易管理服务(transaction management services)
	现金及账目平衡管理服务(cash and account balance management services)
	传送途径管理服务(transmission approach management services)

资料来源：庄毓敏，《商业银行业务与经营》，中国人民大学出版社 2008 年版。

4. 现金管理在商业银行的运用前景

现金管理业务具有广泛的发展空间，我国商业银行要发挥比较优势，逐步提高整体现金管理的水平。具体而言，我国商业银行可以把针对企业和个人的现金管理业务作为资产管理业务的突破口，采取积极措施，改善现金管理目前主要依靠物理网络、获得低比例收入的格局；建立专门的现金管理部门，加强现金管理业务的组织建设；进行市场调研、产品开发、业务宣传，完善现金管理业务的品牌建设；建设高素质的现金管理业务专家团队和营销队伍，逐步把现金管理业务做大做强。

第五节　商业银行表外业务

表外业务一词的出现并非因为所有银行业务可分为表内、表外两块，而是针对银行业务有从表内向表外转移这一现实趋势提出的。随着科技的进步和金融业竞争的加剧，商业银行为了拓展自己的利润空间，纷纷开发和经营表外业务，促使表外业务迅速发展。

一、表外业务概述

（一）表外业务的含义及特点

根据《巴塞尔协议》的规范定义，表外业务是指那些不反映在资产负债表内，但由于同银行资产负债业务密切相关，在一定条件下可能转变为资产负债业务而在银行资产负债表中得到反映，因此需要在表外进行记载，以便对其进行反映、核算、控制和监管的中间业务。在 2016 年银监会发布的《商业银行表外业务风险管理指引（修订征求意见稿）》中：表外业务是指商业银行从事的，按照现行的会计准则不计入资产负债表内，不形成现实资产负债,但能够引起当期损益变动的业务。

本章最开始已经介绍过,表外业务有狭义和广义之分,本节所讲的表外业务仅指狭义的表外业务。

与商业银行从事的表内业务相比,表外业务的特点异常鲜明,主要表现为以下几点:

(1) 商业银行表外业务的最突出特点是提供非资金的金融服务,资金与服务相分离。
(2) 表外业务形式多样。
(3) 表外业务,特别是金融衍生工具类业务的金融杠杆性极高。
(4) 表外业务透明度低,监管难度大。

(二) 表外业务的分类

表外业务的项目复杂繁多且易于变化,各类业务的性质难以精确把握,这使得表外业务的分类也是难有定则。现有对表外业务的分类一般是从表外业务的风险标准或其特征和法律关系来进行的。

1. 根据表外业务的风险标准分类

这种分类最权威的是《巴塞尔协议》五大类分法,这里我们主要介绍我国在风险标准分类方面的尝试。

深圳市银行业在国内就表外业务的风险标准分类做出了首次尝试,《深圳市银行业资产风险监管暂行规定》中将表外业务按风险标准分为六项:

(1) 等同于直接授信项目的表外业务项目,如一般担保、承兑,这类项目转化成表内相应项目的风险权重为100%。
(2) 特殊交易项目,如完成工程担保,风险权重为50%。
(3) 贸易项下自动完成的项目,如开证,风险权重为20%。
(4) 买入远期资产或未缴足股票,风险权重为100%。
(5) 票据发行便利或循环包销便利,风险权重为50%。
(6) 一年或一年以上的承诺而随时可以取消者,风险权重为0。

2. 根据表外业务的特征和法律关系分类

在《商业银行表外业务风险管理指引(修订征求意见稿)》中,根据表外业务的特征和法律关系,表外业务分为担保承诺类、代理投融资服务类、中介服务类、其他类等四大类。

(三) 表外业务的发展与现状

二十多年来,西方国家商业银行的表外业务有了相当惊人的发展,这首先表现在商业银行表外业务金额上。随着表外业务的大量增加,商业银行的非利息收入也迅速增长。从表外业务的收入来看,在西方发达国家,一般最低已达到银行业务总收入的25%以上,大银行甚至超过50%。同时,由表外业务所提供的服务种类也在迅速增加。

> **拓展阅读**
>
> **我国银行业表外业务发展状况**
>
> 2016—2017 年,我国银行业表外业务继续增长,风险隐患值得关注。截至 2016 年年末,银行业金融机构表外业务余额 253.52 万亿元(含托管资产表外部分);表外资产规模相当于表内总资产规模的 109.16%,比上年年末提高 12.04 个百分点。其中,担保类 19.03 万亿元,承诺类 16.08 万亿元,金融资产服务类 164.63 万元。截至 2017 年年末,银行业金融机构表外业务余额 302.11 万亿元(含托管资产表外部分),同比增长 19.17%;表外资产规模相当于表内总资产规模的 119.69%,比上年年末提高 10.54 个百分点。其中,担保类 18.34 万亿元,承诺类 21.98 万亿元,金融资产服务类 186.09 万亿元。商业银行表外业务管理仍然较为薄弱,表内外风险可能出现交叉传染。
>
> 2018 年,我国银行业表外业务规模增速回落。截至 2018 年年末,银行业金融机构表外业务余额 338.42 万亿元(含托管资产表外部分),同比增长 12.02%,增速较上年下降 7.15 个百分点。表外资产规模相当于表内总资产规模的 126.16%(分母为法人口径资产),比上年年末提高 6.47 个百分点。其中,担保类 20.66 万亿元,承诺类 24.46 万亿元,金融资产服务类 188.8 万亿元。
>
> 详情链接:《中国金融稳定报告》(2017—2019)。

(四)表外业务迅速发展的原因

作为金融企业,商业银行与其他企业一样,追求自身利益的最大化——利润最大化,商业银行为实现这一目标而力求确保自身金融资产的效益性、流动性和安全性,表外业务恰好具备这"三性"的统一,成为商业银行积极发展表外业务的内在因素。推动商业银行拓展表外业务的客观因素可以归纳为以下几点:全球金融环境动荡、风险加剧;对银行的监管进一步加强;金融市场的结构发生重大变化;金融市场竞争加剧;科技进步的推动。

二、担保承诺类业务

担保承诺类业务包括担保类、承诺类等按照约定承担偿还责任的业务。担保类业务是指商业银行对第三方承担偿还责任的业务,包括但不限于银行承兑、保函、信用证、信用风险仍在银行的销售与购买协议等。承诺类业务是指商业银行在未来某一日期按照事先约定的条件向客户提供约定的信用业务,包括但不限于贷款承诺等。

(一)担保类业务

1. 银行承兑

银行承兑是指由银行为客户开出的商业汇票提供承兑服务,即承诺兑付。经银行承兑后的票据可以背书转让或贴现流通。银行承兑汇票是指由企业或个人开立的以银行为付款人并经付款银行承兑的远期汇票。汇票到期后,承兑银行成为票据的第一支付人,承兑银行付款后再向客户收取款项。银行提供承兑业务可获得收入,但其同时必须承担客户的信用风险,一旦客户资金困难,银行将无法按期收回已代为支付的款项。

2. 保函

保函是一种较简单的担保业务,银行为客户的融资或其他活动出具保函,提供信用担保并收取担保费,一旦客户到期不能履约支付,银行就需承担连带支付责任。

3. 商业信用证

商业信用证是国际贸易结算中的一种重要方式,是由进口商请求当地银行开出的一种证书,授权出口商所在地的另一家银行通知出口商,在符合信用证规定的条件下,愿意承兑或付款承购出口商交来的汇票单据。商业信用证业务实际上就是进出口双方签订合同以后,进口商主动请求进口地银行为自己的付款责任做出的保证。

从银行角度来看,商业信用证业务又是一种重要的表外业务。在这项业务中,银行以自身的信誉来为进出口商之间的交货、付款做担保,一般来说不会占用其自有资金,因此是银行获取收益的又一条重要途径。

4. 备用信用证

备用信用证(standby letter of credit)是指开证行根据开证申请人的请求,对申请人开立的承诺承担某种义务的凭证。开证行在开证申请人未能履行其应履行的义务时,受益人只要凭备用信用证的规定向开证行开具汇票(或不开具汇票)并提交开证申请人未履行义务的声明或证明文件,即可获得开证行的偿付。备用信用证是一种特殊形式的光票信用证,是银行出具的保函性质的支付承诺,属于一种信用担保。备用信用证与商业信用证的不同之处在于,商业信用证业务中,银行承担的是第一支付人的责任;而在备用信用证业务中,银行只承担了支付的连带责任,只有在客户无法履行支付义务时,才由银行代为支付。

(二) 承诺类业务

1. 贷款承诺

贷款承诺是指银行承诺客户在未来一定的时期内,按照双方事先确定的条件,应客户的要求,随时提供不超过一定限额的贷款。这里所说的"事先确定的条件"通常包括贷款利率的计算方式、贷款的期限以及贷款的使用方向等。贷款承诺主要以下几种方式提供给客户:

(1) 信用额度(open line of credit)。信用额度是最常见的贷款承诺之一,一般是银行与客户之间达成的非正式协议,银行同意在一定时期内以规定的利率及其他条件向客户提供不超过额度范围的贷款。

(2) 备用信用额度(standby line of credit)。备用信用额度是银行与客户之间达成的不可撤销的正式协议,协议详细规定了银行提供信贷便利的额度、时间、贷款利率及贷款的清算等。

(3) 循环信用额度(revolving line of credit)。循环信用额度也是银行与客户之间达成的不可撤销的正式协议,协议列明了最高贷款额、协议期限、贷款利率等条款,银行要在约定的时间向客户提供贷款,客户可在协议期限内多次使用贷款。

2. 票据发行便利

票据发行便利(note issuance facilities, NIFs)是一种中期的(一般期限为5～8年)具有法律约束力的循环融资承诺。根据这种承诺,客户(借款人)可以在协议期限内用自己的名义以不高于预定利率的水平发行短期票据筹集资金,银行承诺购买客户未能在市场上出售的票据或向客户提供等额银行贷款。票据发行便利实质上是一种直接融资,是借款人(银行客户)与投资者(票据购买人)之间的直接信用关系,银行充当的是包销商的角色。票据发行便利的票据属于短期信用形式,多为3个月或6个月以上。银行提供票据发行便利,实际上是运用自己发达的票据发行网络及丰富的客户资源,帮助特定的客户出售短期票据以实现筹集资金的目的。

三、代理投融资服务类业务

代理投融资服务类业务指商业银行根据客户委托,为客户提供投融资服务但不承担代偿责任、不承诺投资回报的表外业务,包括但不限于委托贷款、委托投资、代客非保本理财、代客交易、代理发行和承销债券等。

1. 委托投资

委托投资是委托人将资金事先存入商业银行作为委托投资基金,委托商业银行向其指定的联营或投资单位进行投资,并对投资的使用情况、投资单位的经营情况及利润分红等进行管理和监督的一种金融信托业务。

委托投资与委托贷款是相似的业务种类,都属于特定信托业务。委托投资的委托人可以是企业主管部门、各级财政部门、企业等单位;在办理委托投资前,委托人同样必须将委托投资基金存入商业银行;委托投资的对象和用途同样必须符合国家有关法律、政策和计划管理的规定,项目同样应具有良好的经济效益和社会效益。委托投资项目必须按规定报经有关部门审批,取得有权单位批准的纳入固定资产投资计划文件。商业银行在办理委托投资业务时同样不承担风险,对委托投资业务同样须收取一定的手续费用;委托人在投资期间不可以收回委托投资基金。

2. 代客非保本理财

代客非保本理财又称委托理财,是同一业务从委托方和管理方角度形成的不同称谓。委托理财是指商业银行接受客户委托,通过投资行为对客户资产进行有效管理和运作,在严格遵守客户委托意愿的前提下,在尽可能确保客户委托资产安全的基础上,实现委托资产增值或其他特定目标的行为,但是商业银行作为受托人不承诺保本。

3. 代客交易

代客交易是商业银行接受客户的委托,利用金融市场上各种金融工具,为客户进行各种金融交易,收取一定手续费的行为。例如代客外汇交易、代客资金交易等业务。

4. 代理发行和承销债券

代理发行和承销债券是指商业银行代理债券发行人发行和承销债券。一般做法是,发行债券的企业或政府与商业银行签订代理发行协议,银行作为代理商按规定价格转销或直接向社会销售,协议期满,将未售出债券退给发行人,银行按销售总额的一定比例或协议规定的其他办法向委托人收取手续费。

四、中介服务类业务

中介服务类业务是指商业银行根据客户委托,提供中介服务并收取手续费的业务,包括但不限于代理收付、财务顾问、资产托管、各类保管业务等。

1. 代理收付

代理收付业务是指商业银行接受单位或个人委托,代理收付指定款项的业务,包括代收款项和代付款项。如代收付行政管理费、养路费、水电煤气费,代收分期付款的销售货款、异地拖欠货款,代收付有价证券交易款项等。商业银行应与收款单位或付款单位签订代收或代付合同,载明收付款项的内容及双方的权利和义务。

2. 财务顾问

财务顾问业务是指商业银行依托自身在长期经营过程中形成的网络、资金、信息、人才和客户群等方面的优势,为客户提供金融、咨询、经济分析和财务方案设计等服务并从中收取一定咨询费的业务。

3. 资产托管

资产托管业务是指具备一定资格的商业银行作为托管人,依据有关法律法规,与委托人签订资产托管合同,安全保管委托投资的资产,履行托管人相关职责的业务。商业银行资产托管业务的种类有很多,包括证券投资基金托管、委托资产托管、社保基金托管、企业年金托管、信托资产托管、农村社会保障基金托管、基本养老保险个人账户基金托管、补充医疗保险基金托管、收支账户托管、QFII(合格境外机构投资者)托管、贵重物品托管等。

4. 各类保管业务

保管业务主要是指保管箱业务,是指商业银行接受客户的委托,按照业务章程和约定的条件,以出租保管箱的形式代客户保管贵重物品、有价证券及文件等财物的服务项目。

五、其他类表外业务

其他类表外业务主要是指金融衍生品业务。金融衍生品(derivatives)是指一种基于基础金融工具的金融合约,其价值取决于一种或多种基础资产或指数,合约的基本种类包括远期、期货、掉期(互换)和期权。金融衍生品还包括具有远期、期货、掉期和期权中一种或多种特征的混合金融工具。

(一)主要的金融衍生品业务

主要的金融衍生品业务根据产品形态,可以分为远期、期货、掉期和期权四大类。

远期合约和期货合约都是交易双方约定在未来某一特定时间,以某一特定价格,买卖某一特定种类、数量和质量资产的交易形式。远期合约是根据买卖双方的特殊需求由买卖双方自行签订的合约。期货合约是期货交易所制定的标准化合约,对合约到期日及其买卖的资产的种类、数量、质量做出了统一规定。因此,期货交易流动性较高,远期交易流动性较低。

掉期合约是一种交易双方签订的在未来某一时期内相互交换某种资产的合约。更为准确地说,掉期合约是当事人之间签订的在未来某一期间内相互交换他们认为具有相等经济价值的现金流(cash flow)的合约。较为常见的是利率掉期合约和货币掉期合约。掉期合约中规定的交换货币是同种货币,则为利率掉期;是不同货币,则为货币掉期。

期权交易是买卖权利的交易。期权合约规定了在未来某一特定时间,以某一特定价格,买卖某一特定种类、数量、质量原生资产的权利。期权合约有在交易所上市的标准化合约,也有在柜台交易的非标准化合约。

(二) 金融衍生品的特点

金融衍生品具有以下几个特点:

1. 零和博弈

即交易双方盈亏完全负相关,并且净损益为零,因此称为"零和"。

2. 跨期性

金融衍生品是交易双方通过对利率、汇率、股价等价格因素变动趋势的预测,约定在未来某一时间按一定的条件进行交易或选择是否交易的合约。无论是哪一种金融衍生品,都会影响交易者在未来一段时间内或未来某时间上的现金流,跨期交易的特点十分突出。这就要求交易双方对利率、汇率、股价等价格因素的未来变动趋势做出判断,而判断的准确与否直接决定了交易者的交易盈亏。

3. 联动性

即金融衍生品的价值与基础资产紧密联系,规则变动。通常,金融衍生品与基础资产相联系的支付特征由衍生品合约规定,其联动关系既可以是简单的线性关系,又可以表达为非线性函数或分段函数。

4. 不确定性或高风险性

金融衍生品的交易后果取决于交易者对基础资产未来价格预测和判断的准确程度。基础资产价格的变幻莫测决定了金融衍生品交易盈亏的不稳定性,这是金融衍生品具有高风险的重要原因。

5. 高杠杆性

金融衍生品的交易采用保证金(margin)制度,即交易所需的最低资金只需满足基础资产价值的某个百分比。保证金可以分为初始保证金(initial margin)和维持保证金(maintains margin),并且在交易所交易时采取盯市(marking to market)制度,如果交易过程中的保证金比例低于维持保证金比例,那么投资者将收到追加保证金通知(margin call),如果投资者没有及时追加保证金,那么其将被强行平仓。可见,金融衍生品交易具有高风险的特点。

6. 契约性

金融衍生品交易是对基础资产在未来某种条件下的权利和义务的处理,从法律上理解是合同,是一种建立在高度发达的社会信用基础上的经济合同关系。

7. 交易对象的虚拟性

金融衍生品交易的对象是对基础资产在未来各种条件下处置的权利和义务,如期权的买权或卖权、互换的债务交换义务等,构成所谓的"产品",表现出一定的虚拟性。

8. 交易目的的多重性

金融衍生品交易通常有套期保值、投机、套利和资产负债管理等四大目的。其交易的主要目的并不在于所涉及的基础资产所有权的转移,而在于转移与该金融产品相关的价值变化的风险或通过风险投资获取经济利益。

此外,金融衍生品还具有未来性、表外性和射幸性等特点。

(三) 金融衍生品业务风险管理

对金融衍生品业务的监管,国际上基本上采取微观金融主体内部自我监管、交易所监管、政府部门监管的三级风险管理模式。

1. 微观金融主体内部自我监管

首先,建立风险决策机制和内部监管制度,包括限定交易的目的、对象、目标价格、合约类型、持仓数量、止损点位、交易流程以及不同部门的职责分配等。其次,加强内部控制,严格控制交易程序,将操作权、结算权、监督权分开,有严格的层次分明的业务授权,加大对越权交易的处罚力度。最后,设立专门的风险管理部门,通过"风险价值方法"和"压力试验法"对交易人员的交易进行记录、确认、市价计值,评价、度量和防范在金融衍生品交易过程中面临的信用风险、市场风险、流动性风险、结算风险、操作风险等。

2. 交易所监管

交易所是金融衍生品交易的组织者和市场管理者,它通过制定场内交易规则,监督市场的业务操作,保证交易在公开、公正、竞争的条件下进行。首先,创建完备的金融衍生品市场制度,包括:严格的市场信息披露制度,提高信息透明度;大额报告制度;完善的市场准入制度,对金融衍生品市场交易者的信用状况进行调查和评估,制定资本充足率要求;以及其他场内和场外市场交易规则;等等。其次,建立金融衍生品市场的担保制度,包括:合理制定并及时调整保证金比例,起到第一道防线的作用;持仓限额制度,发挥第二道防线的作用;日间保证金追加条款;逐日盯市制度或称按市价计值,加强清算、结算和支付系统的管理;以及价格限额制度;等等。最后,加强财务监督,根据金融衍生品的特点,改革传统的会计记账方法和原则,制定统一的信息披露规则和程序,以便管理层和用户可以清晰明了地掌握风险敞口情况。

3. 政府部门监管

首先,完善立法,对金融衍生品设立专门完备的法律,制定有关交易管理的统一标准。其次,加强对从事金融衍生品交易的金融机构的监管,规定从事金融衍生品交易的金融机构的最低资本额,确定其风险承担限额,对金融机构进行定期和不定期的现场与非现场检查,形成有效的控制与约束机制;负责审批金融衍生品交易所的成立和交易所申请的金融衍生品品种。最后,严格区分银行业务与非银行业务,控制金融机构业务交叉的程度。

拓展阅读

我国银行表外业务发展现状与前景展望

一、银行表外业务发展乱象

1. 以表外之名行表内之实,借机躲避监管

券商通过委托定向投资把银行原买入返售项下的业务转入同业存放项下,但并不计入资产负债表,以方便银行规避信贷规模管理、行业政策限制以及监管要求。一旦监管规则突然改变,要求设立价格发现机制,或者要求将这些类贷款资产回归贷款资产科目,就会导致坏账确认规模激增。影子信贷转换为正规贷款将导致借款人违反贷款承诺和单一借款人限制,最终会迫使一大批银行进行重大重组。

2. 表外业务结构失衡,个别业务畸形发展

风险较低并能扩大银行规模的传统中间业务的增速大大放缓,而信用风险、流动性风险相对高的其他表外业务增速保持一个较高的状态,使得表外业务结构失衡,风险扩大。

3. 操作不合规,管理不足,风险控制手段不到位

部分银行业金融机构在公司治理、内部控制等方面仍有不足,风险管理、合规经营等问题依然存在,重大案件时有发生,案发领域从传统的存贷款业务向同业、表外业务等领域蔓延;个别银行发生大额票据、"假保函"案件;审核不到位,业务流程不合规,对相关表外业务没有制定完整、明确的业务细则和行业规范,导致了银行对表外业务安全性的忽视,风险频发。

4. 透明度低,监管难度大

银行表外业务的规模及质量并不能在财务报表中反映,导致监管当局、股东、债权人以及银行内部工作人员难以了解表外业务经营的风险状况。除此之外,表外业务风险的识别和计量难度都比较大,不仅外部人员根本无从知晓,甚至银行内部人员也难以把控具体表外业务的规模和风险大小。一旦风险发生,就很有可能形成银行的大额负债,导致银行亏损,对于规模较小的城市商业银行来说,甚至可以说是灭顶之灾。

二、发展建议与前景展望

根据表外业务发展现状和当前监管实践,我们认为表外业务的监管趋势将不断收紧,制度将不断完善,监管当局会从以下方面加强监管:

1. 强化资本充足率监管

我国在表外业务监管方面会强化对资本充足率的监管,这既是与国际标准接轨的需要,更是防范金融风险的要求。监管当局可能会参照《巴塞尔协议》,制定表外业务风险换算系数,确定表外业务相应的风险等级,调整资本充足率,安排一定量的资本保障表外业务活动,从而将资本必要量和商业银行资产负债表内外业务的风险联系起来,确保银行有

足够的资本来弥补可能出现的损失。

建立一套完整的资本监督指标体系,以便对表外业务经营风险进行量化分析是一个大趋势。除此之外,监管当局可能会在表外业务的操作环节加强资本充足率监管。由于表外业务的创新性强,很多业务存在不规范现象,因此操作环节中存在较大的市场风险、信用风险,操作环节的不规范可能导致银行承担较大的风险而遭受损失。从资本充足率角度来看,监管当局可能会加大表外业务操作环节的监管,根据表外业务的不同种类和范围,制定不同的标准和监管机制。

2. 建立表外业务风险管理体系

首先,规范市场准入标准。由于表外业务的种类繁多,风险度不尽相同,要想把控其风险存在一定的难度。监管当局可能会在对不同业务设定市场准入标准时,根据不同的情况建立不同的标准。对于风险较小的业务,如代理、咨询、支付结算等不设置复杂的附加条件,只需要加以备案登记就可以允许其进入市场;对于风险较大、操作程序较为复杂的业务,如资金融通、担保承兑等设置不同的风险等级,再向相关机构进行申请,得到审批之后允许其进入市场;对于金融衍生品这类形式复杂、风险隐藏性较高的业务,制定具体的准入标准,由高级别的监管机构进行审批。保证市场准入门槛能有效地对银行表外业务风险进行控制。

其次,在统一的风险管理框架下分类管理。由于银行表外业务种类繁多,复杂性较高,风险各异,且近年来银行并没有将表外业务风险纳入统一的风险管理框架进行管理,因此未来监管当局会要求商业银行将表外业务纳入全面风险管理体系,对其所承担的信用风险、市场风险、操作风险、流动性风险、声誉风险以及其他风险及时识别、计量、评估、监测、报告、控制或缓释,并建立业务、风险、资本相关联的管理机制。在统一的风险管理框架下,监管当局将对表外业务进行分类管理,根据不同情况,制定不同的风险管理办法,对每一项业务的服务范围、业务流程、权责利益、收费标准等进行严格规范:对风险较大的担保承诺类业务,重点监管信用风险,关注统一授信执行、表外业务信用风险转换系数、表外业务垫款等情况;对风险较小的代理投融资服务类、中介服务类业务,重点监管操作风险、声誉风险,关注业务操作规范、客户投诉、金融消费者保护等情况。另外,监管当局可能会要求商业银行建立表外业务风险限额管理制度,对需要设定风险限额的表外业务设定相应的风险限额。商业银行应当建立覆盖所有表外业务的全口径统计制度,制定全行统一的统计标准。

3. 更加重视表外业务信息披露

从国外的经验可以看出,加强信息披露是解决信息不对称、有效降低风险的重要举措。加强商业银行表外业务的信息披露,建立、强化各类表外业务的报告制度也是未来监管的趋势之一。为了掌握表外业务的风险,商业银行应增加表外业务的专项报表来反映表外业务的发展与经营状况,不能仅将表外业务以注释形式或附录形式包括在财务报表中。

此外,监管当局可能会逐步规范和统一表外业务的会计核算、资料信息统计方法与制度,规定商业银行必须定期向银行监管部门报送表外业务经营状况表。只有重视信息披露,提高表外业务的透明度,才能让投资者更好地掌握所持产品的准确情况,同时,也便于监管当局及时了解表外业务的风险情况,更加准确地掌握表外业务的市场情况,进而制定适当措施防范和减少表外业务所产生的不利影响,确保金融市场稳定健康发展。

4. 加大现场监管的力度

在制定监管政策的同时,监管当局还会加强现场监管。2017年银监会的"三三四"专项治理表明,监管当局越来越多地直接介入表外业务市场,从而密切跟踪表外业务市场,关注监管政策的落实、商业银行内部控制制度的建立和执行的实绩等关键性信息,并且通过现场监管更好地发现问题并及时采取措施。

详情链接:《一文了解250多万亿银行业表外业务!》,百话财经,2017年12月13日。

关键术语

中间业务 结算业务 代理业务 保理业务 咨询顾问业务 资产管理业务 财务顾问业务 表外业务 商业信用证 备用信用证 贷款承诺 票据发行便利 保函

复习思考题

1. 商业银行中间业务具体包括哪些业务?
2. 简述开展中间业务对商业银行的意义。
3. 我国商业银行在中间业务方面与发达国家商业银行相比有哪些差距?为什么?
4. 我国商业银行应该如何提升中间业务水平和盈利能力?
5. 商业银行中间业务与表外业务有何异同?

第八章

商业银行零售业务管理

学习目标

- 了解商业银行零售业务的定义和分类
- 理解零售业务的地位与作用
- 明确影响商业银行零售业务定价的因素
- 把握商业银行零售业务的发展趋势以及经营管理要点

素养目标

通过对拓展阅读和典型案例的分析,培养学生对客户至上、财富价值、社会责任及金融服务实体经济定位的认识。

案例导读

招商银行零售3.0数字化转型,从量变到质变

2018年,招商银行正式吹响零售3.0数字化转型的集结号。"手机的世界就是我们的战场"——人与网点驱动的传统商业模式已无法支持高速增长,移动互联网浪潮中,MAU (monthly active users)成为牵引招商银行零售数字化转型的牛鼻子。MAU是一个用户量统计名词,中文名称为"月活跃用户人数",它反映了网站、互联网应用的运营情况。MAU越大,意味着玩家越多。招商银行2020年半年报显示,招商银行App累计用户数达1.29亿户,是2017年年末的2.31倍;MAU达5 607万户,是2017年年末的2.14倍。招商银行App理财投资金额占比78.41%,理财投资客户数占全行理财投资客户数的93.17%。招商银行App账户总览、招乎、收支、转账、理财、生活、信用卡、活动等8个场景MAU超千万,并在数百个城市推出饭票、影票、便民、公共出行等服务。

传统金融向互联网迁移,需要先扩大外延全力获客,再发展客户,提高留存率,为客户提供全方位一站式的便捷金融服务,进而实现流量变现。从 MAU 到 AUM(asset under management,指资产管理规模),招商银行的零售 3.0 数字化转型也由此进入了质变阶段。招商银行财报显示,2019 年上半年、2020 年上半年,招商银行 AUM 先后突破 7 万亿元、8 万亿元。MAU 与 AUM 并非对立而是融合关系。MAU 运营带来获客非线性增长,并能带动 AUM 的稳健增长。

为深化流量经营,2020 年招商银行 App 9.0 推出了以内容为导向的全旅程"财富陪伴"服务,通过 197 个需求偏好、20 个核心栏位,为用户定向配置全面、客观、有深度的内容资讯及个性化提醒等陪伴内容,帮助用户了解产品表现、市场动态与投资机会。招商银行 App 9.0 "我的"频道全新升级,除银行账户资产外,还展示社保、公积金、不动产、企业年金、不动产和税务服务、交通罚没等信息,为亿万用户打造个人财富主账户。

传统模式下,一个客户经理最多服务几百个客户,网点与人员的数量就是一家银行服务上限的天花板。而自 2018 年启动零售 3.0 数字化转型以来,招商银行基于传统的"分行—网点—客户经理"的三级经营结构,用金融科技为分行和一线赋能,快速推进线上线下的融合经营。比如"城市专区"与"网点线上店",在业内首创分支行线上经营主阵地,让分行和网点有了更多与用户线上交互的场景和抓手。9.0 版本解锁的黑科技——"同屏解说",将招商银行强大的线下顾问式财富管理专业服务能力在线上进行再现。同屏解说全面支持文字、图文、语音通话等功能,客户经理可在线上边演示边讲解,交互立体、高效、有温度。招商银行各分支行的线上经营能力显著提升,并在新冠肺炎疫情期间得到了更快的发展。截至 2020 年年底,客户经理通过招商银行 App 向用户推送订单的成交金额同比 2019 年提升已超过 300%。

上下同欲者胜。坚持 MAU 北极星地位不动摇,通过经营方式的进化,带动全行上下思维方式与交互方式的改变,对招商银行而言,MAU 已不仅是北极星指标,更是一种北极星文化和数字化转型的内生驱动力。

详情链接:《零售 3.0 数字化转型质变:招商银行 App 9.0 重磅上线》,招商银行官网,2020 年 12 月 10 日。

你是不是有下面的疑问?

1. 商业银行零售业务具体包括哪些业务?
2. 开展零售业务对商业银行具有哪些重要意义?
3. 招商银行零售 3.0 转型的关键是什么?
4. 以招商银行为例,分析金融科技如何赋能商业银行零售转型?

进入内容学习

商业银行零售业务是商业银行的基础业务,也是其战略性业务,在为广大个人客户提供优质、高效、便捷的金融服务方面发挥着十分重要的作用。商业银行零售业务由于受经济周期波动影响相对较弱、经营风险较低,一直被称为商业银行穿越经济周期的"压舱石"和"稳定器",零售业务已经成为我国银行业整体收入增长的主要动力。近年来,商业银行零售业务在数字化转型、组织架构、全渠道营销等方面不断创新。

第一节 商业银行零售业务概述

一、商业银行零售业务的范围

(一)商业银行零售业务的定义

商业银行零售业务是指商业银行为居民个人或小企业提供的金融产品或服务。在商业银行业务发展的过程中,又产生了广义和狭义零售业务的概念。

1. 广义的商业银行零售业务

广义的商业银行零售业务是指商业银行为个人和家庭、小生产者、小型自然人企业、小型法人企业提供的金融产品或服务,定义的着眼点在于交易金额的小规模。

2. 狭义的商业银行零售业务

狭义的商业银行零售业务是指商业银行为个人和家庭、小生产者和小型自然人企业提供的金融产品或服务,服务对象少了小型法人企业,强调了企业与非企业的区别,与商业银行公司业务概念相对应。更狭义的商业银行零售业务是指商业银行为个人和家庭提供的金融产品或服务,不包括小生产者和小型自然人企业,即个人银行业务。在国际银行业的实践中,私人银行业务都是单独管理和运作的,如果将私人银行业务剔除,则得到最狭义的商业银行零售业务概念。表8-1显示了《巴塞尔协议Ⅲ》对零售业务产品线的划分。

表8-1 《巴塞尔协议Ⅲ》对零售业务产品线的划分

零售业务	零售银行业务	零售贷款和存款,结算业务,信托和不动产
	私人银行业务	私人贷款和存款,结算业务,信托和不动产,投资咨询
	银行卡服务	商户/商业/公司卡,零售店品牌和零售业务

资料来源:巴塞尔银行监管委员会,《巴塞尔协议Ⅲ》,杨力、吴国华译,中国金融出版社2004年版。

在我国银行业的实践中,私人银行业务的划分并不明显,资金的运用管理也没有明显地与普通客户资金进行区分,因此本章把商业银行零售业务定义为对个人和家庭提供的金融产品或服务,即更狭义的商业银行零售业务。图8-1列示了四个层次的零售业务。

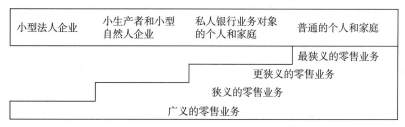

图8-1 零售业务的定义

人们使用银行产品和服务的目的主要包括：安全或保险，如银行保管库、密码、Pin 码等；利息或投资回报，如活期储蓄、定期存款、投资等；获取现金的便利，如 ATM、贷记卡等；支付便利，如网上银行、贷记卡；获得贷款，如贷记卡、信贷额度、住房抵押贷款；社会地位的象征，如金卡、私人银行。每个客户的动机都与客户期望的价值要素、服务提供方式或机制、直接的产品线和特定的技术支持相联系。

（二）商业银行零售业务的种类

商业银行零售业务不是某一项业务的简称，而是许多业务的总称，它有着广泛的业务领域，既可以是传统银行业务，又可以是新业务；既可以是资产业务，又可以是负债业务、中间业务、网上银行业务，等等。

负债业务是商业银行通过对外负债方式筹措日常工作所需资金的活动，是商业银行资产业务和中间业务的基础。商业银行零售负债业务主要包括个人通知存款、个人大额存单、教育储蓄、定期储蓄、活期储蓄、个人结构性存款、创新型存款产品等。

资产业务是商业银行运用其吸收的资金进行放贷或投资以赚取收益的活动。商业银行盈利状况如何，经营是否成功，在很大程度上取决于资金运用的结果。商业银行零售资产业务主要包括信用卡融资或透支、住房按揭贷款、商业用房贷款、小微贷款、消费贷款等。

中间业务是指商业银行代理客户办理收款、付款和其他委托事项而收取手续费的业务；是商业银行利用其在技术、信息、网络和信誉等方面的优势，不运用或较少运用银行的资金，以中间人或代理人的身份代理客户承办收付和其他委托事项，提供各类金融服务并据以收取手续费的业务。商业银行零售中间业务主要包括个人租赁、个人保管箱、个人票据托收、个人汇兑结算、个人信托、个人代理支付、个人外汇买卖及外币兑换、个人咨询及理财等。

二、商业银行零售业务的地位与作用

1. 商业银行零售业务需求呈现高增长和多元化特征

随着中国经济的快速发展，居民可支配财富的快速增加和消费升级为商业银行推进零售业务转型提供了良好契机，个人存款、理财、投资以及消费需求旺盛且趋于多元化。以消费需求为例，中产阶级的崛起和扩大催生了汽车、奢侈品、旅游等高端消费需求，同时也推动了相应的消费金融需求，如汽车按揭、消费贷款、信用卡等需求快速增长。因此，商业银行就要基于客户快速增长的多元化零售金融需求，不断创新更加广泛、便捷的零售产品和服务。

2. 金融科技更有利于降低商业银行零售服务边际成本、扩展服务边际

大数据、人工智能、移动互联等技术在金融领域的深度应用，使得渠道、人力等传统银行服务成本持续降低，银行的服务范围和内容进一步延伸：一是大量的银行工作人员从繁重的柜面业务和大量的数据统计等工作中解放出来，从事更为高效、更富创造性的营销和技术创新等工作；二是大幅降低了长尾市场的边际成本，金融普惠和商业可持续性逐渐找

到了发展平衡点,大众客户、小微商户等成为银行获客和经营的主要目标;三是提高了零售金融服务的获得感,客户服务体验得到提升。

3. 零售资产业务具有低风险性特征

零售信贷具有风险分散、效益稳定的特点,因为相较于公司资产业务,零售资产业务周期性弱,风险权重较小,风险资本消耗低,并且易带动中间业务,这是零售业务被称为银行压舱石的重要因素之一;同时,在零售资产业务中,以高流动性资产做抵质押的房贷、车贷类业务占比较高,变现能力较强,随着对个人征信管理的逐步加强,个人信用意识逐步提升,因此零售资产业务低风险性的特点和优势越来越明显。

4. 商业银行零售业务利润贡献度持续上升

以四大国有商业银行为例(见表 8-2),2015—2020 年工农中建四大国有商业银行零售业务利润贡献度呈上升趋势,其中 2020 年建设银行零售业务实现利润高达 2 060 亿元,较上年增长 38.6%,零售业务利润贡献度提升到 61.21%,创历史新高,较 2015 年上升了约 22 个百分点。商业银行零售业务盈利能力高于公司业务且持续上升,主要原因如下:一是零售业务净利差显著高于公司业务,一方面银行可以通过内部资金转移定价平滑零售负债业务成本;另一方面由于个体信用溢价较高,且对银行的议价能力相对偏低,因此零售资产业务相对公司业务能获取较高的利差收益。二是零售中间业务创利能力持续上升,零售客户群体长尾效应显著且受益于零售业务的场景化发展,创利空间随场景外延,因此创利能力不比公司业务逊色。三是零售业务因其风险分散、周期性弱的特点,信用成本低于公司业务。四是零售业务成本收入比高于公司业务,主要是因为零售业务发展前期需投入大量人力、物力,但后期规模效应显著,且随着金融科技的发展,网上银行、手机银行逐步取代线下网点,自动化程序取代柜员操作,基于大数据的精准营销取代人工地推,零售业务边际收益最大。

表 8-2 2015—2020 年四大国有商业银行零售业务利润额及贡献度情况

银行名称	指标名称	2015 年	2016 年	2017 年	2018 年	2019 年	2020 年
工商银行	总额(亿元)	1 217	1 313	1 378	1 443	1 529	1 745
	贡献度	33.51%	36.13%	37.79%	38.75%	39.03%	44.49%
农业银行	总额(亿元)	983	805	1 141	1 139	931	1 386
	贡献度	42.57%	35.53%	47.64%	45.25%	34.92%	52.29%
中国银行	总额(亿元)	507	10	810	934	931	1 136
	贡献度	21.90%	27.43%	36.34%	40.68%	37.15%	46.11%
建设银行	总额(亿元)	1 152	1 293	1 377	1 397	1 486	2 060
	贡献度	38.91%	43.80%	45.93%	45.33%	45.50%	61.21%

资料来源:根据相关资料整理绘制。

5. 零售客户具有高黏性特征

客户忠诚度是客户长期形成的对银行品牌、产品和服务的依赖与偏好,是商业银行最宝贵、最可靠、最稳定的资产，培养客户忠诚度可以提高产品竞争力、建立竞争壁垒、打造独特的影响力。对零售业务而言，一旦客户选择某家银行并习惯这家银行的服务之后，就会成为其忠实的客户，他会积极地向家人、朋友等宣传银行的产品和服务，成为银行潜在的品牌传播者。

6. 零售业务具有较高的品牌价值

对于商业银行而言，卓越的品牌意味着长期稳定的利润来源。零售业务中，个人理财需要投资研究能力，私人银行需要服务能力，支付需要联结能力，所以零售业务的发展需要以优质的产品和服务不断提升客户满意度，形成品牌影响力并持续驱动业务发展。零售业务的品牌一旦形成，既能发挥口碑效应，使客户、平台、渠道等都成为银行的宣传者；又能对公司、投资银行及其他业务起到促进作用，带动银行全方位持续发展。

三、商业银行典型零售业务

（一）个人理财业务

个人理财业务是指商业银行接受投资者委托，按照与投资者事先约定的投资策略、风险承担和收益分配方式，对受托的投资者财产进行投资和管理的金融服务。具体来说是基于客户的经济、家庭、财务目标以及一定的财务假设，综合考虑客户承担风险的能力进行评估并编制针对性的理财方案；在实施过程中，根据市场环境的改变进行动态调整，进而确保客户多元化的需求得以满足。

根据2018年颁布的《关于规范金融机构资产管理业务的指导意见》以及《商业银行理财业务监督管理办法》，理财业务属于资产管理业务，是金融机构的表外业务，金融机构开展资产管理业务时不得承诺保本保收益。出现兑付困难时，金融机构不得以任何形式垫资兑付。金融机构不得在表内开展资产管理业务。理财产品是指商业银行按照约定条件和实际投资收益情况向投资者支付收益、不保证本金支付和收益水平的非保本理财产品。

1. 根据募集方式的不同，理财产品分为公募理财产品和私募理财产品

公募理财产品是指商业银行面向不特定社会公众公开发行的理财产品。公开发行的认定标准按照《中华人民共和国证券法》执行。

私募理财产品是指商业银行面向合格投资者非公开发行的理财产品。私募理财产品的投资范围由合同约定，可以投资于债权类资产和权益类资产等。权益类资产是指上市交易的股票、未上市企业股权及其受（收）益权。

2. 根据投资性质的不同，理财产品分为固定收益类理财产品、权益类理财产品、商品及金融衍生品类理财产品和混合类理财产品

固定收益类理财产品投资于存款、债券等债权类资产的比例不低于80%；权益类理财产品投资于权益类资产的比例不低于80%；商品及金融衍生品类理财产品投资于商品及金融衍生品的比例不低于80%；混合类理财产品投资于债权类资产、权益类资产、商品及金融衍生品类资产且任一资产的投资比例未达到前三类理财产品标准。非因商业银行主观因素导致突破前述比例限制的，商业银行应当在流动性受限资产可出售、可转让或者恢

复交易的 15 个交易日内将理财产品投资比例调整至符合要求,国务院银行业监督管理机构规定的特殊情形除外。

3. 根据运作方式的不同,理财产品分为封闭式理财产品和开放式理财产品

封闭式理财产品是指有确定到期日,且自产品成立日至终止日期间,投资者不得进行认购或者赎回的理财产品。

开放式理财产品是指自产品成立日至终止日期间,理财产品份额总额不固定,投资者可以按照协议约定,在开放日和相应场所进行认购或者赎回的理财产品。

(二) 私人银行业务

私人银行业务是指商业银行与客户经过协商来制定关于资产管理和投资的合同,在此基础上客户将授权商业银行依据合同条款来对投资的方式、范围以及具体计划进行制定。从 2007 年开始,国内商业银行相继开展私人银行业务,经过十多年的发展,各家商业银行陆续建立了各具特色的私人银行服务体系,设置了私人银行准入门槛,致力于开发私人银行专属产品,创新非金融专属服务。截至 2020 年年底,招商银行、工商银行、中国银行、建设银行、农业银行的私人银行管理规模均超过 1.5 万亿元,其中招商银行管理规模最大,高达 2.7 万亿元。

私人银行业务具有以下特点:

(1) 服务对象面向高净值客户。在国外,一般来说,管理资产在 100 万美元以上的客户才是私人银行业务的服务目标。在国内,不同的商业银行有着不同的规模要求,以招商银行和建设银行为例,全口径的管理资产至少要达到 1 000 万元人民币;中信银行所设定的全口径管理资产标准则为 800 万元;光大银行、平安银行、浙商银行所设定的全口径管理资产标准为 600 万元。

(2) 服务产品内容丰富。绝大多数商业银行除了提供投资咨询、税务筹划、信托、银行基本结算等产品或服务,还会根据其客户本身资产状况与自身需求,提供定制性的金融产品与非金融增值服务,具体包括基本商业银行服务,投资管理服务,保险规划服务,税务筹划服务,信托服务,国际资产传承规划服务,遗产规划服务,艺术品、奢侈品收藏、鉴赏及投资咨询服务,以及子女教育辅导及咨询、出国签证办理、海外医院体检等非金融增值服务。各商业银行持续推出特色产品和服务,完善私人银行专属产品体系。工商银行的私人银行客户数领先其他银行,创新开展家族信托业务,成功签约首单资金型家族信托,首推"私银理财"微课堂线上理财产品直播,升级推出融 e 行私银尊享版,开通私人银行业务专属入口;中国银行定期发布中银个人金融资产配置策略报告、中银粤港澳大湾区财富指数报告、中银私人银行优选私募产品系列指数;交通银行推出"臻承"系列保险金信托业务,兼具保险人身保障、杠杆较高与信托资产保护、灵活传承的功能;兴业银行构建量化基金评价模型,推出"兴承优选计划",打造私人银行客户专属基金产品组合,同时进一步打造"四大俱乐部"的私人银行增值服务体系。

(3) 盈利能力高。统计数据显示,私人银行业务已成为商业银行零售业务利润的中流砥柱,以招商银行为例,2018 年招商银行私人银行客户仅占零售客户总数的 0.06%,

却贡献了零售资产管理规模的29.98%,与其他银行业务相比,私人银行业务成了最赚钱的业务之一。

(4)服务方式具有专业性和私密性的特点。无论是私人银行理财经理还是投资顾问团队的成员,必须具备高水平的专业能力、客户营销能力、客户关系维护能力,在财富管理、股票证券、税收筹划、慈善事业等多方面具有从业履历和丰富经验。在提供服务的同时,私人银行的工作人员还要保证私密性,拥有巨额的资产是私人银行客户的共同特点,对如此庞大的资产进行管理规划,保证财产的安全性,是实现财富增值的充分条件。

拓展阅读

坚守专业价值,办好自己的事——私人银行的变与不变

私人银行是与时间为友的行业,总要经历时间的检验,才能收获信任的果实。2007年,中国银行于业内首开私人银行业务,从此中国的私人银行业呈现快速增长态势,头部机构规模已跻身全球前列,比肩国际老牌私人银行的百年积累。在奔赴新时代的起点上,既有喜悦,也要有冷静的思考:我们在哪里?应当如何坚守?应当如何改变?

我们仍处于私人银行发展的初级阶段。中国的私人银行业脱胎于理财业务,成长于财富管理、资产管理与高净值客户三者之间的互动和影响。从需求端来看,人们对财富的认识相对滞后于财富的高速增长。客户追求在短期内创造更多的财富,财富需求相对单一,投资期限和预期收益往往成为衡量产品的二元标尺。从供给端来看,资产管理产品仍是私人银行的主要驱动力,投资对象以信贷类资产、非标准债权资产为主,产品类型较为单一,财富管理与资产管理的定位相互混淆,如何围绕客户需求,通过有效的资产配置为客户熨平波动和创造价值,通过科学的财富规划实现财富的安全和平稳传承,是财富管理有别于资产管理的价值所在,以客户为中心的理念还需强化。

时代向前,私人银行的行业发展面临变革。这场变革看似始于政策,实则内生于市场。2018年资管新规开启了财富管理和私人银行业回归本源的道路。"买者自负"强调风险与收益必须匹配,"卖者尽责"要求行业履行职守。2019年《全国法院民商事审判工作会议纪要》强调信托财产的"独立性",家族信托资产隔离功能的有效性,推动信托行业正本清源,回归财富保护与传承的本位。随着宏观经济从高速增长走向高质量发展,技术成为经济增长最重要的生产要素,简单"钱生钱"的财富思维需要调整;"创富"一代悄然老去,家族财富传承成为私人银行面临的日益紧迫的课题;高度依赖能源消耗的增长模式成为过去,在财富发展的道路上,应更加主动地考虑和承担社会责任,倡导绿色发展理念。

展望未来,以科技为私人银行赋能。私人银行需要不断充实和完善财富管理内涵,更好地践行以客户为中心的服务理念。运用金融科技,深化客户洞察,优化服务体验。尤其是优化资产配置,及时捕捉金融市场海量信息,匹配客户风险偏好,形成动态资产配置建议,探索实现自动化的风险前置预警,帮助投资者调整资产配置,实现组合再平衡。同时,借助5G等数字技术,实现与私人银行客户无处不在的深度沟通。

支持科技金融发展,服务国家重大战略。作为居民财富和资本市场的桥梁,一方面,

私人银行要积极整合资源,通过一揽子的"商行+投行"全融服务方案,为企业提供私募股权融资、债券发行、员工持股计划等综合金融服务,支持企业发展,促进科技创新;另一方面,私人银行要加快产品创新步伐,通过研发设计创业投资基金、私募股权基金、产业基金、合格境外有限合伙人等投资工具,引导民间资本参与到科技创新投资当中。此外,私人银行也要帮助家族企业优化企业治理,做好企业财富的稳健传承,支持企业家安心创业。

践行社会责任,提升财富的价值内涵。在与企业家相伴而行的路上,私人银行更应当发挥专业能力的作用,比如通过慈善信托、基金会等慈善工具应用,为客户建立体系化、制度化的家族慈善安排;引入绿色金融投融资项目,在家族资产配置中践行负责任投资的理念,帮助客户实现企业发展和家族财富的绿色转型。通过专业的力量,与企业家并肩推动社会正能量的更好传播,追寻家族财富的精神价值。

中国私人银行业的发展,浓缩了境外私人银行业的百年历程,却缺少厚实的百年积淀。只有沉下心,坚守发展初心,夯实专业积累,认真办好自己的事,才能走得更远。

详情链接:王亚,《坚守专业价值 办好自己的事——私人银行的变与不变》,《银行家》,2021 年 8 月 20 日。

第二节 商业银行零售产品定价

一、产品定价的具体形式

商业银行产品种类繁多,产品定价形式也多种多样。简单地说,商业银行产品的定价分为可以数字量化的明确定价和隐含定价两种。前者包括如利率、手续费、汇率等可以明确以货币来衡量的形式;后者则是商业银行附加在产品中,提供给客户的各种优惠条件、服务等难以通过货币来衡量的定价方式,当然,其中也包括对客户规定的隐含条件,如存款数额、银行卡消费次数和金额、住房贷款中的保险代理等。此外,商业银行还会通过在现有产品间进行资金分配,即把资金向高收益产品分配的方式弥补定价权的不足。

(一)利率

利率是商业银行最重要的产品定价形式,关系到商业银行最重要的收入和支出,利率变动不但会改变银行资产和负债的市值,而且会改变银行的投资价值,使银行股价和价值发生变动。而商业银行所面临的最严峻的风险——利率风险也会发生变化。企业利息支出发生变动,商业银行面临的信用风险也相应发生变化。商业银行不得不对资产负债管理做出变更,对产品定价做出相应调整。

利率市场化一直是我国金融改革的基本任务。2004 年金融机构贷款利率上限和存款利率下限放开,2013 年金融机构贷款利率下限取消,2015 年金融机构存款利率上限取消,2019 年 LPR 改革启动,我国利率市场化改革不断深入。

从我国利率市场化改革的进程来看,大致可以分为五个阶段:

1. 1993—2007 年:"存款利率管上限、贷款利率管下限"的阶段

1993—2007 年,我国先后放开了货币市场利率和债券市场利率,利率市场化改革真正进入"存款利率管上限、贷款利率管下限"的新阶段。

1993 年 11 月 14 日,中国共产党第十四届中央委员会第三次全体会议通过了《关于建立社会主义市场经济体制若干问题的决定》,明确了中国市场经济改革的方向,并提出中央银行需从主要依靠信贷规模管理,转变为运用存款准备金率、中央银行贷款利率和公开市场业务等手段,调控货币供应量,保持币值稳定;中央银行按照资金供求状况及时调整基准利率,并允许商业银行存贷款利率在规定幅度内自由浮动。

1993 年 12 月 25 日,国务院发布《关于金融体制改革的决定》,明确了我国金融体系的改革思路,并提出中央银行要制定存贷款利率的上下限,进一步理顺存款利率、贷款利率和有价证券利率之间的关系;各类利率要反映期限、成本、风险的区别,保持合理利差;逐步形成以中央银行利率为基础的市场利率体系。

1995 年中国人民银行发布的《关于"九五"时期深化利率改革的方案》初步提出了利率市场化改革的基本思路。2003 年 2 月 20 日,2002 年四季度中国货币政策执行报告对我国利率市场化改革进行专门讨论,总结并明确了中国利率市场化改革的总体思路,即"先外币、后本币;先贷款、后存款;先长期、大额,后短期、小额"。

2. 2007—2012 年:受金融危机影响,利率市场化改革进程放缓

在全部放开货币市场利率与债券市场利率、贷款利率上限和存款利率下限后,我国利率市场化改革进程因受 2007—2008 年金融危机影响而放缓,但仍在为进一步利率市场化改革做准备,如不断完善中央银行利率体系、培育货币市场基准利率、放开替代性金融产品价格,等等。

2012 年既是金融业新一轮创新开启之年,又是利率市场化改革又一破冰期的起始之年,在 2012 年 6 月和 7 月先后扩大存贷款基准利率的波动幅度之后,2012 年 9 月 17 日,"一行三会一局"对下一阶段利率市场化改革提出五点要求,成为利率市场化新一轮改革进程的主要思路。

3. 2013—2015 年:构建政策利率体系,利率管制基本放开

2012 年以来的金融创新使得传统数量型货币政策和部分金融指标的有效性进一步下降,利率市场化的推进显得更为迫切。中央银行主要通过放松利率管制、加强机制建设、推动产品创新等多个层面来推动利率市场化。

(1)利率管制基本放开。2013 年 7 月,中央银行全面放开贷款利率和票据贴现利率管制。2015 年 10 月,中央银行放开了商业银行、农村合作金融机构、村镇银行、财务公司、金融租赁公司、汽车金融公司等金融机构活期存款、一年以内(含一年)定期存款、协定存款、通知存款利率上限。2015 年 12 月,中央银行放开金融机构一年以上(不含一年)定期存款利率浮动上限。至此存贷款基准利率的管制已基本放开。

(2)替代性金融产品不断推出,如 2013 年 10 月推出贷款基础利率,2013 年 12 月推出同业存单,2015 年 6 月推出大额存单。

(3)丰富货币政策工具箱。中央银行相继推出短期流动性调节工具(short-term liquidity

operations，SLO)、常备借贷便利(standing lending facility，SLF)、中期借贷便利(medium-term lending facility，MLF)等工具，以便及时平滑利率市场化改革而造成的市场波动。

4. 2015—2018年：进一步完善货币市场利率体系，建立利率走廊机制

(1) 2015—2018年，中央银行进一步完善货币市场利率体系。除因2015年股灾五次调整存贷款基准利率外，其余时间中央银行并没有对存贷款基准利率进行调整，而对政策性利率却频繁调整。中央银行的目的在于通过不断完善同业存单发行利率，推出存款类金融机构债券回购利率、回购定盘利率，建立利率走廊机制等举措形成基准利率框架。

(2) 2014年5月，时任中央银行行长周小川表示未来将采取利率走廊模式来调整短期利率，利率走廊机制开始引起市场关注。随后，2015年第一季度中国货币政策执行报告明确提出"探索常备借贷使得利率发挥货币市场利率走廊上限的功能"。目前，我国利率走廊的框架基本清晰，即上限和下限分别为SLF利率与超额存款准备金率利率水平。

(3) 中央银行在进行价格政策调整的同时，也相继推出了普惠性降准、置换式降准、临时准备金动用安排、临时流动性便利等数量型政策举措，形成了数量型与价格型货币政策相辅相成的基本调控框架。

5. 2019年以来：存贷款基准利率变革，利率市场化进程迈入深水区

LPR新报价机制于2019年8月正式推出，利率市场化程度显著提升。2013年10月LPR推出后，受银行贷款定价惯性等因素影响，LPR报价与贷款基准利率之间保持着相对固定的公布频率、变化幅度和利差，市场化程度较低，对贷款利率的引导作用不够。LPR形成机制改革后，由报价行根据自身对最优客户实际发放贷款的利率水平，在MLF利率的基础上加点报价，MLF利率则由市场化招标形成，反映了银行平均的边际资金成本，市场化程度亦明显提升。同时，LPR亦已逐渐取代贷款基准利率成为银行内部资金转移定价的主要参考基准，贷款内部资金转移定价与LPR的联动性以及货币政策向贷款利率传导的效率明显增强。

近两年来，LPR形成机制改革已经收到良好的效果。LPR形成机制改革后，货币政策引导银行把LPR对接到银行内部资金转移定价上，银行利差开始收窄，盈利能力压力增大。这使得银行一方面积极调整负债端业务，通过优化负债结构、约束大额存单规模或下调存款挂牌利率，降低银行负债成本；另一方面通过实施差异化定价策略，应用金融科技等手段精准定价和加强风控。

(二) 汇率

汇率是一种货币相对另一种货币的价值，标示方法有直接标价法和间接标价法。根据不同的划分标准又可以分为基本汇率与交叉汇率、即期汇率与远期汇率、官定汇率与市场汇率等。汇率普遍用于外汇产品的标价中，简单的如外汇兑换、外汇买卖中，复杂的如远期、期货、期权、互换等外汇产品中。

银行一方面为客户提供外汇产品和服务，另一方面直接参与国内和国际外汇市场，对汇率水平有着重要的影响。汇率制度与水平对一国贸易和经济往往具有重大影响，因此汇率水平往往是行政干预和国内外市场双重作用的结果。对任何一个国家而言，汇率相

对利率是一个更加复杂、难以控制的经济变量,银行在使用汇率定价方面更具被动性。这种被动性一是表现在银行只能接受既定的汇率水平,很难对其施加影响;二是银行在缺乏有效的避险工具的情况下,难以进行合适的汇率风险管理。

目前,我国外汇市场体系包括银行间外汇市场和银行对客户的外汇市场。前者包括即期、远期、期权、互换等交易,后者包括外汇兑换、结售汇、外汇存贷款、代客理财等交易。

(三) 手续费

手续费一般是针对银行向客户提供的劳务而收取的报酬,不仅可以在某些银行服务中单独使用,许多时候还可以与利率、汇率同时使用,其水平和使用方式十分灵活,是重要的营销手段,国外银行往往根据客户购买产品的数量和交易金额给予不同的价格。2014年2月14日,中国银监会、国家发展改革委公布《商业银行服务价格管理办法》。该办法依据《中华人民共和国商业银行法》规定,要求按"谁委托、谁付费"原则收取委托业务相关手续费,不得向委托方以外的其他单位和个人收取委托业务相关手续费。针对银行终止服务机制缺失导致有客户非自愿被扣费的现象,《商业银行服务价格管理办法》规定银行应根据客户要求,采取合理有效措施,及时终止相关服务。

(四) 隐含定价

隐含定价是银行非价格竞争的方式。运用隐含定价的目的有二:一是规避现有监管,主要是利率管制和分业经营管制;二是出于差异化经营的需要,或是提高服务质量。银行采用隐含定价的方式固然有规避现有管制的原因,但同时也是针对不同客户的特性进行的营销。有的客户对货币定价的敏感性相对较低,而是更加在意服务获得的方便性等。

在国内的金融环境中,隐含定价发生的可能性更大,存在的范围更广。隐含定价似乎是由每家银行自行制定的,实际上这种自主权仅在一定程度上存在,市场竞争会使各家银行的隐含定价趋于一致,即单个银行定价的权利和能力是有限的。首先,长期以来,银行的定价权很有限,银行为竞争不得不使用明确定价之外的手段。随着银行定价权的扩大,银行理应更少地使用隐含定价手段,但两方面的因素会减弱这种趋势:一是竞争的日益激烈和各家银行产品、服务的同质性,促使银行采用隐含定价增加产品的差异性;二是即使银行可以做到完全明确定价,但企业存在的代理问题仍使其更加愿意接受隐含定价,提高个人的物质收益。

隐含定价的形式十分丰富,如免息期,免银行卡年费,给予客户产品设立、变更、终止的期权,补偿性余额,延长服务时间等。

| 拓展阅读 |

银行服务价格新规解读

2014年2月14日,中国银监会、国家发展改革委公布《商业银行服务价格管理办法》(以下简称《办法》)。《办法》分总则、政府指导价、政府定价的制定和调整,市场调节价的制定和调整,服务价格信息披露,内部管理,服务价格监督管理,附则共7章38条。

近年来,随着广大群众金融消费需求的不断增长,我国银行业不断改善服务理念和方式,加强金融创新,服务能力和水平不断提高,服务种类日益丰富,功能日益完善。与此同时,商业银行业务发展和受理渠道的多样化,使服务价格披露以及金融消费者行使知情权和选择权的形式更加复杂,而与此相关的法律规定较为原则化,且很分散;银行服务价格领域暴露的问题增多,亟待规范。基于业务发展进程中遇到的这些问题,中国银监会和国家发展改革委多次讨论并对《商业银行服务价格管理暂行办法》(中国银行业监督管理委员会、国家发展和改革委员会令2003年第3号)进行修订,形成了《商业银行服务价格管理办法》。从银行服务价格行为应遵循的基本原则、政府指导价、政府定价的制定和调整、市场调节价的制定和调整、服务价格信息披露、内部管理、服务价格监督管理等多个方面对银行服务价格行为进行系统性规范。

《办法》细化了市场调节价的制定和调整程序,明确规定了商业银行制定市场调节价的职责部门、定价程序以及市场调节价和收费项目的公示内容、公示场所和公示时限等,兼顾银行业务发展的需要和市场定价行为的规范。《办法》重点强调了商业银行应披露服务价格信息,并通过多种渠道与方式保障客户的知情权和选择权;明确了对银行服务价格的内部管理要求,规定银行应明确价格管理的牵头部门,制定和严格执行管理制度,完善投诉处理等,要求银行兼顾业务发展和履行社会责任;细化了银行服务价格违法、违规行为的处罚规定;鼓励社会监督和行业自律;通过内部管理、监管部门监督和社会监督,共同促进银行规范服务价格行为。

同时,《办法》基于《中华人民共和国价格法》的规定,进一步细化和规范政府定价、政府指导价的管理方式和调整程序。《办法》配套下发了《关于印发商业银行服务政府指导价政府定价目录的通知》(以下简称《通知》),明确了商业银行服务政府指导价、政府定价的有关规定,降低和调整了部分收费标准,规定了部分免费服务内容。《通知》充分考虑了银行客户普遍使用的基础金融服务,保障客户享有基础金融服务的权利。

为规范银行服务市场调节价管理,提升服务实体经济质效,改善人民群众金融消费体验。2021年11月25日,银保监会发布关于《关于规范银行服务市场调节价管理的指导意见》公开征求意见的公告。其中提出,银行不得利用低价方式开展不正当竞争;对于融资类业务,不得未提供实质性服务而收取费用;不得在设置价格区间时,过度扩大区间上下限间隔,规避价格管理要求;不得在基于外部成本定价时,收取显著高于外部服务价格标准的费用;不得对服务项目重复收取费用,或以降价为由降低服务质量或数量。

详情链接:《银监会相关部门负责人就〈商业银行服务价格管理办法〉答记者问》,银监会网站,2014年2月14日;《中国银保监会关于〈关于规范银行服务市场调节价管理的指导意见〉公开征求意见的公告》,银保监会网站,2021年11月25日。

二、产品定价策略

(一) 新产品定价

商业银行定价包括对新产品和服务的初次定价以及对现有产品和服务的价格修订,通常对新产品的定价过程如图8-2所示。

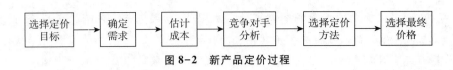

图 8-2 新产品定价过程

(二)产品价格修订

即使对同一产品,银行也不会制定单一价格,而是建立一种价格结构,反映诸如地区需求和成本、市场细分、交易频率、交易量等的变化情况。修订价格是银行在不同时期/时间、地点等情况下对产品或产品组合采取的针对价格的营销手段,包括地理定价、价格折扣或折让、促销定价、差别定价和产品组合定价,其中价格折扣或折让和促销定价更多地在有形商品的交易中使用,在此不做说明。

地理定价是指对不同地域的客户实行不同的价格。尤其是大型银行,其覆盖区域非常广泛,曾经几乎遍及全国每个角落。银行在每个区域实行的价格是有区别的,这种区别体现在利率水平及产品的附加产品和服务上。在利率市场化条件下,不同区域经济状况的差别导致银行在不同区域的成本和利润率不同,各地的客户需求和对利率的承受能力、对金融产品的期望收益不同,促使银行采取地理定价策略。

差别定价是指银行以两种以上不反映成本比例差异的价格来销售一种产品或服务。差别定价应当合法,并且不应引起客户的反感和敌意。银行差别定价多针对细分客户,银行对客户的了解多是基于历史交易记录,因此往往根据客户交易量、交易频率和存款余额制定不同的价格。差别定价的前提之一是付低价的细分市场客户不得将产品和服务转让给付高价的客户,由于金融业存在市场准入限制、准入技术和资金门槛,因此这一前提几乎是必然能够满足的;此外,市场必须能够细分,且细分市场要显示不同的需求程度,这一前提也是可以满足的,因此差别定价十分适用于金融业。

产品组合定价是指对不同组合产品之间的关系和市场表现进行灵活定价,它包括系列产品定价、互补产品定价和成套产品定价等。对于互替产品,可适当提高畅销品价格,降低滞销品价格,以扩大后者的销售,使二者销售相互得益,增加总盈利。对于互补产品,有意识降低购买率低、需求价格弹性大的产品价格,同时提高购买率高而需求价格弹性小的产品价格,会取得各种产品销量同时增加的良好效果,进而追求整体综合效益,掌握好平均收益和边际收益的平衡以及即期效益和远期效益的平衡。

三、商业银行主要产品的定价方法

这里主要介绍商业银行针对个人贷款和中间产品的定价方法。

(一)个人贷款定价

个人贷款一般分为消费贷款和住房贷款两大类。近年来,个人住房贷款、旅游贷款、助学贷款、汽车贷款、信用卡贷款等多项个人贷款业务发展迅速,产品创新不断、品种繁多。随着利率市场化改革的深入,为了加强 LPR 对个人贷款定价机制的指导,中国人民银行于 2019 年 12 月 28 日发布公告(中国人民银行公告〔2019〕第 30 号),规定自 2020 年 1 月 1 日起,各金融机构不得签订参考贷款基准利率定价的浮动利率贷款合同。自 2020

年3月1日起,金融机构应与存量浮动利率贷款客户就定价基准转换条款进行协商,将原合同约定的利率定价方式转换为以 LPR 为定价基准加点形成(加点可为负值),加点数值在合同剩余期限内固定不变;也可转换为固定利率。定价基准只能转换一次,转换之后不能再次转换。存量浮动利率贷款定价基准转换原则上应于2020年8月31日前完成。

1. 消费贷款的定价

大多数非住房消费贷款的定价与企业贷款相似,根据一定基础或成本利率加上利润率和补偿定价。其计算公式为:

客户支付的贷款利率 = 银行筹集贷款资金的成本 + 非资金运营成本(包括银行职工的工资) + 客户违约风险金 + 长期贷款风险金 + 期望得到的利润

最常用的消费贷款利率计算方法包括年度百分比利率、单一利率、贴现利率和附加利率。一般来说,消费贷款的期限较短,使用固定利率。

2. 住房贷款的定价

住房贷款的定价内容包括初始利率、月还款额和首付金额的计算等。

首付金额的计算公式如下:

住房贷款的首付金额 = 贷款金额 × 银行收取的首付金比率

月还款额计算公式如下(其中 t 为贷款持续年限,按月还款):

$$住房贷款的月还款额 = \frac{贷款本金 \times \frac{年利率}{12} \times \left(1 + \frac{年利率}{12}\right)^{t \times 12}}{\left(1 + \frac{年利率}{12}\right)^{t \times 12} - 1}$$

我国个人住房贷款分期还款方式有两种,即等额本息还款法和等额本金还款法。前者是每月以相等的还本付息数额偿还贷款本息;后者是递减还款法的一种,是将贷款本金分摊到还款的各期,每期还本金额不变,应还利息由未偿还本金计算得出,逐期减少。

等额本息还款法的计算公式如下(其中总还款期数以月为期):

$$月均还款额 = \frac{贷款本金 \times 月利率 \times (1 + 月利率)^{总还款期数}}{(1 + 月利率)^{总还款期数} - 1}$$

等额本金还款法的计算公式如下:

$$每月(季)还本付息额 = \frac{贷款本金}{还本付息次数} + (贷款本金 - 已偿还本金累计数) \times 月(季)利率$$

我国个人住房贷款大部分为浮动利率贷款,2006年各商业银行陆续推出了固定利率贷款。固定利率贷款对银行和借款人而言都是一把"双刃剑",当利率处于上升阶段时,固定利率对客户有利,但当利率处于下降阶段时,固定利率对银行有利。

根据中国人民银行公告〔2019〕第16号,自2019年10月8日起,新发放商业性个人住房贷款利率以最近一个月相应期限的贷款市场报价利率为定价基准加点形成,即"LPR + 利率加点"模式。而根据多家银行发布的房贷利率切换机制细则,2020年1月1日前签订商业房贷合同的客户可以将房贷利率选择转换为 LPR 加点形成的浮动利率,或者固定利率。商业性个人住房贷款的加点数值应等于原合同最近的执行利率水平与 2019 年 12 月发布的相应期限 LPR 的差值。从转换时点至此后的第一个重定价日(不含),执行的利率水平应等于原合同最近的执行利率水平,即 2019 年 12 月相应期限 LPR 与该加点数值之和。之后,自第一个重定价日起,在每个利率重定价日,利率水平由最近一个月相应期限 LPR 与该加点数值重新计算确定。

拓展阅读

中国人民银行公告明确个人住房贷款利率调整相关事项

为坚决贯彻落实"房子是用来住的,不是用来炒的"定位和房地产市场长效管理机制,在改革完善贷款市场报价利率(LPR)形成机制过程中,确保区域差别化住房信贷政策有效实施,保持个人住房贷款利率水平基本稳定,维护借贷双方合法权益,现就新发放商业性个人住房贷款利率有关事宜公告如下:

一、自 2019 年 10 月 8 日起,新发放商业性个人住房贷款利率以最近一个月相应期限的贷款市场报价利率为定价基准加点形成。加点数值应符合全国和当地住房信贷政策要求,体现贷款风险状况,合同期限内固定不变。

二、借款人申请商业性个人住房贷款时,可与银行业金融机构协商约定利率重定价周期。重定价周期最短为 1 年。利率重定价日,定价基准调整为最近一个月相应期限的贷款市场报价利率。利率重定价周期及调整方式应在贷款合同中明确。

三、首套商业性个人住房贷款利率不得低于相应期限贷款市场报价利率,二套商业性个人住房贷款利率不得低于相应期限贷款市场报价利率加 60 个基点。

四、人民银行省一级分支机构应按照"因城施策"原则,指导各省级市场利率定价自律机制,在国家统一的信贷政策基础上,根据当地房地产市场形势变化,确定辖区内首套和二套商业性个人住房贷款利率加点下限。

五、银行业金融机构应根据各省级市场利率定价自律机制确定的加点下限,结合本机构经营情况、客户风险状况和信贷条件等因素,明确商业性个人住房贷款利率定价规则,合理确定每笔贷款的具体加点数值。

六、银行业金融机构应切实做好政策宣传、解释和咨询服务,依法合规保障借款人合同权利和消费者权益,严禁提供个人住房贷款"转按揭""加按揭"服务,确保相关工作平稳有序进行。

七、2019 年 10 月 8 日前,已发放的商业性个人住房贷款和已签订合同但未发放的商业性个人住房贷款,仍按原合同约定执行。

八、商业用房购房贷款利率不得低于相应期限贷款市场报价利率加 60 个基点。公积金个人住房贷款利率政策暂不调整。

详情链接:《中国人民银行公告〔2019〕第 16 号》,中国人民银行网站,2019 年 8 月 25 日。

（二）中间产品定价

中间产品定价主要有四种方法：

（1）基于账户收费，即对账户管理收取一定费用，费用水平通常通过账户余额来确定，而非按照每次具体交易的金额来确定。

（2）基于交易收费，即银行根据客户每次交易的金额来确定收费，不收取客户账户年费。

（3）基于"一揽子"服务收费，这种方法与基于账户收费类似，不过对账户管理之外的一些服务还要收取额外的年费。

（4）基于间接收入收费，即对账户和日常交易都不收取费用，而是通过其他渠道去弥补，如透支、循环信用等。

银行具体采取何种定价方式，往往不是由经济水平决定的，更多的是受一国风俗习惯及监管的影响。

银行在为中间产品和服务定价时，往往将两种或两种以上定价方式相结合。例如，对于汇款业务，在一定的金额之内，银行按照金额的百分比确定手续费，超出该金额之后，则按照笔数收费；对于银行卡业务，银行收取的年费属于基于账户收费，而实际上长期以来，国内银行对持卡人不收取年费，或者在满足一定的条件下免年费。银行大部分收入来自透支利息、存款的利用及商户手续费，这类费用属于基于间接收入收费。

第三节　商业银行产品营销

一、商业银行产品营销渠道

21世纪，商业银行正逐步构建一个包括物理渠道（分支行、ATM、社区银行）、电子渠道（电话、网络、移动终端）、全渠道（合作伙伴）在内的立体渠道体系，以达到采用最有效率的方式覆盖不同客户群，使整体经营效应最优化的目的。

（一）物理渠道

1. 分支行物理网点

分支行模式是商业银行最传统的营销方式，其优点是通过银行员工与客户面对面的交流，增加客户对银行的感知程度和信任感，这对抽象的金融产品而言相当重要。然而随着银行电子和金融科技的发展，银行物理网点正面临转型升级的时代挑战，网点如何从"等客来"到主动"获客、活客、留客"，成为网点急需改善的问题。因此，在银行业零售转型和金融科技加速发展的背景下，商业银行分支行物理网点面临两种境况：

一是物理网点数量被压缩。中国银行业协会数据显示，2020年中国银行业电子渠道分流率为90.88%，银行网点客流量骤降，越来越多的网点开始裁撤。中国银行业协会发布的《2020年中国银行业服务报告》显示，截至2020年年末，中国银行业网点数达到22.67万个，相较于2017年的历史高点减少2 000个，仅2020年就减少近1 300个。

二是物理网点的综合化、轻型化、智能化转型。我国银行业网点转型主要有三种应对策略：一是综合化转型，银行在撤并网点的同时，不断增加既有网点的功能；二是轻型化转型，通过降低人员配置，推进网点的轻型化发展；三是智能化改造，通过配置智能化机具，推进网点的智能化发展。

2018年2月，农业银行新一代超级柜台智能服务平台在全国范围内投产上线。截至2019年年末，农业银行实现了全行共2.2万家网点的智能化改造。2019年，工商银行、中国银行、交通银行等多家银行推出5G智慧网点试点。而2019年7月，建设银行与京东AI（人工智能）共同打造了智能创新产品"金融太空舱"——针对银行场景打造的微型、可移动的多样化、沉浸式、"胶囊式"空间交互设备，它定位为银行网点、手机App之外的新一代智能服务终端。2016年后，招商银行分行与支行数量分别停留在140家和1 700家左右，数量增长几乎可以忽略不计；但其可视化柜台设备自2016年以来呈现脉冲式增长，从2015年年末的2 618台增长到2020年年末的16 599台。

2. ATM

ATM是银行在不同地点设置的一种小型机器，银行利用一张信用卡大小的胶卡上的磁带记录客户的基本资料（通常就是银行卡），客户可以通过ATM办理提款、存款、转账等银行柜台业务，因为大多数客户主要利用的是ATM的提款功能，所以也常把这种自助机器称为自动提款机。20世纪80年代中期，中国银行为了提升银行现代化形象，开始引进ATM。自20世纪90年代末以来，中国开始投入大量人力、物力，进行ATM的研制和生产。经过多年的培育，中国ATM市场得到了长足发展。

自2000年以来，中国的ATM总保有量以24.62%的年均复合增长率高速增长。截至2010年年底，中国联网ATM保有量已经达到27.10万台，同比增长26.11%。中国已经取代日本成为全球第二大ATM市场，排在美国之后。从每百万人拥有ATM的数量上看，截至2010年年底，中国平均每百万人拥有ATM约220台，低于世界平均每百万人拥有315台的水平，更远低于美国和日本等发达国家与地区每百万人拥有超过1 250台的水平，且ATM分布状况极不均匀，市场发展空间巨大。

芯片金融卡推出以后，许多银行便结合网络的功能，让用户借由自行安装的芯片卡读卡机，在自己的电脑上通过网络进行转账、查询余额等非存、提领现金的交易动作。

随着移动互联网的发展，大多数银行都推出了手机终端应用，直接通过手机App进行银行转账，ATM逐渐退居二线。根据中国人民银行2021年3月24日公布的《2020年支付体系运行总体情况》，截至2020年年末，ATM机具为101.39万台，较2019年年末减少8.39万台。全国每万人对应的ATM数量为7.24台，同比下降7.95%。

3. 社区银行

社区银行（community bank）的概念来自美国等西方金融发达国家，其中的"社区"并不是一个严格界定的地理概念，它既可以指一个省、一个市或一个县，又可以指城市或乡村居民的聚居区域。凡是资产规模较小、主要为经营区域内中小企业和居民家庭服务的地方性小型商业银行都可称为社区银行。目前，发展社区银行的呼声日益高涨，已成为金融改革的热门话题之一。发展社区银行是缓解中小企业和个体工商户贷款难的治本性措施,也是改善金融生态和宏观调控的必要措施。

社区银行具有三大优势:第一,定位社区银行的目标客户群是中小企业(特别是小企业)和社区居民这些中小客户,大银行则是以服务大中企业客户为主。尽管可能存在重叠,但彼此在对方领域不会形成激烈冲突。因此,社区银行能够在准入、占领和保持巨大的中小企业和社区居民客户市场方面赢得独特优势。第二,信息。社区银行的员工通常十分熟悉本地市场,这对开展高风险的中小企业贷款十分重要。信息不对称程度相对大银行而言较小,风险识别能力较强,这使得社区银行在对中小企业贷款中可以获得比大银行更大的安全赢利空间。第三,地区。大银行通常将其在一个地区吸收的存款转移到另外一个地区使用,而社区银行则主要将一个地区吸收的存款继续投入该地区,从而推动当地经济的发展,因此会比大银行更能获得当地政府和居民的支持。由于运作都在本地,熟悉本地市场,因此社区银行条件灵活,手续简化,速度较快,大大降低了运营成本,这种来自地域的优势是社区银行经营发展的最大无形资产。

2006年,我国第一家社区银行成立,龙江银行大庆分行成为全国最早发展社区银行的试点银行,并形成"小龙人"社区银行品牌。这家社区银行根据社区银行网点周边社区特点、居民特征,为社区居民提供特色化、差异化的社区银行服务。2010年4月,宁波银行启动社区银行战略;5月,上海农商银行首家金融便利店在徐汇天平街道开业。自2013年6月以来,我国银行业加快社区银行网点扩张速度,成为银行转型升级的"试验田",先后历经了金融便利店、社区支行与零售智能新门店的变迁过程。在重点服务客户群体上,社区银行主要锁定于社区居民、周边商铺的小微企业主,并通过O2O(在线离线/线上到线下)营销模式来留住客户,成为开展零售金融转型的雏形。

目前,我国社区银行的未来定位愈发向生态共建、服务普惠靠拢,强化社区银行客户体验、品牌宣传、社交中心的功能,并且针对不同客户群拓展出极具定制化特色的新业态。比如建设银行正在不断探索"智慧政务+劳动者港湾+社区综合服务"的路径,构建以网点为中心的社区生态圈,下沉服务重心融入网点周边社区生活,同步打造哔哩哔哩网站、汽车等网点主题生态场景;交通银行则是在一些支行试点敬老网点,针对老年人这一特定客户群为其提供便利和公益服务;光大银行试行美好生活服务区,打造1+5泛金融服务场景,真正满足客户的泛金融服务新需求;哈尔滨银行的成都金沙支行尝试将原本的业务大厅升级成为银行及社区的"共治场景",这里既是银行和社区的办事大厅,又是居民客厅,还是党群阵地,大家不仅能在这里办理银行相关金融业务,还能在此享受社区生活的乐趣,与邻里建立友好情谊。除此之外还有招商银行的Hello Kitty小金卡主题网点,华夏银行的"图书馆支行"等。

> **拓展阅读**

平安银行"五位一体"战略落地,引领网点数智化服务进阶

平安银行凭借其在网点转型领域的前沿探索和创新突破,获得了行业内外的充分肯定。仅在2021年,平安银行就凭其亮眼的零售转型成果,斩获《亚洲银行家》(The Asian

Banker)"最佳网点创新奖"、iF"年度服务设计奖"以及《零售银行》"最佳物理渠道 AI 智能应用奖"等奖项。2021 年是平安银行零售转型发展新三年的攻坚之年。在"开放银行、AI Bank+远程银行+智能网点银行、综合化银行"五位一体的全新作战模式之下,平安银行把客户经营体系由以产品销售为主转向围绕客户旅程的智慧经营体系,持续打造有温度的服务。

1. 升级 OMO 经营模式,推动网点数智化服务进阶

2020 年以来,平安银行持续升级"流花模式",通过 AI+BI(商业智能)的运用,打造了"AI 厅堂——数据驱动的 OMO(线上与线下)融合智能化服务营销模式":从客户端"想到店—线上预约—到店关怀—业务办理—精准服务—离店满意度评价"六大环节,到员工端"到店识别—客户画像—精准接待—客户流转—实时现场管理"五大环节,打造更懂客户的超凡服务,同步带动经营效率的提升。其中,基于网点功能、内容的线上延伸平台"平安银行网点云店",打通线上线下体验场景,不断延伸银行网点服务,与线下网点形成资源互通、信息互联,结合少儿、健康、公益等不同生态场景的定向搭建,提供"千人千面"服务,实现银行服务与客户"衣、食、住、行、医"诸多场景闭环经营,让"网点生态不止网点"。

在"线上云店+线下网点"的 OMO 双店运营模式中,云店实现了多元渠道的导流,同时通过构建场景金融生态圈,打通生活服务的全通路平台。反之,线下网点结合线下沙龙活动的体验优势与周边商户的联动效应激活流量,也可以成为云店活动的流量入口。这一业内首创的 OMO 融合智能化服务营销模式大幅提升了网点的业务效率和服务体验。

2. 创新多样化门店生态,激发零售网点转型活力

以双店运营提供的一站式"金融+生活"服务为基础,平安银行网点进一步聚焦少儿、健康、颐年等主力业务场景,通过对多元客群的精细化运营,不断拓展、创新多元生态体系,用有温度的服务助力连接美好生活。

从少儿财商教育场景切入,平安银行网点以橙宝贝金融俱乐部为场景入口,在线下网点举办了亲子沙龙,线上则定制了少儿财商教育课程、好医生少儿在线问诊、健康险、独角兽联名文具等一揽子超值权益服务。平安银行通过整合集团的医疗健康、保险、周边商户等不同生态的强势资源,把温暖的关怀送到社区。从健康场景切入,平安银行打造了一站式健康生态服务,在健康银行,客户只需用手机轻松一扫,就可以自助完成体检,还可以连线平安好医生提供健康报告解读和咨询服务。从养老助老场景切入,平安银行针对颐年群体推出了颐年门店和颐年学院。门店对无障碍设施进行了全面改造升级,同时配备了轮椅、专座等爱心设施;学院则定制了中医养生课、国学书画课、金融反诈课等沙龙及娱乐活动。

平安银行以特色服务打造"客群",用社交运营打造"场景",从资源整合打造"生态",进而带动"聚"场效应,为线下网点的发展提供了一套创新性、多元化并重的极致解法。作为有温度的实践派,平安银行将继续围绕"五位一体"的作战模式,怀揣着服务国家实体经济和保障社会民生的初心、企业社会责任担当的爱心、提供优质金融产品的安心、为客户创造简单便捷服务的舒心,以及金融加医疗健康的暖心,落地有温度的金融。

详情链接:《有温度的实践派:平安银行"五位一体"战略落地,引领网点数智化服务进阶》,《中国经济导报》,2021 年 8 月 23 日。

（二）电子渠道

根据中国银监会 2006 年 3 月 1 日施行的《电子银行业务管理办法》中的有关定义，电子银行业务是指：商业银行等银行业金融机构利用面向社会公众开放的通信通道或开放型公众网络，以及银行为特定自助服务设施或客户建立的专用网络，向客户提供的银行服务。电子银行业务主要包括利用计算机和互联网开展的网上银行业务，利用电话等声讯设备和电信网络开展的电话银行业务，利用移动电话和无线网络开展的手机银行业务，以及其他利用电子服务设备和网络，由客户通过自助服务方式完成金融交易的银行业务方式。

1. 网上银行

网上银行是指借助互联网作为传输渠道向客户提供银行服务的方式，它既可以是机构的概念，又可以是业务的概念。网上银行的出现是金融业的一场革命，它消除了时间和地域的差异，就像把银行搬到了自己的家或办公室里，客户无须亲自前往银行网点，而只需要一台与互联网相连的计算机，就可以在任何时间、任何地点享受银行为其提供的金融服务。网上银行的出现不但精简了传统银行的分支机构，而且使银行的运营效率和收益不断提高，并能为客户提供更有效、更具个性化的服务。

网上银行能提供低成本、高收益、方便、高效的全方位的银行服务，其提供的服务可以包括全球或地域性的金融信息查询、资金转账、外汇交易、股票交易、贷款、咨询、金融分析等。从网上银行的发展趋势来看，未来网上银行必将朝着多渠道、多功能融合的方向发展，不断融入现代高新技术，借助国际互联网，逐步实现以客户为中心，以现代经济为导向，为客户提供安全保障可靠、信息渠道通畅、服务功能完善、产品品质优良的新型金融产品。

2. 电话银行

电话银行是指使用计算机电话集成技术，利用电话自助语音和人工服务方式为客户提供账户信息查询、转账汇款、缴费支付、投资理财、业务咨询、外汇交易、异地漫游、信用卡服务、人工服务等一揽子金融服务的电子银行业务。

电话银行具有以下特点：操作简单，自动化管理，不需要人工干预；安全性高，系统内配有多级用户验证，保证用户银行信息安全；可实时查询，实现银行 24 小时服务。

3. 手机银行

手机银行也可称为移动银行，是利用移动通信网络及终端办理相关银行业务的简称。作为一种结合了货币电子化与移动通信的崭新服务，手机银行业务不仅可以使人们在任何时间、任何地点处理多种金融业务，而且极大地丰富了银行服务的内涵，使银行能以便利、高效而又较为安全的方式为客户提供传统和创新的服务。而移动终端所独具的贴身特性，使之成为继 ATM、互联网、POS 机之后银行开展业务的强有力工具，越来越受到银行业的关注。手机银行已经可以满足人们各种生活需求，增加各种使用场景，为用户提供缴费、出行、价格查询、生活、服务、出行等便捷平台。

随着智能手机的普及和移动互联网的快速发展，越来越多的金融消费行为转移到移动端，银行的服务模式也随之发生了巨大转变。中国金融认证中心发布的《2019 中国电子银行调查报告》指出,个人电子银行移动化趋势显著,手机银行用户比例自 2018 年首次超越网上银行后,继续保持稳步高速增长,2019 年增幅达 6%,增速达 11%。根据中国银行业协会发布的《2020 年中国银行业服务报告》,2020 年手机银行交易笔数达 1 919.46 亿笔,同比增长 58.04%;交易总额达 439.24 万亿元,同比增长 30.87%。手机银行逐渐成为各家银行零售业务创新的主要渠道和驱动引擎。2020 年,新冠肺炎疫情成为"无接触金融服务"的催化剂,手机银行在此期间充分发挥了数字化服务、数字化营销和数字化运营的积极作用,实现了线上获客引流、交易促活、提升黏客等各类经营目标。后疫情时代,手机银行必将成为银行至关重要的流量入口。

拓展阅读

银行业数字化转型进入加速期——手机银行成竞争热点

银行业数字化转型进入加速期,各家商业银行依托手机银行拓宽服务半径,打造差异化发展路径。中国银行、邮政储蓄银行等相继升级手机银行 App 版本,创新打造多个应用场景,抢跑非金融服务赛道。值得注意的是,多家银行手机银行 App 版本不断迭代更新的同时,"适老化"版本已暖心上线。

金融服务便捷增效

《中华人民共和国国民经济和社会发展第十四个五年规划和 2035 年远景目标纲要》提出稳妥发展金融科技,加快金融机构数字化转型。伴随移动互联网的发展以及智能手机的普及,手机银行逐渐成为银行服务客户的一个最主要的电子渠道,成为银行展示金融科技成果,实现数字化、智能化服务的落地平台,在银行业数字化转型进程中扮演着重要角色。

互联网和信息科技为手机银行的服务方式提供了强大的支撑,目前 95% 以上的零售业务可通过手机办理。而且,客户行为正在发生变迁,越来越多的客户偏爱数字化、移动式的服务体验,网点难以满足客户随时随地获取服务的需求。

据统计,2020 年我国银行业平均离柜率已经高达 90.88%。新冠肺炎疫情暴发后,"排斥聚集"或将成为常态,"非接触银行"服务兴起加剧了银行网点式微,也进一步提升了手机银行等 App 的应用。以手机银行为主的各类 App 已经成为银行服务客户的第一触点,功能和服务越来越丰富,用户活跃度持续增强,普及率、渗透率不断提高。

"适老化"版本暖心上线

未来,电子商务、社区经济、运动、医疗、汽车、银发、教育等领域将是商业银行顺应我国人口结构变化,助力满足人民群众需求,服务实体经济的必然选择,也是商业银行深耕场景建设的主要方向。

面对庞大的用户需求,早在 2019 年,中国银行就率先在上海启动了一场针对银发客户群体的适老化改革,成立了中国银行银发场景项目组。据中国银行工作人员介绍:"银发场景的研发一方面汇总了基层网点服务老年用户的难点,另一方面也会留心身边老年人使用手机的习惯,从真实的生活经历入手梳理了很多用户的诉求。"

2020年6月，中国银行App银发专区1.0版上线，之后以年长用户需求为导向进行了几次迭代，升级到7.0版，无障碍服务体验更为完善。"首先帮助老人克服生理上的障碍，我们推出了'岁悦长情'版，可支持大字体显示、语音识别以及屏幕阅读功能，精选了话费充值、养老一账通、医保电子凭证等常用功能，在业务流程上进行适老化改造。"银发场景项目组相关业务负责人介绍。

邮政储蓄银行也围绕手机银行、电话银行等渠道，持续完善老年客户线上服务，提升老年客户服务体验。结合老年客户的实际需要，邮政储蓄银行完善了服务老年客户群体的手机银行App大字版，能够覆盖更多老年客户常用业务场景，为老年客户提供便利。

详情链接：《银行业数字化转型进入加速期——手机银行成竞争热点》，《经济日报》，2021年8月28日。

（三）全渠道

渠道是客户接触银行的前端触点，直接关系到客户体验的好坏。未来，商业银行将在提升单渠道服务能力的基础上，深化渠道融合和优势互补，打造客户"一点接入，全渠道响应"的极致体验。

（1）加快推进智能手机银行建设。手机银行决定了数字时代银行连接客户的能力。当前，客户与银行的第一触点在手机上，手机银行已成为客户第一大入口。商业银行在手机银行建设上积极布局各种金融和非金融场景，通过引入高频的泛金融与生活服务场景来吸引新客户的加入和提升老客户的活跃度，努力将手机银行App打造成培育客户的"蓄水池"和争夺客户的"抽水机"。

（2）全面统筹线下网点布局优化。网点是商业银行的传统优势和宝贵财富。在客户和业务加速线上化的背景下，网点的交易功能尽管有所弱化，但在获客和营销，特别是在财富管理、商圈营销、中高端客户服务和线上线下协同等方面的作用仍不可替代。未来借助数字化手段加快网点朝轻型化、智能化、生态化方向转型升级将成为大势所趋。

（3）将远程客服中心打造成"空中分行"。2020年暴发的新冠肺炎疫情是对商业银行远程服务能力的一次突击检查，大部分银行已经开启由传统客服中心向远程银行数字化转型升级的探索实践。未来，由于全社会对"零接触"金融服务的迫切需要，大部分银行会将不受地域、时间和业务限制的远程客服中心升级成为负责"端到端"客户经营的"空中分行"，这将成为商业银行全渠道建设中不可或缺的一环。

二、商业银行产品营销主体——以客户为中心

商业银行产品的营销对象是客户，而客户及其需求是变化的，商业银行时刻面临客户满意度、客户忠诚度和客户贡献度等的挑战，没有良好的客户关系管理，就不会有银行的竞争优势和良好的发展前景。

商业银行在"以客户为中心"的发展战略和经营理念的指导下，发现、观察、判断、优选、发展和保持客户;以客户关系为重点,通过优化组织机构和业务流程,增强服务客户的能力,提高客户满意度、忠诚度、贡献度、关联度,提高银行经济效益。

卓越的客户体验将成为零售业务未来竞争的"护城河"。只有提供卓越的客户体验,商业银行才能吸引新客户并深化与存量客户的关系。

(1) 卓越客户体验的衡量标准不断提高。移动金融时代,客户更换银行的成本越来越低,客户的忠诚度也越来越低,谁的产品更新更快、体验更好,谁就有可能迅速赢得客户并占领市场。头部金融科技企业凭借其强大的科技创新能力和灵活的市场应变能力,不断给客户带来崭新的线上和移动体验,迅速提升了卓越客户体验的衡量标准。

(2) 客群管理精细化程度不断提高。个人客户经营是商业银行零售业务的基础工作。银行业正从简单的资产分层经营向场景化的细分客群经营转变,深度挖掘客户图谱,按客户年龄、行为、渠道偏好、场景等维度来细分客户,从而匹配个性化的精准服务和权益资源,不断提升客户营销和维护效率,持续优化和提升客户体验。

(3) 客户体验优化和提升日益系统化。产品、服务和流程是影响客户体验的关键因素。在产品创新上,银行精准定位客户需求,着力解决客户痛点,打造具有市场统治力和影响力的明星产品。在服务模式上,银行通过智能化精准推荐、定制化融资方案,致力于构建智能极简的金融服务模式。在流程优化上,银行更加关注细节、减少冗余、打通断点,努力打造简洁、高效、友好的极致流程体验。

拓展阅读

线上线下联动,搭建场景生态圈

近年来,各银行发力网上银行、手机银行、小程序等互联网渠道,线上线下联动运营,打造"网点+App+场景"全渠道生态。

在数字化获客方面,工商银行以"第一个人手机银行"为核心,构建自有平台与互联网场景双轮驱动的高频流量入口,打通线上线下、界内界外、业内业外,与特定支付渠道联手推出"数字分行"和智能定期存款,累计引流新增个人客户超百万户,定期存单余额突破40亿元。招商银行以月活跃用户为北极星指标,以招商银行App和掌上生活App为平台,通过联名营销、联动营销、场景营销、品牌广告营销、自媒体粉丝营销、客户推荐客户社交营销等方式,打造新的获客增长点。

在数字化运营方面,各银行注重场景,拓宽服务边界。建设银行的手机银行加强金融科技创新;推出抗疫服务专区,为客户提供免费在线问诊、疫情实时数据、患者同程查询、线上菜篮子、公益捐款、智慧社区管理平台等场景化服务;个人网银推出数字化营销活动,提升活跃用户规模;新增个人征信记录查询、手机号跨行转账、批量转账回单查询/打印、信用卡多卡调额等功能。交通银行自主创新手机银行小程序,通过向第三方合作商户提供标准API(应用程序接口),将商户自有平台和场景快捷引入手机银行。邮政储蓄银行加快推进数字化场景生态建设,开展外部平台合作,深化邮政特色,逐步将金融服务嵌入高频生活消费场景,探索线上线下用户运营新理念,加速打造"金融+生活"的智慧生态圈,手机银行可提供购物、健康、公益、出行、寄递等多种非金融场景,逐步形成了"邮储食堂+邮政服务+生活场景"的特色化生态布局。华夏银行精准匹配客群个性化需求,快速研发华夏e按揭、菁英信用贷、华夏e收银、线上专属个人存款等线上产品,满足客户个性化需求;推出客户经理云工作室,强化线上线下联动;延伸网点服务范围,持续完善智慧生态圈;整合行内外资源优势,围绕"房车学医游购"生态,持续完善数字化生态圈;实现金融服务场景嵌入,构建零售客户分层服务体系,推动零售月活跃客户提升。

在客户服务体验方面,快速响应、无接触服务、智能机器人等成为行业热点。工商银行坚持科技驱动创新,建立敏捷迭代和快速响应机制,新冠肺炎疫情期间快速推出卡密码在线修改、LPR利率转换、他行信用卡还款等"无接触"功能,加速柜面业务线上迁移。邮政储蓄银行推广"无接触服务",持续丰富手机银行功能,新增语音转账、模糊搜索等功能,同时加快推动远程客服中心智能化建设,持续完善语音智能化、智能质检等电话银行业务功能,从客户交互模式、服务渠道、质量管理、数据挖掘等各方面提升智能化水平及智能客服的服务能力。

详情链接:《我国银行零售业务全景图:六大主题 四类指标全解析》,搜狐网,2020年9月14日。

第四节　商业银行零售业务发展趋势

一、商业银行零售业发展状况

随着中国银行业对外资全面开放,零售业务越来越受到国内外银行的关注和重视。零售业务已日趋成为银行利润的增长热点,各大银行纷纷推陈出新,个人高端客户市场上的竞争已如火如荼。竞争就意味着变革。近年来,零售业务作为国内商业银行稳定收入、降低经营风险的战略性业务主线,在数字化转型、组织架构、市场营销渠道建设等方面得到了一系列改革。

(1)探索数字化发展路径,建设零售数据平台。明确数字化是零售业务发展趋势,搭建零售业务数字化转型的顶层设计,推动金融科技在零售业务中全方位应用;推动客户资源管理系统或零售数据平台建设,逐步完善零售数据挖掘应用机制,构建客户全景视图,搭建互联网用户数字化运营体系。

(2)推动零售组织架构改造。优化机制体制,建立敏捷的开发与组织模式,组建跨部门职能团队,完善从总行到分行、支行、网点、销售队伍及线上渠道的策略协同,提高零售产品落地效率,实现精准营销、联动营销。

(3)推动全渠道零售业务发展。一是不断完善和优化零售服务渠道,探索打造立体化、多层次的服务网络,全方位满足客户需求,多触点提升交互体验。二是优化线上渠道。打通和拓宽线上渠道,丰富手机银行、电子银行、微信银行功能,提升线上经营能力,优化业务办理流程,推动零售金融从个性化、便捷化向移动化、智能化转变。三是搭建金融场景。推动"网点、App、场景"无缝对接和联动作业,实现客户足不出户办理业务;构建跨界金融生态,持续拓展优质合作渠道,延长金融服务触角,融入客户医疗、教育、出行及娱乐等高频行为。

二、商业银行零售业务的创新

（一）渠道创新

随着金融服务数字化、移动化、开放化、智能化发展,银行业务离柜率持续上升,2020年已超过90%,商业银行持续推进线上渠道与物理网点、远程银行等渠道的流程对接,强化线上、线下、远程多渠道协同服务。一方面,不断创新零售金融线上经营体系。顺应金融服务数字化、移动化、开放化、智能化的发展趋势,从产品、场景、营销、运营等多方面发力,全面发挥掌上银行线上经营主阵地的作用。另一方面,持续推进网点智能化、多元化转型。充分发挥传统渠道优势,进一步增强物理网点的智慧服务能力,更加强化网点社交和获客功能,将传统网点打造为全渠道融合发展和创新营销服务模式的主阵地。最终全面实现线上、线下及远程多渠道协同,构建统一客户服务入口,打通线上、线下各类渠道的客户数据和相关应用,实现客户在各渠道自由接入、顺畅切换,推进渠道间客户交叉引流、信息实时共享、服务无缝对接。

（二）制度创新

商业银行零售业务转型是一项系统性工作,合理的制度创新必须先行。只有通过机制保障,把纸面上的业务策略转化为实实在在的生产力,才能使零售业务转型顺畅地运转、自发地运转、主动地运转。数字化背景下,商业银行制度创新具体包括数字化转型、业务与科技融合、RPC（远端过程调用）联动、商业银行与综合经营公司协同、总分行条线管理、工作闭环管理、人才培养开发等,持续推动组织架构改革活力释放和零售业务发展模式全面升级。

近年来,各大商业银行相继成立直属总行的信用卡中心与私人银行部门,正是零售业务组织架构改革顺应趋势、响应要求的做法。逐渐出现的金融外包服务,如信用卡、个人住房和消费贷款等,也正体现了国内银行业务专业化分工的趋势。金融业务组织架构扁平化,精炼了经营管理层次,缩短了经营管理通道,扩大了经营管理的宽度和广度,也是近年来国内商业银行在业务管理制度方面的趋势。

随着2018年我国《商业银行理财子公司管理办法》的出台,各家商业银行纷纷成立理财子公司,2019年6月3日,建设银行全资子公司建信理财有限责任公司举行开业仪式,标志着国内首家商业银行理财子公司正式开业运营。商业银行设立理财子公司开展资产管理业务,有利于强化银行理财业务风险隔离,推动银行理财回归资产管理业务本源,逐步有序地打破刚性兑付,实现"卖者有责"基础上的"买者自负";同时,也有利于优化组织管理体系,建立符合资产管理业务特点的风险控制制度和激励机制,促进理财业务规范转型。

(三)产品创新

产品创新是一切企业发展的源泉,国内银行近年来推出了一系列涵盖个人投资、融资、咨询、代理等种类繁多的个人金融业务。首先,商业银行要深入研究客户日益变化的金融需求和消费方式,不断开发符合市场预期且竞争力更强的新产品,为顺应消费升级和客户财富管理的需求,商业银行应集聚资源重点发展消费信贷和财富管理业务;同时,还要实施"品牌"战略,使成长中的产品不断完善。其次,商业银行要整合现有产品,实行组合营销。要加强基础类产品与代理类产品的组合营销,如针对高校学生的助学贷款与高等教育保险的组合;要加强信贷类产品与代理类产品的组合营销,如住房贷款与房屋保险的组合。最后,商业银行要加快推动零售业务与金融科技深度融合,为零售客户提供安全便捷、多元化的金融产品。

(四)服务创新

服务创新体现在赢得市场、争夺客户的竞争中。商业银行的服务创新已不仅仅是"微笑服务""客户满意",而是银行各部门整体功能的综合体现。一要培养全体员工强烈的服务意识,提高员工文化素质和业务技能,使服务由"微笑"型向复合型转变。二要合理开设营业网点,优化业务环境。在营业网点的布局上,要进一步将物理网点和虚拟网点相结合,根据客户需求合理配置资源。在营业环境的建设上,要针对不同客户,在营业大厅进行功能分区服务。三要系统性、持续性地优化服务方式,形成系列的服务惯例,并建立健全服务质量监控体系。四要充分利用先进的科学技术,不断更新服务系统,确保硬件设施安全、高效。

> **拓展阅读**

招行如何成为"零售之王"?——零售创新基因为其立身之本

2004年以前,招商银行便在零售业务上首创了国内五大亮点产品,为其日后的零售业务壮大打下基础。在确定零售战略后,招商银行更是以客户为中心,在客户体验、产品设计等多个维度上创新零售业务:

1995年推出一卡通,境内第一个基于客户号管理的借记卡。这是招商银行推出的首张集多储种、多币种、多功能于一身的电子货币卡,代表着商业银行从纸质存折到电子账户的历史性技术转折。

1997年推出一网通,国内首个个人银行业务互联网服务体,并逐步囊括了自助银行、远程银行、手机银行、微信银行、App平台等各种网络应用,在一定程度上是国内最早的金融互联网化。

1997年推出的网上银行大众版系统,真正让在网上支付、结算、转账成为可能。过去的网上银行主要是物资信息流动,自从招商银行网上银行推出,资金在网上流动起来了。

2002年推出金葵花理财。随着一卡通客户群体的逐步扩大，招商银行在2002年推出首个面向高端客户的理财产品——金葵花理财。其主要是针对个人金融资产50万元以上客户的更高层次需求，为其提供一对一个性化服务，是中国银行业第一次开始对客户群体进行细分，实行客户分类式服务管理。

2002年推出招商银行信用卡。2002年年底招商银行正式发行国内首张国际标准双币信用卡，虽然招商银行并不是中国银行业中最早推出信用卡的，但其对于引导中国人的信用卡消费意识起到了巨大作用。随后招商银行信用卡依靠产品创新、服务升级，不断刷新持卡人的用卡体验，成为信用卡行业的领导品牌。

招商银行通过不断创新一卡通、一网通、信用卡等特色产品发力零售业务转型，在用户数和发卡量等方面提升明显。招商银行是国内首家对客户进行分层、精准营销的银行：2002年推出金葵花理财，目标客户群体金融资产50万元以上；2007年瞄准中国高净值人士和富豪阶层构建服务体系，对客户群体再次进行细分经营，推出私人银行业务。

招商银行在财富管理重要性的意识上也领先同业。在招商银行2017年30周年行庆上，副行长刘建军提到："在别的银行还在拼命拉客户存款的时候，我们已率先在分支行取消了存款考核，转用理财指标来替代。这个决定其实不容易下，它是我们在商业银行盈利与客户利益最大化中取得的一个平衡。"营销活动方面，招商银行通过开展理财教育公益行、零售精英巡回报告等大型营销活动推广产品、建设品牌影响力，有助于拓展客户并提高客户忠诚度。客户体验方面，招商银行建立了多层次的营销系统，除基本的理财中心外，还在业内首创"金葵花贵宾室"和"贵宾窗口"，对中高端客户给予更高的服务体验。

在数字化、智能化、开放化的3.0时代，招商银行通过前瞻性战略布局，拓展客户的服务边界、服务经济新动能，做银行3.0时代的引领者。在零售客户群体已经非常庞大且扎实的基础上，招商银行以月活跃用户为北极星指标，重新定义了大众零售客户的服务边界，促进了经营与拓客良性循环。招商银行通过将生活场景嵌入App的方式打造以金融场景为核心的App生态圈，并基于数字化运营进一步提升金融服务效能，助力财富管理、消费金融发展。

招商银行与生俱来的零售创新基因是其重要的优势。招商银行秉承以客户为中心的服务理念，不断创新产品，满足客户需求，提升客户体验。从2004年以前的一卡通、一网通、网上银行、金葵花、信用卡等五大亮点产品到现在前瞻性地对App布局、对客户获取的重视，招商银行始终领先同业。

详情链接：马鲲鹏等，《招行如何成为"零售之王"？》，申万宏源研究报告，2020年1月20日。

关键术语

零售业务　产品定价　利率　汇率　手续费　隐含定价　社区银行　网上银行　手机银行　电话银行

复习思考题

1. 商业银行零售业务具体包括哪些业务？
2. 开展零售业务对商业银行具有什么意义？
3. 利率市场化改革对我国商业银行零售产品定价有何影响？
4. 金融科技背景下商业银行零售业务的发展趋势有哪些？我国商业银行应该如何提升零售业务水平和盈利能力？

第九章

商业银行其他业务管理

学习目标

- 了解商业银行国际业务的主要内容,掌握商业银行国际贸易融资业务和国际结算业务的类型及其管理要点
- 了解租赁业务的作用和特点
- 了解金融租赁公司的业务特征与作用

素养目标

通过对拓展阅读和典型案例的分析,培养学生的道路自信、制度自信、文化自信、爱国主义、职业精神,以及对国家经济背景和大政方针的了解。

案例导读

中国银行:多元金融服务助力"一带一路"资金融通

2015年以来,中国银行积极响应国家"一带一路"倡议,努力构建"一带一路"金融大动脉,力争成为"一带一路"资金融通主干线、主渠道、主动脉。截至2020年年底,中国银行在"一带一路"沿线累计跟进境外重大项目逾600个,累计完成对"一带一路"沿线国家和地区各类授信支持逾1 851亿美元;大力支持人民币国际化,有效推进"一带一路"沿线国家跨境人民币结算。

中国银行依托全球化网络、多元化平台以及专业化产品优势,为"一带一路"沿线国家和地区提供包括商业银行、投资银行、保险、股权投资、基金、航空租赁等在内的多元化金融产品及服务,支持"一带一路"沿线一系列重大项目建设。中国银行成功助力一批"一带

一路"沿线重大项目启动;与俄罗斯天然气工业股份公司签署了20亿欧元的双边贷款协议,这是迄今为止中俄之间最大的商业银行贷款;以牵头行身份成功叙做中国在沙特最大投资项目——中国石油化工集团有限公司与沙特阿拉伯国家石油公司合作的总价值47亿美元的"延布炼厂项目";为约旦最大电站项目——约旦阿塔拉特油页岩电站筹组15.82亿美元银团;独家支持中国与阿联酋产能合作的重点工程——"中阿(联酋)产能合作示范园项目"等。

中国银行发挥自身国际化程度较高、信用评级较高、国际投资者基础广泛的优势,发行了三期以"一带一路"为主题的债券,覆盖多个币种和期限,引导全球资金汇聚"一带一路",为项目建设提供了稳定的资金支持。

中国银行不断完善跨境人民币清算体系,努力提高清算服务的质量和效率,推动"一带一路"沿线人民币市场发展。中国银行境外人民币清算行在"一带一路"沿线的跨境人民币结算量、清算量保持同业领先,占据"半壁江山"。

中国银行致力于发挥金融媒介与桥梁作用,为"一带一路"沿线企业的交流合作提供便利、可靠的平台。2013年,中国银行在全球首创推出"中小企业跨境撮合服务",为有合作需求的境内外企业搭建沟通交流的平台,并为企业的实质合作提供全方位的金融支持,以"一带一路"沿线国家为重点,成功举办四十多场跨境撮合活动。

此外,中国银行旗下的中银航空租赁有限公司大力拓展"一带一路"沿线市场,积极开展金融租赁业务。截至2020年年末,其向"一带一路"沿线国家和地区以及中国的航空公司租出的飞机超过公司飞机总数的64%。

详情链接:中国银行官网;《中国银行股份有限公司2020年年度报告》。

你是不是有下面的疑问?

1. 商业银行国际业务是什么?为什么要开展国际业务?
2. 案例中涉及哪些商业银行国际业务?
3. 租赁业务是什么?租赁业务与信贷业务有什么区别?

进入内容学习

近年来,跨国公司的规模、经营方式、产业结构均产生了前所未有的变革,国际金融市场迅速发展,为各国商业银行拓展国际业务提供了广阔的空间和巨大的商机。越来越多的商业银行扩大国际业务的规模与范围,到国外设立分支机构,提高金融服务的水平和质量,加入跨国银行的行列中,国际业务已成为商业银行业务中不可分割的一部分。金融租赁是金融与实体经济密切结合的一种投融资方式,是推动产业创新升级、促进社会投资与经济发展的积极力量。近年来,我国金融租赁行业获得长足发展,是不可忽视的商业银行业务之一。

第一节 商业银行国际业务管理

国际业务的规模和水平体现着一家商业银行的国际竞争力,其内容主要包括国际负债业务、国际资产业务(其中以国际贸易融资业务为主)、国际中间业务(其中以国际结算业务为主)、外汇交易业务等。

一、商业银行的海外业务机构形式

商业银行的海外业务机构有代表处、代理处、海外分支行(境外联行)、附属银行(子银行)、代理银行、联营银行、银团银行等七种形式。

代表处是商业银行设立的能够转移资金和发放贷款,但不能从东道国吸收当地存款的金融机构。

代理处比代表处稍微完善,根据法律规定的权限,代理处不允许吸收公众存款,但是可以提供或购买贷款、开立信用证、向客户提供技术支持和建议、管理客户的现金账户以及协助客户完成证券交易等。

海外分支行是商业银行在海外设立的营业性机构,其业务范围及经营内容要与总行保持一致,总行对其活动负有完全责任。

附属银行是商业银行由于不能直接在某些国家设置分支机构,而通过收购外国银行的全部股份或大部分股份所成立的附属机构。

代理银行是外国银行在开展国际业务的过程中,建立在业务上彼此合作与支持的相互委托关系的伙伴银行。

联营银行在法律地位、性质和经营特点上与附属银行类似,只是在联营银行中,任何一个外国投资者所持有的股权都在50%以下,其余股权可以为东道国所有,或由几个外国投资者共有。

银团银行通常是由两个以上不同国籍的跨国银行共同投资注册而组建的公司性质的联合银行,其中任何一个投资者所持有的股权都不超过50%。

在以上七种形式中,代表处、代理处和海外分支行不是独立法人,母行完全可以对其进行控制;附属银行、联营银行、银团银行是独立法人,母行只能根据控股的多少而对其产生不同程度的影响。从业务范围来看,代表处、代理处的业务有限,银团银行一般不经营小额业务,只有海外分支行、附属银行、联营银行的经营范围较广。代理银行是外籍银行,与本国银行有着广泛的业务代理关系,但毕竟不是自己的银行,故在使用上不如本国海外分支行方便。

二、商业银行国际负债业务

商业银行国际负债业务是指银行在国际范围内筹集资金的业务,是银行负债业务在国际范围的延伸。

（一）国际存款

国际存款是商业银行资金来源的重要组成部分，一般包括同业存款和非银行存款。同业存款是指国外其他银行存放在本国银行的存款。非银行存款是指其他国家非银行类机构、组织或个人存放在本国银行的存款。

国际存款使用的货币大多为欧洲货币。欧洲货币又称"境外货币"（off shore currency），指投放在某货币发行国国境以外的银行的所有存储与放贷的该种货币。在境外市场经常使用的欧洲货币包括美元、日元、英镑、欧元、瑞士法郎等，其中美元占主导地位。

在欧洲货币市场，银行就像在国内市场一样从客户那里吸收存款，并借贷给其他客户。但与国内市场明显不同的是，银行、借款者和贷款者皆不受他们所经营货币所属国家有关当局的直接管辖。

（二）国际借款

国际借款是指商业银行为应付业务经营过程中所出现的临时性的资金短缺及短期资金周转的需要，而在国际金融市场上进行的同业拆借业务。国际借款是商业银行进行短期国际借贷的主要方式，一般通过其国外分支机构向外国银行借入。

国际借款期限较短，一般在一年以内，利率一般以伦敦同业拆借利率（LIBOR）为基础确定。这种借款属信用借款，不需要抵押品，且手续简便、资金供给充裕。同时，借款不限定用途，币种选择灵活。

（三）发行国际债券

发行国际债券是商业银行在国际金融市场上筹集中长期资金的重要方式。通过发行国际债券，商业银行能筹措到较长期限的可使用资金，使自己的资金来源多样化。

按照发行的债券是否以发行市场所在国货币为面值，国际债券可以分为外国债券和欧洲债券。所谓外国债券，是指某一国的发行人（包括政府、企业、银行等法人）在另一国债券市场上发行的，以市场所在国的货币标明面值的债券。常见的外国债券包括扬基债券、猛犬债券、武士债券等。所谓欧洲债券，是指借款人在其本国之外的资本市场上发行的以第三国的货币为面值的国际债券。其特点是债券发行人、债券发行市场、债券面值三者分别属于三个不同的国家。

三、商业银行国际资产业务

国际资产业务是指商业银行在国际范围内运用其资金的业务，主要包括国际信贷业务和国际投资业务。国际信贷业务一般又分为国际贸易融资业务和国际放款业务两类。

（一）国际贸易融资业务

贸易融资是指商业银行在进出口贸易过程中对进口商和出口商提供资金融通。贸易融资不仅为国际贸易活动提供资金上的融通，从而促进国际贸易的发展，还使商业银行扩展了业务范围和服务对象，成为商业银行利润收入的重要途径。

1. 进出口押汇

（1）进口押汇，指在信用证结算方式下，银行应进口商的请求对出口商开出信用证后，在接到议付行寄来的议付通知书索汇时，经审核验明单证相符后，以进口商的全套提货单据为抵押，代进口商向出口商垫付货款的一种贸易融资方式。由于进口押汇融资对银行具有一定的风险，需要加强管理。首先，银行必须认真审核出口商交来的单据，只有在单证相符的情况下，才能对外垫付款项。其次，银行必须对进口商品的国际国内行情进行认真了解，以确定进口商品是否有良好的市场销路和盈利性，保证押汇按时收回。再次，银行审核同意押汇后，双方要签订进口押汇协议书。最后，进口押汇属短期垫款，期限一般不超过90天，利息从银行垫款之日起开始计收，到期与本金一并归还。

（2）出口押汇，指在信用证结算方式下，银行以出口商发运货物后取得的提货单据为抵押向出口商提供的融资业务。银行办理出口押汇业务时，在收到出口商提交的信用证项下的全套出口单据和出口押汇申请后，应认真审核开证行的资信及其他注意事项。凡有下列情况之一的，不做出口押汇：审核不符或有疑点；开证行或偿付行资信、经营作风不佳；索汇线路迂回曲折，影响安全及时收汇；开证行或偿付行所在国家或地区的政局不稳定，或已发生金融危机。

2. 打包放款

打包放款是指出口商与国外进口商签订买卖合同后，就要组织货物出口。在此过程中，出口商可能出现资金周转困难的情况。这时，出口商用进口地银行向其开具的信用证或其他保证文件，连同出口商品或半成品一起，交付出口地银行作为抵押，借入款项。待出口商收回货款后再归还银行的本息，若不能按期收回，则需转作出口押汇，从其结汇额中扣还。

打包放款要视同信用贷款来考虑，因为在进行打包放款时，银行虽持有受益人交来的出口信用证，但信用证仅是出口商有把握收到货款的证明，倘若出口商不能如期装货或出于其他原因不能按时出货发运，或者不能出示单证相符的单据，则贷款行就没有收回贷款的保证。因此，如果仅凭出口信用证做打包放款，那么这种方式实质上就是一种无抵押的信用贷款，银行必须十分谨慎。

3. 出口信贷

出口信贷是指出口国银行为了支持本国企业开拓国际市场，促进本国商品出口而向国际贸易商提供的一种信贷方式。

根据信贷对象的不同，出口信贷可分为买方信贷和卖方信贷。买方信贷是由出口国银行向进口商或进口国银行提供的用于购买出口国商品的中长期贷款。卖方信贷是出口国银行在本国出口商将产品赊销给外国进口商之后，在收回货款以前，向出口商提供的周转贷款。

在这两种信贷方式中，尤以买方信贷应用较为普遍。商业银行开展买方信贷业务需要把握以下要点：贷款发放以进口买卖合同为前提；贷款金额不得超过贸易合同金额的95%；贷款仅限于进口商支付进口货款，由贷款银行直接划拨给进口商；为了防范风险，最好能取得政府的政策支持或利息补贴。

4. 福费廷

福费廷(forfeiting)业务又被称为包买票据,指出口商把经进口商承兑的远期汇票,无追索权地售予出口商所在地的银行,以提前取得现款的一种资金融通方式。

对出口商而言,福费廷业务意味着当他履行了商业合同,并将合格的单据交给银行以后,银行就对他不再拥有追索权。这意味着贷款期间的利率、汇率变化以及买方、卖方银行和买方国家的风险都与出口商没有关系,即福费廷业务将出口收汇风险全部转嫁给了贴现银行,因此加大了银行的风险。所以,承接福费廷业务的商业银行必须对进口商的资信和偿还能力进行严格审查,并对远期汇票的担保银行的资信条件和担保能力有清楚的了解,确认无误后,再承接该业务。尽管承接福费廷业务的收益可观,但由于贴现的票据到期时间较长,银行对未来的偿付风险仍应予以重视,因此对进口商和票据担保银行的履约能力及履约意愿的审查就显得尤为关键。

5. 保理

保理是保付代理的简称,指出口商以商业信用的形式销售商品,在货物装船后立即将发票、汇票、提单等有关单据卖断给经营保理业务的商业银行、财务公司或专门组织,收进全部或部分货款,从而取得资金融通的业务。保理业务是一项集贸易融资、商业资信调查、应收账款管理及信用风险担保于一体的新兴综合性金融服务。

在办理保理业务时,银行不仅要考核申请保理业务的供应商的资信状况和还款能力,更重要的是要看采购商的履约付款能力。因此,银行一般要求必须签订银行、供应商和采购商之间的三方合同。同时,在签订三方合同的过程中,银行可以亲自走访采购商,从而获得更多的信息,进一步确认销售合同的真实性,分析采购商的履约付款能力,从而降低贷款的风险。

> **拓展阅读**

中国建设银行区块链国际保理业务

2018年1月,中国建设银行首笔国际保理区块链交易落地,成为国内首家将区块链技术应用于国际保理业务的银行,并在业内首度实现了由客户、保理商业银行等多方直接参与的"保理区块链生态圈"(fablock eco),成为中国建设银行全面打造"区块链+贸易金融"Fintech银行的一项重大突破。

区块链(blockchain)是分布式数据存储、点对点传输、智能合约、加密算法等计算机技术的新型应用模式,具有不可篡改、不可伪造的技术特点。区块链在保理领域的应用,开创性地将基础贸易的双方同时纳入区块链,并通过智能合约技术实现了对合格应收账款的自动识别和受让,全程交易达到可视化、可追溯,有效解决了当前保理业务发展中面临的报文传输烦琐、确权流程复杂等操作问题,对防范传统贸易融资中的欺诈风险、提升客户体验具有重大且积极的意义。

近年来,中国建设银行一直致力于以产品和技术创新支持实体经济,落实国家"一带一路""促外贸稳增长"以及普惠金融的方针政策,研发出国际双保理、直接保理、建信通等系列产品,形成了完整的国际保理产品体系,并积极推动新技术在国际保理领域的应用。

详情链接:中国建设银行官网。

(二) 国际放款业务

国际放款是商业银行重要的国际资产业务,是银行利润的重要来源,因其跨越了国界,所以在放款对象、放款风险及放款方式上均与国内放款有所不同。

1. 商业银行国际放款的类型

商业银行国际放款的类型可根据不同标准来划分。从期限来看,有短期、中期和长期三种。短期放款的期限为一年以内;中期放款的期限为一至五年;长期放款的期限在五年以上,风险较大,往往由银团银行来完成。从放款对象来看,有个人放款、企业放款、银行间放款、对外国政府机构及对国际经济组织放款等。从放款的组织形式来看,有单一放款、银团放款、联合放款、双边放款等。

以上国际放款类型中尤以银团放款较为重要和普遍。银团放(贷)款也称辛迪加贷款,是由一家或数家银行牵头,多家或数十家银行为参与行,共同向某一借款人提供的金额较大的中长期贷款。银团贷款是国际信贷的重要方式之一,它有着单一贷款所没有的巨大优势,可以满足借款人巨额的资金需求,有效地分散贷款风险,形成规模优势,提高借贷双方的知名度。

2. 商业银行国际放款的主要政策和原则

(1) 从放款对象来看,大多数商业银行都选择外国银行和政府、大型跨国公司及本国公司在国外的分支机构作为放款对象,因为这类对象相对来说信誉较高、风险较小。

(2) 从放款期限来看,银行间的贷款以短期为主,而对外国政府及国际经济组织的贷款则以中长期为主。

(3) 从放款担保来看,商业银行选择的担保者应该是外国银行和政府,抵押则以固定资产为主。

(4) 从放款价格的确定来看,商业银行主要按利润最大化原则来定价。放款价格一般由放款利息、承诺费和管理费、代理费及其他杂费等几部分组成。利息是放款价格的主要部分,它是根据放款期限、数额、国际金融市场利率水平等来确定的。承诺费是对贷款额度中未动用部分收取的费用。国际放款价格通常按差额定价法确定,即先根据放款的成本费用和当前国际金融市场上的利率水平确定一个基础利率,再加上一个最低利润率,确定出一笔放款的实际价格,对于浮动利率,在执行过程中还需适时调整。

(三) 国际投资业务

商业银行的国际投资业务是指商业银行在国际范围内购买外国有价证券的活动。

一般来讲,国际债券的发行人多为各国政府、金融机构和跨国公司,信誉普遍较高,通常还有政府担保,投资风险相对较小,而且债券利息收入多不征税,可以获得较高的收益。

所以国际债券成为国际性商业银行的主要投资对象。

商业银行国际投资的目的是获取收益,进行投资决策时需权衡收益与风险,投资管理的目的在于预测风险、减少损失、增加收益。

四、商业银行国际中间业务

(一)国际结算业务

国际结算是指商业银行对世界各国之间因经济、政治、文化活动而发生的债权债务关系所进行的了结与清算。商业银行国际结算方式主要有信用证、托收和汇兑三种。

1. 信用证结算方式

信用证是银行根据进口商的请求,对出口商发出的,授权出口商签发以银行或进口商为付款人的汇票,承诺只要交来符合条款规定的单据必定承兑和付款的一种书面保证文件。信用证实际上是以银行信用对进出口贸易双方的商业信用的担保。

信用证结算方式具有如下特点:

(1)开证行负第一付款责任。只要出口商交来的单据符合信用证的要求,银行就必须把款项付给出口商,而不管进口商是否已经或能够付款给开证行。

(2)信用证是一项独立文件,不依附于贸易合同,信用证的当事人只受信用证条款的约束,不受合同条款的约束。

(3)信用证的业务处理以单据而不是以货物为准。只要单据符合信用证的要求,银行就必须付款,而不管货物状况。

对信用证的开证行来说,由于一旦开出信用证,就担负第一付款责任,这会给银行形成或有负债,存在一定风险。因此,开证行在办理信用证业务时应注意以下几点:

(1)必须对开证申请人的资信条件认真分析和评估,确保资信优良,信用等级至少不低于 AA 级。

(2)对开证申请人提交的贸易合同的真实性进行审核,确保信用证的签发是基于真实的进出口贸易。

(3)在开证前必须落实足额或规定比例的付款保证。付款保证可采用保证金、质押、抵押、担保等几种形式。保证金必须存入保证金账户专户管理,不得提前支取或挪作他用。如果开证申请人是银行的优质客户,或者有授信额度,信誉良好,且与银行的往来无不良记录,则可酌情减免开证保证金。

(4)进口开证对于外汇管理制度较严格的国家,往往涉及许多外汇管理规定的执行,政策性强。因此,商业银行经办人员应随时掌握现行的外汇管理政策,按照有关规定要求,对开证申请人提交的有关合同、证件、证明进行认真审核,保证所开信用证的合规合法性。

(5)对信用证的种类,开证行可以争取开立可撤销信用证、限制议付或不得议付信用证,以降低风险,但这往往会与客户的要求相矛盾,只能相机使用。

对信用证的议付行来讲,收到开证行交来的信用证后,要注意以下几点:

(1)核对来证密押或印鉴是否相符,确保信用证的真实性,同时,审核来证国家或地区是否为本国对外政策可以接受的国家或地区。

(2) 必须严格按信用证条款、《跟单信用证统一惯例》国际商会第500号出版物(UCP 500)以及该惯例所体现的国际标准仔细审查,确保来证内容与信用证条款相符,还要对开证行的经营作风、规模实力及资信状况和付款能力进行调查分析,以防范开证行的违约风险。

(3) 对远期信用证,议付行审核单证相符后,往往要对出口商进行贸易融资,如出口押汇、票据贴现等。从事这种融资业务,议付行必须对出口商提交的货运单据与信用证和贸易合同的要求认真核对,务必做到单单一致、单证相符,以防范开证行因单证不符而拒付。另外,对出口商贸易融资额的计算应以出口单据上标明的金额为限。

2. 托收结算方式

托收结算方式是由出口商在发运货物后,开立汇票并委托当地银行通过其在国外的分行或代理行,向进口商收取货款的一种结算方式。托收结算方式一般包括四个当事人:委托人,即出票人;托收行,即接受委托向国外收取款项的银行;代收行,即托收行委托向付款人收取款项的银行;付款人,即国外债务人。托收业务常见的方式有光票托收和跟单托收两种。

光票托收是指委托人开立的汇票不附带货运单据的托收。这种结算方式以商业信用为基础,没有确实可靠的单据做保证,在进出口贸易中未能广泛使用,只是用于收取贸易从属费用,如广告费、附加运费、附加保险费、样品费等。

跟单托收是指委托人将附有货运单据(如提单、保险单等)的汇票送交托收行代收款项的一种结算方式。国际贸易结算中一般使用跟单托收。

3. 汇兑结算方式

汇兑结算方式是由汇款人委托银行将款项交收款人的结算方式。汇兑结算方式主要用于侨民汇款、赠予、资本借贷及贸易从属费用的支付。汇兑业务多为个人或单位的小额款项,业务分散,每笔业务数额不大,但这正是体现银行细微周到的服务之处,更要精益求精,做到优质服务,以赢得客户的信赖。另外,对于这类业务,银行特别需要注意的是严格执行结算原则中的"谁的钱进谁的账""银行不垫款"等要求。收款人来行取款,银行一定要仔细核实取款凭证和印鉴,既要防止冒领客户款项,又要杜绝银行代垫款的发生。

(二) 国际担保业务

1. 银行保证书

银行保证书也称保函,是指银行应客户的申请,向受益人开出的担保申请人到期履行约定义务的一种书面保证性文件。若申请人不履行约定义务,则担保银行行使保证责任,代为履行义务。

2. 备用信用证

备用信用证是商业银行对国外方开出的、保证开证申请人履行自己的职责,否则商业银行负责清偿所欠款项的担保文件。按照国际惯例,备用信用证属跟单信用证范畴,主要用于各种灵活的贸易。实际上它也是一种银行保证书性质的凭证,之所以和银行保证书名称相异,是因为诸如美国、日本等一些国家,不允许银行向受益人开立保证书,而有时银行的客户又要求银行提供信用担保。由此,银行采取回避的方式,创造出了备用信用证这种银行保证文件。

银行保函与备用信用证都属于银行为客户提供的有条件的担保,二者都可能形成银行的或有负债,属于有风险的中间业务。因此,商业银行在开立担保文件前必须仔细审查申请人的资信状况和履约能力,并且确保银行担保的提供是建立在申请人真实的交易基础之上的,以防止骗取银行担保,给银行带来损失。

(三) 国际咨询业务

商业银行利用其积累的大量经济信息资料及大批具有高深知识和丰富经验的专门人才,为各进出口企业、跨国公司、国际经济机构等单位,提供与商品市场、金融市场相关的重要的信息咨询服务,并对市场现状进行分析研究,对未来市场发展趋势做出较准确的预测,使有志于开展国际贸易或进行国际投资的客户,在较充分、客观、及时、准确地了解国际市场发展状况与动向的基础上,正确地制定自己的发展战略。当然,银行要对那些接受信息咨询服务的客户收取一定的咨询费用,在国际经济交往日益活跃的今天,咨询顾问类收费也将成为银行的一笔不小的收入。

五、商业银行外汇交易业务

(一) 商业银行参与外汇交易的目的

1. 规避外汇风险

银行持有一定数量与规模的外汇资产和负债,除可以通过各类交易增加银行的收益外,还可以通过各类外汇交易降低银行本身的外汇风险。银行作为交易的一方,必须不断调整资产和负债的币种结构、利率及期限结构,通过远期交易规避外汇风险,或通过外汇期货交易使银行实现保值,降低外汇风险,或通过货币互换等工具消除敞口风险。

2. 调整货币结构

在外汇资产和负债一定的情况下,其货币结构不一,银行以本币表示的收益将有所差异。在汇率波动的情况下,银行经营者必然考虑这些外汇资产和负债的货币结构。另外,调节货币结构还有调整银行本身所持有外汇资产和负债中外汇敞口头寸的需要,以降低外汇风险。

3. 调整外汇敞口头寸

客户买入或卖出外汇后,银行所持有的外汇就会出现多余或短缺。当某种货币的买入额大于卖出额时,就会形成外汇敞口头寸的"多头",此时,银行承担了外汇贬值的风险;当某种货币的卖出额大于买入额时,则会形成外汇敞口头寸的"空头",此时,银行承担了外汇升值的风险。银行账户上出现多头或空头都意味着银行有遭受损失的可能性,因此银行在与客户完成外汇交易后会借助同业间的交易进行外汇敞口头寸的调整,一般遵循"买卖平衡"的原则,轧平各币种的头寸,即多头抛出、空头补进,此时银行是风险回避者。

4. 获得交易利润

即银行有意保持头寸不平衡，进行投机、套利、套汇等活动，从而赚取利润。

(二) 商业银行外汇交易的业务种类

1. 即期外汇交易

即期外汇交易又称现汇交易，指外汇交易达成后，于当日或在两个营业日内办理交割的外汇业务。交割日又称"起息日"，指买卖双方实际办理外汇收付的这一天。

即期外汇交易是外汇交易中最基本的交易，它可以满足客户即时付款的需要，帮助银行或持有外汇的企业调整外汇头寸，以防范外汇风险。商业银行也可以利用即期外汇交易来进行套汇和投机。

2. 远期外汇交易

远期外汇交易又称期汇交易，指外汇交易双方先签订远期合约，合约中规定买卖外汇的币种、金额、汇率以及将来交割的时间，到了交割日交易双方办理外汇的实际收付。远期外汇交易的期限通常有1个月、3个月、6个月、9个月和12个月等多种。

商业银行参与远期外汇交易可以规避外汇风险、平衡远期外汇头寸和进行远期外汇投机。

3. 套汇交易和套利交易

套汇交易是指在同一时间，同种货币在不同的外汇市场上出现汇率差异，于是通过低价买进、高价卖出从而赚取利润的行为。利用两个不同地点的外汇市场上的汇率差异进行的套汇称为直接套汇，又称双边套汇或两角套汇。利用三个或多个不同地点的外汇市场上的汇率差异进行的套汇称为间接套汇，又称三角套汇或多角套汇。

套利交易是指利用两国短期利率的差异，赚取利息差额的行为。套利分为不抛补套利和抛补套利。不抛补套利是指在进行套利活动时，对汇率风险不进行抵补。抛补套利是指在进行套利活动时，利用远期外汇交易对汇率风险进行抵补。

4. 掉期交易

掉期交易是指交易者在外汇市场上将交割日期不同的同种货币进行等额的(或数额相当的)、买卖方向相反的操作。其特点是：买卖同时进行；买卖某种货币的数额相等(数额相当)；交易的期限不同。

商业银行在短期资本投资或资金调拨活动中，如果将一种货币调换成另一种货币，则为了规避汇率波动的风险，常常运用掉期业务，以防范可能发生的损失。

5. 外汇期货交易

外汇期货交易是指交易双方在期货交易所内通过公开叫价的拍卖方式，买卖在将来某一日期以既定汇率交割一定数量外汇的期货合约的外汇交易。

商业银行参与外汇期货交易，可以通过套期保值来规避外汇风险。所谓套期保值，是指通过买进或卖出与现货市场数量相当、但交易方向相反的期货合约，以期在未来某一时间通过卖出或买入期货合约而补偿因现货市场价格变动所带来的实际价格风险。

商业银行也可以利用外汇期货交易进行投机,即当预期汇率上升时,则买入期货合约;反之,则卖出期货合约。

6. 外汇期权交易

外汇期权是指外汇期权合约的买方具有在到期日或到期日以前按合约规定的价格买入或不买入、卖出或不卖出约定数量的某种外汇资产的权利。

商业银行可以利用外汇期权交易规避外汇风险。期权买方享有"买"或"卖"的权利,也享有"不买"或"不卖"的权利。期权卖方在期权买方行使"买"或"卖"的权利时,必须承担起"卖"或"买"的义务。期权买方为了获得权利,支付给期权卖方的报酬称为"期权价格"或"期权费"。期权买卖双方在期权合约中约定的价格称为协定价格,或敲定价格、行使价格。

外汇期权交易按照行使期权的时间分为美式期权和欧式期权。美式期权的买方可以在合约到期日之前的任何一天行使选择是否履约的权利;欧式期权的买方只能在合约到期日行使选择是否履约的权利。按照期权的性质分为看涨期权和看跌期权。看涨期权是指期权买方具有"买的权利",期权卖方具有"卖的义务";看跌期权是指期权买方具有"卖的权利",期权卖方具有"买的义务"。

| 典型实例 |

招商银行个人外汇期权业务介绍

招商银行的个人外汇期权合约是客户在根据招商银行的报价支付了期权费后,拥有了在未来按照约定的价格买入或卖出标的货币的权利。招商银行提供的期权合约的规格如表9-1所示,如有变动,以招商银行交易系统公布为准。

表9-1 招商银行个人外汇期权业务情况

项目	货币对			
	欧元/美元	英镑/美元	美元/日元	澳元/美元
标的金额(每份合约)	100欧元	100英镑	100美元	100澳元
看涨期权	看涨欧元 看跌美元	看涨英镑 看跌美元	看涨美元 看跌日元	看涨澳元 看跌美元
看跌期权	看跌欧元 看涨美元	看跌英镑 看涨美元	看跌美元 看涨日元	看跌澳元 看涨美元
类型	欧式期权(期权合约持有人仅在期权到期日有权行使权利)			
执行价格	由招商银行定制			
期限	3个月左右			
合约起始日	由招商银行定制			
合约到期日	由招商银行根据起始日及合约期限设定			
履约清算日	合约到期日			

详情链接:招商银行官网。

7. 外汇互换交易

互换交易是指两个或两个以上的当事人按共同商定的条件,在约定的时间内交换一系列支付款项的金融交易。包括货币互换和利率互换。

在外汇互换交易中,银行可充当交易一方或充当中介方。银行作为交易一方,可通过互换交易降低融资成本,规避外汇风险和利率风险。

银行作为中介方参与互换交易时,运用公开或非公开介绍的方式进行。

(1) 在公开方式下,银行将互换双方安排为面对面的直接谈判。银行在这一过程中充当咨询和中介,因此不承担风险,仅收取包含咨询费和介绍费等内容的手续费。

(2) 在非公开方式下,互换双方分别与银行签订合约,为此银行承担了互换双方的违约风险,这种风险是双重的。另外,银行为撮合这类交易,向互换双方或一方出售灵活性和适应性,这将导致互换双方在期限或利息支付等方面承受不完全匹配的差额风险。因此,在非公开方式下,银行必须加强对风险的管理与控制。

(三) 商业银行外汇交易业务的管理

商业银行经营外汇交易业务能带来巨大的收益,但也带来了相应的风险。因此从经营管理的角度来讲,商业银行的外汇交易业务应注意以下几方面:

1. 在汇率预测基础上进行外汇交易决策

汇率的波动受经济和非经济因素的影响,这些因素分属宏观与微观两个层面,为此,银行应采用基本分析法和技术分析法对外汇市场进行分析,考虑汇率的中长期趋势,并据此判断是否进行交易,以及采用何种方式进行交易。建立在短期波动预测上的过度短期投机行为对银行外汇交易业务的拓展并不利。

2. 选择合适的交易方

在外汇交易中,选择资信良好、作风正派的交易方,是外汇交易安全、顺畅的前提。银行选择交易方应考虑以下四个方面:

(1) 交易方的服务。交易方的服务应包括及时向对手提供有关交易信息、市场动态及其对经济指标或未来汇率波动产生影响的程度的预测等。

(2) 交易方的资信度。资信度与交易方的实力、信誉和形象有关。交易方资信度的高低直接影响交易的风险,如果交易方资信不佳,则银行在外汇交易过程中承担信用转移风险的概率就会加大。

(3) 交易方的报价速度。报价速度也是一个衡量标准。良好的交易方,其报价速度快,方便银行抓住机会,尽快促成外汇交易。

(4) 交易方的报价水平。良好的交易方应在报价上显示出很强的能力,报价能基本反映市场汇率的动向,具有竞争性和代表性。

3. 合理选择经营范围

银行外汇交易业务应以基于国际贸易、对外投资、保值目的的外汇买卖为主,交易方式应以即期、远期、掉期交易,以及以套期保值为目的的期货、期权、互换交易为主,而少从事有风险的以投机为目的的套汇、套利及期货、期权等金融衍生品交易;应大力拓展外汇代理交易业务,以优质的服务赚取稳定的中间业务收益。

4. 制定严格的外汇交易管理内控制度和规则

外汇交易是银行风险较高的一种国际业务,因此银行必须建立严格的内控制度和规则以控制风险:建立专门的外汇交易室,外汇交易室的岗位要分工明确,职责清晰;上下级沟通的信息渠道要畅通有效,重大交易事项及时向上级汇报;不同的交易人员按业务能力、素质、级别授予不同的交易权限和限额,严禁越权交易;对于从事单纯的外汇投机交易,交易人员建立外汇敞口头寸后,必须随时跟踪市场变化,要有严格的交易止损观念,一旦到达止损点必须果断斩仓;交易人员和结算人员要严格区分,将交易人员作弊的可能性减至最小。银行内部稽核监督部门要定期对外汇交易人员和交易记录进行检查,及时发现问题,将风险消灭在萌芽状态。

5. 选择培养高素质的交易人员

交易人员能给银行带来丰厚的利润,也能使一家大银行毁灭。因此,银行应培养一批心理素质高、专业能力强、道德修养好的交易人员。

第二节 金融租赁业务

一、租赁的概念及内容

(一) 租赁的概念

租赁是物资财产所有者(出租人)将其物资财产定期出借给承租人使用,并向承租人收取租金的一种经济行为。在整个租赁期内,物资财产的使用权要转移给承租人。

在人类社会发展的历史进程中,租赁经历了长期的发展过程,在不同的生产力发展水平和生产关系下,呈现不同的特点。

1. 近代租赁的特征

(1) 以设备租赁为主,由古代租赁的土地、房屋和农具租赁逐渐转化为近代租赁的设备租赁。

(2) 制造厂商作为出租人直接与承租人开展业务,尚未出现租赁公司。租赁是作为分期付款的商业信用。

(3) 由于社会化大生产的发展,买方市场逐渐形成,租赁的主要目的只是促销,租赁还不是一种金融工具。

2. 现代租赁的产生及特点

现代租赁的主要表现形式是融资租赁,它起源于第二次世界大战后的美国。一些制造厂商为了扩大产品的销售能力,开始采取分期付款的方式销售其产品。但由于涉及信用问题,分期付款并没有取得明显的效果。从1952年开始,有人尝试在分期付款的基础上引入租赁模式。经过多年的发展,融资租赁业务得到了各国的普遍运用。为了适应经济的发展和社会的需要,融资租赁业务不断创新,出现了杠杆租赁、回租租赁、风险租赁、委托租赁等形式。

(二) 租赁的内容

1. 租赁当事人

租赁通常有两个当事人,一方是出租人,另一方是承租人;出租人是物资财产的所有者,承租人是物资财产的使用者。在租赁业务中,拥有物资财产所有权的出租人将物件租给承租人使用,承租人拥有物资财产的使用权,并向出租人支付一定的费用。

就租赁当事人的法律资格来看,出租人与承租人可以是法人,也可以是自然人。但在金额较大的租赁业务中,出租人和承租人通常都是法人。

2. 租赁标的

标的指在经济活动中当事人交易的对象,在租赁业务中,出租人和承租人所交易的对象被称为租赁物件,因此,租赁标的就是租赁物件。

中国银监会2014年公布的《金融租赁公司管理办法》(银监会令2014年第3号)中规定,适用于融资租赁交易的租赁物为固定资产;参考商务部颁布的《外商投资租赁业管理办法》(商务部令2005年第5号)的规定,租赁财产一般包括生产设备、通信设备、医疗设备、科研设备、检验检测设备、工程机械设备、办公设备等各类动产以及飞机、汽车、船舶等各类交通工具。

3. 租赁期限

租赁期限即租期,指出租人与承租人约定的,出租人将租赁物件租给承租人使用的期限。租期的长短不一,一般经营性租赁的租期比融资租赁的租期短。租期的长短要根据承租人的使用要求、资金情况及其风险来确定。

4. 租赁费用

租赁费用主要是指租金,租金由两部分组成,一是出租人在租赁物件上所花费的成本,二是出租人在租赁交易中所获取的收益。它是承租人在租期内为获得租赁物件的使用权而支付给出租人的费用,或者说是出租人在租期内为转让租赁物件的使用权而向承租人收取的报酬,体现了出租人与承租人之间的信用关系。

(三) 租赁业务的种类

1. 融资租赁

融资租赁是以融通资金为目的的租赁。这种租赁业务的发生是因为有的企业需要购买或更换大型设备,但缺少资金,通过这种方式,可以及时得到所需设备。融资租赁的具体做法是:出租人根据承租人对租赁物件的特定要求和对厂商的选择,出资向厂商购买租赁物件并租给承租人使用,承租人按合同规定,分期向出租人支付租金,合同期满后,根据合同条款处理设备。设备的处理一般有三种方法:一是退给出租人;二是另订合同,继续租赁;三是留购,即承租人以很低的价格买下设备。因为是出租人支付全部资金,等于提供了信贷,故称其为融资租赁或资本性租赁;又因为租赁期间,出租人通过收取租金的形式收回购买设备时所投入的全部资本,包括成本、利息和利润,所以又叫全额收回性租赁。由于承租人亲自选定设备,因此出租人对出租的设备的性能与物理性质、老化风险以及是否适用不负任何责任,全部由承租人承担。

融资租赁以承租人对设备的长期使用为前提,所以租期基本上与设备的使用寿命相同,至少必须超过租赁设备使用年限的3/4。图9-1展示了融资租赁的流程。

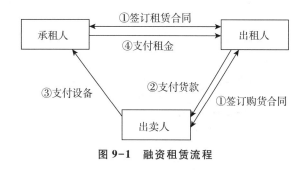

图9-1 融资租赁流程

2. 杠杆租赁

杠杆租赁实际上是一种抵押贷款的租赁方式,适用于价格昂贵的大型设备的出租。其业务处理程序是:承租人选好设备并谈妥条件,然后向出租人提出租赁申请,出租人无力自行负担时,它便向其他金融机构申请办理以租赁物件为抵押品的抵押贷款,由于抵押贷款额度一般只能达到抵押物件价款的60%~80%,因此出租人一般要自筹租赁物件价款20%~40%的资金,其余的由抵押贷款解决,购入物件出租后,承租人应向贷款人支付租金,以此来替代出租人偿还贷款。

3. 操作性租赁

操作性租赁又称经营性租赁或服务性租赁,它是由出租人向承租人提供特殊服务的租赁。出租人除向承租人提供租赁物件外,还承担租赁物件的保养、维修、配件供应以及培训技术人员等服务。操作性租赁是一种短期租赁,服务性强,租金较高,一般适用于一些需要专门技术保养、技术更新或使用次数不多的设备。操作性租赁对于出租人来说,除了要承担设备老化的风险,还要承担在租约到期前承租人退租和租约到期后承租人不愿续租或承购的风险。相反,对承租人来说,则可避免这些风险,所以,操作性租赁对承租人是比较有利的。

4. 售后回租

售后回租又称出售与租式租赁或回租租赁,是财产所有者将其财产出售给租赁公司,然后再从租赁公司租回来使用的一种租赁方式。当企业一方面需要继续使用所拥有的厂房和机器设备,另一方面又急需周转资金而借贷无门时,可以把自己所拥有的厂房和机器设备的所有权出售给租赁公司,然后按商定的条件和期限再租回厂房和机器设备的使用权。这种租赁方式适用于生产流动性较差的企业,它可以将固定资产变为货币资金。

售后回租业务主要适用于已使用过的设备。通过这种方式,原设备的所有者可将出售设备所得的资金另行投资,加速资金的周转。图 9-2 展示了售后回租的流程。

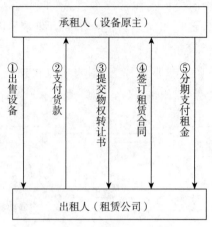

图 9-2　售后回租流程

5. 转租赁

转租赁又称再租赁,是将设备或财产进行两次重复租赁的方式。国际上通常采用这种租赁方式。其具体做法是:A 国的专业租赁公司向本国出租人承租设备,再将设备转租给 B 国的承租人使用。同一设备经过两次租赁,产生了两个租约。两个租约有内在联系,同时并存有效。图 9-3 展示了转租赁的流程。

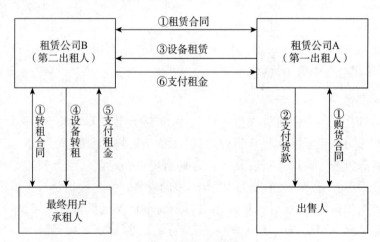

图 9-3　转租赁流程

6. 卖主租赁

卖主租赁是设备制造商、经销商为了推销产品,向设备使用者提供购买其产品的贷款,然后设备使用者再以租金形式向设备制造商或经销商归还资金的一种租赁方式。它类似于融资租赁,但其目的不是获得融资利息,而是推销产品。

7. 委托租赁

委托租赁是指有闲置设备的单位,为了充分利用设备并取得一定的收益,愿意将闲置的设备出租,委托金融机构代为寻找承租人的一种租赁方式。在委托租赁中,租约由承租人、出租人双方签订,租金由出租人收取,银行等金融机构收取手续费。银行在委托租赁中实际上是监督租约执行的中介人。

二、我国的金融租赁公司

1. 金融租赁公司的成立

1980年1月,中信公司和北京市物资局在东京与日本欧力士株式会社签订了筹建中国东方租赁有限公司的协议书,我国现代融资租赁事业的发展就此拉开了序幕。1981年4月,我国第一家专营融资租赁业务的中外合资企业——中国东方租赁有限公司成立,现代融资租赁业务开始在我国发展起来。1981年7月,中国国际信托投资公司与国家物资总局共同组建中国租赁有限公司,标志着我国首家全国性金融租赁公司的诞生。

20世纪80年代至90年代,随着我国改革开放程度的加深,我国金融租赁业进入了高速发展时期,大量金融租赁公司成立。1988年年底,我国仅有21家金融租赁公司;而到1996年年底,金融租赁公司已成立几十家,行业总资产达140亿元。但随着行业规模迅速扩张,风险也在不断累积。

1997年,随着亚洲金融危机爆发,我国金融租赁行业进入了风险集中爆发阶段。为了应对行业风险、规范行业经营,我国有关监管部门出台了相应的政策法规。2000年6月,中国人民银行颁布实施《金融租赁公司管理办法》(中国人民银行令〔2000〕第4号),从此金融租赁公司的设立有了依据。图9-4是金融租赁公司组织机构示意图。2001年8月,国家对外贸易经济合作部颁布了《外商投资融资租赁公司审批管理暂行办法》(对外贸易经济合作部令2001年第3号),并于2005年3月正式出台《外商投资融资租赁业管理办法》(商务部令2005年第5号)。2004年11月,国家商务部和国家税务总局联合下发了《关于从事融资租赁业务有关问题的通知》,要求各地在从事各类机械设备租赁的公司中选择1至2家,开展融资租赁业务试点。

2007年1月,中国银监会发布《金融租赁公司管理办法》(银监会令2007年第1号),对金融租赁公司的设立、经营、监管等方面做出了详细规定;2014年3月,中国银监会发布修订后的《金融租赁公司管理办法》(银监会令2014年第3号),对适用于融资租赁交易的租赁范围、关联交易管理制度、资产证券化业务规则等部分内容进行了调整。2014年7月,中国银监会办公厅发布《关于印发金融租赁公司专业子公司管理暂行规定的通知》(银监办发〔2014〕198号),对金融租赁公司设立、经营子公司予以规范。

随着金融市场不断深化发展,传统的盈利模式已经难以为商业银行提供长期稳定的利润来源,金融租赁业务逐渐成为商业银行新的利润增长点。在欧美发达国家或地区,金融租赁业务已成为仅次于银行信贷的第二大融资渠道。在我国,金融租赁公司中的大多数均为商业银行的全资或控股子公司。

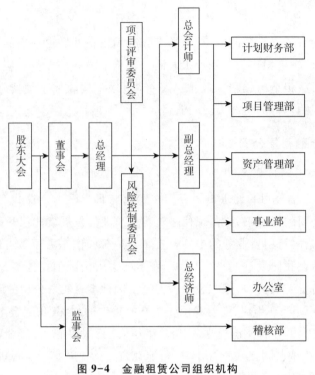

图 9-4 金融租赁公司组织机构

典型实例

成都银行设立金融租赁公司

2020年7月,成都银行(601838,SH)发布公告称,拟出资发起设立控股子公司成银金融租赁有限责任公司(以下简称"成银金租")。

公告显示,成银金租注册资本拟为不超过20亿元,注册地拟为四川省成都市,经营范围为融资租赁业务、转让和受让融资租赁资产、固定收益类证券投资业务、接受承租人的租赁保证金、吸收非银行股东3个月(含)以上定期存款、同业拆借、向金融机构借款、境外借款、租赁物变卖及处理业务、经济咨询。其中,成都银行持股比例拟不低于65%。

据成都银行介绍,此次投资设立金融租赁公司是该行积极推进发展战略、着力提升综合化经营能力的重要举措,将有利于增强其服务实体经济能力,提升综合金融服务水平和自身综合实力。

全球租赁业竞争力论坛研究中心数据显示,截至2019年年底,全国已开业金融租赁公司70家。2020年2月末,全行业注册资本总额达到2 394.72亿元。随着中国银行的控股子公司——中银金融租赁有限公司开业,由银行控股或参股设立的金融租赁公司也增加到46家。

银行系金融租赁公司中,目前有22家是由城市商业银行控股或参股设立,占据金融租赁市场的"半壁江山"。有业内人士指出,区别于商业银行传统信贷业务主要提供融资服务,租赁业务是"融资与融物的结合"。因此,强化对"物"的管理和研究,将是银行系金融租赁公司发挥自身功能优势,提供与商业银行差异化产品线的核心内容。对于商业银行而言,进军金融租赁领域有助于优化自身业务,化解风险,并带动清算、投资银行、私人银行等业务发展,因而吸引城市商业银行纷纷布局。

详情链接:中国银行业协会。

2. 金融租赁公司的业务范围

根据中国银监会发布的《金融租赁公司管理办法》(银监会令2014年第3号)的规定,经银监会批准,金融租赁公司可以经营下列部分或全部本外币业务:

(1) 融资租赁业务;
(2) 转让和受让融资租赁资产;
(3) 固定收益类证券投资业务;
(4) 接受承租人的租赁保证金;
(5) 吸收非银行股东3个月(含)以上定期存款;
(6) 同业拆借;
(7) 向金融机构借款;
(8) 境外借款;
(9) 租赁物变卖及处理业务;
(10) 经济咨询。

经银监会批准,经营状况良好、符合条件的金融租赁公司可以开办下列部分或全部本外币业务:

(1) 发行债券;
(2) 在境内保税地区设立项目公司开展融资租赁业务;
(3) 资产证券化;
(4) 为控股子公司、项目公司对外融资提供担保;
(5) 银监会批准的其他业务。

3. 金融租赁公司的经营管理

金融租赁公司应当建立完善的组织架构,明确组织内部职责划分,保证其相互之间独立运行、有效制衡,以形成科学高效的决策、激励和约束机制。同时,金融租赁公司应当按照全面、审慎、有效、独立原则,建立健全内部控制制度,防范、控制和化解风险,保障公司安全稳健运行。此外,金融租赁公司应当根据其组织架构、业务规模和复杂程度建立全面的风险管理体系,对信用风险、流动性风险、市场风险、操作风险等各类风险进行有效的识别、计量、监测和控制,同时还应当及时识别和管理与融资租赁业务相关的特定风险。

在租赁物管理方面,金融租赁公司需要确保租赁物所有权的合法性,开展相应的财产登记。在签订融资租赁合同或明确融资租赁业务意向后,金融租赁公司应按照承租人要求购置租赁物;提前购置租赁物则需要与金融租赁公司自身业务领域或规则相一致,且与自身风险管理能力和专业化经营水平相符。金融租赁公司应建立完善的租赁物价格评估和定价体系,充分考量租赁物风险缓释的作用,对租赁物合理定价,并制定相应的风险应对措施。金融租赁公司还需建立完善的租赁物处置制度和程序,降低租赁物持有期风险。

在风险管理方面,金融租赁公司应当建立健全集中度风险管理体系,有效防范和分散经营风险。金融租赁公司应当建立严格的关联交易管理制度,其关联交易应当按照商业原则,以不优于非关联方同类交易的条件进行,并对重大关联交易予以严格管理。此外,中国银监会发布的《金融租赁公司管理办法》(银监会令 2014 年第 3 号)还规定,金融租赁公司所开展的固定收益类证券投资业务,不得超过资本净额的 20%,资产证券化业务则需参照信贷资产证券化相关规定。

4. 金融租赁公司的监管

中国银监会发布的《金融租赁公司管理办法》(银监会令 2014 年第 3 号)对金融租赁公司的监督管理予以了详细规定。其中,金融租赁公司需要符合监管指标规定(详见表 9-2)。

表 9-2 金融租赁公司监管指标规定

指标名称	指标要求
资本充足率	资本净额/风险加权资产 ≥ 最低监管要求
单一客户融资集中度	对单一承租人的全部融资租赁业务余额 ≤ 资本净额×30%
单一集团客户融资集中度	对单一集团的全部融资租赁业务余额 ≤ 资本净额×50%
单一客户关联度	对一个关联方的全部融资租赁业务余额 ≤ 资本净额×30%
全部关联度	对全部关联方的全部融资租赁业务余额 ≤ 资本净额×50%
单一股东关联度	对单一股东及其全部关联方的融资余额 ≤ 该股东出资额 同时满足单一客户关联度要求
同业拆借比例	同业拆借资金余额 ≤ 资本净额×100%

资料来源:根据中国银监会《金融租赁公司管理办法》(银监会令 2014 年第 3 号)有关内容整理。

2020 年 6 月,中国银保监会发布《金融租赁公司监管评级办法(试行)》,对金融租赁公司开展监管评级,以全面评估金融租赁公司的经营管理与风险状况,实行分类监管。

金融租赁公司监管评级要素主要包括资本管理、管理质量、风险管理、战略管理、专业能力,其标准权重分别为 15%、25%、35%、25%。监管人员按照评分标准给出评级指标得分,评级指标得分分别加总得出评级要素得分,评级要素得分按照要素权重加权汇总得出最终的评级得分。根据分级标准,以评级得分确定监管评级初步级别和档次,在此基础上,结合监管评级调整因素形成监管评级结果。

金融租赁公司的监管评级级别和档次分为 1 级、2 级(A、B)、3 级(A、B)、4 级和 5 级共 5 个级别、7 个档次,级数越大表明评级越差,越需要监管关注(详见表 9-3)。银保监会以监管评级为基础,对金融租赁公司进行分类监管。

表 9-3 金融租赁公司监管评级标准与分类监管准则

监管评级	评级得分	监管准则
1 级	90 分(含)以上	以非现场监管为主,定期监测各项监管指标、业务数据,视情况进行现场检查,在创新业务试点等方面给予适当支持
2A 级	80 分(含)至 90 分	加强日常非现场监管分析,通过走访、会谈和调研等方式掌握最新经营状况,并保持一定的现场检查频率,及时发现公司经营管理中存在的风险和问题,督促其持续改善风险管理和内部控制
2B 级	70 分(含)至 80 分	
3A 级	60 分(含)至 70 分	适当提高非现场监管和现场检查频率、深度,密切关注公司存在的薄弱环节,必要时约谈董事会和高级管理层,督促公司采取措施改善经营管理、积极化解风险,依法对业务活动等采取一定限制措施
3B 级	50 分(含)至 60 分	
4 级	40 分(含)至 50 分	给予高度、持续监管关注,全面、及时掌握公司风险、问题情况和变化趋势,列为现场检查重点对象,制订有针对性的现场检查计划,增加与董事会和高级管理层的监管会谈频度,要求其立即采取措施改善经营状况、降低风险水平,可区别情形依法采取责令暂停部分业务,限制分配红利和其他收入,责令调整董事、高级管理人员或限制其权利,责令控股股东转让股权或者限制有关股东的权利等措施
5 级	40 分以下	及时制定和启动应急处置预案;对已经无法采取措施进行救助的,可以依法启动市场退出机制

资料来源:根据中国银保监会《金融租赁公司监管评级办法(试行)》有关内容整理。

拓展阅读

科技赋能兴业金融租赁业务

2020 年,兴业银行集团子公司兴业金融租赁有限责任公司(以下简称"兴业金融租赁")实现汽车租赁、工程机械、传统租赁三大业务系统全面上线,标志着兴业金融租赁通过金融科技赋能,发展专业化租赁业务的中期战略转型。

新上线的汽车租赁系统利用了大数据、物联网等技术,实现对"人、车、场景"全面风险控制,在确保业务合规、资产安全的同时,实现快速审批、放款,有效提升了市场竞争力。工程机械系统围绕工程机械租赁物,针对集团公司、厂商、经销商、终端客户等用户灵活配置租赁场景,高效响应市场需求的变化。传统租赁系统支持业务全流程、线上化管理,精简流程,自动化水平和业务效率显著提高。

三大业务系统上线支持 1 200 多个 B 端(企业用户商家)客户高效营销、投放,5 万多个租赁物以及抵/质押物存续期的精细管理,业务投放周期可比原来缩短近一半时间,提升了公司专业化服务能力和市场竞争力,同时为公司业务管理、母子公司系统高效连接及全面统一管理打下基础,进一步加强了兴业银行集团科技改革红利共享和数据反哺。

兴业金融租赁在推动新业务系统上线的过程中,充分利用了兴业银行集团科技力量,积极引入兴业银行集团成熟科技成果,如短信平台、"汇收付"、电子验印等产品服务,实现基础功能快速上线;基于兴业银行集团一体化研发工具平台,以平台化思维支撑业务快速创新,实现自动化流水线的集成和交付,快速共享集团科技改革成果的红利。

详情链接:中国银行业协会。

关键术语

国际结算　福费廷　银团贷款　国际贸易融资　金融租赁

复习思考题

1. 跨国银行的组织形式主要是什么?
2. 国际结算的方式都有哪些?各种方式是如何操作的?
3. 国际银团贷款对发展中国家的经济发展有何意义?
4. 融资租赁业务的种类有哪些?各种方式如何运作?
5. 金融租赁与银行信贷的区别是什么?

第十章

商业银行资产负债管理

学习目标

- 了解商业银行资产负债管理的内涵、原则和内容
- 理解商业银行经营管理理论的演变
- 掌握现代商业银行资产负债管理的方法
- 了解资产证券化的运作机制及其在商业银行经营管理中的应用

素养目标

通过对拓展阅读和典型案例的分析,培养学生对国家治理、国家发展、惠民政策的了解及风险防范意识。

案例导读

银行资管格局重塑:从"大资管"到"真资管"

从2018年开始,银行业踏上了艰难转型之路,这主要源于《关于规范金融机构资产管理业务的指导意见》(银发〔2018〕106号,以下简称"资管新规")的实施及其对银行资管业务的重塑。监管政策密集而有序地出台,为资管市场的长期可持续发展奠定了统一的制度基础;而金融机构积极调整资管发展理念及方向,"大资管"向"真资管"转型趋势日益明朗。

作为资管领域最为重要的机构,2017—2018年,银行正在经历从焦虑迷茫到信心重塑,从"贪恋刚兑"到"坚定转型"的蜕变。同时,银行资管行业也出现了很多积极的变化,例如理财产品规模告别无序扩张、净值化理财产品逐步增多、理财子公司设立获积极推进

等。资管新规发布后,商业银行纷纷申设理财子公司,这一进程在《商业银行理财子公司管理办法》发布后明显提速,共有27家银行明确宣布设立理财子公司。

受资管新规影响,银行表外非标业务规模出现快速收缩,在表外资产回表的过程中,银行资本补充压力巨大。数据显示,9月和10月为2018年银行理财产品发行量最低的两个月,其中10月发行量为9 330款,同比下降8.2%,年内首次跌至1万款以下。不过,理财产品规模收缩却使银行体系创设存款产品的动力增强。资管新规实施使得银行理财产品向净值化、独立运作方向转型,保本理财逐步退出市场,银行创设高收益存款产品的动力增强。

除了规模的缩减,自资管新规和《商业银行理财业务监督管理办法》发布后,全国银行理财产品向净值化转型的进程持续推进,理财产品结构逐步优化。2018年10月,全国银行理财市场净值型产品存续量为3 639款,环比增加507款,增速较上月提升。各类型银行净值化转型程度较上年同期均有明显提升,中资银行中工商银行、招商银行、兴业银行净值化转型成效较为明显,其净值型产品占比均达到20%以上。净值化转型和打破刚兑的有序推进,使得银行理财产品定价愈发合理化,总风险水平下降。

详情链接:《银行资管格局重塑:从"大资管"到"真资管"》,中国金融新闻网,2019年1月7日。

你是不是有下面的疑问?

1. 什么是资产负债管理?
2. 商业银行资产负债管理的内容包括什么?
3. 商业银行资产负债管理的理论依据是什么?
4. 新的监管形势对商业银行资产负债管理造成了什么影响?

进入内容学习

资产负债管理是商业银行经营管理的重要核心工作,面对国内外经济环境不确定性的持续增加,如何通过优化资产负债经营策略,实现商业银行经营管理发展目标,成为当前银行业亟须探索的课题。在经营压力与监管要求持续升级的背景下,商业银行需要进一步加强对境内、境外资产负债配置的统筹规划考虑,全面研判和审视境外资产负债业务的发展策略;更加注重从"规模导向"转型为"价值导向"的高质量发展,积极提升价值贡献与综合效益水平。

第一节 商业银行资产负债管理概述

一、商业银行资产负债管理的内涵

资产负债管理是在全球金融自由化浪潮的冲击下,于20世纪70年代后期开始形成,到 90 年代,特别是 90 年代中后期迅速发展并占据主流地位的现代商业银行经营管理方法。1997 年亚洲金融危机之后,以市场风险管理为核心的资产负债管理更是得到了国际银行业的高度重视。

资产负债管理是商业银行为了在可接受的风险限额内实现既定经营目标,而对其资产负债组合所进行的计划、协调、匹配和控制,以及前瞻性地选择业务策略的过程,其内涵如下:

(一)资产负债管理是风险限额下的一种协调式管理

在现代经济环境中,商业银行面临各种经营风险,包括信用风险、流动性风险、利率风险、汇率风险、操作风险等。要想完全规避风险是不可能的,商业银行实际上也只有通过承担和管理风险方能获取利润。换句话说,现代商业银行不是要回答承担与不承担风险的问题,而是要回答承担多大风险的问题。而这个问题必须是在风险可以计量的前提下,由银行管理层在董事会所授予的权限内决定。各种风险限额确定以后,资产负债管理的主要工作就是对资产负债组合所涉及的利率结构、期限结构、币种结构进行全面的计划、协调、匹配和控制,在风险限额范围内追求经营利润的最大化和企业价值的最大化,寻求风险与收益这一"联立方程"的最优解。

(二)资产负债管理是一种前瞻性的策略选择管理

在实践当中,没有一家银行能够或试图占领所有的市场,任何银行都必须明确自己的经营方向和经营策略。但银行经营方向和经营策略的选择不是凭主观臆测得出的,而必须依靠资产负债管理来实现。通过科学测算每一种金融产品的风险和收益,再通过必要的模型将风险量化为成本,资产负债管理就可以提出资本分配的解决方案,战略性、前瞻性地引导商业银行各业务条线主动地收缩或扩张。

> **拓展阅读**

强监管政策对商业银行资产负债管理的约束

在利率市场化、金融脱媒以及监管强化等因素交互影响下,商业银行被动的、各业务条线割裂的资产负债管理模式已经难以适应业务发展的需要。2020 年以来,面对新冠肺炎疫情的冲击以及经营环境的快速变化,中国银行业紧密围绕国家战略部署,着力回归服务实体经济本源。监管层面也出台了一系列规章制度,对资产和负债的规模、质量以及结构施加约束、管理,以促进商业银行全面提升资产负债管理能力,为银行长期稳健经营奠定基础。

第一,进一步强化资本监管约束。资本充足率管理机制界定了商业银行风险承担总量和风险抵补能力,并与股东资本总量和结构建立了关联,成为商业银行稳健经营的基础。中国人民银行在 2020 年 10 月发布的《中华人民共和国商业银行法(修改建议稿)》

中,专设了"资本与风险管理"章节,确立了资本约束原则,并且明确商业银行应当遵守宏观审慎管理和风险管理要求,对银行的资本管理提出了新的要求。

第二,限制规模无序扩张,引导银行优化资产结构。通过宏观审慎管理约束商业银行资产增长的速度、节奏以及监管指标水平,可实现对银行业资产扩张的全覆盖约束。此外,在重点资产领域防范系统性风险,2020年中国银保监会建立了房地产集中度管理制度,对银行业金融机构及个人的房地产贷款余额占比分档设定上限要求,防范金融体系对房地产贷款过度集中带来的潜在系统性风险。

第三,促进银行全面提升负债管理质量。2021年1月,中国银保监会发布《商业银行负债质量管理办法(征求意见稿)》,这既是第一份对商业银行负债质量进行规范的政策性文件,又是对流动性管理办法、大额风险管理办法、互联网存款、同业业务等与银行负债相关的各类规章的一次系统性总结和梳理。该办法强调商业银行应该确立与本行负债规模和复杂程度相适应的负债质量管理体系,这将有助于银行业全面提升资产负债管理能力。

详情链接:《强监管下的资产负债管理》,和讯网,2021年3月18日。

二、商业银行资产负债管理的原则

(一)总量平衡原则

总量平衡原则是指商业银行的负债总量必须同资产总量相平衡。这一原则要求商业银行要根据负债总量来安排资产总量,坚持负债总量制约资产总量,决不能超负荷地运用资金。从会计角度来看,银行的资产总量和负债总量始终是平衡的。但透过表面现象,可以发现有的银行法定存款准备金缴存不足,有的银行限制客户提取存款或要求客户保持存款最低限额,等等。这些都是资产负债总量失衡的表现。因此,商业银行资产负债管理所要求的总量平衡是动态上的或实质上的平衡。

总量平衡原则按具体内容可以分为负债总量平衡、资产总量平衡和资产负债总量平衡。负债总量平衡是指负债总量的平衡,包括负债结构平衡、负债可用程度平衡、负债成本效益平衡,其目的是保持负债的稳定;资产总量平衡是指各类资产在总量的比例上的协调与平衡,其目的是保持资产均匀合理分布,并与负债相适应;资产负债总量平衡是指在保持经济合理增长的基础上,资产方和负债方在规模上的动态平衡。商业银行主要通过坚持以资金来源制约资金运用,来保证自身的流动性需求和盈利性需求,努力扩大规模,提高资金使用率。资产负债总量平衡要求首先使资产总量与负债总量分别平衡,在此基础上,才能使二者在总体上达到平衡。

(二)结构对称原则

结构对称原则是指商业银行资产与负债在以资金为表现形式的运动中要保持对称状态。一是资产负债期限结构要对称,即资金来源的期限结构在一定程度上要制约资金运用的期限结构。具体来说就是短期负债用于短期资产,长期负债用于长期资产,银行不能超过负债期限过度发放长期贷款或进行长期投资,以避免流动性风险。二是资产负债种类结构要合理。随着经济的进一步发展,社会各界对金融服务的需求日趋多样化,应使资产负债种类结构趋于合理。三是资产负债利率结构要一致。商业银行在合理确定资产负债利率水平的基础上,还要根据市场利率的变化,加强市场预测,合理调整资产负债的利率结构,以规避利率风险。

(三) 目标替代原则

目标替代原则是指商业银行在安全性、流动性、效益性三个经营目标之间进行合理选择,相互组合,相互替代,而使银行总效用不变。商业银行的三个经营目标虽然是相互矛盾的,但三者之间存在一种共同的东西——效用,三者的效用之和就是银行的总效用。因此,银行可以对这三个目标进行比较和相加,也可以使它们相互替代,即流动性和安全性的降低可以通过效益的提高来补偿;同样,效益的降低也可以通过安全性和流动性的提高来补偿。这时银行的总效用不变。

目标替代原则大大深化了人们对银行效用的认识,为经营者提供了重要的方法论。明确这一点,银行经营者在经营实践中就不必固定某一个目标,单纯根据某一个目标来考虑资产分配,而应将安全性、流动性和效益性结合起来进行综合平衡,以保证银行经营目标的实现,力图使最终达到的总效用最大。

(四) 资产分散化原则

资产分散化原则是指商业银行在进行资金分配时,应当尽量将证券和贷款的种类分散,避免资金集中于某种证券或贷款上,即商业银行应选择一些相互独立、相关系数极小甚至不相关的证券投资或放款,其目的在于分散资产风险,提高安全性。

资产分散化是商业银行经营中的一个重要原则。无论是从总体上安排资产结构,还是在某一项业务中确定具体对象,商业银行都必须遵循资产分散化原则。银行业务本身是一个风险性业务,商业银行不可能从单纯规避风险的观念出发,限制业务活动范围。作为自负盈亏的企业,商业银行需要取得尽可能大的收益。而如果商业银行希望从经营活动中取得较大的收益,就必须承担较大的风险。面对风险程度不同、收益各异的经营项目,商业银行可采取转移或分散的方法,将风险控制在最小限度内。例如,资产业务经营可采取多种形式,除贷款外还可以进行证券投资、票据贴现、抵押贷款等。实行资产分散化,一旦贷款无法收回,商业银行还可以从其他渠道收回投资。然而在实际工作中,由于市场功能加强,经济形势复杂化,商业银行要想通过资产分散化来使经营风险化解为零是不可能的,但是坚持资产分散化原则至少可以将银行风险降低,或者把风险控制在某一限度内。

三、商业银行资产负债管理的内容

(一) 商业银行资产负债管理的框架

商业银行资产负债管理的框架包括四个部分:

（1）资产负债管理政策。制定资产负债管理政策是进行资产负债管理的首要任务。在资产负债管理政策中，要阐明进行资产负债管理的宗旨、目标与实现目标可采取的方法，资产负债管理的组织程序、人员配备、绩效考评、奖惩办法等内容。一般而言，政策所做的规定仅仅是方针性、宏观性的，并没有细致的条款。这样做的好处是既把握了原则，又保持了灵活性。

（2）资产负债管理指标体系。资产负债管理指标体系是实施资产负债管理的依据，也是评价管理绩效的标准。资产负债管理指标分绝对数与相对数两种。一般而言，资产负债管理指标除必须满足金融监管的有关规定外，还要根据本地区、本银行的具体情况制定更细致、更周密的指标。

（3）资产负债结构调节。资产负债管理部门最为实际的一项工作就是调节银行资产负债结构，以满足管理要求、符合管理指标。具体而言，由资产负债管理部门发布有关指令，各主要职能部门进行具体的调节工作。

（4）资产负债管理监控与评价。监控与评价工作涉及银行财务报表分析、市场动态监测、横向纵向比较等内容。在管理实践中，大量的资产负债调节工作是发生在各项指标符合规定的情况之下的。在这种情况下，调节与否取决于监控机制对银行未来管理变量的预测和估计，如果调节成本超过调节可能取得的预期收益，则这样的调节就不可行；反之，资产负债管理部门就要做出具体的调节方案。评价机制则专注于本期各项计划是否达到，进度如何，以及可能的改进方案等内容。

（二）商业银行资产负债管理的具体内容

在新的社会经济环境、新的金融市场环境以及新的全球监管要求下，随着商业银行综合化经营范围的拓宽和国际化进程的推进，商业银行资产负债管理的内容也在不断扩充，越来越强调全面、动态和前瞻的综合平衡管理，主要有以下几方面具体内容：

（1）流动性风险管理。流动性风险管理的内容主要包括建立科学完善的资金管理机制，对流动性风险实施有效的识别、计量、监控、预警和报告，确保银行在正常经营环境或压力状态下，能及时满足资产、负债及表外业务引发的流动性需求和履行对外支付义务。

（2）银行账簿利率风险管理。银行账簿利率风险是指因利率水平、期限结构等要素发生不利变动，导致银行账簿整体收益和经济价值遭受损失的可能性。商业银行通常制定银行账簿利率风险管理的政策和程序，定期评估风险水平及管理状况。

（3）汇率风险管理。商业银行面临的汇率风险主要是指由于汇率波动，以外币计价的资产、负债及预期收益遭受价值损失和财务损失的可能性。商业银行需要密切关注汇率变化及其对外币资产、负债的影响，及时对银行账簿外币资产、负债及表外项目的汇率敞口风险进行监测、分析和防范。

（4）定价管理。定价管理是商业银行经营管理的核心内容之一，直接影响银行的经营利润。定价管理可分为内部资金转移定价管理和外部产品定价管理。商业银行应加强资产、负债产品的外部定价管理，提升定价水平和经营效益，并通过内部资金转移定价完善内部价格管理，优化银行内部经营机制和系统资源配置，增强市场竞争力。

（5）资本管理。商业银行资本管理的范畴一般包括监管资本管理、经济资本管理和账面资本管理三个方面。内容主要包括开展资本规划、筹集、配置、监控、评价和应用等管理活动,建立资本管理框架及机制,实施资本配置和考核等。

(6)资产负债组合管理。资产负债组合管理是对商业银行资产负债表进行积极管理,通过资产负债表的组合配置结构,谋求银行价值的持续提高,主要包括资产组合管理、负债组合管理和资产负债匹配管理。

> **拓展阅读**

"腕骨"监管体系

中国银监会于2010年创建了"腕骨"监管体系,其应用对象是具有"系统重要性金融机构"特征的国有大型银行,体现出一定的微观审慎监管特性。

"腕骨"(CARPALs)监管指标体系由资本充足性(capital adequacy)、贷款质量(asset quality)、风险集中度(risk concentration)、拨备覆盖(provisioning coverage)、附属机构(affiliated institutions)、流动性(liquidity)、案件防控(swindle prevention & control)等7大类、13项监管指标构成,同时辅之以银行监管者的有限自由裁量权。这7大类指标的第一个英文字母拼起来正好是英文单词"腕骨"(CARPALs),再加上有限自由裁量权共8个方面,犹如人体腕部的8块腕骨,八股合一构成手部力量,暗合银监会的"铁腕"监管思路。目前,美国的金融监管指标体系为CAMELS,英国为ARROW。

"腕骨"体系的7大类、13项监管指标突破了自2006年股改以后大型银行一直沿用的3大类、7项指标。为应对"大而不能倒"的问题,银监会对这13项监管指标寄予厚望。它们具体为资本充足率、杠杆率、不良贷款率、不良贷款偏离度、单一客户集中度、不良贷款拨备覆盖率、贷款拨备比率(拨贷比)、附属机构资本回报率、母行负债依存度、流动性覆盖率、净稳定融资比率、存贷比、案件风险率。

详情链接:《大型银行"一行一策" 银监会力推"腕骨"监管》,《21世纪经济报道》,2011年3月1日。

第二节 商业银行资产负债管理理论

商业银行的经营活动是在一定的经营方针的指导下,根据一定的经营管理理论而实现的,商业银行在其发展过程中,逐渐形成了一套比较系统的经营管理理论,其经营管理理论随着各个历史时期经营条件的变化,大体经历了资产管理理论、负债管理理论、资产负债管理理论的演变过程。20世纪80年代后期以来,商业银行的经营管理理论出现了一些新的发展,主要有资产负债外管理理论和全方位满意管理理论。

一、资产管理理论

资产管理理论又称流动性管理理论。20世纪60年代以前,它在商业银行经营管理理论中占有主导地位。商业银行在其产生后的较长时期里,由于资金来源渠道相对固定和狭窄,主要是活期存款,企业的资金需求也比较单一,金融市场欠发达,因而这一时期商业银行经营管理理论的重点主要放在资产方面。资产管理理论认为,银行资金来源的规模和结构是银行自身无法控制的外生变量,它完全取决于客户存款的意愿和能力;银行不能主动地扩大资金来源,而资产业务的规模和结构则是其自身能够控制的变量,银行应主要通过对资产规模、结构和层次的管理来保持适当的流动性,实现其经营管理目标。资产管理理论随着历史的发展经历了以下几个发展阶段:

(一) 商业贷款理论

商业贷款理论又称真实票据理论,产生于二百多年以前,亚当·斯密在1776年出版的《国民财富的性质和原因的研究》一书中对此就有论述。该理论认为,银行的资金来源于客户的存款,而这些存款是要经常提取的。如果存款人在需要资金时无法从银行提出自己的存款,银行就要倒闭。因此,为了应付存款人难以预料的提款,银行只应发放与商品周转相联系或与生产物资储备相适应的自偿性贷款,而不应发放长期贷款或进行长期投资。鉴于上述原因,该理论认为只有商业贷款能够满足安全性、流动性和效益性的要求。

商业贷款理论产生于资本主义的自由竞争阶段,对商业银行的业务经营起到了一定的积极作用:首先,它保证了银行的流动性和安全性。这在当时没有任何机构给商业银行提供流动性保证的情况下显得尤为重要。其次,它能适应商品交易对银行信贷的需要。银行信贷随商品交易规模的扩大或缩减而进行自动调节,可以避免通货膨胀或通货紧缩。因此,该理论至今仍对商业银行的经营方针具有重要作用,是整个资产负债管理的理论基础。

但这一理论过于偏重资产的流动性,存在一定的缺陷。随着资本主义经济的发展,其缺陷表现得越来越充分:首先,该理论忽视了国民经济的发展对贷款需求的扩大和贷款多样化的要求。随着经济的发展,企业对长期借入资本的需求越来越大;同时,人们的消费观念开始变化,消费贷款需求不断增加。如果固守这一理论,商业银行的业务经营就会受到限制,银行就会在竞争中处于劣势,也阻碍了经济的高速发展。其次,该理论忽视了银行存款的相对稳定性。经验表明,银行存款具有相对稳定性,存和取的余额可以在相当长的时间内保持稳定,这就使得发放一些长期贷款而不至于影响其流动性成为可能。特别是随着经济的发展,银行定期存款比重上升,稳定性增强,银行资金的可用程度越来越大,这一理论的弊端也就越来越突出。再次,该理论忽视了贷款自我清偿的外部条件。贷款的清偿既受制于贷款的性质,又取决于市场状况。如果是在萧条时期,或是发生经济危机,则即使短期的自偿性贷款也难以保证银行的流动性。如果银行坚持短期贷款必须如期偿还,就可能迫使多数借款人无力偿还而宣告破产,在这种情况下,短期贷款并不一定比长期贷款安全。最后,该理论可能助长经济波动。根据该理论的要求,银行贷款规模将完全依照商业需要而自动伸缩。在经济繁荣时期,商业信用扩张,真实票据多,银行信贷会自动膨胀,刺激物价上涨;在经济萧条时期,银行信贷会自动收缩,从而加速物价的下跌,进一步激化经济衰退。这就自发地加剧了商业循环的波动幅度,与中央银行逆风向、反周期性的货币政策相悖。

商业贷款理论在流行了一百多年后,终因其存在难以克服的缺陷而被人们怀疑,代之而起的是转移理论。

（二）转移理论

转移理论又称可转换理论，是一种关于保持银行资产流动性的理论。1918年，美国学者H. G. 莫尔顿在《商业银行及资本形成》一文中提出了转移理论。该理论认为：为保持流动性、应付提存需要，商业银行可将资金购买可转换的资产，即能够转让出卖给第三者的资产。这类资产一般具有信誉较高、期限较短、容易出售的特点。持有这些资产，银行便可在需要变现时立即将其转移出去，从而保证其流动性需要。如果资金不足，则银行可以把贷款转让给中央银行，只要中央银行随时准备购买银行提出转让的资产，银行体系就能保持流动性。

转移理论的产生是与当时的社会和经济背景密切相关的。当时正值第一次世界大战之后，美国军费开支甚巨，导致公债大量发行。同时，经济危机的频繁爆发以及随后第二次世界大战的爆发，使得企业和个人对银行的借款需求急剧减少，而此时政府的借款需求激增，商业银行把大量资金投放于短期国家债券，美国联邦储备系统的统计资料显示：1945年美国商业银行的资产构成中，政府公债竟达73%，加上其他证券共达79%，而贷款仅占21%。这样一方面消除了银行流动性的压力，可分出一部分资金用于长期贷款；另一方面也因一部分现金转化为有价证券而使商业银行既保持了一定的流动性，又增加了一部分盈利。正因如此，转移理论自问世以来就得到广泛推行，商业银行持有的各种证券成为银行资产的主要组成。

转移理论比商业贷款理论前进了一步，它扩大了商业银行的资产范围，使其业务经营更加灵活多样。银行除了可以经营短期贷款，还可以从事有价证券的买卖，并腾出一部分资金用于长期贷款，这既不影响银行资金的流动性，又可以使银行获得更大的收益，还促进了短期证券市场的发展。

转移理论也有其局限性。流动性资产能否在不造成银行损失的情况下顺利变现，除了要持有充足的短期证券，还取决于市场状况。当所有的银行都因需要资金而出售生利资产时，寻找买方便成了问题。所以，该理论就整个银行系统中的某个个体而言可能是适用的，但不一定适用于整个银行系统。

（三）预期收入理论

预期收入理论是第二次世界大战以后产生的一种资产管理理论。第二次世界大战以后，美国从战时经济转轨为平时经济，由于经济建设的需要，产生了大量设备和投资贷款需求，特别是对中长期贷款的需求更是突出。同时，凯恩斯理论的影响不断扩大，消费者也改变消费意识和观念，产生了举债消费的新观念。这样，商业银行迅速调整了资产结构，减少证券投资，而转向增加各种贷款。银行不仅提供中长期贷款，消费贷款和住房抵押贷款也应运而生。此外，商业银行为了在激烈的金融竞争中求得生存与发展，也亟须开拓新的资产业务领域。预期收入理论就是在这样一种时代背景下产生的。该理论由美国学者赫伯特·普鲁克诺于1949年在《定期放款与银行流动性理论》一书中提出。该理论认为，如果贷款的归还期是根据借款人的未来收入制定的，那么银行就可以事先安排其流动性,即银行资产的安全性和流动性取决于借款人的预期收入。该理论并不否定商业贷款理论和转移理论,它只不过是把贷款的归还与借款人的收入联系起来,而并非完全依靠抵押品。因此,该理论认为,只要预计银行的资产能保证到期收回并获得收益,银行就不仅可以发放短期商业性贷款,而且可以发放中长期贷款和非生产性的消费贷款。

从此,审查贷款和投资的标准就不仅仅停留在期限方面,而是更多地放在贷款和投资项目的预期收入上,以贷款和投资项目的预期收入来保证银行资产的安全性与流动性。

预期收入理论为商业银行资产业务的发展提供了新的理论依据,使商业银行的资产结构发生了巨大变化。它深化了人们对贷款清偿的认识,没有固守商业贷款理论只注重流动性的教条。预期收入理论在以流动性为前提的情况下,开辟了多种资产业务,这不仅增强了商业银行自身的竞争实力,而且为整个社会经济的发展扩大了资金来源。此外,预期收入理论还促使商业银行增强参与企业生产经营活动的意识。由于贷款是在对企业预期收入进行评估的基础上发放的,在贷款发放后,银行为了保证其资产的安全,就会主动关心企业的生产经营活动。这使得商业银行由生产领域的局外人变为企业生产经营活动的积极参与者,加深了银行对经济的渗透和控制。

预期收入理论的致命缺陷是预期收入被视为资产经营的标准。但预期收入状况是由银行自己预测的,其精确程度难以保证。并且,在资产期限较长的情况下,债务人的经营情况可能恶化,到期不一定具备偿还能力,所以按照预期收入理论,银行资产的流动性是不能够得到完全保证的。

以上三种资产管理理论反映了商业银行在不同发展阶段的经营管理特点,在保证银行资产流动性方面各有侧重。商业贷款理论主要是通过短期贷款来保证流动性;转移理论是在金融市场得到一定程度的发展,金融资产交易较为普遍的条件下,主要通过金融资产的转换来保证流动性,强调了资产转换的作用;而预期收入理论则主要是从贷款和投资的安全性方面来考虑,保证资产的安全性与流动性,但它并不排除保持一定数额的短期贷款和持有一定数量的短期票据来保持流动性的必要。不论商业银行以什么样的经营理论为指导,业务形式的发展如何,短期贷款总还是商业银行的重要资产业务。因此,资产管理的各种理论之间并不是相互排斥的,而是一种相互补充的关系,反映了资产不断完善和发展的演进过程。各种理论的产生都为商业银行的资产管理提供了新的思路,推动了商业银行资产业务的不断发展。

二、负债管理理论

负债管理理论最早出现于20世纪50年代的美国,在60年代达到了极盛时期。负债管理理论的产生是多方面因素共同作用的结果:首先是经济发展的推动。20世纪五六十年代是西方资本主义国家战后最繁荣的经济时期,经济的高速发展使得社会各方面对贷款的需求猛增,其增长速度远远超过了银行存款的增长速度。商业银行为了满足新的贷款需求,需要从存款以外的地方去寻找新的资金来源。其次是竞争的外在压力。50年代在经济迅速发展的同时,非银行金融机构的数量也日益增加,这无疑加剧了银行业的竞争。商业银行需要与其他金融机构争夺阵地,这使其一方面感到可贷资金紧张,另一方面又受到流动性的压力。如果要获取高额利润,商业银行就不得不降低流动性,而如果要通过调整资产结构来实现流动性,又满足不了追逐利润的要求。这时商业银行越来越感觉到管理的重点必须从资产业务转为负债业务,从资产调整之外的地方去寻找新的流动性管理办法,扩大资金来源,满足客户的各种资金需求,增加银行盈利。再次是金融环境的影响。20世纪60年代,市场利率不断上涨,而存款利率则有上限限制,如美国1933年《银行法》曾对银行支付的存款利率规定了最高限制,该条例规定禁止对活期存款支付利息,定期存款的最高利率为2.5%,这一规定长期未变。企业为了减少在银行存款的利息损失,纷纷提取存款转投于购买商业票据和其他短期证券,使得商业银行存款急剧下降,造成"脱媒"现象,影响了商业银行的经营活动。为了寻找新的资金来源,大银行纷纷推出许多新的金融资产工具,市场上出现了可转让大额定期存单、欧洲美元借款等新的融资方式,这为负债管理理论的实施提供了现实基础。最后,存款保险制度的建立与发展,进一步增强了商业银行的冒险精神,刺激了负债经营的发展。

负债管理理论认为,商业银行在维持其流动性上,除应注意在资产方面加强管理外,还应注意负债方面。因而负债管理理论提出,商业银行要维持其流动性,可以向市场借入资金来满足这种需求,而且在吸收存款上银行可以主动去管理。

负债管理理论的产生,是商业银行经营管理理论的一大发展,对于商业银行经营管理有着重要的积极意义。负债管理理论的意义主要表现在:首先,为商业银行的经营管理和保证流动性提供了新的方法与理论。在流动性管理上变单一的资产管理为资产和负债两方面同时调整。在新的经营环境下,能够较好地解决流动性和效益性之间的矛盾,鼓励银行家的进取精神。其次,为扩大商业银行的信贷规模、增加贷款投放创造了条件。按照资产管理理论,银行贷款规模主要决定于存款,有多少存款就能发放多少贷款,资产安排只能被动地适应于负债的数量和结构。而在负债管理理论的指导下,商业银行可以对负债进行主动管理,这样就可以根据资产的需要来调整和组织负债,让负债主动适应或支持资产。也就是说,如果需要增加贷款投放,即使没有存款或存款不足也没有关系,银行可以发行存单和组织各种借款来保证资金需求。再次,增强了商业银行的经营能力。由于可以通过主动负债形式扩大资金来源,商业银行的资金实力得到了增强,这对于商业银行在激烈的竞争中取胜有着重要意义。实际上,负债问题是商业银行经营管理的首要问题,商业银行在经营管理中,必须充分重视扩大负债规模的重要性。

负债管理理论也存在一定的缺陷。首先,增加了商业银行的经营成本。主动负债的利率较其他借款利率高,这类负债数量的增加必将增加银行的负债成本。其次,增加了商业银行的经营风险。这种风险来源于三个方面,一是借款增加导致资产与负债之间的不对称从而引起失衡;二是当资金市场紧张时,如果借不到资金,银行资产的流动性就无法保证;三是由于负债成本增加,为了保证利润,银行会把资产投放到收益高而风险大的贷款或投资上。

三、资产负债管理理论

资产管理理论与负债管理理论在保证安全性、流动性和效益性的均衡方面,都存在一些不足。资产管理理论过于偏重安全性与流动性,在一定条件下是以牺牲效益性为代价的,使效益性没有突破性的进展;负债管理理论虽然能够比较好地解决流动性与效益性之间的矛盾,但往往给银行经营带来很大的风险,导致安全性程度不够。

20世纪70年代中期以后,西方国家出现了严重的经济衰退,同时保持着较高的通货膨胀率。此外,利率变动频繁,且变动的幅度在不断扩大,尤其是80年代西方发达国家相继放松或取消了对商业银行存贷款利率和其他金融业务的管制。在商业银行实现了业务电子化、综合化和国际化,政府放松了对商业银行的管制,以及商业银行利率风险、信用风险、流动性风险日益突出和新出现表外业务风险的情况下,商业银行资产负债管理理论最终诞生。

资产负债管理理论认为,商业银行单靠资产管理或负债管理,不能形成安全性、流动性和效益性的均衡,只有根据经济情况的变化,通过资产、负债两方面的统一协调管理,才能满足银行经营总目标的要求。

资产负债管理理论比前面的两种理论又前进了一步。该理论最突出的一点是使商业银行能够了解到随着利率的变化,银行的资产与负债将会发生什么变化。资产负债管理理论对完善和推动商业银行现代化管理发挥了积极的作用,使商业银行的管理效率和管理艺术得到了进一步的提高。尽管如此,该理论也有一定的局限性:第一,如果对利率的变动方向或变动量预期错误,则可能使银行遭受损失。第二,过分强调利率风险,忽视了信用风险或违约风险,从而可能产生某种危险。有时,资产负债管理方法还可能恶化风险。

资产负债管理方法的不足,可以通过金融衍生工具如期货、销售抵押贷款、销售抵押担保证券和利率掉期等调整资产负债不平衡的方法来弥补。

四、商业银行经营管理理论的新发展

20世纪80年代后期以来,商业银行作为信用中介的地位受到削弱,商业银行发展的重心和竞争的焦点已逐渐转向金融服务领域,以服务为重点的经营管理理论应运而生,比如资产负债外管理理论和全方位满意管理理论。

资产负债外管理理论提倡从传统的银行资产、负债业务以外的地方去寻找新的经营领域,开辟新的盈利源泉。如以信息处理为核心的服务,成为商业银行资产负债外业务的广阔领域;各种服务费收益在商业银行盈利中的地位日益上升。该理论认为,存贷业务只是商业银行经营的一条主轴,在其旁侧可以延伸发展出多样化的金融服务,同时提倡将原本资产负债表内的业务转化为表外业务。如将贷款转售给第三者,将存款转售给急需资金的单位等,从而使表内业务经营规模缩减或维持现状,使银行进行纳税筹划,维护银行收益的持久、稳定。

全方位满意管理理论是在全面质量管理的基础上发展起来的。它强调企业全体与客户满意的管理概念,即商业银行通过塑造独特的文化,提供能令客户完全满意的产品或服务,实现与客户建立长期合作关系的目标。客户的绝对满意是该理论主要的关心点和立足点,它强调满足客户对产品或服务的质量、数量、价格、设计、办理时间以及配套服务等不同要求,而不只是对质量的要求。客户的评语和行为反馈是考核产品或服务的标尺,在追求"客户绝对满意"的目标下,变革银行文化和组织制度。在激烈的市场竞争中,唯有确实做到令客户绝对满意,经得起客户苛刻考验的金融企业,才能立于不败之地。

从商业银行经营管理理论的发展演变过程中,我们可以得到如下启示:

第一,各种理论彼此衔接,互为补充。商业银行经营管理的各种理论虽产生于不同的历史时期,但它们彼此衔接,互为补充,对商业银行经营范围的扩大、业务内容的深化以及管理总方针的贯彻起到了积极的作用。

第二,资产管理的各种理论反映了商业银行在不同发展阶段的管理特点,在保证银行资产的流动性方面各有侧重。其中,商业贷款理论主要通过短期贷款来保证流动性;转移理论强调通过金融资产的转换来保证流动性;预期收入理论则主要是从贷款和投资的安全性考虑,来保证资产的安全性与流动性。但不论商业银行以什么样的理论为指导,保持一定数额的短期资产(短期贷款、短期票据等)都是必不可少的。因此,各种资产管理理论并不是相互排斥的,而是互为补充的,反映了资产管理理论的不断完善和发展。

第三,负债管理理论为商业银行保持流动性提供了新的思路。负债管理理论主张在管理方法上变单一的资产管理为资产和负债两方面同时调整,根据资产需要,主动扩大负债规模,增加可用资金。这样既可以增强银行的流动性,又可以增加资产以求盈利,在有效协调流动性与效益性之间的矛盾方面做出了贡献。

第四,资产负债管理理论是资产管理理论和负债管理理论在较高层次上的有机结合。资产负债管理理论强调对商业银行的资产和负债进行全面多元化的管理,在坚持银行"三性"原则的前提下,以获得最大利润为目标运用资金,对降低商业银行经营风险具有重要意义。

第五,资产负债管理的理论会不断发展,为商业银行业务扩大和金融创新指明方向。

五、商业银行经营管理的新趋势

从上述商业银行经营管理理论的发展演变过程来看,可以总结出以下几大新发展趋势:

第一,更加注重对宏观趋势的研究,提升管理的主动性和前瞻性。人口及社会环境的变迁、经济结构的优化升级、监管要求的革新、金融科技的日新月异等新趋势,对商业银行经营管理的影响将是长远的。因此,商业银行经营管理必须坚持主动性和前瞻性原则,主动加强对宏观趋势和未来政策动向的研究,主动发现资产负债运行中的新情况、新问题,预先研判外部经济环境和政策。

第二,突出风险因素和资本制约,强调资产与负债的价值创造能力。商业银行价值是收入、成本、风险、资本等要素的综合,在盈利能力的基础上,还要考虑风险、资本要素,是风险、资本约束下的盈利能力,是可持续的盈利能力。

第三,大资产负债管理模式日趋成熟。新形势下,商业银行资产负债业务拓展迅速,随着利率市场化、监管变化及银行国际化的推进,银行表外业务、国际业务创新发展较快,极大地拓展了银行资产负债表的内容。商业银行资产负债管理将积极适应这种变化,构建大资产负债管理机制。

第四,信息科技支撑对资产负债管理工作日益重要。无论是趋势性研究、价值管理,还是大资产负债管理架构的构建,都依赖于有效的数据支持和技术手段。特别是金融科技的快速发展,极大地推动了商业银行的客户、产品和资金管理的升级换代,商业银行的资产和负债形态更趋丰富。

拓展阅读

资产负债管理转型——为高质量发展赋能的新角度

伴随利率市场化改革的深化,中国银行业资产和负债规模及盈利水平经历了一轮快速增长。对于中国的商业银行来讲,经过十几年的高速发展后,经济形势发生了变化,资本、资金、资产质量和盈利能力等出现多重压力与约束。

一方面,资本和负债的约束使得商业银行的快速增长缺乏支撑,资本监管要求不断提高,银行资本计提压力和考核压力增大。2018年前6个月,金融机构各项存款余额同比增速均下滑到9%以下,存款的波动性降低了资金的可用性,商业银行发展面临严峻的资金约束。另一方面,不良贷款增加和债券违约涌现对商业银行盲目扩张的增长方式形成制约,2018年第一季度末,商业银行不良贷款余额为17 742亿元,不良贷款率达到1.75%。在金融去杠杆背景下,短期内部分领域风险仍处于释放阶段,不良贷款防控压力仍然较大。

中国经济已由高速增长阶段转向高质量发展阶段,随着中国经济结构转型,商业银行重资产、重资本、重规模、重速度的传统经营模式将难以为继,需要商业银行加快战略转型和业务结构调整的步伐,改变过去粗放式、同质化的发展模式和路径,实现灵活的资产配置和负债结构调整,为高质量发展提供动力支持。

第一,树立大负债、大资产的资金组织和资产配置理念。以资产负债长期均衡发展为目标,从传统的存贷款管理拓展到全口径资产负债管理。在负债管理方面,从单纯的规模管理转为兼顾规模、成本、结构的统筹管理,通过价格等多种工具调节不同的资金来源,实现负债结构的优化;在资产管理方面,以信贷资源配置为主,兼顾同业业务、投资业务等资产,同时考虑表外代付、委托贷款等各种形式的表外融资业务,从资产规模增长转向提高效益和控制风险的均衡协调发展。

第二,运用金融科技提升资产负债管理经营效率。负债端,通过大数据挖掘、数据映射等技术,测算活期存款沉淀率、定期存款提前支取比例、不同类型客户利率敏感性等,开展客户行为分析,进而提升存量资金的使用效率,降低低息资金占比,提升负债定价的精细化水平。资产端,通过云计算、数据挖掘技术和智能型分析模型,提高对客户风险的识别度,提升资产配置效率,优化资产业务结构,识别新型资产动能,提高风险管理水平,加大对中小企业和"三农"、县域等领域的融资支持,实现客户下沉,适度提高贷款收益水平,整体上提升资产负债管理经营效率。

详情链接:《从资产负债管理角度谈银行高质量发展》,《中国城乡金融报》,2018年8月3日。

第三节 商业银行资产负债管理方法

商业银行资产负债管理的中心内容就是进行资产与负债的合理搭配,以实现安全性、流动性和效益性的最佳组合。

一、偿还期对称法

偿还期对称法是指商业银行根据资金来源与流转速度,决定流动性资产和盈利性资产的分配。短期负债对应短期资产,长期负债对应长期资产,如图10-1所示。

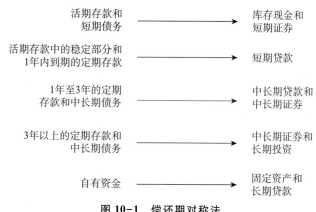

图 10-1 偿还期对称法

偿还期对称法的核心内容是用负债的期限结构去抑制资产的期限结构,而其基本原则是"规模对应"原则,即存贷款之间有对应的比例关系,所有资金运用在资金来源许可的范围内进行,二者应该相互对称。但是,这里的"对称"只是原则上或方向上的对称,而不是要求资产与负债的偿还期一一对应。它包括总量、结构两个方面的对称,即必须坚持综合平衡的原则,以资金来源制约资金运用,合理安排适度的贷款规模,防止超负荷经营。同时,要积极采取各种有力措施,努力扩大资金来源,加速信贷资金周转,提高资金效益,实现资金的积极平衡;结构对称原则是各项资产的长短期限与各项负债的长短期限应该互相对应,严格限制短期资金长期使用,提高资金的流动性。这是该方法的核心所在。

二、集中管理法

集中管理法又称资金蓄水池法,它是指不分资金来源的期限长短,而把它们统一集中起来,然后根据资产流动性和盈利性的目的,从"蓄水池"中将资金分配到银行认为最合适的资产上去,分配的次序为一级储备、二级储备、贷款及投资、固定资产购置,如图10-2所示。

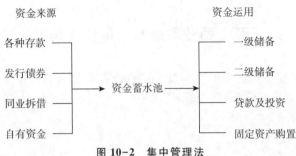

图 10-2 集中管理法

其中,一级储备由现金资产(包括存入中央银行的法定存款准备金)组成,以保证资产的流动性和清偿能力;二级储备主要由可转让的短期有价证券组成,当一级储备不能确保资产的流动性和清偿能力时,需将二级储备转让出去取得现金以弥补一级储备的不足。

集中管理法的特点是资产分配不受负债期限结构的限制,而只受负债总量的制约,因而资产结构的调控比偿还期对称法灵活。但是各种资产怎样按比例分配则很难把握,如一级储备和二级储备各应多少才算合适。如果分配不好,则可能造成要么流动性资产过多,要么盈利性资产过多的局面。另外,这种方法根本不考虑资产期限结构与负债期限结构的关系,也未必完全正确。

三、中心分配管理法

中心分配管理法是指商业银行根据资金来源的不同,按照其周转速度的快慢和上缴法定存款准备金的多少,把资金划归到不同的中心,从而分配给不同的资产领域。

一般,法定存款准备金率越高,资产周转速度越快,则表明这种资金来源的波动性越大,稳定性越低;反之亦然。依据该原则,一般存在四个资金管理中心,即活期存款中心、储蓄存款中心、定期存款中心和自有资金中心,如图10-3所示。

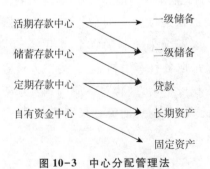

图 10-3 中心分配管理法

中心分配管理法根据资金来源的特点分类建立中心,然后采取不同的分配政策,这样能够把资产的周转速度与负债的周转速度、资产的流动性与负债的流动性有机地联系起来,保持二者在规模与结构上的一致性。通过资金来源的划分,商业银行可以减少投放于流动性资产的资金数量,通过储蓄存款和定期存款获得的资金可以大部分投向流动性较低的长期资产,以增加盈利性,同时也可以保持流动性需要。

四、负债管理法

负债管理法又分为储备头寸负债管理法和全面负债管理法两种。

1. 储备头寸负债管理法

商业银行在面临清偿能力不足时,可用短期借入款来弥补提取的存款。这样商业银行的负债一增一减,正好轧平,如图10-4所示。

资产	负债	
贷款	存款	}-
投资	短期借入款	}+

图 10-4　储备头寸负债管理法

2. 全面负债管理法

商业银行在发生可贷资金不足时,可通过借入款来应付增加的借款需求。这样,商业银行的负债和资产都同时增加,而且会因资产规模扩大而带来额外的收益,如图10-5所示。

	资产	负债	
	贷款	存款	
	投资	借入款	
+{	增加贷款	增加借入款	}+

图 10-5　全面负债管理法

西方商业银行一般通过下列途径来扩大负债规模,以解决银行的流动性和盈利性问题:发行大额可转让定期存单,向中央银行借款,向其他商业银行借款,通过回购协议借款,从欧洲货币市场借款。

五、利率敏感性缺口管理

资产负债管理的重要内容之一就是有效防范利率风险,防止银行的利润因利率波动而蒙受损失。利率敏感性缺口管理是商业银行在对利率进行预测的基础上,调整考察期内利率敏感性资产与负债的对比关系,以规避利率风险或从利率风险中提高利润水平。利率敏感性缺口管理是目前最常用的利率风险分析和管理技术。

1. 相关概念

(1) 利率敏感性,指利差由于受内生或外生因素影响而发生波动的敏感性。内生因素包括银行资产负债结构、贷款期限与质量、资金期限与成本等。外生因素包括总体经济形势和利率水平等。

(2) 利率敏感性资产,指考察期内可能重新定价的资产。

(3) 利率敏感性负债,指考察期内可能重新定价的负债。

2. 利率敏感性缺口

利率敏感性缺口是指利率敏感性资产与利率敏感性负债之差,可用来反映银行资金的利率风险暴露情况。利率敏感性缺口的表示方法有很多,最常见的一种称为资金缺口,用公式可表示为:

$$资金缺口(Gap) = 利率敏感性资产(RSA) - 利率敏感性负债(RSL)$$

按缺口的取值情况,可以将银行资金状况分为资产敏感(正缺口)、负债敏感(负缺口)和资产负债匹配(零缺口)三种情况。当利率变动时,利率敏感性缺口的状况会直接影响净利息收入的变动,其变动关系如表10-1所示。

表10-1 利率敏感性缺口、利率变动与银行净利息收入变动三者之间的关系

缺口值	利率变动	净利息收入变动
正	上升	上升
正	下降	下降
负	上升	下降
负	下降	上升
零	上升	不变
零	下降	不变

3. 利率敏感性缺口管理策略

由于利率敏感性缺口与银行净利息收入变动之间存在密切联系,商业银行可通过缺口管理规避利率风险,甚至利用利率变动来扩大收益。利率敏感性缺口管理主要有两种策略:

(1) 进取性策略。进取性策略是指利用利率变动主动获利。当预测利率将上升时,银行应保持正缺口,如果预期利率上升幅度较大,则正缺口值也应扩大;反之,当预测利率将下降时,银行应使缺口值为负,如果预期利率下降幅度较大,则负缺口值也应扩大。这种策略适用于大银行和投机意识较强的银行。

(2) 防御性策略。采用进取性策略要冒一定的风险,如果不能准确把握利率的变动趋势,则银行将蒙受巨大的损失。所以,大多数中小银行往往采用防御性策略,保持利率敏性资产与敏感性负债之间的平衡,使缺口值为零或很小,以达到最大限度地减少利率风险损失的目的。

六、持续期缺口管理

利率敏感性缺口管理主要是针对净利息收入而言的,不能很好地反映利率变动对银行净值造成的风险,而银行股东最为关心的是银行净值的变化,这就决定了银行的资产负债管理必须探索新的更为有效的管理方法,以满足股东的最大利益。持续期缺口管理法就是在这种情况下产生的,它是分析银行净值对利率变动敏感性的有效工具。

1. 持续期的概念

持续期的概念起源于证券投资组合理论,近年来在财务、金融与投资领域得到了广泛的运用。持续期是指在既定利率下获得全部现金流量所需要的平均等待时间,用公式表示为:

$$D = \frac{\sum_{t=1}^{n} t \cdot PV_t}{\sum_{t=1}^{n} PV_t} = \frac{\sum_{t=1}^{n} \frac{t \cdot PV_t}{(1+i)^t}}{\sum_{t=1}^{n} \frac{P_t}{(1+i)^t}}$$

式中,D代表持续期,PV_t代表t时刻的现金流量现值,P_t代表t时刻的现金流量,t代表现金流量发生期距现在的时间,i代表金融工具的到期收益率,n代表现金流量发生的次数。

金融工具的持续期不同于期限。期限是指金融工具的生命周期,从其产生开始一直持续至到期为止。而持续期概念则要考虑到金融工具到期前的全部现金流量特征,例如利息支付、本金提前偿还等。一般而言,对于到期一次偿付本息的金融工具而言,其持续期即等于期限,而对于多次付息或本金分期偿还的金融工具而言,持续期总比期限要短。

下面用一个例子来说明持续期的计算。假设某固定收益债券的息票为每年 60 元,偿还期为 3 年,面值为 1 000 元。该金融工具的实际收益率(市场利率)为 10%,现行市场价格为 900.51 元,求该债券的持续期。

在持续期计算中,首先计算每期现金流量的现值,然后将每个现值乘以相应的发生时间,再把各项乘积相加,并除以该债券的市场价格,就得到该债券的持续期为 2.82 年,如表 10-2 所示。

表 10-2 持续期计算

现金流量发生时间	现金流量(元)	现值利率因子(10%)	现值(元)	现值×时间(元)
1	60	0.9091	54.55	54.55
2	60	0.8264	49.58	99.16
3	1 060	0.7513	796.38	2 389.14
总计			900.51	2 542.85

持续期 = 2 542.85/900.51 = 2.82(年)

2. 持续期对银行净值的影响

根据会计上的定义,银行净值等于银行资产与负债之差,也就是股东收益。而银行资产、负债的价值变动与市场利率、持续期之间存在以下关系:

$$\Delta P_A = - D_A \times \frac{\Delta i}{1+i} \times P_A$$

$$\Delta P_L = - D_L \times \frac{\Delta i}{1+i} \times P_L$$

$$\Delta P_E = \Delta P_A - \Delta P_L$$

$$\Delta P_E = D_A(-\Delta r)\frac{1}{1+r} \times P_A - D_L(-\Delta r)\frac{1}{1+r} \times P_L$$

$$= \left(D_A - D_L\frac{P_L}{P_A}\right)(-\Delta r)\frac{1}{1+r} \times P_A$$

式中,ΔP_A代表资产价值变动额,ΔP_L代表负债价值变动额,P_A代表资产市值,P_L代表负债市值,D_L代表各种负债的综合持续期,D_A代表各种资产的综合持续期,Δi代表利率变动。

持续期与银行资产、负债价值变动之间的关系决定了它对银行净值有重大影响。

3. 持续期缺口

持续期缺口是指各种资产的综合持续期与各种负债的综合持续期乘以总负债与总资产之比的积之间的差额,用公式表示为:

$$D_{GAP} = D_A - W \times D_L$$

式中,D_{GAP}代表持续期缺口,D_A代表各种资产的综合持续期,D_L代表各种负债的综合持续期,W代表总负债与总资产之比,即P_L/P_A。

银行关心来自全部资产和负债的总风险暴露,持续期缺口管理就是通过相机调整资产和负债结构,使银行控制或实现一个正的权益净值。因此,持续期缺口管理实际上是分析由于银行资产持续期与负债持续期的缺口导致银行净值增加或减少的风险。所以有:

$$\Delta P_E = D_{GAP}(-\Delta r)\frac{1}{1+r}P_A$$

D_{GAP}有三种情况:为正,为负,为零。持续期缺口、利率变动与银行净值变动三者之间的关系如表10-3所示。

表10-3 持续期缺口、利率变动与银行净值变动三者之间的关系

持续期缺口	利率变动	资产现值变动	比较	负债现值变动	银行净值
正	上升	减少	>	减少	减少
正	下降	增加	>	增加	增加
负	上升	减少	<	减少	增加
负	下降	增加	<	增加	减少
零	上升	减少	=	减少	不变
零	下降	增加	=	增加	不变

注:"比较"一列指资产现值变动幅度与负债现值变动幅度相比的大小,如第一行">"即指资产现值的减少幅度大于负债现值的减少幅度。

当资产的持续期比负债的持续期长时,利率上升将导致银行净值下降,此时银行应缩短资产的持续期,延长负债的持续期。

4. 持续期缺口管理与运用

持续期缺口管理与利率敏感性缺口管理相似,只是目标不同。前者目标是股权价值

最大化,后者则侧重于净利息收入最大化。在持续期缺口管理中,也有进取性和防御性两种策略。进取性策略旨在通过对缺口值的调整增加银行股权价值,因而在利率上升时期缩小缺口值,在利率下降时期扩大缺口值。防御性策略旨在保持银行股权价值的相对稳定,采取零缺口或微缺口的方式规避利率风险。

下面用一个例子来说明商业银行对持续期缺口模型的运用。假设某银行资产平均持续期为5年,负债平均持续期为4年,总资产为20亿元,总负债为18亿元,利率水平从最初的7%上升至9%,求该银行持续期缺口及净值变化。

持续期缺口$(D_{GAP}) = D_A - D_L(P_L/P_A) = 5 - 4 \times 18/20 = 1.4$(年)

若利率从最初的7%上升到9%,则:

银行净值变化$(\Delta P_E) = D_{GAP}(-\Delta r)\dfrac{1}{1+r}P_A = -1.4 \times (9\% - 7\%) \times 20/(1 + 7\%)$

$= -0.52$(亿元)

七、经济资本管理

经济资本是当今现代商业银行管理中较为先进的理念和工具,中国大型商业银行都较早地推行了经济资本管理,且近年来在不断改革和全面优化。经济资本是描述在一定的置信度水平下(如99%),一定时间内(如一年),为了弥补银行的非预期损失所需要的资本。其计算公式为:

经济资本 = 信用风险的非预期损失 + 市场风险的非预期损失 + 操作风险的非预期损失

商业银行依据建立的风险模型,通过量化手段,计算出某项业务或资产的风险程度,以及各产品线或业务部门所需的经济资本占用情况。通过建立经济资本的配置和传导机制,引导银行调整优化资产结构,有效控制业务风险,科学评价经营绩效,从而实现防范风险和创造价值的最终目标。

经济资本管理的核心内容包括经济资本计量、经济资本配置及经济资本评价三部分,各个构成部分相互影响、相互推动,相辅相成。经济资本计量是指运用各种技术模型精确计量在给定置信度水平下和给定风险期限内覆盖银行非预期损失所需的资本。经济资本配置是商业银行主动运用经济资本进行战略指导和业务决策的体现,经济资本配置的结果可以影响甚至改变经济资本计量及其相关绩效考核的结果,是促进商业银行改善资本结构的重要参考。经济资本评价是指通过建立以风险调整后的资本回报率和经济增加值为核心的指标体系,对各分支机构、业务部门和产品维度的经营绩效进行考核评价,属于银行的绩效衡量范畴。

典型实例

中国大型商业银行经济资本管理实践

2001年,中国商业银行开始引入"经济资本"概念,尝试建立经济资本理论与实践相结合的新型管理体系。

（1）中国工商银行。中国工商银行在设计了经济资本配置的过渡性方案以后，于 2006 年在全行范围内确立了经济资本管理体系。中国工商银行通过计算各类产品的贡献量和产品资本回报率，调整产品线的布局。同时，通过测算资本回报率和经济增加值来实现经济资本的全面绩效评估。

（2）中国农业银行。中国农业银行于 2005 年引入经济资本管理理念，旨在着力提高经济资本管理对银行固本增效的导向性、经营战略的支撑性和宏观形势的适应性。中国农业银行通过资本补充、资本节约和资本管理配套机制优化三方面的工作，有效推动资本充足率稳步提升；通过建立经济资本、信贷计划与效益回报的联动配置和动态调整机制，不断提高资源配置效率。

（3）中国建设银行。2004 年，中国建设银行实施《经济资本预算管理暂行办法》，初步确定了基于标准法的经济资本预算管理。后来在《经济资本计量方案》中规定采用内部评级法对绝大多数风险敞口的经济资本占用情况进行客观计量，用在险价值方法分别计量信用风险和市场风险，以标准法计量操作风险。

资料来源：于东智，《现代商业银行资产负债管理手册》，中国金融出版社 2020 年版。

八、内部资金转移定价管理

内部资金转移定价（FTP）是指商业银行内部资金中心与业务经营单位按照一定规则全额有偿转让资金，达到核算业务资金成本或收益等目的的一种内部资金管理模式。

FTP 对于商业银行来说，属于记账和管理的层面，并不发生实际的资金流动。对于银行信贷、非标、债券各种不同的资产，其收益率各不相同，资金池的概念无法衡量某笔存款所对应的具体某笔信贷，因此从管理的角度而言，FTP 可以作为虚拟的计价中心来衡量这些业务的真实收益。

实际应用中，FTP 作为商业银行资产负债管理的重要工具，具有重要意义：

（1）管控利率风险。由于 FTP 工具可以锁定资产和负债对应的收益与成本，这样可以有效地将利率风险从业务经营单位剥离，集中到资金管理部门来进行统一管理。

（2）实现绩效考核。在引入 FTP 之前，从传统财务会计的口径很难区分判断几个团队不同的业务模式对银行的绩效贡献。引入 FTP 之后，不同产品的存贷款所对应的 FTP 利率是不同的，同时也具有不同的 FTP 利差，再加上有不同的日均规模，这样来说就有了较合理的比较基础，从而能够有效地测算相应的盈利水平及对银行的绩效贡献。

（3）优化资产负债组合。商业银行可以通过对不同产品差异化的 FTP，有效地传达全行资产负债管理方面的指导，引导全行的资源朝最有利于实现全行战略目标的方向进行流动。同时，也可以通过 FTP 的调整来弥补行内流动性和利率风险的缺口。

（4）引导产品定价。因为 FTP 价格反映的是商业银行内部资金的成本价格，它实际上是所有产品定价的基础。产品定价部门在 FTP 价格的基础上，根据产品的营销成本、资本成本、信用风险成本再加上目标利润率等因素，就构成了对客户的报价。

> **拓展阅读**

LPR 在商业银行内部资金转移定价中的应用

FTP 是商业银行内部资金中心与经营单位按照一定规则合理核算每笔业务资金成本或收益的一种内部资金管理模式。FTP 曲线是用来给具体业务进行定价的曲线,曲线上的每一个点表示对应期限资金的 FTP 价格。曲线提供了一项资产或负债的 FTP 基准价格所需要的信息,用来体现资金管理部门拟定的价格。

2019 年 8 月 17 日,中国人民银行发布公告(中国人民银行公告〔2019〕第 15 号),为深化利率市场化改革,提高利率传导效率,推动降低实体经济融资成本,决定改革完善贷款市场报价利率(LPR)形成机制。改革后的 LPR 由各报价行按公开市场操作利率加点形成的方式报价。在贷款利率向存款利率传导的过程中,FTP 起着至关重要的作用,只有具备了科学、完备、成熟的 FTP 管理体系,才能有效打通利率传导的"最后一公里"。中国人民银行积极采取措施引导银行建立和完善 FTP 机制并运用 LPR 构建 FTP 机制,确保贷款 FTP 与 LPR 在变动方向和幅度上基本保持一致,并将 LPR 在 FTP 中的运用情况纳入宏观审慎评估体系考核。商业银行如何将 LPR 定价基准引入 FTP 曲线,不仅关系到 FTP 市场化程度的提升,市场价格与 FTP 价格、资产端与负债端价格传导机制的形成,还在较大程度上关系着市场化定价管理水平、利率风险管理及资产负债管理能力的提升。

对于商业银行而言,LPR 对 FTP 曲线的影响体现在以下几个方面:

(1) 需要及时升级现有 FTP 系统,以满足定价中应用 LPR 的需要;

(2) 需要提高 FTP 价格的市场化程度,科学引导产品定价,以保持盈利能力;

(3) 需要有效且充分测算 LPR 应用对业务开展的影响,及时调整优化应用方案。

详情链接:于东智,《现代商业银行资产负债管理手册》,中国金融出版社 2020 年版。

九、收益率曲线管理

收益率曲线是不同到期期限的收益率连成的曲线,横轴代表期限,纵轴代表收益率。收益率曲线是金融产品定价的基础,也是进行投资决策的重要依据。在资产负债管理中,收益率曲线在内外部定价及利率风险管理等方面发挥着不可替代的重要作用,是资产负债管理的重要工具。

收益率曲线一般有四种形态,即正向、水平、反向和驼峰形。正向的收益率曲线表示债券的期限越长,收益率越高,这通常意味着经济处于正常的增长阶段。水平的收益率曲线表示期限长短对收益率基本没有影响,如果这一形态持续时间过长,则往往会伴随经济下滑。反向的收益率曲线表示债券的期限越长,收益率越低,这种形态较为少见,意味着经济可能走向衰退。驼峰形的收益率曲线表示收益率随债券期限的不同而高低起伏,一般这种形态不持久。

影响收益率曲线变化的因素主要有经济基本面因素、资金面因素、政策面因素和市场预期因素。上述因素是交织影响的,比如经济基本面的变动将影响中央银行的货币政策及市场预期,进而影响资金面,最终影响收益率曲线。

收益率曲线主要有五个方面的用途:设定债务工具收益率,反映远期收益率水平,计算和比较各种期限债券的收益,计算相似期限不同债券的相对价值,利率衍生工具定价。

十、其他资产负债管理工具

除上述资产负债管理方法外,商业银行还可以利用衍生金融工具、资产证券化、情境分析和在险价值等工具进行资产负债管理。

衍生金融工具是一种金融合约,其价值取决于一种或多种基础资产或指数,合约的基本种类包括远期、期货、掉期(互换)和期权。此外,衍生金融工具还包括具有远期、期货、掉期和期权中一种或多种特征的结构化金融工具。商业银行在资产负债管理中,主要使用利率衍生品对冲利率风险,使用汇率衍生品对冲汇率风险。

资产证券化是指商业银行发现资产负债表中资产的额外价值并将其从资产负债表全部移除,以便为信贷业务腾挪空间的过程。证券化是商业银行主动资产负债管理的重要工具,其主要优点是可以通过出售资产节约或降低资本占用,还可以给发行银行带来额外的收入。

情境分析是指商业银行在资产负债管理过程中,通过设定风险因子的可能变动情境,研究多种因素共同作用时可能对银行收益或经济价值产生的影响。所用情境可通过选用历史情境、主观假设和使用统计工具模拟等方式设定。

在险价值(VaR)是指在一定的置信度水平下,某一金融资产(或证券组合)在未来特定的一段时间内的最大可能损失。目前而言,VaR 的计算主要基于三种方法:方差—协方差参数法、历史模拟法和蒙特卡罗模拟法。

关键术语

资产负债管理　利率敏感性　持续期　银行净值　经济资本　内部资金转移定价　收益率曲线

复习思考题

1. 简述商业银行资产负债管理的内容。
2. 简述商业银行资产负债管理的原则。
3. 简评负债管理理论。
4. 商业银行如何运用利率敏感性缺口来管理其资产和负债?
5. 商业银行如何运用 FTP 进行资产负债管理?
6. 简述收益率曲线形态的经济意义。

第十一章

商业银行风险管理与内部控制

> **学习目标**

- 了解商业银行风险的内容,掌握商业银行风险管理的步骤
- 了解银行全面风险管理体系
- 了解商业银行公司治理和内部控制的主要内容
- 了解和掌握商业银行风险种类和风险控制方法
- 了解商业银行贷款风险的控制方法

> **素养目标**

通过对拓展阅读和典型案例的分析,培养学生的风险意识、创新意识及责任心。

> **案例导读**

上海银行资产质量持续改善

上海银行坚持"精品银行"战略引领,以数字化转型为主线,聚焦关键领域,强化风险管控,持续推进各项业务发展和结构调整。2021年半年报显示,上海银行新一轮三年发展规划取得良好开局,各项业务呈现较快发展势头,经营业绩稳步上升,资产质量持续改善。

数据显示,2021年上半年,上海银行实现营业收入277.05亿元,同比增长9.02%;实现归属于母公司股东的净利润122.78亿元,同比增长10.30%;基本每股收益0.86元,同比增长10.26%。6月末,上海银行不良贷款率为1.19%,较上年年末、一季度末分别下降0.03个百分点、0.02个百分点;关注类贷款占比1.86%,较上年年末下降0.05个百分点;拨备覆

盖率为324.04%，较上年年末、一季度末分别提高2.66个百分点、0.73个百分点。该行不良生成率半年度环比有所下降，公司、个人贷款不良生成率均呈现半年度环比下降趋势。

在新一轮三年发展规划引领下，上海银行构建一体化经营体系，聚焦数字化转型，创新线上化产品，围绕国家和上海"十四五"规划，持续深耕以上海为主的长三角以及粤港澳、京津冀等重点区域，升级普惠金融、供应链金融、科创金融、民生金融、绿色金融、跨境金融"六大金融"服务体系，建设"商行+投行"联动特色，深化金融市场同业经营体系，提升对重点区域与重点业务领域专业化经营能力，深化客户经营，优化业务结构，持续提升市场竞争力。

7月，英国《银行家》杂志发布了"2021年全球银行1 000强"榜单，上海银行按照一级资本排名第67位，较上年上升6位；8月，在上海证券交易所公布的沪市主板上市公司2020—2021年度信息披露工作评价结果中，上海银行也连续第四年获得最高等级A类评价。

详情链接：《盈利持续改善 资产质量向好 上海银行上半年成绩单凸显发展韧劲》，中国经济网，2021年8月20日。

你是不是有下面的疑问？

1. 何谓商业银行资产质量？
2. 如何评价商业银行资产质量？
3. 如何通过风险管理提高商业银行资产质量？

进入内容学习

商业银行经营会面临风险，同时，与风险相伴会产生收益，这是银行愿意承担风险的根本原因。因此，风险也可以定义为未来收益或损失的一种不确定性。商业银行的核心功能是管理风险，风险管理始终贯穿于商业银行的所有经营管理活动。商业银行的利润来源于管理风险，如果不存在风险，那么也就不存在真正的商业银行。因此，有效管理风险、提高内部控制水平是商业银行生存与发展的基础和关键。

第一节 商业银行风险管理概述

一、商业银行风险的概念、特征及种类

1. 商业银行风险的概念

商业银行风险是指商业银行在经营过程中，由于各种不确定性因素的存在而导致经济损失的可能性。商业银行风险管理是指商业银行通过风险识别、风险估计、风险处理等方法，预防、规避、分散或转移经营中的风险，从而减少或避免经济损失，保证经营资金安

全的行为。商业银行风险的概念主要包括以下内涵：

（1）商业银行风险的承担者是指与其经济活动有关的经济实体，如居民、企业、同业银行、非银行金融机构以及政府等。

（2）商业银行的风险与收益是对称的，商业银行的风险越高，其遭受损失的可能性就越大，但其获取超额利润的可能性也就越大；反之，要想获得高收益，就要承担与之相应的高风险。

商业银行风险可以与经营过程中的各种复杂因素交互作用，使经济系统形成一种自我调节和自我平衡的机制。

商业银行风险研究的对象不仅包括可计量的风险，还包括不可计量的风险。

2. 商业银行风险的特征

商业银行作为经营货币信贷业务的企业，与一般工商企业及其他经营单位相比，其最显著的特点是负债经营，即利用客户的各种存款及其他借入款作为主要的营运资金，通过发放贷款及投资获取收益，其自有资本占资产总额的比例远低于其他行业。这一经营特点决定了商业银行本身就是一种具有内在风险的特殊企业。因此，风险管理在商业银行经营管理中占有十分重要的地位。

（1）从经营对象来看，商业银行经营的是货币资金，而不是具有各种使用价值的物质商品。因此，商业银行所面临的各种风险都会直接表现为货币资金损失风险。

（2）商业银行具有涉及面广、涉及金额巨大的特点。在当今商品经济发达和货币化程度较高的社会中，人人都离不开货币，银行业务渗透到社会的每一个角落和人们生活的方方面面。因此，商业银行风险带来的损失远远超过一般企业的风险损失。

（3）商业银行具有信用创造职能，通过这一职能，信用活动风险被成倍扩大，并形成连锁反应，对整个经济体系造成潜在风险。

社会上各种经济风险都向商业银行集中，这就要求商业银行具有更大的风险承受能力，以及消除、控制、转移风险的风险管理能力。

3. 商业银行风险的种类

商业银行在其经营过程中面临的风险种类繁多，从不同角度可做如下划分：

（1）按商业银行经营的外部环境因素划分，可以分为：①信用风险，指由于债务人违约而导致的贷款或证券等银行持有资产不能收回本息而造成损失的可能性。②利率风险，指由于市场利率水平变化而给银行带来损失的可能性。③价格风险，指由于证券、金融工具或某些与银行债权债务相关的商品的市场价格变动而给银行带来损失的可能性。④汇率风险，指由于外汇价格变动而给银行带来损失的可能性。⑤竞争风险，指激烈的同业竞争造成银行客户流失、利差缩小，增大银行损失，威胁银行安全的可能性。⑥国家风险，即国家信用风险，指借款国经济、政治、社会环境的变化使该国不能按照合同偿还债务本息的可能性。⑦意外事故风险，指偶发事件（例如火灾、地震、洪水、爆炸、盗窃、抢劫等）给银行带来损失的可能性。

> **拓展阅读**

自2020年年初新冠肺炎疫情暴发以来,全球国家风险水平显著上升,在未来一段时间仍将处于高位:一是地缘政治稳定面临挑战。未来一段时间,新冠肺炎疫情持续扩散、贸易保护主义日渐盛行、民粹主义不断抬头以及一些国家治理能力不足的局面在短期内难以扭转,部分地区地缘政治紧张局势难见缓解,未来大国政治博弈可能进一步加剧。二是全球经济复苏困难重重。新冠肺炎疫情持续时间较长,需要有长期应对措施,这将对国际生产网络以及全球供应链和价值链产生冲击,各国财政和货币政策施政空间被压缩,伴随着金融市场动荡、劳动失业率上升,全球经济可能呈现弱复苏态势。三是国际营商环境难以改观。大国博弈风险外溢造成的政治环境恶化以及新冠肺炎疫情造成的经济封锁和停滞,对世界各国营商环境造成严重的负面影响。四是公共债务风险将处高位。面对疫情及经济复苏的不确定性以及大宗商品价格大幅下跌,一些资源出口国出口收入锐减,面临的财政压力不断上升,未来一些债务水平较高国家的公共债务风险有可能持续上升。

详情链接:中国出口保险信用公司,《2020年国家风险分析报告》,2020年11月12日。

(2)按商业银行经营的内部因素划分,可以分为:①资本风险,指银行资本充足率不够,最终无法发挥清偿职能的可能性。②流动性风险,指银行不能支付到期债务或不能满足临时提取存款的需求而使银行蒙受信誉损失或经济损失甚至被挤兑倒闭的可能性。③盈亏性风险,指经营不善或其他不确定性因素造成银行亏损的可能性。④结构性风险,指银行资产负债的各种比例失调而给银行造成损失的可能性。⑤经营风险,指经营成本与原先预期的目标发生较大偏差,从而引起净收入下降的可能性。⑥决策风险,指由于银行决策者决策失误而给银行造成损失的可能性。

(3)按商业银行业务范围划分,可以分为:①负债风险,指银行在负债业务方面存在的风险,主要有清偿性风险、流动性风险、利率风险等。②信贷风险,指银行贷出去的款项,借款人到期未能偿还而形成逾期、呆滞、呆账,使银行遭受损失的可能性。引起信贷风险的原因可能是决策失误、经营失误或是外部的市场风险、自然风险、欺诈风险等。③投资风险,指由于与投资有关的因素存在不确定性而导致投资收益未能达到投入本金时所预期的目标的可能性。导致投资风险产生的因素有很多,既有政治、经济方面的因素,又有道德、法律等方面的因素。④汇兑风险,指银行办理汇兑业务过程中面临的风险。主要包括信用风险、欺诈风险、意外事故风险、工作失误等。⑤外汇交易风险,指银行在从事外汇交易时产生损失的可能性。导致外汇交易风险发生的因素主要有市场风险、信用风险、流动性风险、决策风险、国家风险等。

二、商业银行风险管理的对象及发展历程

(一)商业银行风险管理的对象

市场经济国家都将商业银行定位为"风险机器",也就是说,商业银行是通过提供金融

服务、承担各种各样的风险来获取风险回报的。然而,在商业银行面临的风险中,并不是所有的风险都必须由银行自身来承担。在许多情况下,商业银行可以通过适当的方法消除或规避风险,或者说,通过定价和产品组合将风险向外转移。

商业银行风险管理的对象有不同的分类方法。Oldfield and Santomero(1997)从风险管理的角度将金融机构(银行)面临的风险分为三大类:通过做业务可以消除或规避的风险,可以转嫁到其他方的风险,以及必须积极管理的风险。对第一类风险,至少有三种方法可以规避:通过风险管理程序的科学化来管理风险;通过不同国别、不同地区、不同行业、不同客户、不同贷款产品的组合来分散风险;通过有效的激励和约束机制来防范风险。对第二类风险可以通过一些技术进行转嫁,如通过采用利率掉期或其他金融衍生品来转移利率风险。第三类风险是指通过前述方法无法规避、转嫁或消除,但商业银行又必须面临的风险,针对这些风险,商业银行只有积极主动地加强管理才有可能降低风险损失,否则只能被动承受。除以上可以规避、转嫁或消除的风险外,还有两类风险,商业银行必须对其进行积极管理。第一,有些银行资产的风险难以转嫁出去,如银行持有的专有资产,这类资产的市场参与者较少,规避这类风险较困难。第二,为获得预期收益而不得不承担的风险,如贷款中可能发生的信用风险,银行必须对这种风险进行及时监控和有效管理。本章即是围绕商业银行承担的风险及风险管理展开的。

(二) 商业银行风险管理的发展历程

1. 20世纪七八十年代银行业的发展

20世纪70年代,国际金融业处于稳定发展时期,这主要得益于诸多因素。例如,严格的金融监管使商业银行单纯经营存款和贷款业务,限制了银行业的竞争,给银行带来了稳定可观的收益。金融监管机构保护着银行业的安全,控制着货币的发行,其颁布的诸多监管原则限制了各种金融机构的经营范围,同时也降低了商业银行的经营风险。20世纪70年代末80年代初掀起了银行业变革的第一次浪潮,金融市场功能的扩张、放松管制和竞争加剧成为这次浪潮的主要推动力量。

金融市场功能的扩张首先是国际货币体系由布雷顿森林体系向牙买加体系转变的结果。1944年确立的以美元为基础的固定汇率体系虽然对第二次世界大战后各国经济的稳定起到了积极的作用,但是在黄金—美元固定汇率制度下,难以避免"特里芬悖论",而"特里芬悖论"造成的两难困境使1960—1973年间共爆发了十次美元危机。1976年1月,在牙买加会议上,国际货币基金组织对原有的国际货币体系进行了重大修正,确立了以浮动汇率为主要特征的国际货币体系,这种体系为各国政府的国际收支不平衡问题找到了解决途径,同时也由于其本身缺乏稳定性而使银行面临的市场风险增加。其次,融资证券化和资产证券化成为全球金融市场迅猛发展的潮流。在国际金融市场上,证券融资取代了国际银行贷款,成为占主要地位的融资方式。最后,20世纪70年代西方主要资本主义国家先后发生滞胀,客观上宣告以政府干预为核心的凯恩斯主义失效,美、英等国家纷纷改弦易辙,在金融、交通运输、信息通信等服务业采取自由化的措施。金融自由化浪潮放松或解除了对资金流动的管制,追求利润的本性使得资本在全球寻觅获利机会,资本流量呈现递增趋势,流速不断加快,金融效率极大提高。国际金融市场的种种变化为银行业的发展带来了空前的机遇和挑战。

放松管制的浪潮起因于废除对分业经营的种种限制,并通过废除以往对银行业的限制而向纵深发展。许多以前的监管措施变得与银行业日趋激烈的竞争不相协调。长期以来存在于美国、日本的商业银行与投资银行业务之间的严格界限也日渐消失,不论是美国的《格拉斯-斯蒂格尔法案》(Glass-Steagall Act)还是日本的"六十五款",其效力都在银行的发展变革中逐渐削弱。在有些国家,尤其是以全能银行为主导的欧洲国家,虽然对分业经营的管制不是十分严格,但这种银行功能由分散走向集中的趋势也日趋强烈。放松管制同时还是市场公平竞争的产物,最为突出的例子便是"Q 条例"催生出欧洲美元市场。

拓展阅读

《格拉斯-斯蒂格尔法案》也被称为《1933 年银行法》,20 世纪 30 年代大萧条后在美国颁布实施,其将商业银行业务与投资银行业务严格地划分开,以保证商业银行规避证券业的风险。该法案禁止商业银行包销和经营公司证券,只能购买由美联储批准的证券。

"六十五款"是指日本《证券交易法》的第六十五款,于 1948 年颁布,禁止商业银行进行证券承销业务,这标志着日本银行业与证券业的分离。随着金融管制的放松、金融产品和交易的自由化,分业的界限被不断打破,日本终于在 1998 年启动了一项名为"东京金融大爆炸"的金融自由化改革方案,彻底取消了对商业银行经营证券业务、保险业务的限制,促进了银行、证券、信托三种不同形态业务的相互渗透。

Q 条例是指美国联邦储备委员会按字母顺序排列的一系列金融条例中的第 Q 项规定。其主要内容是:要求银行对于活期存款不得公开支付利息,并对储蓄存款和定期存款的利率设定最高限度,即禁止联邦储备委员会的会员银行对它所吸收的活期存款(30 天以下)支付利息,并对上述银行所吸收的储蓄存款和定期存款规定了利率上限。当时,这一上限规定为 2.5%,此利率一直维持至 1957 年都不曾调整,而此后却频繁进行调整,对银行资金的来源和去向都产生了显著影响。

2. 20 世纪 90 年代以后银行业的发展

这个时期的银行业发展呈现以下几个明显特征:

(1) 20 世纪 90 年代以后银行业的兼并浪潮一浪高过一浪。在新的科技条件下,规模收益递减的规律在许多产业中已经失效。为了降低成本、提高竞争力,金融产业的集中程度越来越高,规模越来越大。通过合并与兼并,超巨型商业银行和超巨型投资银行不断涌现。1994 年美国大通银行和化学银行宣布合并,让世人大为震惊。1995 年又传出日本三菱银行和东京银行合并,成为日本最大银行的消息。1998 年金融业的合并更是值得大书特书,合并机构的数量和交易金额屡创世界纪录,上述机构在国际资本的全球流动中扮演着越来越重要的角色,它们的经营战略完全是全球性的,在全球范围内追求利润最大化。这既是金融全球化的表现,又进一步推动了全球化的发展。在金融全球化发展的进程中,美国的商业银行及其他金融机构由于过度追求高利润、不断开发创新金融衍生品,2008年,华尔街著名投资银行雷曼兄弟破产作为一条导火索,引发了美国"百年不遇"的金融危机,其金融风险很快便扩散到了美国其他商业银行,在短短的半年内,美国大量的中小商业银行破产,由此导致了美国经济的衰退。随着金融危机的蔓延,全球很多国家的实体经济也开始出现下滑,各国金融业也随之进入一个新的调整时期,全球金融格局发生了变化。

(2) 各国利率等指标联动和全球利率下降。在通信系统如此发达的情况下,资金的流动将迅速导致同一币种的同类型贷款的国内外市场利率相等。全球化的趋势表现为各国利率、市盈率、债务股权比率和资本充足率的趋同以及外资所有权比重的提高。另外,由于金融市场的全球化,利率较低的贷款者得以扩大其市场份额,从而导致全球利率的下降。同过去相比,世界平均利率水平下降了一半。20世纪90年代以来,各国的利率水平普遍有所下降,连素来奉行高利率政策的一些国家也不例外,如韩国的贴现率从1991年的7.0%降至1996年的5.0%,市场利率从1991年的17.0%降至1996年的12.4%。2008年,美国雷曼兄弟破产引发的金融危机使全球大部分国家的流动性出现了阻碍,为了缓解流动性问题并遏制实体经济的下滑,美国及全球大部分国家集体降息。以我国为例,2008年9月至12月的100天内,中国人民银行连续五次降低利率、四次降低存款准备金率。调整后的一年期存款基准利率为2.25%,仅高于2002年2月的1.98%,为历史次低水平;贷款基准利率为5.31%,与2002年2月的历史最低水平持平;中小型银行的存款准备金率降至14%,大型银行的存款准备金率降至15%。

(3) 国际证券投资迅速膨胀意味着金融中介的快速转换。全球证券业内50家顶尖的券商都不过是银行集团和金融集团下属的部门。银行业与证券业合二为一,使国际资本市场效率更高,竞争性更强,方便了国际资本转移。大量而迅速的全球资金流动,也将各国经济更紧密地联系在一起,促进了资金在国际的有效分配和世界经济的发展。但金融全球化是一把"双刃剑",由于国际证券投资,尤其是短期证券的发行与运作存在不稳定的因素,比如发行证券可以免受有关准备金、存款保证金和资本比率法规的约束,存在无中央银行的保险及发行人资本不充足的危险;证券发行涉及大量的当事人,他们分散在不同的国家里,受制于不同的法律法规,因而市场的违约、欺骗、经营失败和其他突发事件等更不容易控制,从而增加了国际投资的风险;证券投资运作的自由化催生了许多新的金融衍生工具,使得大量交易离开了银行的资产负债表,银行监督部门难以衡量和控制自身的风险程度。

在金融全球化、市场波动性增加以及分业经营壁垒消除的背景下,商业银行所面临的风险与日俱增。于是在银行业变革的浪潮中,加强风险管理的必要性日趋显著。随着旧的监管制度逐渐退出历史舞台,监管机构不再能一如既往地依靠分业经营的原则来管制金融风险,而是迫切需要重新制定新的规则来保证银行业的稳健经营。于是,国际清算银行不断修订金融监管准则,以促使国际银行之间的稳健经营和公平竞争。

三、商业银行风险管理的意义

商业银行的风险管理,无论是对于商业银行的经营管理,还是对于整个宏观经济的发展,都有十分重要的意义。

1. 商业银行风险管理能增强金融体系的安全性

商业银行是金融体系的主体,其经营管理得当,能对经济发展起到重要的促进作用;反之,则会阻碍经济的发展。个别银行经营管理不善甚至倒闭会波及其他银行,进而影响社会公众对整个金融体系的信心,严重的还会酿成金融危机。如2008年下半年,美国雷曼兄弟因次级贷款引发了全球金融危机,造成世界大部分国家的经济出现了衰退,甚至个别国家出现了国家破产的现象,这次金融危机对各国经济的影响将持续一段时间,尤其是美国的经济和房地产行业遭受了百年不遇的损失。正因如此,各国金融监管机构对商业银行实行严格的监管,商业银行自身也大都积极地实行风险管理,制定相应的防范措施,增强自身经营的安全性、流动性和效益性。

2. 商业银行风险管理能增强商业银行的竞争能力

商业银行竞争能力包括资金、人才、技术和管理优势,其中管理优势最为重要。而商业银行风险管理是商业银行经营管理的核心内容。商业银行通过风险管理将由风险引起的损失降到最低点,增加了银行的盈利,进而提高了银行的信誉和实力,保证了银行经营的安全性,增强了银行的竞争能力。

3. 商业银行风险管理能促进商业银行的国际化经营

《巴塞尔协议Ⅲ》要求国际银行的资本充足率不低于8%,一级资本充足率不低于6%,核心一级资本充足率不低于5%。资本充足率指标是任何一个国家的银行进行国际化经营所必须遵循的基本准则。商业银行要想达到或超过资本充足率,就必须加强银行资产的风险管理,通过对资产风险的识别、估计、评价和处置等,降低风险资产总额,达到提高资本充足率的目的,最终促进银行的国际化经营。

4. 商业银行风险管理能促进企业加强风险管理

商业银行的风险管理归根结底是企业的风险管理。管理好企业的风险就是降低了银行的风险。商业银行可以通过其专业机构的特点,有效阻止企业转嫁风险,保护银行自身的利益,促进企业加强自我约束,特别是加强对其面临风险的管理。

四、商业银行风险因素

商业银行风险因素是指那些隐藏在损失背后、增加损失可能性和损失程度的因素。

1. 商业银行风险的客观因素

商业银行风险的客观因素包括宏观和微观两个方面。

(1)宏观方面,一个国家的宏观经济状况、经济政策和金融监管等在很大程度上决定了该国商业银行风险的大小。宏观经济中的通货膨胀和经济周期等是商业银行的主要风险因素之一;宏观经济政策影响了一国的货币供应量、投资规模与结构以及外汇流动等,这些因素直接或间接地影响了商业银行的盈利与安全;金融监管是为了实现商业银行的安全性、流动性和效益性三大目标,各国金融监管机构的监管方式、力度和效果等构成了商业银行的主要风险因素。

（2）微观方面，市场变化、市场竞争等环境因素也影响了商业银行风险的大小。市场变化一方面表现为金融市场上的资金供求、生命周期、价格及资源等变量难以估计；另一方面表现为金融市场上的利率和汇率等市场变量难以预测。市场竞争也表现为两个方面：一是来自外部的竞争，造成货币"脱媒"现象；二是来自内部的竞争，无论是有序的还是无序的竞争，都会增加商业银行的经营成本，增大商业银行盈利的不确定性。利率和汇率等市场变量又进一步加剧了商业银行的风险。

2. 商业银行风险的内部因素

商业银行风险的内部因素是指与银行经营管理活动直接相关联的经营管理水平及其通过加强内部控制可以减弱或消除的风险因素，如人力资源管理、计划管理、财务管理、组织管理等。商业银行经营管理水平的提高，可以在很大程度上弱化其面临的风险。

第二节 商业银行风险识别和估计

商业银行面临的风险往往多种多样，而且相互交织，需要认真加以识别，方能对其进行有的放矢的估计、评价和处置。风险识别所要解决的核心问题，是商业银行要判明自己所承受的风险在本质上归属于何种具体形态。

一、风险识别

（一）风险识别的概念

风险识别是指在各种风险发生之前，商业银行对经营管理活动中可能发生的风险种类、生成原因进行分析、判断。这是商业银行风险管理的基础。风险识别准确与否，直接关系到商业银行能否有效地防范和控制风险损失。

（二）风险识别的方法

1. 财务报表分析法

目前，西方商业银行的财务报表主要有资产负债表、利润表、留存收益表和财务状况变动表等。通过财务报表，我们可以获得各种风险指标，如流动性风险比率、利率风险比率、信用风险比率、资本风险比率等。进行财务报表分析，不仅要分析风险指标的状况及变化，而且要对银行的整体财务状况进行综合分析。除了要进行静态分析，如比率分析、比例分析，还要进行动态分析，如时期比较分析、趋势分析等。就具体的业务而言，还要对与之往来的银行或客户的财务报表进行风险分析。只有采用综合、系统的财务报表分析方法，才能准确地判定银行目前及未来经营的风险因素。

2. 风险树搜寻法

风险树搜寻法是以图解的形式，将商业银行风险逐层分解，以便顺藤摸瓜，最终找到银行所承受的风险的具体形态。因为风险分散后的图形呈树枝状，所以称为风险树。采用这种建立风险树的识别方法，商业银行可以清晰、准确地判明自己所承受风险的具体形态及性质,方便、迅速地认清自己所面临的局势,为以后的相关决策提供科学的依据。

3. 专家意见法

专家意见法是指由商业银行风险管理人员制订出一种调查方案,确定调查内容,以发放调查表的方式连同银行经营状况的有关资料一起发给若干名专家;专家们根据调查表所列问题并参考有关资料各自独立地提出自己的意见;风险管理人员汇集整理专家们的意见,把这些不同的意见及其理由反馈给每位专家;然后,经过多次反复,使意见逐步收敛,由风险管理人员决定在何时停止,将意见汇成基本趋于一致的结果。这种风险识别方法的特点是专家各自提出意见,互不干扰,使各种意见能够充分地表达出来。通过反馈各种意见,每位专家可以从各种意见中得到启发,从而达到集思广益的效果,逐步得出对商业银行风险比较正确的看法。

4. 筛选—监测—诊断法

筛选是指对各种风险因素进行分类,确定哪些风险因素明显地会引起损失,哪些需要进一步研究,哪些明显地不重要应该排除出去。监测是指对筛选出来的结果进行观测、记录和分析,掌握这些结果的活动范围和变动趋势。诊断是指根据监测结果进行分析、评价和判断,对风险进行识别。

二、风险估计

(一)客观概率法

在大量的试验和统计观察中,一定条件下某一随机事件相对出现的频率是一种客观存在,这个频率就被称为客观概率。人们对某一随机事件可能出现的频率所做的主观估计,就被称为主观概率。

商业银行在估计某种经济损失发生的概率时,如果能够获得足够的历史资料,用以反映当时的经济条件和经济损失发生的情况,则可以利用统计的方法计算出该种经济损失发生的客观概率。这种方法叫作客观概率法。

客观概率法在实际运用中有时会遇到一些困难:一是历史资料收集较为困难,其准确性和全面性亦难肯定;二是经济环境不断变化,客观概率法的假定前提往往不能成立。

(二)主观概率法

主观概率法是商业银行选定一些专家,并拟出几种未来可能出现的经济条件提交给各位专家,由各位专家利用有限的历史资料,根据个人经验对每种经济条件发生的概率和在每种经济条件下商业银行某种业务发生经济损失的概率做出主观估计,再由商业银行汇总各位专家的估计数值进行加权平均,根据平均值计算出该种经济损失发生的概率。

(三)统计估值法

利用统计得来的历史资料,可以确定在不同的经济条件下,某种风险发生的概率,或是在不同的风险损失程度下,某种风险发生的概率。这种相关关系可以用直方图或折线图来表达。利用统计方法和样本资料,可以估计风险平均程度(样本期望)和风险分散程度(样本方差)。估计方法可以采用点估计或区间估计。点估计是利用样本来构造统计量,再以样本值代入估计模型求出估计值。但是由于样本的随机性,这样的估计值不一定就是待估参数的真值。那么,它的近似程度如何?误差范围有多大?可信程度如何?这些问题就要采用区间估计来解决。区间估计用来表示在某种程度上某种风险发生的条件区间。

(四)假设检验法

对未知参数的数值提出假设,然后利用样本提供的信息来检验所提出的假设是否合理,这种方法被称为假设检验法。像统计估值法一样,假设检验法适用于统计规律稳定、历史资料齐全的风险概率估计。假设检验法是概率性质的反证法。对风险参数的假设检验的基本思想是:首先提出假设 H_0,然后构造一个事件 A,使它在假设 H_0 成立的条件下概率很小。再做一次试验,如果事件 A 在一次试验中居然发生了,则拒绝接受假设 H_0。这是因为小概率原理认为,概率很小的事件在一次试验中是几乎不可能发生的。如果发生了,就说明导出了一个不合理的现象。而这一现象的出现源于假设 H_0,因此应该拒绝接受假设 H_0;反之,则不应拒绝假设 H_0。

(五)回归分析法

回归分析法是通过找出间接风险因素与直接风险因素的函数关系,来估计直接风险因素的方法。例如,利率风险的直接风险因素是利率水平的变动,而影响利率水平的还有货币市场供求状况、中央银行利率政策等多种间接风险因素。如果设直接风险因素为 Y,间接风险因素为 $X_1, X_2, \cdots, X_n$,则回归模型为:

$$Y = b_0 + b_1 X_1 + b_2 X_2 + \cdots + b_n X_n + u$$

其中,$b_0, b_1, b_2, \cdots, b_n$ 为回归系数,u 为随机扰动项。回归系数可以根据历史资料用最小二乘原理求出,从而得到回归方程:

$$Y = b_0 + b_1 X_1 + b_2 X_2 + \cdots b_n X_n$$

利用回归方程即可进行点估计和区间估计,以此来进行风险估计。回归分析可以是一元的,也可以是多元的;可以是线性的,也可以是非线性的。在间接风险因素与直接风险因素之间存在非线性相关关系的情况下,可以采用直接代换或间接代换的方法将非线性形式转化为线性形式来处理。

拓展阅读

商业银行风险监管核心指标分为三个层次,即风险水平、风险迁徙和风险抵补。风险水平类指标包括流动性风险指标、信用风险指标、市场风险指标和操作风险指标,以时点数据为基础,属于静态指标;风险迁徙类指标衡量商业银行风险变化的程度,表示为资产质量从前期到本期变化的比率,属于动态指标,包括正常贷款迁徙率和不良贷款迁徙率;风险抵补类指标衡量商业银行抵补风险损失的能力,包括盈利能力、准备金充足程度和资本充足程度三个方面。具体指标如表11-1所示。

表 11-1　商业银行风险监管核心指标

指标层次	指标类别	一级指标	监管值	二级指标	监管值
风险水平	流动性风险	核心负债依存度	≥60%		
		流动性比例	≥25%		
		流动性缺口率	≥-10%		
	信用风险	不良资产率	≤4%	不良贷款率	≤5%
		单一集团客户授信集中度	≤15%	单一客户贷款集中度	≤10%
		全部关联度	≤50%		
	市场风险	累计外汇敞口头寸比例	≤20%		
		利率风险敏感度	根据风险监管实际需要另行制定		
	操作风险	操作风险损失率	另行制定		
风险迁徙	迁徙率	正常贷款迁徙率	结合当地窗口指导	正常类贷款迁徙率	结合当地窗口指导
				关注类贷款迁徙率	
		不良贷款迁徙率		次级类贷款迁徙率	
				可疑类贷款迁徙率	
风险抵补	盈利能力	成本收入比	≤45%		
		资产利润率	≥0.6%		
		资本利润率	≥11%		
	准备金充足程度	资产损失准备充足率	≥100%	贷款损失准备充足率	≥100%
	资本充足程度	核心资本充足率	≥4%		
		资本充足率	≥8%		

详情链接：《商业银行风险监管核心指标(试行)》。

第三节　商业银行风险评价和风险处置

一、风险评价方法

（一）风险评价的概念

风险评价是指在取得风险估计结果的基础上，研究该风险的性质、分析该风险的影响、寻求风险对策的行为。风险评价方法在很大程度上取决于管理者的主观因素。不同的管理者对同样货币金额的风险有不同的评价方法。这是因为相同的损益对不同地位、不同处境的法人具有不同的效用。

(二) 常见的风险评价方法

1. 成本效益分析法

成本效益分析法是研究在采取某种措施的情况下,需要付出多大的代价,以及可以取得多大的效果。

2. 风险效益分析法

风险效益分析法是研究在采取某种措施的情况下,需要承担多大的风险,以及可以取得多大的效果。

3. 权衡风险法

权衡风险法是将各项风险所导致的后果进行量化比较,从而权衡风险存在与发生可能造成的影响。

4. 综合分析法

综合分析法是利用统计分析的方法,将问题构成因素划分为不同范畴,对各范畴内的具体项目进行专家调查统计,评出分值,然后根据分值及权数,计算出要素实际评分值与最大可能值之比,作为风险度评价的依据。

5. 统计型评价法

统计型评价法是对已知发生概率及其损益值的各种风险进行成本与效果比较分析并加以评价的方法。

(三) 选择风险对策原则

风险评价的目的是寻求风险对策。选择风险对策,首先需要确定选择原则,常用的原则有以下几种:

(1) 优势原则。在可采取的方案中,利用比较优势,剔除劣势方案。

(2) 期望值原则。在可采取的方案中,选择损益值的期望值较大的方案。

(3) 最小方差原则。方差越大,说明该方案实际发生的损益值偏离期望值的可能性越大,从而该方案的风险越大。因此,在实际中应选择方差较小的方案。

(4) 最大可能原则。当一种状态发生的概率显著地大于其他状态时,就可将其视为肯定状态,根据这种状态下各方案的损益值大小进行决策。

(5) 满意原则。定出一个足够满意的目标值,将各备选方案在不同状态下的损益值与此目标值相比较,损益值达到或优于此目标值且概率最大的方案即为当选方案。

二、风险处置方法

要控制风险,就必须选择风险处置方法。风险管理可分为控制型管理和财务型管理两大类。前者是指以避免、消除和减少意外事故的发生,限制已发生损失继续扩大的一切措施,重点在于改变引起意外事故和扩大损失的各种条件;后者是指在实施控制型管理后,对无法控制的风险所做出的财务安排。具体来说,风险处置方法主要有以下几种:

1. 风险预防

风险预防是指对风险设置各层防线。商业银行抵御风险的最终防线是保持充足的自有资本。各国金融监管机构对商业银行资本充足率都有明确的规定,并将其作为金融监管的一项重要内容。

2. 风险规避

风险规避是指对风险明显的经营管理活动所采取的避重就轻的处理方式。对于风险较大、难以控制的贷款,商业银行必须采取规避和拒绝的原则。风险规避常用的方式有:资产结构短期化;投资选择避重就轻;债权互换,扬长避短;对有关汇率走势做出明智的判断,努力保持硬通货债权、软通货债务,以避免汇率变化带来的风险。

典型实例

买期货保值,规避金融风险

B 公司在下半年需要 1 000 万美元外汇用于进口材料,目前的美元兑人民币汇率为 1∶6.25。6 月底到期的美元期货价格为 6.255 元,每手合约为 1 000 美元。为了规避汇率上升的风险,B 公司可以买进 1 万手 6 月底到期的美元期货。如果 6 月底美元兑人民币汇率上升为 1∶6.27,6 月底到期的美元期货价格也上涨为 6.270 元,则 B 公司既可以卖出该期货合约,再买进现汇,也可以待期货到期后进行交割。但不管采取哪种方式,都可以将换汇成本控制在 6.255 元。如果 6 月底美元兑人民币汇率下跌为 1∶6.20,6 月底到期的美元期货价格也下跌为 6.200 元,则 B 公司既可以卖出该期货合约,再买进现汇,也可以待期货到期后进行交割,此时换汇成本也为 6.255 元。这虽然规避了汇率上升的风险,但是也失去了汇率可能下降带来的好处。

3. 风险分散

商业银行风险分散方法有两种:随机分散和有效分散。随机分散是指单纯依靠资产组合中每种资产数量的增加来分散风险。有效分散是指运用资产组合理论和有关的模型对各种资产选择进行分析,根据各自风险的收益特性和相互之间的相关性来实现风险与收益的最优组合。

4. 风险转嫁

风险转嫁是指利用某些合法的交易方式和业务手段,将风险全部或部分地转移给他人的行为。具体方法有风险资产出售、担保、保险等。

5. 风险抑制

承担风险之后,商业银行应加强对风险的监督,发现问题并及时处理,争取在损失发生之前阻止情况恶化或提前采取措施减少风险造成的损失,这就是风险抑制。

6. 风险补偿

风险补偿是指商业银行用资本、利润、抵押品拍卖收入等资金补偿其在某种风险上遭受的损失。

7. 风险自留

风险自留又称自担风险或留置风险,是一种损失发生后由商业银行自己承担财务后果的风险处置方式。风险自留可以是有意选择的,如有些损失被自留是因为金额相对较小,损失不严重;也有可能是因为没有意识到潜在损失的存在。风险自留是通过商业银行自身的基金来支付损失的。

8. 保险

保险是指商业银行通过投保来规避相应风险的经济行为。风险的保险涉及商业银行是自留还是投保的决策,该决策主要考虑投保的机会成本。

第四节 商业银行风险管理方法

一、商业银行风险管理的内容

商业银行风险管理包含以下内容:

(1)商业银行风险管理的主体是商业银行,其通过计划、组织、指导和管理等过程,并且合理运用各种科学方法来实现风险管理目标。

(2)商业银行风险管理以选择最佳的风险管理技术为中心,体现了成本与效益的关系。商业银行应从最经济合理的角度来处置风险。

(3)商业银行风险管理存在狭义和广义之分。前者是研究商业银行系统内部风险的产生和控制;后者则是研究系统外部风险对商业银行经营的影响和控制。商业银行研究的风险包括全部风险。

(4)商业银行风险包括静态风险和动态风险。前者是指只有损失的可能而无获利机会的纯损失型风险,又称纯粹风险,如商业银行被窃或遭受自然灾害而形成的风险;后者则是指既有损失可能又有获利机会的风险,又称投机风险。

二、商业银行风险管理的具体方法

20世纪90年代以后,巴林银行事件、大和银行事件和雷曼兄弟银行事件的发生,使全球银行业深刻领悟到在经营管理中可能遭遇各种风险和危害,于是各银行开始重视各种风险的综合影响,并采用新型的风险管理方法。

(一)风险价值法

风险价值法是一种市场风险测量的新方法。它把银行的全部投资组合风险折合为一个简单的以美元为单位计量的数字,表示在概率给定的情况下,银行投资组合价值在下一阶段最多可能损失的大小,并将此作为风险管理的核心。在金融交易中,高收益总是与高风险相伴,交易员可能冒险去追逐巨额利润,银行出于稳健经营的需要,对交易员可能的过度投机行为要进行限制。风险价值法可使每个交易员或交易单位都能明确自己在进行多大风险的金融交易,并可以为每个交易员或交易单位设置风险价值限额,以防止过度投机行为的出现。因此,执行严格的风险价值管理,一些重大金融交易的亏损就可以完全避免。风险价值法还可以用于业绩评价。当然,风险价值法也有其局限性,该方法表示一定置信区间内的最大损失,但并不能排除高于风险价值的损失发生的可能性。

(二) 风险调整的资本收益法

风险调整的资本收益法是信孚银行创造的银行业绩衡量与资本配置方法。在进行一项投资时,风险越大,其预期的收益或亏损也越大,投资如果产生亏损,则将会使银行资本遭受侵蚀,最严重的情况可能是银行倒闭。虽然银行对投资亏损而导致的资本侵蚀十分敏感,但银行必须认识到,只有能承担风险才能盈利。问题的关键在于,银行应在风险与收益之间寻找一个恰当的平衡点,这就是风险调整的资本收益法的宗旨所在。使用这种方法的银行在对其资金使用进行决策时,不以盈利的绝对水平为评判基础,而是以该资金投资风险基础上的盈利贴现值为依据。

决定风险调整的资本收益法的关键是潜在亏损即风险值的大小,该风险值或潜在亏损越大,投资报酬贴现就越多。风险调整的资本收益法还可用于业绩评价。如果交易员从事高风险的投资项目,则由于风险价值较高,即使利润再高,风险调整的资本收益值也不会很高,当然其业绩评价也就不会很高。风险调整的资本收益法可以较真实地反映交易员的经营业绩,并对其过度投机行为进行限制,有助于避免大额亏损现象的发生。早期的巴林银行倒闭、大和银行亏损和香港百富勤集团破产等事件,都是对交易员业绩评价不合理所导致的。在这些事件中,管理者都是只考虑了交易的盈利水平,没有考虑在获得盈利时所要承担的风险。

(三) 全面风险管理法

全面风险管理是对整个机构内各个层次的业务单位所承担的各类风险的通盘管理。这种管理要求将信用风险、市场风险及各种其他风险以及包含这些风险的各种金融资产、承担这些风险的各个业务单位纳入统一的风险管理体系,对各类风险依据统一的标准进行测量并加总,对风险进行控制和管理。这种方法是银行业务多元化对银行机构本身产生的一种需求,全面风险管理可以改进风险收益分析质量。

(四) 资产组合调整法

资产组合调整法是商业银行吸收证券投资组合的经验而建立的一系列方法,包括贷款证券化、并购、信用衍生品。贷款证券化比较通行的做法是由商业银行将所持有的各种流动性较差的同类或类似的贷款组合成若干资产库,出售给专业的融资公司,再由融资公司以这些资产为抵押,发行资产抵押债券。并购是指通过收购与兼并掌握其他银行已经运用成熟的业务,降低银行涉足新领域的风险,并形成一个平衡的、地理分布比较广泛的收益基础。信用衍生品是指交易双方签订一项金融合同,在不改变与客户关系的前提下允许将信用风险从其他风险中隔离出来,并可以从一方转到另一方。

上述方法是西方商业银行在长期的经营管理实践中摸索出来的,在一定程度上完善了银行的风险管理。随着金融业务的迅猛发展,商业银行风险的种类和发生的可能性都在增加,风险管理的方法也需要不断创新。

拓展阅读

《商业银行流动性风险管理办法》

2018年5月23日,中国银保监会发布了《商业银行流动性风险管理办法》(以下简称《办法》),以加强对我国银行业流动性风险的识别和管理,有效防范流动性风险,维护银行体系的安全稳健运行。《办法》中有如下规定:

第十八条 商业银行的流动性风险管理策略应当明确其流动性风险管理的总体目标、管理模式以及主要政策和程序。流动性风险管理政策和程序包括但不限于:

(一) 流动性风险识别、计量和监测,包括现金流测算和分析;

(二) 流动性风险限额管理;

(三) 融资管理;

(四) 日间流动性风险管理;

(五) 压力测试;

(六) 应急计划;

(七) 优质流动性资产管理;

(八) 跨机构、跨境以及重要币种的流动性风险管理;

(九) 对影响流动性风险的潜在因素以及其他类别风险对流动性风险的影响进行持续监测和分析。

详情链接:《商业银行流动性风险管理办法》。

第五节 商业银行内部控制

一、商业银行内部控制的概念及产生

内部控制是企业为适应管理需要,保证经营目标的实现而建立的一种相互联系、相互制约的控制制度和体系。目前,内部控制已成为商业银行经营管理活动中的一种自我约束的管理手段和技术。

从内部控制概念的演进历程来看,内部控制的基本思想和初级形式是"内部牵制"。

15世纪末,借贷复式记账法在意大利出现,显示出内部控制制度的雏形。到了19世纪末,在经济发展较快的资本主义国家里,内部牵制逐渐演化为企业各项内部管理制度的核心,其特征是以查错防弊为目的,以职务分离和账目核对为手段,以钱、账、物等会计事项为主要控制对象。而内部控制则是在20世纪40年代,随着西方审计理论与实践的发展而产生的,同时它也是人们在企业经营管理过程中,在不断实践、总结、创新的基础上逐步完善的产物。

1998年出版的《中华金融辞库》对内部控制一词的解释是:金融企业的最高管理层为保证特定经营目标的充分实现,保持各项业务经营活动的高效有序进行和防范金融风险而制定与实施的一系列制度及措施。

1992年,由美国管理会计师协会、美国注册会计师协会、美国会计学会、财务经理人协会、内部审计师协会等专业团体组成的内部控制研究机构——美国反虚假财务报告委员会下属的发起人委员会(COSO)发表了题为《内部控制——整体框架》的专题报告,首次形成了内部控制制度的统一理论框架。该委员会认为:内部控制是由一个企业的董事会、管理层和其他人员实施的过程,旨在为实现下述各类目标提供合理保证——经营的效率和有效性;财务报告的可靠性;遵守相应的法律和法规。

目前,COSO提出的内部控制体系已在世界范围内得到了广泛认可。在这一框架中,内部控制概念包括以下五个既相互关联又具有管理功能的要素:

(1) 控制环境。控制环境是指各级机构所创造的内部控制氛围,包括诚信程度、职业道德观和对工作的胜任程度。控制环境还包括管理部门的处事理念和运作风格,授予权力和界定职责的方法,以及对员工的组织和能力开发。在国外商业银行中,董事会给予银行的关注和指导也是控制环境的内容之一。控制环境是其他内部控制因素的基础,为内部控制界定了纪律和基本结构。

(2) 风险评估。风险评估是指确定和分析实现目标所引发的相关风险,针对如何应对风险做出决策,判断情况变化所带来的风险。风险评估的目标就是要识别并分析影响商业银行目标实现的各种风险,并为决定如何管理这些风险打下了良好的基础。

(3) 控制活动。控制活动是指与核准、授权、鉴定、调节、评估、保护资产、明确责任等相关的规章和程序。这种控制在整个银行内部的各个级别、各个部门展开,目的在于确保管理层的指令得以实施,必要时采取行动以应对影响企业目标实现的风险。

(4) 信息与交流。员工必须了解相关信息,以便恪尽职守。信息系统提供的报告包括经营、财务和与法律法规有关的信息,使管理层得以经营和控制各项业务,同时使所有员工了解自己在内部控制系统中的作用,以及怎样将个人活动与他人工作相互联系。此外,商业银行与客户、商家、政府等也要进行有效的信息交流。

(5) 监督。商业银行必须对内部控制制度进行监督,以评价该制度的实施状况。这种监督通过连续的监督活动、专项评估或二者同时采用来实现。

二、商业银行内部控制体系及控制制度

强化银行的经营管理,提高内部控制水平,是商业银行防范金融风险的根本措施,也是商业银行的一种自律行为。

(一) 商业银行内部控制体系

1. 商业银行的公司治理

一个健全的公司治理结构主要包括实行一级法人体制和经营班子、董事会、监事会三权分立的公司治理架构。商业银行的一级法人体制是指商业银行总行对全系统的业务经营活动进行集中统一管理,其分支机构的所有业务经营活动都在总行的授权范围内进行,由总行以法人名义统一对外享有民事权利并承担民事义务。商业银行公司治理是指建立以股东大会、董事会、监事会、高级管理层等机构为主体的组织架构和保证各机构间独立运作、相互制衡的制度安排,以及建立科学、高效的决策、激励和约束机制。商业银行公司治理应当遵循的基本准则是:完善股东大会、董事会、监事会、高级管理层的议事制度和决策程序;明确股东、董事、监事、高级管理人员的权利、义务和责任;建立、健全以监事会为核心的监督机制;建立完善的信息报告和信息披露制度;建立合理的薪酬制度,强化激励约束。

商业银行的公司治理对于建立并实施有效的激励和约束机制具有重大意义,它是推动银行稳健经营和创新发展的决定性因素,良好的公司治理是防止股东损害存款人利益、防止大股东损害中小股东利益、防止内部人损害股东利益的基础。

2. 商业银行的人事管理

商业银行的人事管理包括编制、岗位、职能三定方案的制订,以及一般员工的考核、培养、选拔、聘任、交流和福利等方面。人事管理是商业银行内部控制体系的重要组成部分。只有管好人,商业银行才有可能有效地控制各项业务经营活动。有效的人事管理既可以使商业银行各部门、岗位、职能的设置更加科学合理,克服机构重叠、职责不清、人浮于事的现象;又能够把每个员工安排到最合适的岗位上,充分调动其工作积极性,使人力资源最有效地发挥作用;同时,它也是商业银行激励制度的重要方面。

3. 商业银行的内部稽核

内部稽核是指金融企业的各级稽核部门以国家的法律政策、金融监管部门及本银行制定的规章制度为依据,按照一定的程序和步骤,对同级其他职能部门及下级分支机构的业务经营情况、计划执行情况、制度落实情况等进行检查、考核和评价的过程,并将结果反馈给上级机构,以确保上级机构能够对被检查机构的情况做出正确的判断,从而为调整经营方针策略或对有关计划、制度进行修改提供依据。商业银行的内部稽核是其总行全面掌握分支机构经营管理情况最直接、最有效、最快捷的办法,是商业银行内部控制体系的重要组成部分。

为了保证内部稽核更好地发挥作用,商业银行的内部稽核部门应具备必要的独立性和权威性,并根据业务发展配备足够的称职人员。

典型实例

德国国家发展银行悲剧的十分钟

2008年9月15日,拥有158年历史的美国第四大投资银行雷曼兄弟向法院申请破产保护。消息转瞬间通过电视、广播和网络传遍世界各地,引起了全球金融界的巨大震动。但是令人不可思议的是,德国国家发展银行居然在10分钟后按照外汇掉期协议,通过计算机自动付款系统,向雷曼兄弟即将冻结的银行账户转入了3亿欧元。毫无疑问,这3亿欧元成为德国国家发展银行的一笔巨额损失。转账风波曝光后,德国社会各界十分震惊,在短短的10分钟里,德国国家发展银行内部到底发生了什么事情,才导致出现如此低级的错误?

德国联邦财政部委托法律事务所进行了详细调查。调查报告中记录:

首席执行官施罗德说:"这笔巨额交易是事先约定好的,但是否要撤销,应该由董事会决定。"

董事长保卢斯说:"我们当时还没有得到风险评估报告,因此无法及时做出正确的决策。"

董事会秘书史里芬说:"我曾向国际业务部催要风险评估报告,可电话总是占线,我想等会儿再打。"

国际业务部经理克鲁克说:"星期五晚上准备带上全家人去听音乐会,因此刚过10点的时候,我一直打电话预定门票。"

负责处理与雷曼兄弟业务的高级经理希特霍芬说:"我让文员上网浏览新闻,一旦有雷曼兄弟的消息就立即报告。布置完任务之后,我去休息室喝了杯咖啡。"

文员施特鲁克说:"10点03分,看到雷曼兄弟申请破产保护的新闻后,我马上就跑到希特霍芬的办公室,可他喝咖啡去了。我给他留了张便条,他回来后自然会看到。"

结算部经理德尔布吕克说:"我一直没有接到停止交易的指令,那就按照原计划转账吧!"

信贷部经理莫德尔说:"我从施特鲁克那里知道了这个消息。但是我相信其他职员的专业素养,一定不会犯低级错误,因此我就没再多嘴。"

公关部经理贝克说:"雷曼兄弟破产是板上钉钉的事,我想跟施罗德谈谈这件事,但上午要会见几个克罗地亚客人,等下午再找他也不迟,反正不差这几个小时。"

正如德国经济评论家哈恩所说:在这家银行,上到董事长,下到操作员,没有一个人是愚蠢的,可悲的是几乎在同一时间,每个人都开了点小差,加在一起就创造出了"德国最愚蠢的银行"。德国国家发展银行内部控制薄弱是导致上述巨额损失的主要原因:①银行最高决策层风险意识淡薄,对雷曼兄弟的破产事件事先欠缺准备,没有提前制定出妥善的应对方案。②银行内部的业务部门信息沟通不通畅,相互之间协调不及时。③银行内部的应急措施不完备,应对风险是银行所有部门共同的责任,识别风险并及时规避风险的责任不仅是董事会、国际业务部等部门的责任,同样也是结算部、信贷部和公关部的责任,但在这起事件中这些部门却成了风险的旁观者。

详情链接:《德意志国家发展银行悲剧的十分钟》,腾讯网,2018年11月9日;王洪华,《从德国国家发展银行事件看内部控制的重要性》,《财务与会计》,2011年第12期。

(二) 商业银行内部控制制度

有了健全的公司治理结构,有效的内部控制制度就是商业银行实现提高内部控制水平和效率的重要手段。根据巴塞尔委员会发布的《有效银行监管的核心原则》,内部控制主要包括三个方面的内容:一是组织结构(决策层和管理层的职责界定,贷款审批权限的分离和决策程序),二是会计规则(对账、控制单、定期试算等),三是双人原则(不同职责的分离,交叉核对,资产双人控制和双人签字)。上述内容概括地描述了商业银行内部控制制度的要点,具体的内容主要包括以下几个方面:

(1) 建立组织结构和各种规章制度。包括制定明确的银行政策目标;对每一个工作人员给予明确的授权;建立合理的组织架构,明确每个部门的业务范围以及部门之间的关系;建立畅通的报告渠道;制定各项业务标准化的操作规程;建立会议记录、重要文件、凭证、报告的保存制度;制定重大决策事项的标准操作程序。

(2) 建立科学有效的监控措施。商业银行的管理层要对每天的业务发生情况、规章制度的执行情况、银行的经营管理情况给予经常性的监督和控制,确保各项业务按照既定的方针政策,有计划、有秩序地进行。主要检查各类头寸报表、财务报表、流动性报告、贷款作业程序报告、存款报告和合法合规经营报告等。

(3) 职责分离原则。指分配任务和明确职责时,应避免让某个部门或工作人员承担一些不可兼容的职责。商业银行最主要的职责分离业务是贷款的审查和发放的分离、会计和出纳的分离等。

(4) 有效授权原则。授权是指商业银行董事会向管理层以及管理层向其下级机构赋予的一种能够代表银行从事某一项业务或某些业务的权利。我们通常所讲的授权是一般意义上的授权,即任何业务只要满足规定的标准和条件,都在授权之列。

(5) 档案管理。商业银行档案主要包括会计档案、业务档案、重要会议记录和报告等,是商业银行内部控制的基础工作。提高档案管理水平是强化管理和防范法律风险的重要措施。

(6) 建立安全保卫措施。商业银行的安全保卫措施和作业程序是内部控制的一项重要内容。商业银行必须对资产、器具、重要空白凭证、业务秘密等给予充分的保护,如重要档案库、日常操作的重要业务凭证、计算机网络、计算机和网络设备,以及重要业务秘密等。

（7）建立严格的会计管理和审慎的财务管理制度。商业银行一方面要经常进行账户的核对核销工作，保证所有账户与控制账户、联行、代理行寄发的对账单相符；另一方面要对资产、负债和利润等重要财务指标的计算实行审慎原则，根据实际情况准确反映各项财务指标。一般来讲不要高估资产和利润，也不要低估负债。

关键术语

商业银行风险　国家风险　风险识别　风险估计　风险评价　内部控制

复习思考题

1. 商业银行风险管理的概念是什么？主要类别有哪些？
2. 简述商业银行风险识别的方法。
3. 试述商业银行风险管理的几种方法。
4. 什么是商业银行内部控制？
5. 商业银行内部控制的要素是什么？
6. 简述商业银行内部控制的内容。

第十二章

商业银行绩效评价

学习目标

- 了解商业银行会计报表的内容和财务分析的基本方法
- 理解商业银行绩效评价指标
- 掌握商业银行绩效评价的主要方法

素养目标

通过对拓展阅读和典型案例的分析,培养学生的职业操守、受托责任及利他向善的价值取向。

案例导读

净利润高速增长,资产质量稳健提高

2021年8月,中国银保监会发布2021年二季度银行业保险业主要监管指标数据,其中银行业净利润保持增长态势,息差企稳,资产质量提高,风险抵补能力增强。

利润增速持续回升,大行和股份行增速领先。2021年上半年,商业银行累计实现净利润1.1万亿元,同比增长11.1%。其中,大行、股份行、城商行、农商行的净利润增速分别为13.1%、11.8%、4.5%、9.8%(见图12-1)。受低基数和业绩修复的影响,商业银行净利润增速迅速恢复至前期水平,总体呈现常态化经营。

净息差下降趋势收敛,展望下半年企稳回升。二季度商业银行净息差为2.06%,较一季度下降1BP,降幅收窄。政策持续推动实际贷款利率降低,6月贷款加权平均利率为4.93%,较3月末下降44BP,创有统计以来新低。存款利率自律上限确定方式调整,银行负债端成本降低。贷款利率下降,存款利率调整,缓和净息差下降趋势。

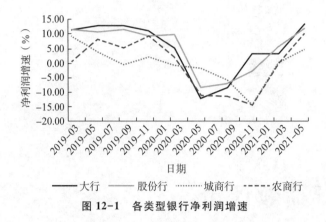

图 12-1　各类型银行净利润增速

资本充足率基本持平。2021年二季度末,商业银行(不含外国银行分行)核心一级资本充足率为10.50%,较上季度末下降14BP;一级资本充足率为11.91%,较上季度末下降1BP;资本充足率为14.48%,较上季度末下降3BP。环比一季度,大行、股份行稍降,城商行、农商行提升。二季度末,大行资本充足率为16.27%,环比下降8BP;股份行资本充足率为13.35%,环比下降12BP;城商行资本充足率为12.91%,环比上升20BP;农商行资本充足率为12.14%,环比上升2BP。

各类型银行均实现不良贷款率下降,拨备覆盖率上升。不良贷款率方面,国有行、股份行分别下降2BP至1.45%、1.42%,城商行、农商行分别下降12BP至1.82%、3.58%。国有行、股份行经营成熟稳健,不良贷款率较低,压降空间较小。地方银行受益于地区经济发展,贷款规模扩张,资产质量提高,风险抵补能力增强。2021年二季度末,商业银行拨备覆盖率为193.23%(各类型银行拨备覆盖率见图12-2),较上季度末上升6.09个百分点;贷款拨备率为3.39%,较上季度末上升2个基点。经营恢复常态化,商业银行拨备计提力度逐渐减弱,不良贷款增长放缓,促使拨备覆盖率继续提升,有效防范风险发生。

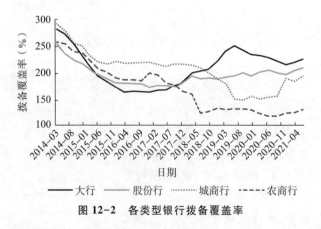

图 12-2　各类型银行拨备覆盖率

银行作为顺周期行业,行业发展与经济发展相关性强。宏观经济发展影响实体经济的经营以及盈利状况,从而影响银行业的资产质量表现。如果经济超预期下行,则银行业的资产质量存在恶化风险,从而影响银行业的盈利能力。

详情链接:Wind,财信证券。

> **你是不是有下面的疑问?**

1. 如何进行商业银行绩效评价?
2. 商业银行绩效评价的具体指标有哪些?
3. 我国商业银行绩效评价的方法和指标与国外相比有何不同?
4. 我国商业银行如何提高自己的经济利润?

> **进入内容学习**

商业银行绩效评价是商业银行运用一组财务指标和一定的评估方法,对其经营目标实现程度进行考核、评价的过程。在不同时期,由于经营的环境和条件不同,银行的经营目标可能出现明显的差异,但其长期经营目标是基本一致的,这就是股东利益最大化。这也是优先于其他目标的最重要的目标。

商业银行绩效评价体系是一组财务比率指标,计算和分析这些比率的过程也就是财务分析的过程。在财务分析的过程中,我们要运用各种信息之间的关系,评估银行过去和现在的财务状况与经营成果,预测银行将来的前景。

一般说来,财务分析的主要方法是比率分析法,即结合资产负债表、利润表及其他财务报表的相关项目,通过计算有关比率进行分析。

第一节 商业银行的财务报表

按照规范的商业银行报表体系,商业银行的财务报表由资产负债表、利润表、现金流量表及其他附表组成。在商业银行的财务分析中,最主要的报表是资产负债表和利润表。

一、资产负债表

资产负债表是反映商业银行在某一特定日期,如月末、季末和年末的财务状况的会计报表。资产负债表将商业银行全部的资产、负债和所有者权益,按照一定的分类标准和一定的顺序排列。资产类各项目反映商业银行所拥有的各种实际资源以及偿债的实际能力,负债类各项目表明商业银行所负担的长短期债务的数量和偿债期限,所有者权益类各项目反映商业银行的投资者在银行中拥有的权益。资产负债表的基本等式为:

$$资产 = 负债 + 所有者权益$$

商业银行资产负债表中的项目以流动性为标准进行排列,左方的资产类项目按流动资产、长期资产、无形资产、递延资产及其他资产排列,右方的负债和所有者权益类项目按流动负债、长期负债、其他负债、所有者权益排列。表12-1以招商银行2021年半年度资产负债表为例展示了我国商业银行资产负债表的基本格式。

表 12-1　招商银行 2021 年半年度合并资产负债表　　　　单位：百万元

项目	附注	2021年6月30日	2020年12月31日
资产			
现金		11 477	12 547
贵金属		3 522	7 873
存放中央银行款项	5	542 099	508 385
存放同业和其他金融机构款项	6	91 336	73 318
拆出资金	7	244 726	217 325
买入返售金融资产	8	333 290	282 240
贷款和垫款	9	4 834 481	4 510 864
衍生金融资产	48(f)	31 429	46 526
金融投资：		1 999 169	1 955 139
以公允价值计量且其变动计入当期损益的投资	10	417 008	451 978
以摊余成本计量的债务工具投资	11	1 082 603	1 047 040
以公允价值计量且其变动计入其他综合收益的债务工具投资	12	493 125	449 428
指定为以公允价值计量且其变动计入其他综合收益的权益工具投资	13	6 433	6 693
长期股权投资	14	62 781	57 125
投资性房地产	15	1 018	1 057
固定资产	16	24 412	25 039
使用权资产	17	12 817	13 436
无形资产	18	8 175	8 725
递延所得税资产	20	78 033	71 043
其他资产		59 690	75 494
资产合计		8 338 455	7 866 136
负债			
向中央银行借款		304 116	331 622
同业和其他金融机构存放款项	22	747 537	699 161
拆入资金	23	69 119	59 494
以公允价值计量且其变动计入当期损益的金融负债	24	38 584	36 600
衍生金融负债	48(f)	36 767	49 624
卖出回购金融资产款	25	102 133	126 673
客户存款	26	5 779 999	5 443 144
应付职工薪酬		17 361	12 194

(单位:百万元)(续表)

项目	附注	2021年6月30日	2020年12月31日
应交税费	27	**20 617**	17 205
合同负债		**6 769**	6 829
租赁负债		**13 039**	13 468
预计负债	28	**21 852**	8 201
应付债券	29	**372 854**	291 246
其他负债		**97 465**	86 218
负债合计		**7 628 212**	7 181 679
股东权益			
股本	30	**25 220**	25 220
其他权益工具		**84 054**	84 054
其中:优先股	31(a)	**34 065**	34 065
永续债	31(b)	**49 989**	49 989
资本公积		**76 681**	76 681
其他综合收益	32	**10 976**	8 153
盈余公积		**71 158**	71 158
一般风险准备		**94 067**	94 067
未分配利润		**348 087**	325 124
其中:建议分配利润		**—**	31 601
股东权益合计		**710 243**	684 457
股东权益及负债总计		**8 338 455**	7 866 136

资料来源:招商银行2021年半年度报告。

1. 资产类项目

(1) 现金资产。这是商业银行资产中流动性最强的部分,一般包括库存现金、存放中央银行款项、存放同业和其他金融机构款项及在途资金等。

(2) 准备金。每一家商业银行都必须依法将其吸收的存款按法定比例交存中央银行或提留现金准备。

(3) 证券投资。有价证券是商业银行拥有的生息资产,短期证券投资主要是为了保持银行的流动性,长期证券投资则主要是为了盈利。

(4) 贷款。这是商业银行的主要盈利性资产。

(5) 固定资产。指商业银行的房产和设备,包括银行的办公用品、设备、家具用具、固定装置、房产等。

(6) 其他资产。如已承兑的客户对银行的负债、预付费用等。

2. 负债和所有者权益类项目

(1) 存款。这是商业银行的主要资金来源,包括活期存款、定期存款、储蓄存款、财政存款等。

(2) 非存款负债。这是除存款以外的商业银行的又一资金来源,包括同业拆借、中央银行再贴现、金融市场融资和发行债券等。

(3) 其他负债。主要包括应交税费、应付职工薪酬、其他应付款等。

(4) 所有者权益。所有者权益是资产减去负债后的余额,也称净资产,是商业银行投资者对银行净资产的所有权。所有者权益包括实收资本、资本公积、盈余公积和未分配利润等。

通过资产负债表,可以考核商业银行的各项资产、负债、所有者权益的增减变动及其相互之间的对应关系,检查商业银行资金来源和资金占用的结构是否合理,商业银行是否有足够的偿债能力等。

二、利润表

利润表是用来反映商业银行在一定会计期间内经营成果的会计报表。它反映的是商业银行在一定会计期间内的经营收入、成本及利润状况,是一个动态报表。表12-2以招商银行2021年半年度利润表为例展示了我国商业银行利润表的基本格式。

表 12-2 招商银行 2021 年半年度利润表

截至 6 月 30 日止 6 个月期间   单位:百万元

项目	附注	2021 年	2020 年
营业收入			
利息收入	34	**153 115**	146 648
利息支出	35	(56 697)	(58 711)
净利息收入		96 418	87 937
手续费及佣金收入	36	50 645	42 877
手续费及佣金支出		(4 369)	(5 111)
净手续费及佣金收入		46 276	37 766
公允价值变动损益	37	1 001	(1 984)
投资收益	38	9 327	11 575
其中:对合营企业的投资收益		810	482
对联营企业的投资收益		92	—
以摊余成本计量的金融资产终止确认产生的损益		4	(147)
汇兑净收益		1 864	1 528
其他业务收入	39	361	257
其他净收入小计		12 553	11 376
营业收入合计		155 247	137 079

(单位:百万元)(续表)

项目	附注	2021年	2020年
营业支出			
税金及附加		(1 354)	(1 229)
业务及管理费	40	(43 854)	(39 256)
信用减值损失	41	(41 952)	(40 133)
其他资产减值损失		15	—
其他业务成本	42	(39)	(40)
营业支出合计		(87 184)	(80 658)
营业利润		68 063	56 421
加:营业外收入		139	60
减:营业外支出		(102)	(304)
利润总额		68 100	56 177
减:所得税费用	43	(12 917)	(11 375)
净利润		55 183	44 802

利润表包括收入、支出和利润三大部分。

1. 收入

商业银行的收入一般由利息收入、手续费收入、其他收入三部分构成。

(1) 利息收入。利息收入是商业银行收入的最主要来源。利息收入中最主要的是放款和贴现的利息收入。

(2) 手续费收入。商业银行该项收入的主要来源有:为客户办理各项结算业务所收取的费用,对外保证业务手续费,包销债券或股票所收取的佣金,代客买卖证券或贵金属、外汇所收取的佣金,咨询业务收入,银行卡的费用等。

(3) 其他收入。包括信托收入、租赁收入、证券销售(或发行)的差价收入、同业往来收入及其他各种非利息的营业收入。

2. 支出

商业银行的支出主要包括利息支出和各项费用支出。

(1) 利息支出包括存款利息支出、借款利息支出和其他利息支出,其中存款利息支出占利息支出的绝大部分。利息支出反映的是商业银行从社会获取资金的代价。

(2) 商业银行为开展业务,除向资金提供者支付利息外,还要消耗人工和费用以及其他一系列开支,具体包括支付职工或雇员的工资和福利、房屋和设备的折旧费、办公费用、广告费用,等等。

3. 利润

根据我国现行会计制度的规定,银行利润分为营业利润、利润总额及净利润。其中:

$$营业利润 = 营业收入 - 营业支出 - 税金及附加$$
$$利润总额 = 营业利润 + 投资收益 + 营业外收入 - 营业外支出$$
$$净利润 = 利润总额 - 所得税$$

三、现金流量表

现金流量表是综合反映商业银行在一定会计期间内营运资金的来源和运用及其增减变化的会计报表。表 12-3 以招商银行 2021 年半年度现金流量表为例展示了我国商业银行现金流量表的基本格式。

表 12-3 招行银行 2021 年半年度现金流量表

截至 6 月 30 日止 6 个月期间   单位:百万元

项目	附注	2021 年	2020 年
一、经营活动产生的现金流量			
客户存款净增加额		333 821	564 516
同业和其他金融机构存放款项净增加额		49 018	61 901
拆入资金及卖出回购金融资产款净增加额		—	80 128
存放中央银行款项净减少额		—	22 680
存放同业和其他金融机构款项净减少额		4 991	429
收取利息、手续费及佣金的现金		176 601	163 760
收到其他与经营活动有关的现金		14 127	9 046
经营活动现金流入小计		578 558	902 460
贷款和垫款净增加额		(338 923)	(424 083)
存放中央银行款项净增加额		(19 091)	—
为交易目的而持有的金融资产净增加额		(10 609)	(33 513)
拆出资金和买入返售金融资产净增加额		(47 921)	(51 451)
向中央银行借款净减少额		(29 751)	(53 520)
拆入资金及卖出回购金融资产净减少额		(14 922)	—
支付利息、手续费及佣金的现金		(51 131)	(51 541)
支付给职工以及为职工支付的现金		(23 783)	(20 288)
支付的各项税费		(28 536)	(27 135)
支付其他与经营活动有关的现金		(10 110)	(20 601)
经营活动现金流出小计		(574 777)	(682 132)
经营活动产生的现金流量净额	49(a)	3 781	220 328

（单位：百万元）（续表）

项目	附注	2021年	2020年
二、投资活动产生的现金流量			
收回投资收到的现金		525 339	452 513
取得投资收益收到的现金		31 922	33 613
出售固定资产和其他资产所收到的现金		98	41
投资活动现金流入小计		557 359	486 167
投资支付的现金		(575 784)	(655 570)
购建固定资产和其他资产所支付的现金		(2 876)	(2 792)
取得子公司、合营企业或联营企业支付的现金净额		(4 521)	—
投资活动现金流出小计		(583 181)	(658 362)
投资活动产生的现金流量净额		(25 822)	(172 195)
三、筹资活动产生的现金流量			
发行债券收到的现金		29 996	—
发行存款证收到的现金		12 527	7 726
发行同业存单收到的现金		187 385	79 711
筹资活动现金流入小计		229 908	87 437
偿还存款证支付的现金		(10 339)	(12 223)
偿还债券支付的现金		(3 231)	(23 616)
偿还同业存单支付的现金		(139 527)	(221 393)
支付租赁负债的现金		(2 362)	(1 854)
发行债券支付的利息		(3 005)	(5 607)
筹资活动现金流出小计		(158 464)	(264 693)
筹资活动产生的现金流量净额		71 444	(177 256)
四、汇率变动对现金及现金等价物的影响额		(1 691)	1 141
五、现金及现金等价物净增加额	49(c)	47 712	(127 982)
加：期初现金及现金等价物余额		507 729	543 567
六、期末现金及现金等价物余额	49(b)	555 441	415 585

　　对商业银行而言，现金流量中的现金是指现金资产（库存现金、存放中央银行款项以及存放同业和其他金融机构款项）和一些可以视为现金的流动资产（原定期限等于或短于3个月的投资），后者包括短期国库券、商业票据、货币市场资金等，在银行需要时可以迅速转换为现金。

商业银行的现金流量包括经营活动现金流量、投资活动现金流量和筹资活动现金流量。不断增加现金流量是商业银行得以发展、壮大并保持充分流动性的条件之一。商业银行的现金流量表可以清楚地反映出一定会计期间内银行现金流入、流出的情况,帮助经营者和投资者判断银行的经营状况。通过现金流量表提供的经营活动现金净流量信息,可以分析和评价银行对外筹资能力、清偿能力和支付投资者利润的能力;通过分析本期净利润与经营活动现金净流量之间的差异及其产生原因,可以合理预测银行未来的现金流量。此外,现金流量表提供了报告期内与现金有关或无关的投资活动与筹资活动的信息。因此,现金流量表也是商业银行财务分析的重要依据。

典型案例

从第四张报表看银行价值构成、价值驱动、价值增长

数字经济时代下,银行价值的核心驱动要素也正经历着巨大的变革。分析近十年银行年报,可以看到资产增速下降、净息差收窄、不良贷款率上升的趋势明显,但银行市值稳步上升。因此,资产规模、净息差水平和资产质量等传统价值要素对银行价值的影响力持续减弱。

新增长驱动对银行价值内涵的影响力正在逐步扩大,不论是银行本身还是德勤等研究机构都在试图找到银行价值的新驱动点,这就需要引入新的价值评估方式,对银行价值进行全面的排摸和识别。

全局:第四张报表看银行年报,体系化解读银行价值内涵

第四张报表价值管理体系是德勤与上海国家会计学院等专业机构联合研发的价值洞察、衡量和管理工具,从企业的用户、产品/服务、渠道和数字科技等维度入手,洞察价值驱动因素、识别价值衡量指标,助力价值管理落地。

随着银行业务的多元化发展,价值驱动必将呈现多因素化的特征,因此,仅以财务结果论英雄的时代已经过去,需要体系化地梳理银行价值构成,并逐个击破,找到价值驱动要素。德勤第四张报表价值管理体系将从用户、产品/服务、渠道、数字科技四个视角出发,站在全局视角上研究和解读各大银行2020年年报,从中找到银行新价值增长点的构成、驱动和评估管理方式。

解构:四大视角深入挖掘银行价值,助力银行价值管理

1. 用户:新零售转型

零售转型正成为众多银行的战略选择,"得零售者得天下"已成为业界共识。第四张报表针对这一趋势对零售收入占比和银行市值进行了深入分析,可以发现零售收入占比越高,银行单位资产市值也往往越高,这一趋势论证了银行全面零售转型战略布局的必要性。

第四张报表用户分析体系以数量和质量为脉络,形成了一套银行零售业务评价指标体系:从用户规模、组成、获客方式评估用户数量,从参与度、活跃度、价值度评估用户质量。通过体系化的视角分析银行用户,可以发现月活跃用户人数和资产管理规模是用户质量的核心评价指标,是多数银行用于评判转型成效的风向标。

2. 产品/服务：新孵化模式

新冠肺炎疫情对线下销售模式的冲击、金融科技推动的业务转型、政策引导和规范下的产品管理要求等促成了银行业产品/服务创新转型的新趋势，逐步展现出智能化、服务化、平台化的特征。第四张报表产品/服务分析体系从深度、广度、发展三个维度出发，分析银行产品/服务的新孵化模式。

3. 渠道：新生态协同

越来越多的银行正在喊出"以客户（用户）为中心"的经营理念，而渠道正是银行触达用户、经营用户、维系用户最重要的前沿阵地。对于如今的银行业来说，渠道不仅包含传统的线下渠道——大家众所周知却频现争议的银行网点；还包含重要性日益提高、形态日益丰富的线上渠道——继网上银行、掌上银行（移动端 App）之后，银行纷纷开始推广社交媒体公众号和内嵌于第三方应用的轻量级小程序等。我们可以看到，银行网点与公众号、小程序等看似形态迥异，却都代表着银行渠道被赋予的全新职能——生态流量经营，而非业务功能交付。

4. 数字科技：新价值构成

银行数字化转型、数字科技赋能的成效逐步显现，"数字+科技"的战略重要性不断稳固。第四张报表认为，数字科技赋能既是银行数字化转型的重要驱动，又是新的价值构成。数字产品、科技服务是数字科技价值的最终体现，也是直接的价值输出载体；数字资产、科技应用能力则是数字科技价值的基础，其本身的价值也应当被正确认识。因此，数字科技价值应包含数字产品、科技服务为银行带来的直接价值和数字资产、科技应用为银行贡献的潜在价值两部分。

其一，第四张报表按照增加收入、降本增效、减少损失三大价值类型梳理银行数字科技产品，并根据产品特性定义价值评估指标，从而量化计算数字产品/科技服务价值。

其二，第四张报表以数字资产化过程为脉络，提出了数字资产/科技应用价值的评估路径：数字产品/科技服务是数字资产价值的最终载体，将数字产品/科技服务的量化价值合理地分摊到数据集和科技应用，就可以得到每个数据集和科技应用的价值。

详情链接：德勤（Deloitte），《第四张报表——银行价值管理白皮书》，2021年7月18日。

第二节　商业银行的财务分析与绩效评价

一、商业银行的财务分析

商业银行的财务分析就是利用报表提供的有关数据资料，根据分析目的，选择适当的财务分析方法，对有关财务指标进行分析计算，进而对银行的财务状况和经营成果做出判断。通过财务分析，我们可以找出影响商业银行财务状况和经营成果的各种因素。根据这些影响因素，我们可以提出相应问题的解决办法，做出正确的决策。

商业银行的财务分析方法主要有比率分析法、趋势分析法、对比分析法、因素分析法等。

1. 比率分析法

比率分析的意义在于揭示财务报表中各个数据之间的内在联系。比率分析法是指对同一会计期间财务报表的相关数据进行比较,求出它们之间的比率,并采用对比的方法进行分析,从而对商业银行的财务状况和经营成果做出概括性判断的一种方法。在对商业银行的盈利能力、资产流动性和风险情况进行分析时,一般采用比率分析法。

2. 趋势分析法

趋势分析法又称动态分析法,这种方法是通过对商业银行连续数期的财务报表进行分析,比较各期有关项目的增减方向和幅度,揭示当期报表项目的增减变化及其发展趋势。使用这种方法可以看出银行经营活动的过程及其规律性。

3. 对比分析法

对比分析法就是将两个或两个以上具有内在联系和可比性的经济指标进行比较,以确定差异、分析原因进而提出改进措施的一种分析方法。对比分析有多种形式,具体包括:

(1) 实际指标与计划指标的对比分析。商业银行各项计划的完成情况如何,是银行工作质量状况的主要标志。为了考核商业银行原定计划的完成情况,需将本期实际指标与计划指标进行对比,从而为进一步分析原因和加强管理指明方向。

(2) 本期指标与历史指标的对比分析。如把本期实际指标与上期指标、上年同期指标、历史最好指标或某一特定历史时期的实际指标相比较,从而判断商业银行目前所处的发展水平,并动态地把握商业银行的发展趋势。

(3) 同业对比分析。商业银行在进行同业对比分析时,需将本行的数据与同业数据相比较,以得知自己的竞争地位。商业银行在选取对比对象时,既可选择国内银行,又可选择国外银行,从而使这种比较更全面,结论更准确。

在进行对比分析时,要特别注意指标之间的可比性,对比的指标应该性质上同类、范围上一致、时间上相符。在进行不同银行之间的同类指标对比时,应考虑它们之间在技术、经济特点和经营环境等方面的可比性。

4. 因素分析法

因素分析法是在影响某个指标的几个相互联系的经济因素中,分别测定各个因素对指标变动影响程度的分析方法。例如,商业银行的贷款利息收入指标受贷款额和利率两个因素的制约。在实际工作中,只要影响某一指标的因素有两个或两个以上,就可以采用因素分析法。

二、商业银行的绩效评价

对于商业银行的绩效评价,站在不同的角度会有不同的目标和侧重点。金融监管部门的着眼点会放在流动性风险及能否为公众提供符合需要的金融产品和服务上,金融监管部门虽然也关心商业银行的收益水平,但更关心可能发生的贷款损失和资本充足率方面的问题。至于商业银行的所有者,也就是商业银行的股东,最关心的当然是银行的盈利性,尤其是税后利润。广大存款人则最关心商业银行的流动性和安全性,即当他们需要提款时,银行是否有能力偿付。

(一)商业银行绩效评价的内容

商业银行绩效评价主要包括以下五方面内容:

1. 营运能力评价

能够反映商业银行营运能力的指标包括资金实力、银行机构(网点)数量和分布情况,以及银行资产的使用效率等。

(1)资金实力。商业银行的资金实力不仅表明了它的资信能力,而且预示了它的发展潜力。评价资金实力的具体指标有银行资产总额、银行各项存款余额、银行各项贷款及投资总额,等等。

(2)银行机构(网点)数量和分布状况。这一指标反映的是商业银行对公众的服务面及能力大小,在此应充分重视商业银行对新的技术手段的采用和推广情况,如手机银行、自助银行等。

(3)银行资产的使用效率。这一指标反映的是商业银行通过资产营运所产生的收入情况。

2. 清偿能力评价

对商业银行清偿能力的评价主要是观察银行的资信能力和银行经营的风险。

3. 盈利状况评价

盈利状况评价是商业银行绩效评价的核心内容。

4. 风险状况评价

同其他企业一样,商业银行利润的获得是以承担不同程度的风险为代价的,因此,对商业银行风险的分析和评价就构成商业银行绩效评价的另一项重要内容。

5. 对社会贡献水平评价

这一评价主要衡量商业银行运用全部资产为国家或社会所创造价值的大小及所支付价值的高低。

(二)商业银行绩效评价指标

1. 商业银行经营风险评价指标

银行业是一个有较高风险的行业,通常我们将商业银行的风险分为内部风险和外部风险两大类。

商业银行的内部风险是指银行自身管理方面的原因导致损失发生的可能性。商业银行的内部风险主要有决策风险、内部控制风险、贪污盗窃风险等。

商业银行的外部风险是指银行外部环境变化而给银行带来损失的可能性。商业银行的外部风险主要有宏观环境变化风险、信用风险、利率风险、外汇风险、同业竞争风险等。

衡量商业银行经营风险的指标主要有以下几个:

(1)流动性风险比率。流动性风险是指商业银行由于现金和其他流动性资产不足而蒙受损失的可能性。当商业银行出现流动性短缺时,不得不以较高的成本组织资金,或将银行的资产以较低的价格变现,从而导致银行利润减少,严重的将导致银行因无法清偿到期债务而宣告倒闭。其计算公式为：

$$流动性风险比率 = \frac{短期投资}{存款总额} \times 100\%$$

在上述公式中,我们用存款总额代表对银行流动性的需求,用短期投资代表银行对流动性的供给,用二者之比来近似反映银行的流动性风险。该比率越高,说明银行对流动性的需求越小,也就意味着银行的流动性风险越小。

(2) 资本资产比率。资本资产比率是考察商业银行经营风险最常用的指标,它反映的是商业银行承受资产损失风险的能力。该比率越大,意味着商业银行承受资产损失风险的能力越强。其计算公式为：

$$资本资产比率 = \frac{资本总额}{资产总额} \times 100\%$$

(3) 资本风险比率。资本风险比率反映的是商业银行所能承担的资产价值损失的程度。如果这一比率超过了一定限度,就意味着该银行承担不起风险资产可能带来的损失。其计算公式为：

$$资本风险比率 = \frac{风险资本}{资产总额} \times 100\%$$

(4) 利率风险比率。利率风险比率反映的是利率变动对商业银行经营的影响程度。其计算公式为：

$$利率风险比率 = \frac{利率敏感性资产}{利率敏感性负债} \times 100\%$$

利率风险是指在市场利率变化时,商业银行资产的收益和价值与负债的成本和价值所发生的不利于银行的变化。利率敏感性资产是指那些在市场利率变化时,其利息收入会发生相应变化的资产。利率敏感性负债是指那些在市场利率变化时,其利息支出会发生相应变化的负债。当利率风险比率为 1 时,商业银行的净利差就能保持极强的稳定性,无论市场利率如何变动,银行都不受影响;当利率风险比率大于 1 时,说明商业银行存在利率正缺口,如果利率上升,则商业银行可获得额外收益,如果利率下降,则要遭受损失;当利率风险比率小于 1 时,情况则正好相反。

(5) 不良贷款比率。不良贷款比率可以说明商业银行贷款质量的恶化程度,在一定程度上反映出商业银行资产的质量,以及商业银行资产中风险资产的比重大小。不良贷款是次级贷款、可疑贷款、损失贷款的总称。其计算公式为：

$$不良贷款比率 = \frac{不良贷款余额}{全部贷款余额} \times 100\%$$

2. 商业银行经营效益评价指标

衡量商业银行经营效益的指标主要有以下几个：

(1) 盈利资产比率。盈利资产比率是商业银行的盈利资产与总资产的比值,反映商业银行资产中可盈利的部分所占的比重或者某些重要的资产运用项目在商业银行业务中的地位状况。常用的分析比率有贷款资产率、贷款投资与资产比率、工商业贷款与资产比率、不动产贷款与资产比率、消费者贷款与资产比率等。其计算公式为：

① 贷款资产比率 = $\dfrac{\text{贷款总额}}{\text{资产总额}} \times 100\%$

② 贷款投资与资产比率 = $\dfrac{\text{贷款总额} + \text{投资总额}}{\text{资产总额}} \times 100\%$

③ 工商业贷款与资产比率 = $\dfrac{\text{工商业贷款总额}}{\text{资产总额}} \times 100\%$

④ 不动产贷款与资产比率 = $\dfrac{\text{不动产贷款总额}}{\text{资产总额}} \times 100\%$

⑤ 消费者贷款与资产比率 = $\dfrac{\text{消费者贷款总额}}{\text{资产总额}} \times 100\%$

上述①②两个比率反映的是商业银行每百元资产中用于盈利资产的金额,而③④⑤三个比率则反映了工商业贷款、不动产贷款与消费者贷款在商业银行资产业务中的地位。

(2) 盈利水平比率。盈利水平比率用来衡量商业银行的盈利水平,是衡量商业银行盈利能力的最重要的指标。盈利水平比率主要有资产收益率、资本收益率、资产使用率、利润与收入比率等。其计算公式为:

① 资产收益率 = $\dfrac{\text{净利润}}{\text{资产总额}} \times 100\%$

该比率反映的是商业银行的整体盈利能力,即每百元的资产能带来多少利润。

② 资本收益率 = $\dfrac{\text{净利润}}{\text{资本总额}} \times 100\%$

该比率反映的是商业银行每百元资本能带来的利润,因此与银行股东的利益密切相关,对商业银行股票市价具有重大影响。

③ 资产使用率 = $\dfrac{\text{营业收入总额}}{\text{资产总额}} \times 100\%$

该比率反映的是商业银行资产的周转速度或使用效率,该比率越大,说明银行资产的使用效率越高,周转速度越快。

④ 利润与收入比率 = $\dfrac{\text{净利润}}{\text{营业收入总额}} \times 100\%$

该比率反映的是商业银行收入中利润的比重,体现了商业银行控制成本与增加收入的能力。

(3) 净利差与净息差。净利差(net interest spread)与净息差(net interest margin)是评估商业银行盈利能力的两个核心指标,其计算公式为:

净利差 = 生息资产的平均利率 - 计息负债的平均利率

净息差 = 利息净收入 / 生息资产平均余额

净利差代表了商业银行资金来源的成本与资金运用的收益之间的差额,相当于毛利率的概念。而净息差则表示的是资金运用的结果,相当于净资产收益率的概念。净息差由于将规模因素考虑在内,同时又融入了结构性因素和市场因素,因此净息差往往比净利差具备更高的分析价值。

3. 商业银行流动性评价指标

衡量商业银行流动性大小的比率主要有以下几类：

（1）备付金比率。备付金是商业银行资产中流动性最强的资产，该比率越大，说明商业银行资产的流动性和清偿能力越强。商业银行的备付金包括库存现金、存放中央银行款项。备付金比率又称一级准备比率，其计算公式为：

$$备付金比率 = \frac{备付金}{各项存款总额} \times 100\%$$

（2）短期可销售证券与总资产比率。短期可销售证券是商业银行的二级准备，它一般具有迅速变现的能力，且在变现过程中往往不会有价格损失。该比率越大，说明商业银行的流动性和清偿能力越强。其计算公式为：

$$短期可销售证券与总资产比率 = \frac{短期可销售证券}{总资产} \times 100\%$$

（3）短期资产比率。期限在一年或一年以内的短期资产是商业银行获取流动性的主要手段，该比率反映商业银行的流动性水平。显然，该比率越大，说明商业银行的流动性越强。其计算公式为：

$$短期资产比率 = \frac{期限在一年或一年以内的所有资产}{资产总额} \times 100\%$$

（4）短期负债比率。短期负债也叫流动负债，是指将在一年以内（含一年）或一个营业周期内到期偿还的债务。在负债总额中，短期负债的占比越大，说明商业银行的偿债压力越大，流动性越弱。其计算公式为：

$$短期负债比率 = \frac{短期负债总额}{负债总额} \times 100\%$$

（5）活期存款比率。活期存款是指不事先约定存款期限，随时可以提取的存款，属于短期负债的范围。在负债总额中，活期存款的占比越大，说明商业银行的偿债压力越大，流动性越弱。其计算公式为：

$$活期存款比率 = \frac{活期存款总额}{负债总额} \times 100\%$$

（6）定期存款比率。定期存款是指事先约定存款期限的存款，一般到期才能提取，到期前银行可以放心使用这笔款项。在负债总额中，定期存款的占比越大，说明商业银行的资金来源越稳定。其计算公式为：

$$定期存款比率 = \frac{定期存款总额}{负债总额} \times 100\%$$

（4）（5）（6）三个比率属于负债的流动性比率，一般来说，负债的流动性越强，说明商业银行的资金来源越不稳定。因此，比率（4）（5）越大，说明商业银行资金来源对短期负债的依赖性越强，而比率（6）越大，则说明商业银行资金来源的稳定性越强。

（7）流动比率。流动比率是衡量流动资产抵偿流动负债能力的通用比率，该比率越大，说明商业银行清偿能力越强。其计算公式为：

$$流动比率 = \frac{流动资产}{流动负债} \times 100\%$$

(三) 商业银行经营状况评价——骆驼评级体系

所谓骆驼评级体系,是一种金融监管机构评定商业银行经营管理水平所采用的方法。其中共有五项考评指标,即资本充足程度(capital adequacy)、资产质量(asset quality)、管理水平(management)、盈利水平(earnings)和流动性(liquidity)。其英文第一个字母组合在一起为"camel",正好与"骆驼"的英文单词相同,所以常称该评级方法为骆驼评级体系。该方法目前已被大多数国家采用。

1. 资本充足程度

金融监管机构把资本充足率,即资本与资产的比率作为考评商业银行资本充足程度的标准,要求这一比率达到6.5%~7%,具体的考评标准是:

第一级,资本十分充足、高于平均水平,经营管理水平高,资产质量高,盈利好,不存在潜在风险。

第二级,资本充足率高,高于平均水平,没有风险问题,业务发展稳键。

第三级,资本充足率不高,低于平均水平,或不良贷款多,或近期大幅扩展业务。

第四级,资本明显不足,业务发展过快,盈利不好。

第五级,资本充足率在3.5%以下,风险资产比重过大。

2. 资产质量

金融监管机构对资产质量的评定以贷款检查为基础。商业银行的贷款一般分为完全没有问题贷款和有问题贷款两大类;按照风险的严重程度,有问题贷款又可分为不符标准贷款、有疑问贷款和损失贷款三类。

有问题贷款与基础资本之比,是衡量商业银行资产质量的主要尺度,可据此评定出银行资产质量的等级:

第一级,该比率在5%以下,银行资产质量高,管理水平也高,完全令人满意。

第二级,该比率低于15%,银行资产质量比较令人满意。

第三级,该比率在15%到30%之间,银行资产质量不太令人满意,应引起监管部门的注意。

第四级,该比率在30%到50%之间,银行在放款方面存在严重问题,若不及时采取措施,则有可能导致银行倒闭。

第五级,该比率在50%以上,银行资产质量极差,足以导致银行倒闭。

3. 管理水平

对商业银行管理水平的考评,实际上是对商业银行经营管理中人的因素的考评,也是金融监管机构最重视的考评内容之一。其考评的范围和指标有:

(1) 部门管理者的领导能力,包括管理者的经验、技巧以及业务开拓能力等。

(2) 银行职员的业务素质,职工队伍的培训及组织状况。

（3）银行在处理突发问题时的应变能力。
（4）银行内部的技术控制系统是否完善。
（5）银行更新金融服务、吸引客户的能力。
（6）董事会的决策能力。

考评结果可分为五级：

第一级，考核的各项内容均已达到标准。
第二级，在管理的某一方面稍有不足，管理水平比较令人满意。
第三级，在管理的某些方面存在问题，虽然不太令人满意，但总体来说比较安全。
第四级，在许多管理方面存在问题，管理层不能做出明智的决策。
第五级，在管理方面存在严重问题，管理层出现失职现象，银行面临倒闭。

4. 盈利水平

金融监管机构评定一家商业银行的盈利水平，通常要考虑如下因素：

（1）该银行是否适量补充自有资本，股份分红水平是否过高，是否会因追求眼前利益而忽视长期发展。
（2）该银行利润的变化趋势、前景是否乐观。
（3）该银行盈利质量如何。如果银行的盈利是由一些偶然因素的出现而产生的，或者是由出售银行的不动产而获得的，则对其盈利水平的评级就会相对偏高。
（4）该银行盈利的来源是否合法，是否会通过非法渠道获得盈利。

金融监管机构评定商业银行盈利等级的指标，是净利润与盈利资产之比。这一比率称为银行资产的收益率。若该比率在 1% 以上，则其盈利等级就为第一、二级；若该比率在 0 到 1% 之间，则其盈利等级就为第三、四级；资产收益率为负数的银行则被评为第五级。等级越高，表明银行盈利水平越低。

5. 流动性

金融监管机构对商业银行流动性进行评定的目的，在于检查商业银行库存现金和可变现资产的数量、质量，判断商业银行是否有充足的变现能力和清偿能力。金融监管机构对商业银行资产流动性的考评，主要依据以下几个方面：

（1）银行贷款期限结构是否与投资账户相匹配。
（2）银行存款的波动情况。
（3）银行对借入资金的依赖程度，即对大额存单和同业拆借资金的依赖程度。
（4）银行可临时变为现金的资产在总资产中占多大比例。
（5）银行资金对利率的敏感度。
（6）银行资产负债的管理水平。
（7）银行向外借款的数量和频率。
（8）银行借款的能力，是否能在相对较短的时间内以相对较低的成本借到所需资金等。

在全面考虑以上各方面因素后,金融监管机构对商业银行的流动性做出考评结论,确定其资产流动性的等级:

第一级,流动性强。

第二级,银行有较多的流动性资产,但不是最高水平。

第三级,流动性资产不足以在任何时候满足各方面的需要。

第四级,流动性资产明显不能在任何时候满足各方面的需要。

第五级,流动性水平过低,已经影响到存款人和银行经营的安全。

金融监管机构根据以上考评结果对商业银行做出最后的综合评价。

拓展阅读

商业银行绩效评价方法与现状

一、商业银行绩效评价方法

早在19世纪初,绩效评价就作为一种管理工具在西方得到广泛应用。就绩效评价方法而言,哈罗德·霍特林(Harold Hotelling)于1933年首先提出用主成分分析法从众多指标中提取关键性指标,这一方法得到广泛应用,被引入银行绩效评价中;戴维·科尔(David Cole)于1972年在商业银行的经营管理中引入杜邦财务分析体系;爱德华·阿尔特曼(Edward Altman)于1983年利用因子分析法在17个财务比率中提取出资产投资报酬率、流动比率、利润率、股东权益报酬率等9个公因子;罗伯特·卡普兰(Robert Kaplan)和戴维·诺顿(David Norton)于1992年提出平衡计分卡绩效评价模型。

二、我国商业银行绩效评价的研究

从20世纪90年代开始,我国银行业主要运用EVA方法、VaR方法、平衡计分卡方法等进行绩效评价。层次分析法(AHP)是将与决策有关的元素分解成目标、准则、方案等层次,在此基础上将决策问题按总目标、各层子目标、评价准则直至具体的备投方案的顺序分解为不同的层次结构,然后求解判断矩阵特征向量,进行定性和定量分析的决策方法。商业银行的特殊性、利益相关者的多元性、业务内容与评价指标的多样性决定了商业银行绩效评价是一个复杂而综合的过程。运用层次分析法对商业银行的绩效进行定性与定量分析,其结果将更全面、可靠。

三、我国商业银行绩效评价现状

我国现行商业银行绩效评价办法是金融企业绩效评价制度中四类(银行、保险、证券、其他)评价类别之一,建立于2009年,2016年曾进行修订,在推动商业银行提升经营效益、提高资产质量、坚持稳健经营等方面发挥了重要作用。表12-4列示了中国人民银行、银监会和财政部等监管机构对商业银行进行绩效评价的主要规定。

表 12-4　中国人民银行、银监会和财政部绩效评价的主要指标

监管主体	文件名称	指标内容
中国人民银行	《国有独资商业银行考核评价办法》（2000年）	盈亏、贷款质量、流动性、资本充足率
中国人民银行	《商业银行内部控制指引》（2014年修订）	效益、资产流动、资产安全、发展能力、内部管理
银监会	《股份制商业银行风险评级体系（暂行）》（2004年）	资本充足、资产安全、管理、盈利、流动性
银监会	《商业银行风险预警操作指引（试行）》（2005年）	资本充足度、信用风险、市场风险、经营风险、流动性风险
财政部	《金融类国有及国有控股企业绩效评价暂行办法》（2009年）	盈利能力、经营增长、资产质量、偿付能力
财政部	《金融企业绩效评价办法》（2016年）	盈利能力、经营增长、资产质量、偿付能力
财政部	《商业银行绩效评价办法》（2020年）	服务国家发展目标和实体经济、发展质量、风险防控、经营效益

随着我国经济发展进入新常态，现行商业银行绩效评价办法的局限性逐渐凸显，有必要根据新形势需要进行修改与完善。一是适应当前党中央、国务院对金融工作的总体要求的需要。党的十九大报告指出，深化金融体制改革，增强金融服务实体经济的能力。党的十九届五中全会明确提出：坚持把发展经济着力点放在实体经济上，构建金融有效支持实体经济的体制机制。这就要求进一步完善现行评价体系，突出金融服务实体经济、金融服务创新发展的新理念。二是适应当前我国经济发展阶段的需要。党的十九大和十九届五中全会都进一步明确，我国已转向高质量发展阶段，要推动质量变革和效率变革。这就要求在追求规模增长的同时，更加注重发展质量与效益。三是保障银行信贷投放能力的需要。现阶段我国金融体系以间接融资为主，信贷融资占比较高，资本耗用较大，现行办法中偿付能力状况考核三项资本充足率指标权重过高，降低了资本对信贷的撬动效率，不利于金融服务实体经济质效。

为进一步发挥市场机制作用，完善商业银行绩效评价体系，推动商业银行更加有效响应国家宏观政策、服务实体经济、服务微观经济，引导商业银行高质量发展，增强活力，提高运营效率，做优做强国有金融资本，2020年12月15日财政部印发《商业银行绩效评价办法》，对现行商业银行绩效评价办法进行修改与完善（详见表12-5），本办法自2021年1月1日起施行。

表12-5 商业银行绩效评价指标体系

考核方面	具体指标	权重(%)	导向	类型	指标定义/计算公式	数据来源	评价方法
服务国家发展目标和实体经济（25%）	服务生态文明战略情况	6	正向	定量	绿色信贷占比：年末绿色信贷贷款余额/年末各项贷款余额×100%	监管部门报表	综合对标（行业对标+历史对标）
	服务战略性新兴产业情况	6	正向	定量	战略性新兴产业贷款占比：年末战略性新兴产业贷款余额/年末各项贷款余额×100%	监管部门报表	综合对标（行业对标+历史对标）
	普惠型小微企业贷款"两增"完成情况	7	正向	定量	普惠型小微企业贷款增速情况：全年完成普惠型小微企业贷款较年初增速不低于各项贷款较年初增速；普惠型小微企业贷款余额有贷款户数不低于年初水平	监管部门报表	贷款增速：不低于各项贷款较年初增速的为3.5分，未实现信贷计划（以银行数据为准）的，视实际完成与各项贷款增速之比，增速反信贷计划均未实现的为0分；贷款户数：有贷款余额户数不低于年初水平的得3.5分，未实现的为0分
	普惠型小微企业贷款"两控"完成情况	6	逆向	定量	合理控制小微企业贷款资产质量水平情况：普惠型小微企业贷款不良率控制在不高于自身各项贷款不良率3个百分点。普惠型小微企业贷款综合成本（包括利率和小微企业相关的银行服务收费）水平：小微企业贷款综合成本符合年度监管要求	监管部门报表	全口径小微企业贷款不良率控制在不超过自身各项贷款不良率3个百分点，高于3个百分点的，得3分；小微企业贷款综合成本达到年度监管要求的得3分，未达到按区间比例计算，得分在3分内按区间比例计算

（续表）

考核方面	具体指标	权重(%)	导向	类型	指标定义/计算公式	数据来源	评价方法
发展质量(25%)	经济增加值	7	正向	定量	经济增加值＝利润总额－平均权益回报率×归属于母公司所有者权益	财务报表	综合对标(行业对标＋历史对标)，且根据商业银行平均净资产规模大小，即"超过1 000亿元，1 000亿元以下"进行分档对标
	人工成本利润率	6	正向	定量	利润总额/人员费用×100%	财务报表	综合对标(行业对标＋历史对标)
	人均净利润	6	正向	定量	净利润/平均在岗职工人数	财务报表	综合对标(行业对标＋历史对标)，商业银行利润总额超过1 000亿元的，按实际值的1.1倍计算评价，低于1 000亿元的，按实际值计算评价
	人均上缴利税	6	正向	定量	年度分红及缴税/平均在岗职工人数	财务报表	综合对标(行业对标＋历史对标)
风险防控(25%)	不良贷款率	5	逆向	定量	(次级类贷款＋可疑类贷款＋损失类贷款)/年末各项贷款余额×100%	财务报表	行业对标
	不良贷款增速(还原核销耗用拨备)	5	逆向	定量	(当年新增不良贷款额＋当年冲销或支出资产耗用的减值准备)/上年末不良贷款余额×100%	财务报表	行业对标
	拨备覆盖水平	5	适当	定量	实际计提损失准备/应计提损失准备×100%	财务报表	拨备覆盖水平在100%～200%为满分；在0～100%或200%～300%的，得分在5分内按区间比例计算

(续表)

考核方面	具体指标	权重(%)	导向	类型	指标定义/计算公式	数据来源	评价方法
	流动性比例	5	适当	定量	流动性资产余额/流动性负债余额×100%	财务报表	监管对标，达到监管要求（25%）及以上为满分；在0～25%的，得分在5分内按区间比例计算
	资本充足率	5	适当	定量	总资本净额/应用资本底线之后的风险加权资产合计×100%	财务报表	监管对标，达到监管要求的，得满分；低于监管要求的，得分在5分内按区间比例计算
经营效益(25%)	（国有）资本保值增值率	10	正向	定量	[（年末国有资本±客观增减因素影响额）/年初国有资本]×100%	保值增值表	行业对标
	净资产收益率	8	正向	定量	净利润/净资产平均余额×100%	财务报表	综合对标（行业对标＋历史对标）
	分红上缴比例	7	适当	定量	分红金额/归属于母公司所有者净利润×100%	财务报表	分红率达到30%为7分；低于30%的，按实际分红率占30%的比例计算分数

改革主要体现在以下五个"更加突出":一是评价导向更加突出服务国家宏观战略、服务实体经济、服务微观经济等综合经济效益。二是评价理念更加突出高质量发展。三是对标体系更加突出行业对标、历史对标、监管对标的综合统筹。四是加分事项更加突出违规"黑名单"的扣分降级,以减少可能出现的数据失真问题。五是结果运用更加突出与高管薪酬、企业工资总额、领导班子考核等事项挂钩,进一步完善"薪酬与绩效匹配、激励与约束并重"机制,有效发挥指挥棒作用。

改革后,从指标体系来看,将改革前的盈利能力、经营增长、资产质量、偿付能力四类指标,调整为服务国家发展目标和实体经济、发展质量、风险防控、经营效益四类,每类权重均为25%,兼顾了考核重点和平衡关系。各单项指标权重依据重要性和引导功能确定,可适时根据国家宏观政策、实体经济需求、金融发展趋势等进行动态调整。

习近平总书记在2017年全国金融工作会议上强调,金融是实体经济的血脉,为实体经济服务是金融的天职,是金融的宗旨,也是防范金融风险的根本举措。在此背景下,四大国有商业银行调整和优化了经营绩效评价指标体系,详见表12-6。

表12-6 四大国有商业银行经营绩效评价的主要指标

行名	指标内容				
工商银行	效益类	资产质量类	存贷比例	案件类	
农业银行	效益管理	风险管理	可持续发展	业务协调	内部控制
建设银行	价值创造	同业竞争	质量风险	效率成本	执行力
中国银行	财务	资产质量	业务发展	内部管理	

关键术语

绩效评价 财务报表 资产负债表 利润表 现金流量表 财务分析 评价指标 经营风险 经营效益 经营状况 骆驼评级体系

复习思考题

1. 商业银行财务报表的构成及其与普通企业财务报表的区别是什么?
2. 商业银行绩效评价的具体指标有哪些?
3. 我国商业银行绩效评价的方法和指标与国外相比有何不同?
4. 绩效评价对商业银行有何意义?
5. 我国商业银行应如何提高自己的经济利润?

参 考 文 献

[1] OLDFIELD G, SANTOMERO A. The place of risk management in financial institutions[J]. Sloan management review, Summer 1997 forthcoming.
[2] 曹龙骐.金融学[M].北京:高等教育出版社,2019.
[3] 陈云东.商业银行发展中间业务存在的问题及对策[J].商业文化,2021(8):92-93.
[4] 戴国强.货币金融学[M].北京:高等教育出版社,2016.
[5] 丁广义.中国东方租赁有限公司的创立和启示[J].中国外资,1998(S1):19-20.
[6] 丁文祥.斩断债务链,再创辉煌:访中国东方租赁有限公司[J].中国科技信息,1997(23):41.
[7] 蒋建华.商业银行内部控制与稽核[M].北京:北京大学出版社,2002.
[8] 李奇霖.北岩银行的发展与覆灭[J].银行家,2017(6):90-93.
[9] 李言,郭建峰.区块链技术在出口国际保理业务中的运用及效果:基于中国建设银行的案例[J].对外经贸实务,2020(9):59-62.
[10] 刘静海.我国金融租赁业发展研究[J].时代金融,2020(25):18-21.
[11] 刘涛.我国金融租赁业发展研究[D].西南财经大学,2012.
[12] 刘园,宁佳琳.金融市场学[M].北京:中国人民大学出版社,2019.
[13] 彭建刚.商业银行管理学[M].北京:中国金融出版社,2019.
[14] 王国刚.中国银行业70年:简要历程、主要特点和历史经验[J].管理世界,2019(7):15-25.
[15] 王应贵.我国金融租赁公司经营现状、发展模式与重点风险控制[J].武汉金融,2017(10):26-31.
[16] 吴晓灵,邓寰乐,等.资管大时代[M].北京:中信出版社,2020.
[17] 谢太峰.商业银行经营学[M].北京:北京交通大学出版社,2007.
[18] 张国旺.中国商业银行中间业务发展驱动因素探析[J].技术经济与管理研究,2021(8):73-77.
[19] 张亮.北岩银行的倒闭与商业银行流动性管理[J].中国金融,2009(6):35-36.
[20] 中国出口信用保险公司.2020年国家风险分析报告[R].北京:中国金融出版社,2020.
[21] 中国银保监会.商业银行流动性风险管理办法[EB/OL].(2018-05-25)[2021-12-20]. http://www.cbirc.gov.cn/cn/view/pages/ItemDetail.html?docId=180252&itemId=928&generaltype=0.
[22] 钟俊,葛志强.国有商业银行股份制改造与管理[M].北京:中国工商出版社,2005.
[23] 庄毓敏.商业银行业务与经营[M].北京:中国人民大学出版社,2019.

教辅申请说明

　　北京大学出版社本着"教材优先、学术为本"的出版宗旨，竭诚为广大高等院校师生服务。为更有针对性地提供服务，请您按照以下步骤通过微信提交教辅申请，我们会在1~2个工作日内将配套教辅资料发送到您的邮箱。

◎ 扫描下方二维码，或直接微信搜索公众号"北京大学经管书苑"，进行关注；

◎ 点击菜单栏"在线申请"—"教辅申请"，出现如右下界面：

◎ 将表格上的信息填写准确、完整后，点击提交；

◎ 信息核对无误后，教辅资源会及时发送给您；如果填写有问题，工作人员会同您联系。

温馨提示： 如果您不使用微信，则可以通过以下联系方式（任选其一），将您的姓名、院校、邮箱及教材使用信息反馈给我们，工作人员会同您进一步联系。

联系方式：

北京大学出版社经济与管理图书事业部

通信地址：北京市海淀区成府路205号，100871

电子邮箱：em@pup.cn

电　　话：010-62767312

微　　信：北京大学经管书苑（pupembook）

网　　址：www.pup.cn